# Perspektiven kritischer Sozialer Arbeit

## Band 32

**Reihe herausgegeben von**

Roland Anhorn, FB Sozialpadagogik, Ev. Hochschule Darmstadt, Darmstadt, Deutschland

Johannes Stehr, Ev. Hochschule Darmstadt, Darmstadt, Deutschland

In der Reihe erscheinen Beiträge, deren Anliegen es ist, eine Perspektive kritischer Sozialer Arbeit zu entwickeln bzw. einzunehmen. „Kritische Soziale Arbeit" ist als ein Projekt zu verstehen, in dem es darum geht, den Gegenstand und die Aufgaben Sozialer Arbeit eigenständig zu benennen und Soziale Arbeit in den gesellschaftspolitischen Kontext von sozialer Ungleichheit und sozialer Ausschließung zu stellen. In der theoretischen Ausrichtung wie auch im praktischen Handeln steht eine kritische Soziale Arbeit vor der Aufgabe, sich selbst in diesem Kontext zu begreifen und die eigenen Macht-, Herrschafts- und Ausschließungsanteile zu reflektieren. Die Beiträge in dieser Reihe orientieren sich an der Analyse und Kritik ordnungstheoretischer Entwürfe und ordnungspolitischer Problemlösungen – mit der Zielsetzung, unterdrückende, ausschließende und verdinglichende Diskurse und Praktiken gegen eine reflexive Soziale Arbeit auszutauschen, die sich der Widersprüche ihrer Praxis bewusst ist, diese benennt und nach Wegen sucht, innerhalb dieser Widersprüche das eigene Handeln auf die Ermöglichung der autonomen Lebenspraxis der Subjekte zu orientieren.

Weitere Bände in der Reihe https://link.springer.com/bookseries/12405

Ulrike Eichinger · Barbara Schäuble
(Hrsg.)

# Konfliktanalysen: Element einer kritischen Sozialen Arbeit

Ein Studienbuch

*Hrsg.*
Ulrike Eichinger
Alice Salomon Hochschule Berlin
Berlin, Deutschland

Barbara Schäuble
Alice Salomon Hochschule Berlin
Berlin, Deutschland

ISSN 2512-1235     ISSN 2512-1251  (electronic)
Perspektiven kritischer Sozialer Arbeit
ISBN 978-3-658-35856-3     ISBN 978-3-658-35857-0  (eBook)
https://doi.org/10.1007/978-3-658-35857-0

Die Deutsche Nationalbibliothek verzeichnet diese Publikation in der Deutschen Nationalbibliografie; detaillierte bibliografische Daten sind im Internet über http://dnb.d-nb.de abrufbar.

© Der/die Herausgeber bzw. der/die Autor(en), exklusiv lizenziert durch Springer Fachmedien Wiesbaden GmbH, ein Teil von Springer Nature 2022
Das Werk einschließlich aller seiner Teile ist urheberrechtlich geschützt. Jede Verwertung, die nicht ausdrücklich vom Urheberrechtsgesetz zugelassen ist, bedarf der vorherigen Zustimmung des Verlags. Das gilt insbesondere für Vervielfältigungen, Bearbeitungen, Übersetzungen, Mikroverfilmungen und die Einspeicherung und Verarbeitung in elektronischen Systemen.
Die Wiedergabe von allgemein beschreibenden Bezeichnungen, Marken, Unternehmensnamen etc. in diesem Werk bedeutet nicht, dass diese frei durch jedermann benutzt werden dürfen. Die Berechtigung zur Benutzung unterliegt, auch ohne gesonderten Hinweis hierzu, den Regeln des Markenrechts. Die Rechte des jeweiligen Zeicheninhabers sind zu beachten.
Der Verlag, die Autoren und die Herausgeber gehen davon aus, dass die Angaben und Informationen in diesem Werk zum Zeitpunkt der Veröffentlichung vollständig und korrekt sind. Weder der Verlag noch die Autoren oder die Herausgeber übernehmen, ausdrücklich oder implizit, Gewähr für den Inhalt des Werkes, etwaige Fehler oder Äußerungen. Der Verlag bleibt im Hinblick auf geografische Zuordnungen und Gebietsbezeichnungen in veröffentlichten Karten und Institutionsadressen neutral.

Planung/Lektorat: Stefanie Laux
Springer VS ist ein Imprint der eingetragenen Gesellschaft Springer Fachmedien Wiesbaden GmbH und ist ein Teil von Springer Nature.
Die Anschrift der Gesellschaft ist: Abraham-Lincoln-Str. 46, 65189 Wiesbaden, Germany

# Inhaltsverzeichnis

Einleitende Betrachtungen .................................... 1
Barbara Schäuble und Ulrike Eichinger

**Arbeitsbereichsspezifische Konfliktanalysen**

Eine gemeinsame Welt existiert nur in der Vielfalt der Perspektiven ... 15
Meike Günther

Selbstbestimmt absetzen in fremdbestimmten Verhältnissen?
Reflexionen über Schwierigkeiten der (Nicht-) Einnahme von
Psychopharmaka am Beispiel des antipsychiatrisch orientierten
Berliner Weglaufhauses ........................................ 41
Christian Küpper

Ertragen, beharren, einkreisen und einhaken
in Schließungsprozesse – Konflikte um prekäre Kooperation
und Missachtung in dominanzkulturell- geprägten Settings
antisemitismuskritischer Pädagogik .............................. 61
Barbara Schäuble

Voraussetzungen positionierten Handelns im Kontext extrem
rechter Angriffe auf Demokratiebildung ......................... 81
Felix Busch-Geertsema

Konflikte in der Kinder- und Jugendhilfe ........................ 97
Timo Ackermann

**Konfliktanalysen in der arbeitsmarktbezogenen Beratung und Vermittlung – Professionalisierung durch Auseinandersetzung mit Möglichkeiten und Grenzen der Aneignung und Bearbeitung?** ........ 119
Urban Nothdurfter

**Das „Risiko" in der Sozialen Arbeit. Zur Konfliktverdeckung, Konfliktverlagerung und Transformation des Selbstverständnisses Sozialer Arbeit am Beispiel der risikoorientierten Bewährungshilfe** ... 137
Roland Anhorn

**Konflikte im Ringen um Partizipation von Nutzer\*innen Sozialer Arbeit** ....................................................... 165
Rossana Berge, Ulrike Eichinger und Rebekka Kuf

**Transversale Kollektivierung von Konflikterfahrungen. Zur Arbeit an urbanen und institutionalisierten Konflikten** .............. 187
Thomas Wagner

## Arbeitsbereichsübergreifendes

**Konfliktkonstellationen als gesellschaftliche Verhältnisse begreifen – Welche Theorien und Methoden tragen dazu bei?** ........ 209
Ulrike Eichinger und Barbara Schäuble

**Das kritische Potenzial der Konfliktorientierung im Studium der Sozialen Arbeit** .................................................. 235
Elke Schimpf

**Whistleblowing – ein Mittel zur Konfliktbearbeitung im Kontext Sozialer Arbeit?** .................................................. 255
Nivedita Prasad

**Grenzerfahrungen beim Veröffentlichen von Konfliktanalysen in der Sozialen Arbeit – rechtliche und politische Möglichkeitsräume** .............................................. 261
Ulrike Eichinger und Barbara Schäuble

**Autor_innenverzeichnis** ......................................... 269

# Einleitende Betrachtungen

Barbara Schäuble und Ulrike Eichinger

**Zusammenfassung**

Der einleitende Beitrag gibt einen Überblick über die Vielfalt von Konfliktanalysen im Band. Er clustert Bezüge der Analysen zu Beobachtungsstandpunkten, theoretisch-methodischen Ansätzen sowie zu den Arbeitsbereichen, in denen die Konflikte entstehen. Zudem stellt er verschiedene Formen der Konfliktbearbeitung vor. Der Sammelband veranschaulicht, so das Resümee, das jeweilige Potenzial von konfliktanalytischen Ansätzen und bietet Orientierungspunkte an für ein Verstehen arbeitsbereichsspezifischer Widersprüche in Studium und Praxis sowie die weitere fachliche und gesellschaftliche Diskussion.

**Schlüsselwörter**

Geschichte von Konfliktanalysen • Konflikttheorie • Arbeitsbereichsspezifik von Konflikten • Konfliktgegenstände • Konfliktbearbeitung

## 1 Konfliktanalyse, um gesellschaftliche Konflikte zu vergegenwärtigen, und sie praktisch-eingreifend zu bearbeiten

Es gibt Lebens- und Arbeitssituationen, die uns und die etablierten Institutionalisierungen der Konfliktbearbeitung an (unsere) Grenzen bringen. Wir erfahren

---

B. Schäuble (✉) · U. Eichinger
Alice Salomon Hochschule, Berlin, Deutschland
E-Mail: schaeuble@ash-berlin.eu

© Der/die Autor(en), exklusiv lizenziert durch Springer Fachmedien
Wiesbaden GmbH, ein Teil von Springer Nature 2022
U. Eichinger und B. Schäuble (Hrsg.), *Konfliktanalysen: Element einer kritischen Sozialen Arbeit*, Perspektiven kritischer Sozialer Arbeit 32,
https://doi.org/10.1007/978-3-658-35857-0_1

Konflikte als spannungsreich, manchmal stehen wir mitten drin, wir zweifeln an unserer Wahrnehmung, suchen Orientierung, erleben Deutungskrisen, versuchen zu begreifen, wir lernen, loten einzelne Möglichkeiten und Grenzen aus, erleben Knappheit an Zeit und Raum, führen uns und andere an neue Grenzen, nähern uns Erkenntnissen und Verbündeten, kommen weiter als zuvor, aber scheitern auch, verdecken, was wir sehen und versuchen, Konflikte zu umschiffen, steigen aus Beziehungen aus oder warten auf neue Gelegenheiten. Konflikte involvieren uns mehr als bloße Kritik. Denn in Konflikten erfahren und bilden wir gemeinsam mit anderen das Soziale, indem wir es in Bewegung bringen oder indem wir bemerken, wie wir dazu beitragen, es in seiner jetzigen Form zu stabilisieren.

In diesem Buch rekonstruieren und analysieren wir Konflikterfahrungen in verschiedenen Bereichen der sozialarbeiterischen und professionalisierungsorientierten, das heißt hochschulischen Praxis der Sozialen Arbeit. Wir loten Konfliktkonstellationen aus, um sie besser zu begreifen bzw. begreifbarer zu machen. Wir versuchen so Handlungsmöglichkeiten durch eine bewusstere und kooperative Wahrnehmung von Konflikten und Möglichkeitsräumen zu vergrößern.

Uns ist insbesondere an der Verbindung von Praxis(er)forschung mit einer praktisch-eingreifenden Konfliktbearbeitung gelegen. Damit knüpfen wir an Arbeitszusammenhänge subjektwissenschaftlicher (Selbst-)Verständigungs- und Praxisforschung an, in denen Wissenschaftler*innen, Praktiker*innen und Studierende gemeinsam eigene Konflikterfahrungen und -bearbeitungsweisen sowie deren institutionelle Voraussetzungen analysiert und Zusammenhänge und Widersprüche beruflichen Handelns herausgearbeitet haben (vgl. u. a. Osterkamp, 1996; Markard & Ausbildungsprojekt Subjektwissenschaftliche Berufspraxis, 2000). Andere Referenzen bilden sozialpolitische Konfliktanalysen (vgl. Fraser, 1994), die sich der Institutionalisierung von Kompromissen und Routinen in Konflikten zuwenden, und soziologische Konfliktanalysen, die dazu beitragen, den Zusammenhang zwischen situativen Konflikten und grundlegenden gesellschaftlichen Widersprüchen zu verstehen. Zudem sind für uns sozialtheoretische Fragen der Bearbeitung von Konflikten wie beispielsweise Kunstreichs und Mays (1999) Überlegungen zur Bildung des Sozialen, Ansätze des „dialogisch-organisationalen Lernens aus Fehlern" (Wolff et al., 2013) sowie methodische Ansätze interessant, die darauf abzielen, wie sich Konflikte kooperativ bzw. kollektiv und zügig analysieren lassen (vgl. Schäuble & Eichinger, 2019).[1]

An Maurers (2017) historische Lesarten anknüpfend, verstehen wir Konfliktanalysen als Beiträge, die es ermöglichen, die Soziale Arbeit als „Gedächtnis(ort)

---

[1] Zügigkeit ist für uns aufgrund der Zeitknappheit in Praxis- und Lehr-Lern-Situationen wichtig.

gesellschaftlicher Konflikte" und als ein „Offenes Archiv" zu verstehen, „in dem sich sehr unterschiedliche ‚Antworten' auf ‚Soziale Fragen' finden lassen" (ebd., S. 11). Diese historische Perspektive sehen wir auch deshalb als bedeutsam an, weil die Professionsgeschichtsschreibung auf verschiedene Weise dazu beiträgt, Politisierungs- wie auch Stilllegungsprozesse zu verdecken bzw. zu markieren. So verdeutlicht Lau (2018), wie sowohl durch die erinnernde Geschichtsschreibung als auch den Blick zurück vom Ergebnis her die Einzelfall- und Gemeinwesenarbeit als Gegensätze konstruiert werden. Die sozialreformerische konfliktorientierte und gewerkschaftliche Profilierung als auch die Einzel- und Gruppenarbeit wird dabei tendenziell unterbelichtet. Dazu trägt nicht nur die Geschichtsschreibung, sondern auch der historische Verlauf bei. Mit der Institutionalisierung der Settlement-Bewegung unter anderem in Form einer Schule für Social Work entwickelte sich eine (ungewollte) Transformation von der sozialpolitischen Bewegung hin zu einer pädagogischen (ebd., S. 139) und es kam zu einer allmählichen Stilllegung der stärker konfliktorientierten Erfahrungen und Formen Sozialer Arbeit.

Ähnlich wie Lau verweist auch Köngeter (2021) auf ein verkürzendes Herausschreiben: Er sieht ein Vergessen von „social policy" in der Geschichtsschreibung über das Hull House, obwohl Policy-Ansätze dort neben Einzel-, Gruppen- und Gemeinwesenarbeit eine vierte „klassische" Methode Sozialer Arbeit darstellten. Durch das Nicht-Tradieren werde, so Köngeter, auch das spätere Anknüpfen an die politische Dimension der Profession gehemmt. Eine historische Freilegung könne daher auch der Wiederbelebung konfliktorientierter Perspektiven dienen.

Die bis hierhin von uns genannten Theoriebezüge und professionshistorischen Diskurse stehen exemplarisch für eine Vielfalt von Konfliktanalysen bzw. -bearbeitungsweisen und dafür, dass sich Konflikte auf verschiedenen Ebenen, mit unterschiedlichen zeitlichen Fokussen bzw. mit variierenden thematischen Bezügen untersuchen lassen. Uns ist jedoch nicht allein an Theorie und historischen Referenzen gelegen, denn letztlich bringt aus unserer Sicht nur eine praktische Konfliktforschung und die Kollaboration eine kritische Professionalisierung sowie die gesellschaftliche Konfliktbearbeitung wirklich weiter. Wir möchten daher mit dem vorliegenden Buch nicht nur theoretische Bezüge zusammenstellen, die in nutzer*innenorientierten professionellen und disziplinären Konfliktanalysen eine Rolle spielen, sondern auch verschiedene Analyseheuristiken zugänglich machen und über das konkrete Freilegen von Konflikten zu einem schnelleren Orientieren und größerer Konfliktbereitschaft bzw. -fähigkeit in verschiedenen Praxisbereichen beitragen. Neben der Anregung zu neuen Handlungsansätzen bzw. der Reflexion etablierter Praxen ist uns daran gelegen, mit den theoretischen sowie methodischen Mitteln Entwicklungen und Stagnationen zu begreifen, um hierdurch für aktuelle und zukünftige Konflikte zu lernen.

Im Zuge der Arbeit am vorliegenden Buch haben wir erlebt, dass die Möglichkeitsräume, erfahrene Konflikte öffentlich einzubringen, unterschiedlich groß sind; dies gilt auch für den Sammelband selbst. Nicht alle geplanten Beiträge können hier erscheinen. Wie weitreichend Konflikte verhandelt und als Beitrag gesellschaftlicher Entwicklung eingebracht werden können, scheint mit Machtverhältnissen, Gegenmacht und Transparenz im jeweiligen Arbeitsfeld zusammenzuhängen sowie mit dem jeweiligen Status und dem Erkenntnis-/Subjektstandpunkt derjenigen, die Konflikte erfahren.[2] Zudem spielen auch theoretische, methodische und politische Standpunkte eine Rolle bei der Entscheidung, Konflikte einzubringen und mitzubearbeiten.

## 2    Vielfalt von Konfliktanalysen in der Sozialen Arbeit

Die Zusammenschau der Beiträge, die wir auf unsere Bitte um Konfliktanalysen bekommen haben, zeigt verschiedene, jedoch teilweise ähnlich gelagerte Konfliktgegenstände/-themen in unterschiedlichen Arbeitsbereichen. Die geschilderten Konfliktbearbeitungsweisen sind sowohl retrospektiv dokumentierend bzw. erinnernd als auch teilweise prospektiv in konkreten Verhältnissen aufgezeigt, was auch institutionelle Grenzen und Möglichkeiten deutlicher werden lässt. Die Beiträge zeigen zudem, dass für die Darstellung von Konflikten und deren Bearbeitungsweisen die Darlegung der eigenen Perspektive (Subjektstandpunkt) erkenntnisreich ist, da damit Motive sowie Ressourcen für die Konfliktfreilegung und -bearbeitung nachvollziehbarer werden wie auch Hoffnungen und Risiken von Grenzbearbeitungen. Dazu gehört in diesem Sammelband:

- Es kann konfliktbezogen sinnvoll sein, als Nutzer*innen Sozialer Arbeit bzw. Leidtragende von Konflikten[3] nicht auf die Verfügung über und die Gestaltung

---

[2] Die unterschiedliche Sprechmacht und Abhängigkeit sowie die sich unterscheidende Motivation von Professionellen, Nutzer*innen Sozialer Arbeit, Bündnispartner*innen, Aktivist*innen aus Selbstorganisationen und sozialen Bewegungen fällt in den Beiträgen ebenso ins Auge wie die unterschiedlichen Interessen von Lehrenden, Studierenden und Forscher*innen, wenn es darum geht, Konflikte freizulegen und zu verdecken.

[3] Leidtragend vor allem in dem Sinn, als dass man aufgrund der eigenen Lage/Position unmittelbar Teil des Konflikts ist und sich daher nicht aussuchen kann, ob man sich mit ihm befassen möchte.

der eigenen Lebensqualität verzichten zu wollen und den eigenen Entwicklungsanspruch beharrlich zu formulieren. Dies führt jedoch potenziell dazu, dass man dazu aufgerufen wird, die ganze Verantwortung für erforderliche Entwicklungen (allein) zu übernehmen, ohne dies zu wollen oder zu können, sodass schließlich Widerstand gegen diese Indienstnahme erforderlich ist (vgl. z. B. Berge, Eichinger und Kuf; Günther, Schäuble, Wagner).

- Aus professioneller Perspektive kann es konfliktorientiert sein, an den eigenen professionellen Ansprüchen festzuhalten und in dieser Hinsicht keine Fehler machen zu wollen.
- Zugleich machen Nutzer*innen und Professionelle in Konflikten immer wieder die Erfahrung, dass ihr Handeln und ihre Bündnisse nicht ausreichen, um grundlegende Dilemmata ihres Arbeitsbereiches aufzulösen (vgl. z. B. Küpper), dies gilt insbesondere in ohnehin begrenzenden Hierarchien, wenn besonders ausgeprägte Schweigegebote (durch Abhängigkeit, eingefahrene Organisationskulturen und arbeitsrechtliche Begrenzungen) bestehen (vgl. z. B. Ackermann; Eichinger, Schäuble).
- Das konfliktorientierte Nachdenken, Lernen und Forschen von Studierenden, Lehrenden und (Professions-)Forschenden gewinnt an Tiefe durch Nähe, manchmal auch Distanz zu Professionellen/Nutzer*innen sowie eine Orientierung daran, dass sich nur transversal, das heißt quer zu etablierten sozialen Gefügen etwas bewegen lässt (vgl. z. B. Ackermann; Anhorn; Berge, Eichinger und Kuf; Busch-Geertsema; Schimpf; Nothdurfter; Wagner). Konfliktorientiertes Handeln kann zudem – auch das zeigen die Beiträge – scheitern und im schlechtesten Fall einen Rückfall hinter den Status quo erzeugen.

Die Autor*innen des Buches erschließen in ihren Beiträgen verschiedene Theoriehorizonte und variierende Methodologien in ihrem jeweiligen Potenzial. Ihre konflikttheoretischen Bezüge reichen dabei von professionstheoretischen über (kritisch-)psychologische bis hin zu soziologischen, politikwissenschaftlichen sowie philosophischen Diskursen, beispielsweise um anerkennungs-, demokratie-, macht- und organisationstheoretische Aspekte auszuarbeiten. Die in den Buchbeiträgen genutzten Analysemethoden bewegen sich in einem weiten Spektrum, teils im Bereich qualitativ-rekonstruktiver Verfahren. So werden Konfliktsituationen beispielsweise anhand von Dokumentenanalysen, teilnehmender Beobachtung, Gruppendiskussionen, Einzelinterviews sowie Selbstreflexionsprozessen untersucht und zudem Formen kreativen Schreibens genutzt.

## 2.1 Konflikte in verschiedenen Arbeitsbereichen

Die Beiträge des Buches legen Konflikte durch den Blick auf verschiedene Ebenen frei und zeigen unterschiedliche Aggregatzustände von Konflikten auf (vgl. Kunstreich, 2016). Konflikte können als latent, diffus oder verdeckt erscheinen und zunächst situativ über Emotionen wie Verlustangst, Verunsicherung oder Unbehagen, Ohnmacht und Wut zugänglich werden oder als situationsspezifisch oder situationsübergreifend benennbare manifeste Konflikte erfahren werden oder öffentliche Konflikte darstellen, die in lokalen Kontexten vergleichsweise deutlich benennbar und bearbeitbar sind.

Die im Buch vorgestellten Konflikte geben Einblicke in die Konfliktkonstellationen verschiedener Arbeitsbereiche. Inwiefern die dabei aufgegriffenen Themen bzw. Gegenstände als typisch für den jeweiligen Arbeitsbereich zu verstehen sind, wird in den einzelnen Beiträgen nicht durchgängig herausgearbeitet, dies steht jedoch aufgrund unserer auf Arbeitsbereiche hin orientierten Anfrage implizit im Raum. Als (Konflikt-)Themen werden in den unterschiedlichen Arbeitsbereichen folgende in diesem Sammelband markiert:

- Kinder- und Jugendhilfe: pädagogisch asymmetrischer bzw. expertokratischer Umgang mit jugendlichen Bedürfnissen durch mangelnde Kooperation und die Privatisierung bzw. mangelnde Öffentlichkeit von Konflikten, Reduzierung des Gebrauchswertes der Kinder- und Jugendhilfe durch mangelnde Teilhabe von Nutzer*innen (vgl. Ackermann)
- Schule/Kinder- und Jugendhilfe: fehlendes Wissen über kindlichen und familiären Lebensalltag mit Asperger-Autismus (Neurodiversität), Anpassungsdruck durch institutionelle Normen anstelle flexibler Strukturen sowie Dialoge mit Betroffenen, die ihre Einzigartigkeit wertschätzten (vgl. Günther)
- Wohnraumhilfe: Ent-Öffentlichung von urbanem Wohnraummangel, Verwaltung von Wohnungslosigkeit sowie Grenzen individueller Wohnungslosenhilfe (vgl. Wagner)
- Arbeitslosenhilfe/soziale Dienste am Arbeitsmarkt: erziehende und expertokratische Wahrnehmung von Klient*innen anstelle von Teilhabe und Anerkennung einer Mehrfachmandatierung Sozialer Arbeit als Professionalisierungsoption für den Arbeitsbereich (vgl. Nothdurfter)
- Wohnungslosenhilfe/Sozialpsychiatrie/Antipsychiatrie: Selbstbestimmungsanliegen von Nutzer*innen versus (sozialpsychiatrische/sozialverwalterische) Fremdbestimmung bei der Einnahme von Psychopharmaka (vgl. Küpper)

- Drogenhilfe/Sozialpsychiatrie: Konflikte um Selbstbestimmung für mehr Lebensqualität von Nutzer*innen im Spannungsfeld zwischen Partizipationsangeboten und begrenzten Arbeitsbedingungen von professionellen bzw. nicht ausreichenden Einrichtungsressourcen (vgl. Berge, Eichinger, Kuf)
- Bewährungshilfe: Verschärfung der individualisierenden Verdeckung verhältnisbezogener Gründe zugunsten verhaltensbezogener Gründe für deviantes Verhalten im Zuge eines Governancewandels vom sogenannten Resozialisierungsansatz hin zu einer erweiterten versicherungsbezogenen und sozialtechnokratischen Dominanz (vgl. Anhorn)
- Politische Bildung: Konflikte um Anerkennung (vgl. Schäuble), Voraussetzungen von „Nicht-Konfliktualität" trotz (sichtbarer) politischer Positioniertheit von Trägern und wertbezogenen Neutralitätsanforderungen an Träger sowie entsprechender Angriffe seitens rechtspopulistischer Organisationen (vgl. Busch-Geertsema)
- Hochschule (Studium): Potenzial und Grenzen von Angeboten konfliktorientierter Praxisreflexion aufgrund von Verunsicherung und Abwehr (vgl. Schimpf)

## 2.2 Voraussetzungen und Formen der Konfliktbearbeitung

Wir gehen davon aus, dass Konfliktfähigkeit nicht maßgeblich als individuelles Wissen, Können und eigene Haltungen herzustellen ist, sondern dass Konfliktbearbeitung soziale Verhältnisse zur Voraussetzung hat und kooperativ zu entwickeln ist (vgl. Eichinger, Schäuble in diesem Sammelband). Uns interessieren daher die Kontexte und Voraussetzungen von Konflikten und ihre Kollektivierbarkeit. Die Beiträge zeigen, dass Konfliktbearbeitungsweisen neben psychischen und interaktiven auch arbeitsbereichsspezifische und/oder organisationskulturelle und gesellschaftliche Voraussetzungen haben. In den Beiträgen dieses Sammelbands werden daher auch die institutionellen Grenzen und Möglichkeitsräume deutlicher, beispielsweise im Zusammenhang mit

- objektifizierenden Regimen (beispielsweise des Risikomanagements; vgl. Anhorn),
- institutioneller und kultureller Dominanz in Form spezifischer Wissensformen und Regelungen (u. a. psychiatrisch- und pädagogisch-normierende Diagnostik; vgl. Günther, Küpper; Anerkennungsverhältnisse; vgl. Schäuble),

- unzureichender Ausstattung in Form von verteilbaren Ressourcen und einsetzbarer professioneller Aufmerksamkeit (vgl. Eichinger, Schäuble; Berge, Eichinger und Kuf),
- responsibilisierenden Interpretationsmustern, mit denen das Verhalten (beispielsweise von Nutzer*innen und Professionellen) und nicht die Verhältnisse als Problem bzw. Gegenstand von Konflikten verstanden werden (vgl. Eichinger, Schäuble; Günther) und
- nicht bedarfsgerechten, nicht ausreichend multiperspektivischen professionellen Arbeitsweisen (vgl. Ackermann; Eichinger, Schäuble; Nothdurfter; Wagner).

In den Beiträgen zeigen sich nicht nur Begrenzungen, sondern auch verschiedene Optionen, Handlungsmöglichkeiten zu erweitern, beispielsweise durch bewusste Planung und das Entwickeln und Gestalten konkreter Bündnisoptionen (vgl. u. a. Busch-Geertsema, Schmipf, Wagner). Alle Beiträge im vorliegenden Buch zielen auf mehr als auf eine kritische Analyse von Veränderungsperspektiven, gesellschaftlichen Prämissen und Versorgungssystemen. Sie verfolgen Fragen der praktischen Gestaltung vorhandener äußerer und innerer[4] Spielräume im Versorgungssystem sowie in sozialen Beziehungen. Die Autor*innen sehen verschiedene Bearbeitungsweisen von Konflikten, unter anderem:

- Bewusstmachung von (individuellen) Wünschen und Handlungsmöglichkeiten, ausgehend von konkreten Handlungsproblemen (inkl. Reinszenierung für Leser*innen als Einstieg in die „Szenerie"), z. B. im Umgang mit dem Wunsch von Bewohner*innen, Psychopharmaka in einer Kriseneinrichtung abzusetzen (vgl. Küpper),
- Kenntlichmachung von Ansprüchen (vgl. Schäuble) und von Herausforderungen für die eigene alltägliche Lebensführung unter anderem von Menschen mit Asperger-Autismus (Neurodiversität) beispielsweise im Schulkontext (vgl. Günther)
- Einhaken in geteilte Überzeugungen zum Einfordern von Mitarbeit an demokratisierenden Prozessen im Kontext antisemitismuskritischer Arbeit (vgl. Schäuble)

---

[4] Mit inneren Räumen meinen wir im Anschluss an Freyberg und Wolff (2006) Räume der handlungsdruckentlasteten Reflexion und Bewahrung professioneller Beweglichkeit. Sie sind u. a. aufgrund der Sorge der Helfenden zu scheitern bedeutsam und aufgrund von naheliegenden Scham- und Schuldgefühlen, die die Sicht und das Handeln verengen.

- Schärfung des Wissens aus der Praxisforschung für den Professionsdiskurs, um nicht bemerkte, unverstandene oder verdeckte bzw. verdrängte Konflikte und deren problematische Konsequenzen offen zum Thema zu machen (vgl. Ackermann) oder durch Diskursanalyse und -kritik gegenzuhalten (vgl. Anhorn)
- (Konfliktreflektierende) Methodisierung wiederkehrender Handlungsprobleme z. B. in Form des Kennens und Weitergebens von Informationen zu Alternativen an die Nutzer*innen auch unter Bezugnahme auf Strategien aus Selbsthilfebewegungen (z. B. in Form von Absetztagebüchern zum bewussteren Gestalten von Absetzprozessen von Psychopharmaka; vgl. Küpper)
- *Bewusstmachung* der Bandbreite organisationaler Konfliktbearbeitungsoptionen durch kooperative Freilegung von institutionellen Voraussetzungen (z. B. für Partizipationsangebote; vgl. Berge, Eichinger und Kuf) und möglichen Verbündeten in der lokalen Politik. *Entwicklung eigener Positionen* für die gezielte Rekrutierung von Personal, z. B. aus sozialen Bewegungen (vgl. Busch-Geertsema). Oder: *Offenlegung* von (Mangel-, Selektions-)Konflikten mit dem Ziel der kooperativen Bearbeitung (z. B. in der Verwaltung/Sozialer Arbeit als Alternative zum Dienst nach Vorschrift entsprechend der zugewiesenen Aufgabenbeschreibung (vgl. Eichinger, Schäuble)
- Professionalisierung durch Deinstitutionalisierung/„Downscaling" in Form von dialogischerer Beziehungsarbeit (vgl. Ackermann; Günther; Küpper) oder durch offenen/verdeckten Ungehorsam im Umgang mit Konfliktverdeckung/-stilllegung durch Verwaltungslogiken (vgl. Eichinger, Schäuble)
- Professionalisierung durch „Upscaling" beispielsweise in Form von multiperspektivisch-konfliktorientierter Professionalisierung (in verwaltungsnäheren Bereichen) (vgl. Nothdurfter). Upscaling auch in der Hochschule bzw. im Studium durch Schaffung von strukturell-curricularen Voraussetzungen sowie Weiterentwicklungen des didaktischen Angebots zur Etablierung von Konfliktanalysen verbunden mit der weiterführenden konfliktorientierten Begleitforschung zum eigenen Handeln (vgl. Schimpf)
- (mehrstimmige) Versuche, eine gemeinsame Sprache zu finden für transversale Deutungen von Konflikten (statt „Verfachlichung"), für Bündnis- und Politisierungsprozesse (vgl. Busch-Geertsema; Günther; Wagner, Ackermann) bzw. Kooperationen mit und/oder Bezüge auf die Selbsthilfebewegung (vgl. Günther, Küpper)
- Positionierung, um in praktische Verständigungsprozesse zu kommen (vgl. Berge, Eichinger und Kuf, Schäuble)
- Sensibilisierung für Nicht-Nutzung als Form einer (politischen) Interessenvertretung von Nutzer*innen (vgl. Ackermann; Berge Eichinger und Kuf)

- Aufarbeiten von Scheitern (vgl. Berge, Eichinger und Kuf; Eichinger, Schäuble)

Zu den Bearbeitungsweisen gehören aber auch die erneute Verdeckung sowie der Ausstieg aus der Sozialen Arbeit (vgl. Eichinger, Schäuble; Schäuble).

## 3 Fazit

Wir sind dankbar für die in diesem Band versammelten Erfahrungen zu Theorien, Methoden und vor allem Bearbeitungsstrategien, die eine konfliktorientierte transversale Selbstverständigung, Professionalisierung und Praxisforschung weiterbringen können. Die Beiträge veranschaulichen das jeweilige theoretisch-methodische Potenzial der einzelnen Ansätze. Sie bieten Orientierungspunkte für ein Verstehen arbeitsbereichsspezifischer Widersprüche in Studium und Praxis sowie für die weitere fachliche und gesellschaftliche Diskussion. Wir werden den hier dokumentierten Austausch und die vergleichende Betrachtung zur konfliktorientierten Sozialen Arbeit fortsetzen. Wir fänden es interessant, hierfür das im Band begonnene Kartografieren bereichstypischer Möglichkeitsräume hin zu „Bereichstheorien" (Bader, 1990) bzw. einer breiteren Kooperation fortzusetzen. Doch dafür sind noch zahlreiche Schritte zu gehen und vielleicht auch Konflikte zu führen. Dies verdeutlichen auch die durch schmerzhaftes „Mitlernen" im Produktionsprozess des Sammelbandes gewonnenen Erkenntnisse, die über die intendierten Analysen hinausreichen. Dazu gehört einerseits die Erfahrung mit Konflikten *in der* Konfliktanalyse. Uns wurde deutlich, wie wichtig und schwer das Finden einer angemessenen bzw. gemeinsamen Sprache ist, um Konflikte auf den Punkt zu bringen und ihrer konkrete Form gewahr zu werden. Und es wurde deutlich, wie sehr institutionelle Erwartungen und/oder existenzielle Abhängigkeiten ein offenes bzw. öffentliches Sprechen über Konflikte hemmen und wie herausfordernd es ist, diese nicht zu verdecken (vgl. Eichinger, Schäuble).

Zudem holten den Sammelband die aktuellen Verhältnisse ein, indem wir kurz nach Beginn, angesichts der Covid-19-Pandemie, angehalten waren, die Mittel der Konfliktorientierung zu nutzen, um das zu begreifen, was wir erlebten und beobachteten: die sich zuspitzenden ungleichen Herausforderungen und Folgen der Pandemie und im Ergebnis die gesellschaftlichen Konflikte. Die Pandemie verschärft die prekäre Lebenssituationen derjenigen, die Soziale Arbeit nutzen. Zudem müssen Professionelle, die als systemrelevant notgedrungen anerkannt wurden, ihre oft bereits vor Corona knappen Voraussetzungen verteidigen – statt diese anlassbedingt angemessen ausbauen zu dürfen und ihre transformatorische Expertise systematisch einbringen zu können. Dies wirft weitere Fragen für die erwartbaren Post-Corona-Verteilungskämpfe auf und es sensibilisiert uns für die Konflikte in kapitalistischen Gesellschaften wie für die grundlegende Nicht-Anerkennung und imperiale Aneignung fürsorglichen Handelns.

Die pandemische Krise hat uns als Angehörige der Disziplin sowohl wachsende Ansprüche an das Handeln der Profession als auch die überkommenen Strukturen verdeutlicht und uns neben defensivem Kleinbeigeben (auch durch Schieben des ursprünglich geplanten Veröffentlichungstermins) auch offensivere Konfliktbearbeitungen abgerungen, z. B. in Form interdisziplinärer Bündnisse und öffentlicher Positionierungen zu den Folgen der Pandemie sowie einer gewerkschaftlichen Interessenvertretung als Lehrende. Angesichts der aktuellen Verschärfungen erscheint uns die in diesem Buch angestrebte Absicht umso drängender: weiter zu konflikthaften Aneignungen in Lern- und Bildungs- sowie Praxisforschungsprozessen beizutragen.

April 2021 (während der „dritten Welle" der Covid-19-Pandemie).

## Literatur

Bader, K. (1990). *Methoden der Analyse Sozialer Arbeit*. Beltz.
Fraser, N. (1994). *Widerspenstige Praktiken. Macht, Diskurs, Geschlecht*. Suhrkamp.
Freyberg, von, T., & Wolff, A. (2006). *Störer und Gestörte*. Brandes u. Apsel
Köngeter, S. (2021). *Politische Professionalität der Sozialen Arbeit in der Krise – historische Verflechtungen und gegenwärtige Perspektiven Vortrag auf der Jahrestagung der Kommission Sozialpädagogik 2021 unter dem Titel „Sozialpädagogische Professionalisierung in der Krise?"*. https://www.researchgate.net/publication/350410710_Politische_Professionalitat_der_Sozialen_Arbeit_in_der_Krise_-_historische_Verflechtungen_und_gegenwartige_Perspektiven. Zugegriffen: 16. Apr. 2021.
Kunstreich, T. (2016). Pädagogik des Sozialen als transversale Selbstregulierung: Ein Versuch, lebendige Arbeit und Transversalität zusammen zu denken. *Widersprüche, 36*, 35–44.
Kunstreich, T., & May, M. (1999). Soziale Arbeit als Bildung des Sozialen und Bildung am Sozialen. *Widersprüche, 73*, 35–52.
Lau, D. (2018). Sozialreform und Selbstreform als pädagogische Programme sozialer Bewegungen Ende des 19./Anfang des 20. Jahrhunderts. Zur Pädagogisierung sozialreformerischer Ansätze in der Chicagoer Settlement House Movement. In D. Franke-Meyer & C. Kuhlmann (Hrsg.), *Soziale Bewegungen und Soziale Arbeit: Von der Kindergartenbewegung zur Homosexuellenbewegung* (S. 129–140). Springer VS.
Maurer, S. (2017). „Gedächtnis der Konflikte"? In J. Richter (Hrsg.), *Geschichtspolitik und Soziale Arbeit* (S. 11–30). Springer.

Markard, M., & Ausbildungsprojekt Subjektwissenschaftliche Berufspraxis. (2000). *Kritische Psychologie und studentische Praxisforschung. Wider Mainstream und Psychoboom. Konzepte und Erfahrungen des Ausbildungsprojekts Subjektwissenschaftliche Berufspraxis an der FU Berlin.* Argument.

Osterkamp, U. (1996). *Rassismus als Selbstentmächtigung. Texte aus dem Arbeitszusammenhang des Projekts Rassismus, Diskriminierung.* Argument.

Schäuble, B., & Eichinger, U. (2019). Wie sich Konflikte zu eigen machen? *Sozial Extra, 43*(1), 40–43.

Wolff, R., Flick, U., Ackermann, T., Biesel, K., Brandhorst, F., Heinitz, S., Patschke, M., & Röhnsch, G. (2013). *Aus Fehlern Lernen – Qualitätsmanagement im Kinderschutz.* Budrich.

# Arbeitsbereichsspezifische Konfliktanalysen

# Eine gemeinsame Welt existiert nur in der Vielfalt der Perspektiven

Konfliktverhältnisse mit dem Hilfesystem rund um ein Leben mit einer Tochter mit Autismus-Diagnose

Meike Günther

### Zusammenfassung

Welche Konflikte mit dem Hilfesystem erleben Familien, die ein Kind mit einer Autismus-Diagnose möglichst gut in sein Leben begleiten möchten? Dieser Frage wird aus der Perspektive einer Mutter, Sozialarbeiterin und Wissenschaftlerin und unter Bezugnahme auf die politische Theoretikerin Hannah Arendt nachgegangen. Ziel ist es, durch diese Auseinandersetzung zu zeigen, was sich in den Verhältnissen, aber auch in der ganz grundlegenden Perspektive des Hilfesystems ändern müsste, um tatsächlich unterstützend tätig werden zu können. Abschließend wird nach einem Blick auf die USA und auf alternative Praktiken im Umgang mit Kindern und Jugendlichen, die nicht als neurotypisch gelten, skizziert, was Aspekte eines hilfreichen Umgangs mit Konflikten sein könnten.

### Schlüsselwörter

Asperger-Autismus · Hilfesystem · Hannah Arendt · Behinderung · Konflikte · Soziale Arbeit · Heilpädagogik

M. Günther (✉)
Katholische Hochschule für Sozialwesen Berlin, Berlin, Deutschland
E-Mail: Meike.Guenther@KHSB-Berlin.de

© Der/die Autor(en), exklusiv lizenziert durch Springer Fachmedien Wiesbaden GmbH, ein Teil von Springer Nature 2022
U. Eichinger und B. Schäuble (Hrsg.), *Konfliktanalysen: Element einer kritischen Sozialen Arbeit,* Perspektiven kritischer Sozialer Arbeit 32,
https://doi.org/10.1007/978-3-658-35857-0_2

„Wir fangen etwas an; wir schlagen unseren Faden in ein Netz der Beziehungen. Was daraus wird, wissen wir nie. Das ist ein Wagnis. Und nun würde ich sagen, dass dieses Wagnis nur möglich ist im Vertrauen auf die Menschen. Das heißt, in einem – schwer genau zu fassenden, aber grundsätzlichen – Vertrauen in das Menschliche aller Menschen."
(Hannah Arendt im Gespräch mit Günter Gaus 1964)

# 1 Einleitung

Welche Konflikte mit dem Hilfesystem erleben Familien, die ein Kind mit einer Autismus-Diagnose möglichst gut in sein Leben begleiten möchten? Die ihr Kind bei dem Wagnis, sich selbst in ein Netz von Beziehungen zu knüpfen, wie es Arendt hier formuliert, unterstützen möchten? Ein Kind, das sich aufgrund seiner hirnorganischen Struktur schwertut mit Beziehungen und mit Wagnissen. Diesen Fragen möchte ich als Mutter, Sozialarbeiterin und Wissenschaftlerin nachgehen. Um es einfacher zu machen, eine Vorstellung zu bekommen, um welche Konfliktverhältnisse es geht, wird im Folgenden zunächst eine konkrete Situation geschildert, die typisch ist für die Konflikte, die wir erleben.[1]

**Der Nachteilsausgleich**
Als unsere jetzt 14-jährige Tochter ins Gymnasium kam, begannen wir, uns um einen Nachteilsausgleich zu bemühen. Seit einiger Zeit wissen wir, dass das, was ihr und uns das Leben oft anders und auch anstrengender, aber auch immer wieder schöner macht, Autismus heißt. Asperger-Autismus ist eine Diagnose, die sich auf ein Spektrum von sehr unterschiedlichen menschlichen Besonderheiten bezieht. Diese ergeben sich aus einer neurologischen und umweltbedingten Mischung in einer jeweils einzigartigen Weise, sodass alle Menschen in diesem Spektrum einige Gemeinsamkeiten und sehr viele Unterschiede aufweisen. So ist es ausgerechnet das, was meiner Tochter am meisten Freude bereitet, was die Diagnosestellung am stärksten mit abgesichert hat. In ihrem Fall: das Sortieren der Welt in Farben, wo immer möglich. Was wir wissen, ist, dass die Welt sich für sie anders (lauter, chaotischer, heller, schmerzhafter) anfühlt als für die meisten

---

[1] Gemeint sind alle Menschen, die sich auf diese immer wieder komplizierte Lebenssituation und ihre Menschen einlassen und in dieser bereit sind, immer wieder mit Liebe und Genauigkeit hinzuschauen. In diesem Fall danke ich vor allem Martin, ohne dessen Zuspruch und Kritik es diesen Artikel nicht geben würde, sowie meinen Kolleg*innen aus der Heilpädagogik, die mich bestärkt haben, ihn zu veröffentlichen.

anderen Menschen. Konkret braucht sie daher Möglichkeiten, Reize zu reduzieren, da sie diese nicht so gut filtern kann wie Menschen, die eher typische Gehirne und Entwicklungen erleben, z. B. durch die Erlaubnis, einen Kopfhörer zu tragen. Sie braucht etwas mehr Zeit bei Arbeiten, da jede Störung durch Geräusche oder Lichter sie so irritiert, dass sie sich nicht mehr konzentrieren kann, und sie benötigt Rückzugsräume und klare Aussagen, beispielsweise zu dem, was sie genau machen soll bei ihren Hausaufgaben. Im Grunde sind die Dinge, die für sie wichtig sind, um gut in der Schule mitzuarbeiten, absolut überschaubar und benötigen vor allem Wissen und Respekt anstatt aufwendiger personeller oder organisatorischer Aufwände. Konkret geht es darum, einen geräuschreduzierenden Kopfhörer aufsetzen zu dürfen oder den Sitzplatz so zu wählen, dass er sich einerseits nicht ständig ändert, andererseits mit möglichst wenig Licht und Lärm einhergeht. Darüber hinaus ist eine Zeitzugabe bei Prüfungen wichtig, da Umgebungseinflüsse eine unvorhersehbare Komponente für sie bedeuten, die sie völlig aus dem Konzept bringen können und eine Zeitzugabe die dies zumindest etwas auffängt. Auch wenn diese Notwendigkeiten nicht viel Aufwand für die Schulorganisation bedeuten, war es kompliziert, diese Rahmenbedingungen mit der Schule zu verhandeln, allein schon, weil immer wieder unklar war, wer eigentlich Ansprechpartner*in ist. Nach über einem Jahr Gesprächen, der Klassenkonferenz und einem Vortrag meiner Tochter vor der Lehrer*innenkonferenz und der Klasse gab es ein Protokoll, das der Schulakte beigefügt war und das die für sie wichtigen Punkte enthielt. Allerdings war der Zeitzugewinn in Klassenarbeiten nicht geregelt, sodass jede Lehrer*in sich das selbst ausdenken konnte, und genau dies ist etwas, was schon allein durch diese Ungeordnetheit den Bedarfen meiner Tochter widerspricht. Daraufhin gab es die Bitte an die Einzelfallhelferin, die wir für den Nachteilsausgleich unter anderem beantragt hatten, mit den Schulsozialarbeiter*innen gemeinsam eine Strategie zu entwickeln, wie der Nachteilsausgleich geregelt und auch rechtlich verbindlich gemacht werden kann, sodass nicht jedes Jahr und mit jedem/jeder Lehrer*in neu verhandelt werden muss. Ein freundlicher E-Mail-Wechsel zwischen der Einzelfallhelferin und den Sozialarbeiterinnen wurde daraufhin mit der Frage an meine Tochter über mich weitergeleitet, sie möge sich doch überlegen, ob sie wirklich 20 % mehr Zeit brauche in Prüfungen, da sie dann Anrecht auf eine Pause hätte, die dann in die nächste Schulstunde hineinreichen würde, sodass sie diese teilweise verpassen würde. Insofern solle sie sich überlegen, in welchen Schulfächern sie was benötige und wie wichtig ihr die vollständige nächste Schulstunde sei. Ich habe mich geweigert, diese Anfrage mit meiner Tochter zu erörtern, und zurückgeschrieben, dass es in meinen Augen eine strukturelle Regelung benötigte, in der nicht das Kind vor unmögliche Fragen gestellt werde, sondern sich die Schule organisatorisch auch auf die Bedarfe der Schüler*innen einstellen müsste.

## 2 Konfliktverhältnisse

Diese Situation illustriert die Konfliktverhältnisse, innerhalb deren wir uns bewegen und die hier unter folgenden Fragestellungen genauer beleuchtet werden sollen: Wo kommen die Vorstellungen her, mit denen wir konfrontiert werden? Was prägt historisch das Wissen über den Autismus? Was macht uns hier das Leben im Einzelnen schwer? Welche Konsequenzen zieht das wiederum für wen nach sich? Ziel ist es, durch diese Auseinandersetzung – also das Auseinandersetzen dieser einzelnen Bestandteile der Konfliktverhältnisse – zu verstehen, was sich in den Verhältnissen, aber auch in der ganz grundlegenden Perspektive auch des Hilfesystems auf uns und die Autismus-Diagnose ändern müsste, um tatsächlich unterstützend tätig werden zu können. Abschließend wird nach einem Blick auf die USA und alternative Praktiken im Umgang mit Kindern und Jugendlichen, die nicht als neurotypisch gelten, skizziert, was Aspekte eines hilfreichen Umgangs mit Konflikten für uns sein könnten.

Begleitet werden soll dieses Nachdenken von einigen grundsätzlichen Annahmen der politischen Theoretikerin Arendt zur Frage, was denn Menschen eigentlich zu Menschen macht, und zwar deshalb, weil unsere Schwierigkeiten mit den Verhältnissen um uns herum mit vielen praktischen Problemen einhergehen[2]. Diese erscheinen uns jedoch deutlich überschaubarer als die Konfrontation mit der Tatsache, dass es immer wieder Menschen und Reaktionen von Menschen im Hilfesystem gibt, die eine generell andere Perspektive zu haben scheinen auf die Frage, was der Mensch eigentlich ist und braucht, um sich als Mensch zu realisieren, und was entsprechend Gesellschaft und Institutionen zu leisten haben. Beispielsweise werden wir immer wieder mit Personen in Institutionen konfrontiert, in der Menschen dazu neigen, vor allem in Budgets oder abrechenbaren Fällen zu denken. Diese Übernahme von Institutionslogiken ist sicherlich problematisch und Teil des Konfliktfeldes. Aber weit problematischer ist es, wenn wir konfrontiert werden mit einer generellen Unklarheit der beteiligten Personen des Hilfesystems angesichts der Frage, was Menschen benötigen, um sich als Menschen einbringen zu können und welche Rolle hier der Sozialen Arbeit zukommt.

---

[2] Hannah Arendt hat sich zeitlebens als politische Theoretikerin bezeichnet und nicht einfach als Philosophin. Die politische Theorie befasst sich als ein Teilgebiet der Philosophie normativ mit der Frage, wie Politik, also das öffentliche Leben der Menschen im Gemeinwesen, sein sollte, damit sich Menschen politisch in dieses einbringen können.

Da es Personen im Hilfesystem sind, die das Nadelöhr darstellen, durch das dieses erfahren wird, sind es auch konkrete Personen, deren Haltung darüber entscheidet, ob sich Familien wie wir alleingelassen fühlen oder strategische Partnerschaften eingehen können, in denen gemeinsam Lösungen gesucht werden. Die teilweise unklaren Auffassungen der im Hilfesystem oder der Schule beschäftigten Personen bezogen auf generelle Fragen dazu, was Haltung, Gegenstand und Aufgabe Sozialer Arbeit, aber auch von Kita und Schule sein könnten oder sollten, legen die Frage nahe, ob es sich nicht eher um Folgefehler dieser Problematik handelt bei den methodischen, finanziellen und konzeptionellen Problemen, die wir erleben. Viele der Schwierigkeiten, die wir haben, wären beispielsweise innerhalb vorhandener rechtlicher, finanzieller und struktureller Rahmenbedingungen zufriedenstellend für alle Beteiligten lösbar. Wenn jedoch die Vorstellungen darüber, was den Menschen zum Menschen macht, unklar oder verschieden sind, ergeben sich hieraus selbstverständlich Missverständnisse, die fatale Folgen haben können in eindeutig hierarchischen Verhältnissen.

Generell geht es in den folgenden Gedankengängen nicht darum, die Existenz und Notwendigkeit von Konflikten infrage zu stellen oder diese harmonistisch auflösen zu wollen – auch wenn wir wirklich nicht ständig herumstreiten wollen. Begreift man Konflikte als Ausdruck struktureller Widersprüche und ambivalenter (gesellschaftlicher) Erwartungen (vgl. Bitzan & Herrmann, 2018, S. 43 f.), dann geht es stattdessen darum, diese sichtbar zu machen und damit jenseits des rein individuellen Rahmens verhandelbar werden zu lassen. Das ist jedoch nur möglich, wenn die unterschiedlichen Möglichkeiten, die die einzelnen Beteiligten haben, einen Konflikt, also unterschiedliche, sich möglicherweise widersprechende Bedürfnisse, auch tatsächlich zu artikulieren, berücksichtigt werden. Es reicht nicht aus, Bedürfnisse im Privatbereich zu erkennen, vielmehr sind nötig: „das Gesehenwerden, das Gehörtwerden [...] und schließlich das Erinnertwerden [...]. Um in die Welt [...] einzugehen, um als Taten, Tatsachen und Ereignisse oder als Gedanken, Gedankenformen und Ideen sich in der Welt anzusiedeln, müssen sie erst gesehen, gehört, erinnert und dann verwandelt, nämlich verdinglicht werden [...] (Arendt, 2002, S. 113). Verdinglicht bedeutet lediglich, dass auch der einzelne Mensch Berücksichtigung finden muss in Normen, Regeln und Budgets im Sinne einer an grundlegenden menschenrechtlichen Normen wie der inklusionsorientierten Gesellschaft. Um sich als Mensch einbringen zu können, müsste dieser einzelne Mensch jedoch erstmal tatsächlich gehört werden. Einen „Konflikt führen" hieße dann die Voraussetzungen herstellen, die für eine dialogische Aushandlung nötig sind, also ein Gespräch auf Augenhöhe ermöglichen mit dem Ziel, dass sich im Laufe einer Annäherung aneinander immer *alle* beteiligten Personen und Strukturen mitverändern müssen.

Wohin es führt, wenn Konflikte nicht jenseits des individuellen Rahmens verhandelt werden können, sehen und spüren wir täglich. Die Lebensäußerungen meiner Tochter werden häufig individualisiert, pathologisiert oder therapeutisiert, wie es Stehr und Anhorn ausdrücken (vgl. Stehr & Anhorn, 2018, S. 35, siehe unten). Sie entsprechen nicht einer Norm, die bereits ohne sie verhandelt wurde. Der Umgang mit den nicht von anderen Personen außer uns wirklich gehörten oder ernst genommenen Lebensäußerungen unserer Tochter führt durch diese Verlagerung in den Privatbereich häufig zu Konflikten in der Familie und dem Umfeld. Dieses Nicht-ernst-genommen-Werden lässt dabei immer wieder die normierenden Gegebenheiten als richtig, das Kind und seine Familie dagegen als hierfür Verantwortliche, als abweichend erscheinen, was uns wiederum die Möglichkeiten und die Motivation, uns überhaupt irgendwo einzubringen, nimmt. Diese Verlagerung der Konfliktverhältnisse führt dazu, dass wir gesellschaftliche Konflikte als Beziehungskonflikte unter uns führen müssen, statt sie als Konflikte mit Verhältnissen zu deuten und als solche austragen zu können.

**Wer erlebt welchen Konflikt in welcher Position?**
Um zu verstehen, was problematisch an dieser Situation ist, ist es notwendig, sich zunächst die Welt unserer Tochter vor Augen zu führen. Denn die spezifische Art, wie sie ihre Welt erlebt, stellt sie täglich vor unzählige Konflikte. Da sie mehr und anders wahrnimmt als die meisten Menschen, ist die Welt laut, ungeordnet, unstrukturiert und verwirrend. Um diese Überforderung auszugleichen, benötigt sie wiederkehrende Handlungen, die sie beruhigen (Tippen auf immer die gleichen Stellen), Möglichkeiten, ein Zuviel an Reizen wieder loszuwerden (Beißen in den Arm oder Boxen auf den Box-Sack) oder Reizreduktion (durch geräuschdämmende Kopfhörer oder den Rückzug in eine dunkle Betthöhle). All diese Notwendigkeiten führen immer wieder auch ihr nächstes Umfeld in Konflikte: So ist es für andere Menschen durchaus wichtig, im Urlaub auch mal das Zimmer oder sogar die eigene Stadt zu verlassen, Ausflüge zu machen, Leute einzuladen, Tagesabläufe unterschiedlich zu gestalten etc. – für sie ist das ein Albtraum. Daher ist der für sie notwendige Lebensvollzug häufig nur dann möglich, wenn sich die nahen Bezugspersonen einschränken, was wiederum ein ganz massiver Konflikt ist, der die Beziehung aller untereinander belastet. An dieser Stelle könnte das Hilfesystem es ermöglichen, durch personelle Unterstützung beispielsweise zumindest teilweise Situationen so zu entzerren, dass sie aushaltbarer werden. Dies ist uns bisher jedoch noch nie gelungen. Jeder Versuch der Entlastung durch professionelle Unterstützung hat meist dazu geführt, dass wir uns um noch mehr Menschen kümmern mussten, statt entlastet zu werden. Exemplarisch hierfür ist der Nachteilsausgleich – hier sind Jugendamt, Einzelfallhelferin, Schulsozialarbeit, Lehrer*innen, Psychiater und Therapeutin involviert mit dem

Ergebnis, das unsere Tochter mit jede/r Lehrer*in einzeln ihren Nachteilsausgleich neu verhandelt und wir Fragen wie die zuvor beschriebene beantworten müssen, was wir nicht als hilfreich oder entlastend erleben. Vielmehr wird hier ein struktureller Konflikt der Schule beispielsweise mit fehlenden zeitlichen Spielräumen in Form von unbeantwortbaren Fragen an uns weitergegeben und bringt uns mit unserer Tochter in Konflikt, die Fragen wie diese beantworten möchte, um nicht mehr als nötig anzuecken und sonderbehandelt zu werden – wir jedoch möchten möglichst große Spielräume für sie rechtlich verankern.

**Wo liegen die Ursachen der Konflikte?**
Konflikte wie diese finden nicht in einer Umwelt statt, die einfach nur hilfreich oder nicht hilfreich ist, die personell oder materiell besser oder schlechter für Menschen mit Asperger-Autismus aufgestellt ist. Vielmehr findet jedes Aushandeln im Rahmen von historisch gewordenen Normen statt, die in jeder einzelnen Situation zum Tragen kommen und Konflikte verschärfen und Beziehungen belasten oder Entmutigung und Diskriminierung mit sich bringen. Wie Anhorn und Stehr richtig schreiben, werden

> „Konfliktverhältnisse, die der ökonomischen, politischen und sozialen Ordnung strukturell eingeschrieben sind und eine konflikttheoretisch begründete ‚Politik der Verhältnisse' einfordern, […] in personalisierte ‚Problemverhalten' und ‚innere' Konflikte umdefiniert und mit Mitteln einer ‚Politik des Verhaltens' bearbeitet, die auf der Unterstellung eines allgemeinen normativen Konsenses der Gesellschaft beruhen. Kriminalisierung und Pathologisierung/Therapeutisierung stellen dabei […] aufgrund ihrer ‚Funktionslogik' maßgebliche macht- und herrschaftsstrategische Werkzeuge im Prozess der Verdeckung und Umwandlung von Konfliktverhältnissen in individuelle […] Defizite dar." (Stehr & Anhorn, 2018, S. 35)

Die Einschätzung der Autoren, dass dies im Rahmen des neoliberalen Umbaus der letzten Jahre und Jahrzehnte zum Tragen kommt bzw. verschärft der Fall ist, ist sicher für diverse Situationen und Konstellationen richtig. In Bezug auf den Autismus lässt sich zeigen, dass hier zusätzlich gesellschaftliche Grundannahmen von Krankheit und Gesundheit zum Tragen kommen, die weit älter sind als der neoliberale Umbau. Viele der Normen, die Anfang des 20. Jahrhunderts durch Mediziner, Politiker, aber auch von der Fürsorge geformt wurden, teilten Menschen ein entlang der Vorstellungen von gemeinschaftsschädlich/kriminell, asozial/krank, die wir heute noch in Form von Pathologisierungen oder Kriminalisierungen von Verhalten wiederfinden. Wir müssen keine Angst haben, dass unsere Tochter getötet wird, wie es im Rahmen der Kindereuthanasie der Fall war, und auch in so gut wie allen anderen Hinsichten ist keinerlei Vergleich zu den

1940er-Jahren erlaubt, was unsere Rahmenbedingungen und die gesellschaftlichen Umstände angeht. Einzig die Tradition, in der die Diagnose entstand und die Perspektive auf den Umgang mit vermeintlich abweichendem Verhalten, scheint nicht aus der Welt, in der wir uns bewegen. Hans Asperger (1943), nach dem die Diagnose benannt ist, hat sie sich während des Nationalsozialismus in Wien bei der Beobachtung der dort in die Psychiatrie eingelieferten Kinder ausgedacht und später in seiner Habilitationsschrift als „autistische Psychopathie" zur Diagnose gemacht. Diese ist heute vor allem durch angloamerikanische Einflüsse sehr viel breiter gefasst und atmet den Geist der 1940er-Jahre in Deutschland immer weniger. Vor allem professionell damit befasste Menschen wie Ärzt*innen, Fachleute im Jugendamt und Beratungsstellen erleben wir häufig vor diesem Hintergrund als durchaus sehr reflektiert und auf dieser Ebene hilfreich. Die Vorurteile, mit denen wir konfrontiert werden, wenn es um die Diagnose geht, begegnen uns eher vonseiten jener, die nicht viel Wissen über den Autismus selbst haben, vonseiten der Schule über die Mitschüler*innen und deren Eltern – aber sie sind auch in Strukturen geronnen, die dort Normalität und Abweichung beispielsweise in zeitlichen Abläufen als unabänderlich erscheinen lassen und dann durch Personen im Hilfe- oder Schulsystem, die kein explizites Wissen haben, wieder auf uns zurück fallen – wie bei dem Nachteilsausgleich.

**Autismus – eine deutsche Gemütsstörung?**
In jedem Land ist die Geschichte in Bezug auf die Beurteilung vermeintlicher Abweichungen in Verhalten und Körpern von anderen materiellen und ideellen Faktoren geprägt – in dem einen Fall wird eher angenommen, dass die Disziplinierung der Körper sich regulierend auf den Geist auswirkt, in dem anderen werden eher böse Geister für das Leid der Menschen verantwortlich gemacht. Foucault (1977) hat beispielsweise für den europäischen bzw. französischen Kontext gezeigt, wie sich dort die Bestrafung der Körper durch Isolation und Folter zu einer Übernahme der Normen durch jeden einzelnen Menschen selbst und der Arbeit an seiner Selbstoptimierung hin verschoben hat im Rahmen der politischen, ökonomischen und ideologischen gesellschaftlichen Veränderungen der letzten gut 200 Jahre. Die Entwicklung des Gesundheitssystems spielte sich dabei ab im Spannungsfeld von Verwertungs- und Kontrollinteressen, aber auch von Hilfe- und Solidarstrukturen (vgl. Hofmeister, 2008, S. 223). Innerhalb dieses Aufbaus von Institutionen kippte die Betrachtung psychischer Besonderheiten als Phänomene mit biologischer und sozialer Ursache in unterschiedlichen europäischen Ländern eher in eine ursächlich biologistische oder eine soziale Verortung, statt sie als zusammengehörig zu definieren. Beide Betrachtungsweisen des Autismus finden sich in dessen Geschichte und Gegenwart. Sie werden jedoch auch

heute noch selten zusammen gedacht und in Deutschland und zudem traditionell mit devianten Verhaltensweisen in Zusammenhang gebracht, die sich aus der Biologie zu erklären scheinen – eine verheerende Mischung, wie Klaus Dörner zusammenfassend bemerkt:

> „Es gehört zu den schrecklichsten Versuchungen der Psychiatrie, Meinungen, Wahrnehmungen und Erfahrungen im Umgang mit leidenden Menschen nicht nur zu typisieren, sondern ihnen eine pseudonaturwissenschaftliche Weihe zu geben, die es scheinbar erlaubt, diese Meinungen für ‚objektive Realität' zu nehmen." (Dörner, 1984, S. 12)

In Deutschland hat sich früh eine Vorstellung verbreitet, die Kant schon Ende des 19. Jahrhunderts mit dem Begriff „angeerbte Gemüthsstörung" umschrieb (Kant, 1800, S. 217, Paragraph 53). Aspergers Diagnose beschreibt Kinder mit sogenannter „autistischer Psychopathie" 1938 als gemütsarm bzw. bösartig. Entsprechend war das Ziel der Heilpädagogik in seinen Augen, zu verhindern, dass solche „psychisch abnormen" Kinder, wie er es formuliert, „durch ihre kriminellen oder dissozialen Taten die Volksgemeinschaft belasten" – notfalls auch durch Tötung (Sheffer, 2018, S. 96). Der Begriff des „Gemüthes" beinhaltet ein gedankliches Konzept, das seitdem immer wieder genutzt wird – so auch von Hans Asperger bei seinen Beschreibungen des Autismus – und dass es hauptsächlich im deutschsprachigen Raum so zu geben scheint. Es beinhaltet die Vorstellung, dass es etwas Innerliches gäbe, was sich nicht weiter beschreiben lasse, dieses aber erblich mit dem Körper verbunden sei. „Mit der Entwicklung der Keime zur Fortpflanzung entwickelt sich zugleich auch der Keim der Verrückung, wie diese dann auch erblich ist" formuliert Kant in seiner „Anthropologie in pragmatischer Hinsicht" um 1800 (Kant, 1800, S. 217, Paragraph 53)[3]. „Seither war jede idealistische [...] Psychiatrie mit der Tendenz der Überschätzung der von innen ausbrechenden oder sich entfaltenden angeborenen bzw. erblichen Anlage erheblich belastet – namentlich in Deutschland" (Dörner, 1984, S. 205). Die völlig frei erfundene, und übrigens bei näherer Betrachtung schwer zu verstehende Idee, dass Menschen ein Gemüt haben könnten oder es ihnen fehle und dieses gut oder schlecht sein könne, prägte die Diskussionen auch noch Anfang des 20. Jahrhunderts. Menschen mit einem solchen angenommenen schlechten bzw. fehlenden Gemüt wurden entweder als kriminell oder als wahnsinnig klassifiziert. In Deutschland hatte der Begriff von Anfang an etwas Metaphysisches und war

---

[3] Karin Hostettler hat sich mit diesem Zitat und Kants Denken in Bezug auf die rassistischen und kolonialen Implikationen befasst, die in der europäischen Philosophie häufig unterschwellig mitlaufen und die sich mit den hier ausgeführten Gedankengängen verschränken lassen (vgl. Hostettler, 2020).

eng mit nationalistischen und biologistischen Vorstellungen verbunden, die im Nationalsozialismus in spezifischer Art und Weise tödlich wurden.

„In Meyers Lexikon aus dem Jahr 1938 wurde ‚Gemüt' definiert als ‚eine dem Deutschen eigentümliche, in keine andere Sprache übersetzbare Bezeichnung für die gefühlsartig empfundene Innerlichkeit der Seele, mit der der deutsche Mensch sich selbst und das gesamte Dasein erlebt, zutiefst bestimmt durch seine rassische Gefühls- und Werthaltung'." (Sheffer, 2018, S. 79)

Alle für die NS-Ideologie wesentlichen Momente, die auch den Antisemitismus beispielsweise prägen, finden sich in den Beschreibungen Aspergers und seiner Kollegen aus dieser Zeit. So sei die Gemütsarmut ein Problem der Oberschicht, die nicht genug Härte den Kindern gegenüber zeige, durch nicht deutsches Blut und asoziales Verhalten mitbedingt, eine Wichtigmacherei der Kinder, die mit fehlender Anpassung und mangelnder Autoritätsanerkennung einhergehe sowie mit einer Unfähigkeit, sich in die Gemeinschaft einzufügen (vgl. Sheffer, 2018, S. 97 ff.).

**Bewertungen und Abwertungen im Alltag**
Unserer Erfahrung nach haben viele dieser Ideen die Zeit als Fragmente überlebt, auch wenn sich die gesellschaftlichen Rahmenbedingungen verändert haben. Als meine Tochter einer Mitschülerin im Vertrauen von ihren Selbstverletzungen erzählt hat, die sie ab und zu benötigt, um Spannung loszuwerden, wurde ihr gesagt, dass es unmöglich von ihr sei, sich so wichtigzumachen. Deren Familie musste uns noch mal gesondert mitteilen, dass es sich eindeutig um ein Erziehungsproblem einer Akademikerfamilie handele, wenn Kinder so etwas nötig hätten, um sich in den Mittelpunkt zu rücken. Solche Bewertungen stellen uns und unsere Tochter immer wieder vor unlösbare Konflikte: Wenn wir uns herauswagen aus den eigenen vier Wänden, ist es nötig, dass dies mit ihr gemeinsam so passiert, dass es sie nicht völlig überfordert. Das ist aber praktisch unmöglich, sodass zum einen die Konzentration auf sie für viele Umstehende wie eine sehr merkwürdige Überbehütung daherkommt. Dazu scheint sie ein als abweichend wahrgenommenes Verhalten nötig zu haben, wie die Außensicht suggeriert, das nicht aus der Spezifik ihrer Bedarfe, sondern aus der Verschrobenheit ihres und unseres Verhaltens erklärt wird. Dieses scheinbar verschrobene Verhalten, für das gerne wir als Eltern haftbar gemacht werden, ändert sich, je nachdem, was unsere Tochter gerade braucht und wie die Umgebung reagiert, immer wieder. Das macht es nicht einfach, sich darauf einzustellen, zumal es ganz unterschiedliche Lebensbereiche betrifft, beispielsweise die Essgewohnheiten.

„Die Essgewohnheiten von Kindern mit Autismus, ihre Vorlieben und Abneigungen sind manchmal extrem. Es gibt Kinder, die nur eine bestimmte Art von Nahrungsmitteln essen oder darauf bestehen, nur von einem bestimmten Teller zu essen oder nur aus einer bestimmten Tasse zu trinken. [...] Wegen der schlechten Tischmanieren ihres Kindes mit Autismus und seiner unvorhersehbaren Verhaltensweisen wollen viele Eltern nicht mehr mit der Familie essen gehen. [...] Kinder mit Autismus [...] haben manchmal eine Gewohnheit [...], dass sie ungenießbare Substanzen verschlingen, wie Knöpfe, Reißzwecken, Würmer, Sand oder vermoderte Blätter." (Aarons & Gittens, 2010, S. 76 f.)

In der Literatur wird häufig berichtet, dass sich Eltern damit behelfen, dass sie nur noch auf Raststätten oder in Fast-Food-Restaurants essen gehen, da es dort weniger wichtig ist, wie sich die Kinder verhalten. Das ist verständlich und gleichzeitig schrecklich, vor allem, weil diese Berichte zum Autismus zumindest in der deutschsprachigen Literatur beispielsweise unkommentiert wiedergegeben werden, statt sie mit einer Aufforderung oder der Ermutigung zu versehen, anderen Menschen ein solches Verhalten zuzumuten. Recht selbstverständlich wird so der Ausschluss normalisiert. Daher liegt es nahe, dass die ganze Familie sich immer mehr auf den häuslichen Bereich konzentriert, in dem Konflikte scheinbar weniger auftreten. Hinter dieser Verlagerung brodelt jedoch die Familie in einem Dauerkonflikt, wenn nicht alle Mitglieder gleichermaßen diesen Rückzug auch ertragen und die eigentliche Ursache des Konflikts auf diesem Weg als Familienproblem individualisiert wird. Dieser Dauerkonflikt ist aber, da in die eigenen vier Wände verschoben, nicht mehr öffentlich sichtbar und verhandelbar. Das führt dazu, dass eine Anpassungsleistung aller Beteiligten im Nahbereich gefordert ist. Es müssen Gewohnheiten und Routinen entstehen, um die Lebenssituation für alle aushaltbar zu machen. Damit geht einher, dass die Isolation für alle Familienmitglieder zur Normalität wird. Das Aus-dem-Haus-Gehen stellt zunehmend einen Stressfaktor dar, da es immer weniger geübt wird und für absolute Sondersituationen wie Krankenhausaufenthalte oder Ähnliches reserviert bleibt. Diesen Rückzug aus dem sozialen Leben erleben viele Eltern als alternativloses und schwer zu ertragendes Begleitproblem des Autismus ihrer Kinder. Dass dieser Rückzug nicht automatisch der Fall sein muss, sondern viel mit gesellschaftlichen Normen und Regeln zu tun hat, zeigen Geschichten aus anderen Ländern: In der Netflix-Serie „Atypical", die ein großer Erfolg war, wird eine Familie mit zwei Elternteilen und zwei Kindern gezeigt, von denen eines die Diagnose Autismus bekommen hat. Zwar ist er die Hauptfigur, aber die Schwierigkeiten, die seine Notwendigkeiten für die Familie mit sich bringen, werden genauso deutlich. In dieser Serie wird der amerikanische Umgang mit Behinderungen überpointiert dargestellt: Die Mutter ruft beispielsweise in Läden an und bittet die Mitarbeiter, die Lichter zu dimmen und die Kundschaft kurz zu vertrösten, die Musik auszumachen und schon mal Jeans in einer bestimmten Größe herauszulegen, bevor sie mit dem Sohn in den Laden kommt. In Deutschland wäre ein solches Vorgehen komplett abwegig, sodass ich einen Großteil meiner Zeit bereits damit verbracht habe, Sachen zu kaufen und wieder zurückzubringen, weil ein Schild stört, ein Stoff kratzt oder Ähnliches, was für mich vorher nicht absehbar war.

Egal, ob Rückzug oder offensiver Umgang – wir werden als überbehütende Eltern interpretiert, die ihren Kindern zu viel Aufmerksamkeit widmen, die Beziehung statt Erziehung in den Mittelpunkt stellen und vermeintlich jeden Wunsch nach „Extrawürsten" auch noch fördern: eine bestimmte Tasse, aus der getrunken werden muss, ein eigenes Zimmer beim Verreisen, keine Weihnachtsbesuche bei den Großeltern, weil der Tagesablauf sich hier nicht vorher besprechen lässt etc. Das Achten auf die Bedürfnisse des Kindes steht fast zwangsläufig im Konflikt mit den Beziehungen zu anderen Menschen, die mit mehr oder weniger Verständnis reagieren, meistens jedoch stellt die Entscheidung für das Kind eine Entscheidung gegen andere Personen, Orte oder Situationen dar. Wenn es gut läuft und es dem Kind gut geht und wenig sogenannte Auffälligkeiten zu sehen sind, führt das wiederum nicht dazu, dass unser Bemühen als sinnvoll verstanden wird – vielmehr zeigt das dann nur, wie wenig nötig es ist, was wir tun, wo doch das Kind wunderbar funktioniert. Die Konflikte, die Eltern durchmachen, hat eine Abschlussarbeit zum Thema kürzlich wie folgt auf den Punkt gebracht:

> „Die betroffenen Eltern sind andauernd damit beschäftigt, die Verhaltensweisen des Kindes, beispielsweise die soziale Interaktion, zu rechtfertigen […]. Gleichzeitig verhalten sich besonders die Mädchen sehr angepasst und nur im häuslichen Umfang auffällig, was zu Unverständnis seitens der Gesellschaft führt (…). Diese Ambivalenz zwischen der Rechtfertigung der Besonderheit und der Markierung der Andersartigkeit wird als enorm belastend wahrgenommen." (Zawacki, 2019, S. 104)

Häufig sind es die Kategorien, die bereits in Aspergers Werken eine Rolle spielten, mit denen wir konfrontiert werden, wenn es darum geht, die Situation, in der wir leben, von außen zu beurteilen: fehlende harte Hand, fehlende Anpassung, fehlende Orientierung, falsche Prioritätensetzung, mehr Disziplin – oder in der anderen Variante: mehr Medikamente oder Therapie. Besonderheiten, die wir in Form einer Diagnose pathologisieren lassen mussten, um Unterstützung zu bekommen, werden dabei häufig in ihrer organischen Komponente und damit erst mal gesetzten Seinsform ignoriert und als reines Verhaltensproblem pädagogisiert. Der Lehrer meiner Tochter ist trotz eines psychiatrischen Gutachtens und des Nachteilsausgleichs der Meinung, er müsse ihr Flexibilität, das Aushalten von Körperkontakt, Unruhe und ständige Veränderung, beispielsweise bei der

Sitzplatzwahl, zumuten, um ihr beizubringen, mit solchen Situationen umzugehen. Gerne geht er an ihr vorbei, wenn er sieht, wie sie unter der Situation leidet, und raunt ihr zu, das sei eine große Chance für sie, Unruhe aushalten zu lernen. Unsere Erfahrung, dass die meisten Menschen, mit denen wir zu tun haben, unsere Schwierigkeiten wahlweise für ein pädagogisches oder ein zu therapierendes Problem halten, in jedem Fall aber für ein Verhalten, das zu verändern ist und von dem auch erwartet wird, dass wir als Bezugspersonen es verändern, zieht sich durch unseren Alltag. Man selbst kann diese Wahrnehmung eigentlich nur verschlimmern, indem man versucht, sich zu erklären: Entweder macht man dann zu wenig oder zu viel vermeintliches Drama um die Lebenssituation. Dass die Kinder genauso wie die Eltern und andere enge Bezugspersonen vor allem so angenommen werden müssen, wie sie sind, dass diese engen Bezugspersonen ernst genommen werden müssen als diejenigen, die ihr Kind gut kennen und sich anwaltlich an seiner Seite befinden, das ist in den seltensten Ausnahmefällen eine Denkoption. Eltern und andere enge Bezugspersonen sind selbst in einer Isolationssituation, wenn sie bei dem Kind bleiben möchten – noch vor der größtenteils diese verschärfenden Reaktion der Umwelt –, und Inklusion hieße in Bezug auf die Unterstützung der Familie in erster Linie, diese Isolationssituation zu mindern.

**Expert*innendeutungen des Autismus**
„Wir behaupten, Autisten fehlt Empathie. Nein, uns fehlt sie. Für sie." (Wagner, 2020, S. 135).

Für Eltern ist es wichtig zu wissen, was die Ursachen der Schwierigkeiten der Kinder sind. Allerdings sind sich Expert*innen schon darüber nicht einig, was genau im Hirn anderes passiert als bei neurotypischen Hirnen. Zwei prominente Theorien behaupten sehr unterschiedliche Szenarien über das, was im Kopf von Menschen mit Autismus los ist. Mit sehr unterschiedlichen Konsequenzen: Vereinfacht gesagt, geht die „Theorie of Mind" davon aus, dass es Autist*innen nicht möglich sei, sich in andere einzufühlen, und dass dies auf einem Mangel an Botenstoffaustausch im Hirn basiere. Insofern setzen die meisten Medikamente und Behandlungsideen darauf, das Gehirn anzuregen, z. B. durch Medikamente, die auch bei ADHS verordnet werden. Allerdings ist es offensichtlich, dass Menschen mit Autismus wie meine Tochter sehr viele Bewegungen sehr oft machen müssen, zu viel und mehr sehen und fühlen als andere Menschen und dies nicht recht mit dieser Theorie zusammenpasst. Dies wird dann häufig mit einer weiteren Diagnose erklärt (z. B. Schizophrenie). Es gibt jedoch auch Forscher*innen, die aus diesen Tatsachen und aus ihren Forschungsergebnissen schließen, dass das Gehirn zu viel Reize sendet und daraus Rückzug und Angst resultieren. Diese Theorie haben Markram und sein Team „Theorie of intensive Mind" genannt

(Wagner, 2020). Markram ist Hirnforscher mit einem Sohn mit Autismus, der sich mit der Hypothese, dass Menschen mit Autismus zu wenig Empathie hätten, nicht abfinden wollte, da er bei seinem Sohn das Gegenteil sah. Die Konsequenzen, die er daraus ableitet, besagen, dass Kinder mit Autismus in den ersten Lebensjahren weitgehend isoliert werden sollten und die Reize, die sie erleben, eingeschränkt, um in der Zeit, in der das Gehirn die höchste Plastizität hat, eine Überforderung zu verhindern und dadurch die negativen Folgen der Gehirnbesonderheit abzumildern. Diese Konsequenzen scheinen mir doch recht gewagt und werden auch international kritisch diskutiert – allerdings setzen sie voraus, dass sich schon bei kleinen Kindern beispielsweise anhand von Messungen der Hirnströme vorhersagen lassen kann, ob sie zum Autismus neigen, und dies wiederum könnte dazu führen, dass Eltern mit der Empfehlung, darauf zu achten, ob und wie die Kinder durch Reize überfordert werden, eine Handlungsmöglichkeit hätten, die sie weniger allein lässt. Hätten wir einen Hinweis gehabt, dass das Kind möglicherweise einfach aufgrund seiner Disposition überfordert ist, wäre das eine große Unterstützung gewesen. Wenn unsere Tochter jahrelang in der Kita „nicht ankam", wie es hieß, also sich zurückzog, weinte, nicht hinwollte, nicht schlief, wenn andere Kinder schlafen sollten, ständig krank war, dann war die einzige Erklärung die, dass ich oder wir zu viel klammerten oder zu wenig loslassen konnten oder Ähnliches, weshalb das Kind ein solches Verhalten zeigte. Solche Erklärungen hören viele Eltern, deren Kinder sich schwertun, in einer Kita klarzukommen. Für Eltern, die genau merken, dass es ihrem Kind regelrecht körperlich schlecht geht, wenn es unter Menschen soll, die keine große Verbesserung erleben in der Kita und die sehen, dass sich das Unwohlsein des Kindes auch auf viele andere Situationen bezieht, wird eine solche Erklärung zum unlösbaren Konfliktfeld, das die Beziehung zum Kind, zur Umwelt und miteinander infrage stellt.

**Biologisierung der Konfliktverhältnisse – Handlungsmöglichkeiten der Mütter?**
In einer Gesellschaft, die gerne biologistische Kategorien benutzt, um Dinge zu erklären, ist es verwirrend, wenn an einer solchen Stelle plötzlich niemand auf die Idee kommt, dass hier eine hirnorganische Ursache der Grund für das Verhalten des Kindes sein könnte. Stattdessen ist es jetzt das falsche Erziehungsverhalten oder Unvermögen der Eltern, vor allem der Mütter, das als Ursache herangezogen wird. Auch diese Erklärungen haben eine lange Tradition, die ihren wissenschaftlichen Ausgangspunkt unter anderem auch in Wien der 1940er-Jahre haben. Neben Asperger war es Kanner, der damals den Autismus beschrieben hat, und zwar vor einem psychoanalytischen Hintergrund. Auf ihn stützten sich die Arbeiten Bettelheims, der den Begriff der Kühlschrankmütter prägte (vgl. Sinzig, 2011, S. 3). Diese andere – auf die Umwelt und die innerpsychischen Prozesse

fokussierte – Tradition, in der Kanner seinen frühkindlichen Autismus beschrieb, hinderte ihn jedoch nicht daran, die Vorurteilsstrukturen seiner Zeit in seine Theorien zu integrieren. So erklärte er den frühkindlichen Autismus auch damit, dass die Mütter die Ursache für den Autismus seien, da sie zu wenig Wärme und Liebe gäben und daher die Kinder sich so zurückziehen müssten. Für diese These hat er sich später entschuldigt, sie kursiert jedoch immer noch als Erklärung in den Köpfen von Menschen, die einem begegnen. Und auch hier wird das Missverständnis sichtbar, dass nicht die Eltern intuitiv richtig auf Signale des Kindes reagieren, indem sie z. B. das Kind nicht ständig anfassen und ihm mehr Platz lassen, sondern dass ihr Verhalten als Ursache für das Verhalten des Kindes gilt.

Dass es die Mütter seien, die ursächlich mit der Andersartigkeit der Kinder verbunden seien, ist eine These, die mein Leben und das vieler Mütter von Kindern mit Autismus maßgeblich mitbestimmt. Auf der Suche nach Ideen, wie es möglich ist, als Mutter auf diesem Kampffeld zu bestehen, wurden mir verschiedene Bücher empfohlen. Unter anderem eines, das von einer Mutter mit Autismus herausgegeben wurde. Es heißt „Gut leben mit einem autistischen Kind. Das Resilienz-Buch für Mütter" (Preissmann, 2015). Resilienz wird definiert als „innere Stärke eines Menschen, Konflikte, Misserfolge, Niederlagen, Lebenskrisen und persönliche Schicksale zu meistern (…)" (ebd., S. 11). Einleitend werden Faktoren genannt, die Menschen helfen, gestärkt aus diesen Situationen hervorzugehen. Diese sind das Begreifen von Krisen als Chancen, das Umdeuten von Misserfolgen in Erfolge, Optimismus, Akzeptanz und Ähnliches (ebd., S. 15 ff.). Vorne steht „Hilfe aus eigener Kraft" auf dem Buch. Im Buch selbst finden sich dann Erfahrungsberichte von Müttern mit Kindern mit Autismus, die sich allesamt in meinen Augen wie Katastrophenerzählungen lesen, in denen die Mütter beschreiben, wie unglaublich fremdbestimmt, anstrengend und eingeschränkt ihr Leben ist – um dann immer wieder zu beteuern, dass sie dennoch keinen Tag mit ihrem Kind missen möchten und dieses sehr lieben. Für mich lesen sich Geschichten wie diese wie eine Bankrotterklärung sämtlicher sozialer und gesellschaftlicher Zusammenhänge, insbesondere des Hilfesystems. Das Buch thematisiert durchaus, dass es außerhalb der Familie Unterstützung geben sollte, gleichzeitig stellt für die Mütter, die dort zu Wort kommen, ihre Mutterschaft unter den gegebenen Bedingungen eine solche Belastung und Isolationssituation dar, dass individualistische Hinweise darauf, dass auch die Mütter therapeutische Hilfe in Anspruch nehmen könnten und Ähnliches, doch sehr pragmatisch und verloren daherkommen. Die meisten Mütter erscheinen furchtbar unglücklich, überfordert und einsam und schätzen ihre Handlungsmöglichkeiten in Bezug auf ihr Wohlergehen als sehr gering ein bei einer gleichzeitigen totalen Verantwortungsübernahme gegenüber dem Kind und der Familiensituation. Aus einer feministischen Perspektive liest sich dies wie ein Rückschritt in Zeiten, in denen Frauen in jeder Hinsicht noch kein Wahlrecht hatten: Eine unglückliche Mutter, die ihre Ehe nur akzeptiert, weil sie zu Hause ist und alleinerziehend noch weniger Handlungsmöglichkeiten für sich sieht, schildert ihr Leben – und dieses Leben ist auch aus Sicht meiner Tochter, die das Buch ebenfalls gelesen hat, ganz furchtbar. Meine Tochter hat mich daraufhin sofort ermuntert, etwas an meinem Leben generell zu verändern, sollte ich unglücklich sein, um auf keinen Fall in eine solche Situation zu kommen, zur Not unter größeren Opfern ihrerseits. Die einzige Handlungsmöglichkeit, die es im Denken vieler Frauen zu geben scheint, ist diejenige, die Kinder großzuziehen und danach wieder selbst ein Leben zu beginnen – wobei sich die Frage stellt, inwieweit ein Kind mit Autismus jemals so selbstständig sein wird, dass es der Mutter erlaubt, wieder ein selbstbestimmteres Leben zu führen. In den beschriebenen Situationen steckt so viel individualisierter politisch-gesellschaftlicher Konflikt, dass zumindest ich nach der Lektüre des Buchs einfach nur furchtbar wütend wurde. Es verweist auf mindestens zwei gesellschaftliche Probleme, die den Lebenssituationen und Gedankengängen der Mütter zugrunde liegen: Einerseits wird Frauen nach wie vor häufig eine spezifische Rolle als Mütter nahegelegt. Allerdings nicht nur, weil sie eine soziale Rolle wahrnehmen, sondern mit dieser geht nach wie vor eine sich scheinbar direkt aus der Biologie als Frau ergebende Übernahme von Tätigkeiten einher, die keinerlei Wahlmöglichkeiten darüber zulässt, ob die Frauen diese beispielsweise aufopferungsvoll ausfüllen wollen oder diese mit Unterstützung übernehmen wollen. Diese scheinbar natürliche Nahelegung, die unkommentiert mitläuft als scheinbar biologisch gegebene Kategorie „Mutter" und aus der bestimmte Lebensweisen und Tätigkeiten zu folgen scheinen, macht es nach wie vor vielen Frauen schwer, sich Hilfe zu holen oder die Rolle als Mutter anders leben zu wollen – vor allem, wenn die Hilfe dermaßen schwierig zu bekommen ist. Real übernehmen daher viele Frauen die von ihnen erwartete Rolle, insofern ist es durchaus sinnvoll, sie auch als „Mütter" zu adressieren. Allerdings – wenn sie als solche angesprochen werden, dann ist eine Erweiterung der Perspektive jenseits des Gegebenen notwendig, der die Kategorie „Mutter" trennt von der Biologie und auch andere Bezugspersonen, sexuelle Identitäten und Verhaltensweisen als diejenigen denkbar macht, die diese oder eine ähnliche Rolle übernehmen. Und es benötigt Geschichten und Ideen, die zeigen, dass auch ganz konkret andere Lebenswege und Entscheidungen denkbar sind jenseits der aufgedrängten und dann bewunderten Selbstaufgabe. Wenn diese Erweiterung sprachlich wie inhaltlich nicht passiert, scheint es, als wäre die Einordnung in die Kategorie „Mutter" – und das ist nicht vor allem ein Problem dieses Ratgebers – ein quasibiologisches Schicksal, das mit dem Kind verbunden wird. Die Diagnose

Autismus scheint wie ein Käfig über die Mutter zu fallen, in dem sie ihr restliches Leben gefangen bleibt, zurückgeworfen auf ihre Biologie, in der aus dem Gebären eines Kindes mit Autismus die lebenslange Selbstaufgabe und Abhängigkeit zwangsläufig zu folgen scheinen. Die Handlungsmöglichkeiten innerhalb dieses Käfigs beschränken sich dann darauf, die Lebenssituation in dem Käfig als Glück umzudefinieren, Yoga zum Ausgleich zu machen und sich zu freuen, wenn nicht jeder Tag gleich furchtbar verläuft.

Neben der antifeministischen Komponente ist es auch eine problematische individualisierende Definition von Krankheit und Gesundheit, die in dieser Betrachtung steckt. Gesundheit ist ja „nicht bloß ein biologischer, psychologischer oder sozialer Begriff, sondern muss als gesellschaftlicher Begriff verstanden werden" (Hofmeister, 2008, S. 227). Gesundheit bedeutet immer auch zumindest eingeschränkte Verfügungsmacht über die eigenen Lebenssituationen. Wenn Eltern autistischer Kinder auf ihren familiären Innenbereich verwiesen sind und sich ihre Handlungsoptionen lediglich im so oder anders gearteten Umgang mit dem Kind und den wenigen freien Minuten, die verbleiben – Yoga oder Fernsehen – über viele Jahre auszuschöpfen scheinen, dann ist es in erster Linie wichtig, diese Isolation aufzubrechen. Gesundheit zu fördern, bedeutet sicher auch, Tipps zum Leben in der Isolation beizusteuern, aber doch vor allem den Blick öffnen zu helfen für das Leid an der Einschränkung der Handlungsfähigkeit, die Ausgeliefertheit an die Situation, die Abgeschnittenheit von der Verfügung über die eigenen Lebensbedingungen (ebd., S. 227, nach Holzkamp, 1983, S. 246), die es verunmöglicht, sich als Mensch im Sinne Arendts zu realisieren. Diese Isolation betrifft Eltern behinderter Kinder generell, da die Abgeschnittenheit von der Welt immer mit dieser Lebenssituation einherzugehen droht. Das Gesundheits- und Hilfesystem hätte hier die Aufgabe, die „Verfügung über die Bedingungen der eigenen Gesundheit" (ebd., S. 228) – und zwar die aller Beteiligten – in den Vordergrund zu rücken. Hierfür ist eben dann nicht allein die Frage relevant, woher das Leid rührt (ist es biologisch, sozial oder gesellschaftlich?), sondern wie ein Mehr an Verfügungsmöglichkeiten über das eigene Leben wiederherzustellen ist. Dieses Mehr an Verfügungsmöglichkeiten erfahrbar zu machen und einen Prozess zu begleiten, der mehr Teilhabe ermöglicht – auch für die Angehörigen und das Umfeld –, wäre ein sinnvoller Beitrag der Sozialen Arbeit, aber auch der Heil- und Kindheitspädagogik beispielsweise in diesem Zusammenhang.

## 3 Wie können Konfliktverhältnisse zur Aushandlung von Teilhabe genutzt werden?

„Eine gemeinsame Welt verschwindet, wenn sie nur noch unter einem Aspekt gesehen wird; sie existiert überhaupt nur noch in der Vielfalt ihrer Perspektiven." (Arendt, 2002, S. 73)

Schaut man vor diesem Hintergrund noch einmal auf die anfangs geschilderte Situation, in der es um den Nachteilsausgleich geht, stellt sich die Frage, was nötig wäre, um Konfliktverhältnisse wie diese weniger als personalisiertes Problemverhalten und individuelles Defizit (vgl. Stehr & Anhorn, 2018, S. 35) umzudeuten und damit in die Familien zurückzuverlegen, was die Konflikte dort in jedem Fall verschärfen muss. Hierfür wäre eine Perspektive nötig, die nicht die Anpassung des pathologisierten Einzelnen in den Fokus rückt, sondern in der die Perspektive des Einzelnen als so relevant geschätzt wird, dass die Aushandlung und Veränderung aller beteiligten Personen und Verhältnisse in den Mittelpunkt rücken. Hier wäre die angestrebte sich ständig verändernde Norm zu suchen statt in einem unterstellten normativen Konsens, der Schulstunden nur im Dreivierteltakt denken kann. Die Frage, was nötig ist, um eine solche Perspektive für die im Hilfesystem professionell tätigen Personen einzunehmen, ist sicher sehr vielschichtig. Insofern soll sich das Nachdenken hier beschränken auf zwei Aspekte, einen formalen und einen inhaltlichen: Einerseits müsste dieses „anders" sicher eine andere Art der Perspektive auf Konfliktverhältnisse und deren Aushandlung beinhalten, andererseits eine andere Perspektive auf den einzelnen Menschen und seine spezifischen Bedürfnisse – in diesem Fall den Autismus – selbst einnehmen. Klar ist, dass Machtverhältnisse und individuelle Handlungsmöglichkeiten nur ineinander verwoben auftreten im echten Leben. Es ist ja nicht so, dass es dort die „böse" Schule und das Jugendamt gibt und hier uns und unsere Tochter, die sich gegenüberstehen wie in einem Schurkenfilm. Stattdessen ist die Sozialarbeiterin auch eingebunden in Machtverhältnisse und Normierungen, und meine Tochter hat viele der Normierungen, die sie umgeben, schon so verinnerlicht, dass es ihr auch nicht umstandslos möglich ist zu formulieren, was sie möchte. Was bleibt, ist ein hierarchisches Gefälle in den Aushandlungsprozessen, in denen die Schule gewährt und wir beantragen und meine Tochter dabei permanent Angst hat, mindestens als lästig zu gelten, auch bei den Mitschüler*innen. Um aus diesen Situationen insofern herauszukommen, als Klärungsversuche nicht in jeder Situation einfach nur bestehende Machtverhältnisse und Normierungen reproduzieren, sind neben strukturell guten Voraussetzungen (die aber in unserem Fall gar nicht unbedingt schlecht waren in Form von genehmigten Stunden etc.) ein Handwerkszeug und eine generelle Haltung notwendig, die dies ermöglichen.

Erst wenn es Sozialer Arbeit gelingt, nicht als eine Aufforderung zur Ein- und Anpassungsleistung innerhalb unveränderbarer Strukturen zu agieren, sondern als ein Impuls, der ein Eingebundensein in ein sich ständig veränderndes Netz aus Beziehungen und in soziale Zusammenhänge zum Gegenstand und Ziel hat (vgl. Weber, 2016), könnte sie tatsächlich hilfreich agieren. Arendts Perspektive auf Menschen, die einen radikalen Neuanfang darstellen, allein durch die Tatsache ihrer Geburt, mit der sie das vorhandene unausweichlich verändern, könnte hierfür hilfreich sein. Mit einer solchen Perspektive kann auch ganz praktisch eine „Stärkung individueller und kollektiver Teilhabemacht" (Kunstreich, 2016, S. 22) in den Vordergrund rücken. Kunstreich (2009) setzt den Begriff der Teilhabemacht zentral, wenn er bei der Beschreibung seines Arbeitsprinzips Partizipation von der Erweiterung der Handlungs- und Erfahrungsdomänen der Betroffenen spricht. Eine Idee wie diejenige, dass sich meine Tochter überlegen soll, welche Schulstunde sie um wie viel Minuten verpassen möchte, wenn sie einen Nachteilsausgleich in Anspruch nimmt, mag den Aussprechenden wie eine hohe Beteiligung der Betroffenen erscheinen, ist aber so grundlegend aus einer Perspektive des unverrückbaren Bestehenden gedacht, in der der einzelne Neue sich anpassen muss, dass dies in keinem Fall zu einer Erweiterung von Handlungsmöglichkeiten führen kann. Wenn jedoch Konflikte als etwas gesehen werden, innerhalb dessen Menschen verhandeln, wie Strukturen und Normen sein sollten, dann können sie produktiv genutzt werden. Dies setzt aber eine Perspektive voraus, in der Menschen durch die Tatsache ihres einzigartigen Neu-Seins auch immer die Möglichkeit eingeräumt wird, auch in anderen Bedingungen als den Bestehenden leben zu wollen.

An unserem Beispiel ist sehr eindrücklich zu sehen, dass die Beteiligung von Betroffenen formal betrachtet hoch sein kann (vgl. Straßburger & Rieger, 2018), dennoch im Ergebnis völlig den Erfordernissen der Betroffenen zuwiderlaufen kann, wenn nicht Menschen als radikal Neue und als Einzigartige wahrgenommen werden, die jeweils neu in Zusammenhänge verstrickt werden müssen mit ihrem Handeln und Sprechen. Für Arendt liegt in diesen Fähigkeiten „das Mensch sein" als politisches und gesellschaftlich handelndes Wesen verborgen:

> „Sprechend und handelnd schalten wir uns in die Welt der Menschen ein, die existierte, bevor wir in sie geboren wurden, und diese Einschaltung ist wie eine zweite Geburt, in der wir die nackte Tatsache des Geborenseins bestätigen, gleichsam die Verantwortung dafür auf uns nehmen." (Arendt, 2002, S. 215)

Jenseits dieser generellen Perspektive auf Teilhabe als Mensch unter Menschen gibt es noch eine inhaltliche, in unserem Fall die Perspektive auf den Autismus meiner Tochter. Wie beschrieben ist die Diagnose selbst ein Produkt kultureller

Aushandlungen über Normen, Gesundheit und Abweichungen, die innerhalb von Macht- und in diesem Fall sehr eindeutig von Gewaltverhältnissen entstand. Und wie beschrieben scheint es ausgesprochen schwierig, sich aus diesen gedanklich selbst herauszulösen. Hierfür ist es hilfreich, sich englischsprachige Literatur zum Thema Autismus anzuschauen, vor allem aus den USA, um den eigenen Horizont überhaupt so zu erweitern, dass es möglich wird, anders über die entstehenden Konfliktverhältnisse nachzudenken, als es uns nahegelegt wird. Es gibt in den USA eine Bewegung von Menschen, die den Autismus nicht als „schwerwiegende, zu eliminierende Krankheit, sondern eine *neurological variation* in Form eines menschlichen Seins (neurodiversity)" (Theunissen, 2014, S. 10) beschreibt. Die Selbsthilfebewegungen sprechen sich daher dafür aus, den Begriff der *autism spectrum disorder,* also der autistischen Spektrumsstörung, zu nutzen, um zu verdeutlichen, dass es sich um eine große Bandbreite von Besonderheiten menschlichen Seins handelt, die sich aus ihrer Sicht unter dem Begriff der *development disability,* also einer Behinderung der Entwicklung, am besten grob zusammenfassen lässt. Allerdings ist es wichtig, auch hier zu verstehen, dass es sich bei dem Begriff der Behinderung *(disability)* nicht um den individualisierenden Begriff handelt, wie er meist im deutschsprachigen Raum gebraucht wird, sondern denjenigen, der sich auch aufgrund der Intervention von Behindertenrechtsbewegungen in der Behindertenrechtskonvention (UN-BRK) findet. Diese schließt an das zuvor beschriebene Verständnis von Gesundheit an: Behinderung wird in der UN-BRK gedacht als etwas, was „aus der Wechselwirkung zwischen Menschen mit Beeinträchtigungen und einstellungs- und umweltbedingten Barrieren entsteht" (UN-BRK, 2008, Präambel e). Diese hindern Menschen mit Beeinträchtigungen an der vollen, wirksamen und gleichberechtigten Teilhabe an der Gesellschaft (vgl. UN-BEK, 2008, Artikel 1, S. 2). Behinderung ist insofern die Konsequenz aus den Besonderheiten des Einzelnen und dem Unvermögen der Umwelt, sich auf diese einzustellen.

Diese Sicht auf den Autismus als Spektrumsstörung hat sich – auch aufgrund aktueller wissenschaftlicher Erkenntnisse zum Autismus selbst – in der Revision des Diagnosenkataloges DSM 4 zu DSM 5 niedergeschlagen. Dennoch beschreiben auch Eltern, deren Kinder in den USA ihre Diagnose erhielten, dass es für sie unheimlich schwierig war, gegen die Hoffnungslosigkeit anzukämpfen, mit denen Ärzte und andere Professionelle eine scheinbar aussichtslose Zukunft und kaum Entwicklungsmöglichkeiten für ihre Kinder vorhersagen – was sich in der Regel bei guten Umweltbedingungen als falsch erweist (vgl. Silberman, 2015, S. 9).

Georg Theunissen hat sich mit der Geschichte und Gegenwart des Umgangs mit dem Autismus in den USA, vor allem in Kalifornien, und den Unterstützungsmöglichkeiten dort beschäftigt. Interessant ist, dass sich die Methoden – beispielsweise der persönlichen Zukunftsplanung – gar nicht so sehr unterscheiden von denen, die beispielsweise auch die Einzelfallhilfe im Bereich Behinderung in Deutschland nutzt. Aufgrund einer starken Selbsthilfebewegung, die sich immer als sehr rechtebasierte Bewegung gesehen hat, existieren jedoch in den USA Gesetze wie der „Americans with Disabilities Act" von 1990. Diese drehen in der Beschulung die Logik der Anpassung zunächst um: Priorität hat die Beschulung in einer Regelschule mit Unterstützung, danach die Beschulung in einer Regelschule in einer besonderen Klasse und erst danach die Beschulung in einer Fördereinrichtung. Immer geht ein Plan einher mit der Diagnosestellung, der Anpassungen nicht des Kindes, sondern des Unterrichts und dessen Strukturen in Form von Technik, technischer personeller Unterstützung und zeitlichen Strukturen beinhaltet und dessen Einhaltung für die Schule zwingend ist (vgl. Theunissen, 2014, S. 155 ff.).[4] Federführend innerhalb dieser politischen Kämpfe ist das Autistic Self Advocacy Network (ASAN), das die Sicht auf den Autismus als ein Spektrumskonzept vertritt und dabei die Diagnose nicht an den Defiziten einer Person, sondern an deren besonderen Charakteristika festmacht. Lesen sich in der deutschsprachigen Literatur die mit der Diagnose einhergehenden Zuschreibungen meist wie ein Albtraum aus Dingen, die nicht funktionieren („kann dies nicht, kann das nicht, ist auffällig hier, unfähig dazu ..."), so liest sich die Diagnosebeschreibung des ASAN zunächst einmal wie eine Besonderheit, die autistische Menschen teilen, und aus der Schwierigkeiten, aber auch Stärken ableitbar sind: "We think differently. [...] We process our senses differently. [...] We move differently. [...] We communicate differently. [...] We socialize differently. [...] We might need help with daily living." (vgl. ASAN, 2020)[5] Was diese andere Darstellung desselben Phänomens zeigt, ist, dass es keiner Leugnung von individuellen

---

[4] Wobei die Verhältnisse in den USA nicht prinzipiell als Vorbild dort taugen, wo die Frage nach guten Förderungen nach wie vor auch an finanzielle Ressourcen und an die Zugehörigkeit zu einer konstruierten Gruppe beispielsweise der „Weißen" geknüpft wird. Die Schulbehörde hat jedoch sehr strenge Vorgaben, mit denen sie Schulen überprüft und die Vergabe von finanziellen Mitteln beispielsweise an die Einhaltung dieser Vorgaben knüpft.
[5] Georg Theunissen übersetzt diese Auflistung wie folgt:
- „unterschiedliche sensorische Erfahrungen [...]"
- „ein unübliches Lernverhalten und Problemlösungsverhalten [...]"
- „ein stark fokussiertes Denken und leidenschaftliches Interesse für spezifische Dinge [...]"
- „atypische, manchmal repetitive Bewegungsmuster [...]"
- ein „Bedürfnis nach Beständigkeit, Routine und Ordnung [...]"

Herausforderungen und Schwierigkeiten bedarf, sondern einer Perspektive, in der Menschen einerseits nicht in Schubladen gesteckt werden und andererseits bestehende Normen und Systeme als gegeben betrachtet werden. Vielmehr können das Potenzial wie auch die Schwierigkeiten von Menschen sich erst zeigen und Teilhabemöglichkeiten dann erst gefunden werden, wenn Menschen die Chance haben, sich tatsächlich im Sinne Arendts in gesellschaftliche Zusammenhänge zu verstricken.

## 4 Zum Schluss

Abschließend möchte ich noch einmal zurückkommen auf das Beispiel mit dem Nachteilsausgleich, aber zunächst auf ein Video hinweisen, das ich sehr erhellend fand zur Frage der Normen von Kommunikation. Es ist auf YouTube zu sehen und heißt „In my language". Darin filmt sich Amalia Baggs (2020) bei den Bewegungen und Dingen, die sie gerne macht: Wasser über die Finger laufen lassen, den Körper hin- und herbewegen, etwas riechen oder anfassen. Die Szenen erscheinen vermutlich den meisten Menschen als typisch autistische – scheinbar unsinnige und irgendwie verrückte, möglicherweise bemitleidenswerte – Wiederholungen. Anschließend werden diese Bilder noch einmal gezeigt, und sie beschreibt diese Szenen aus ihrer Sicht sehr beeindruckend als etwas, was sie nicht tut, um anderen zu gefallen oder nicht zu gefallen, sondern als etwas, was keinem anderen Zweck dient, als sich selbst mit der Welt auseinanderzusetzen – als ihre Kommunikationsform (vgl. auch Silberman, 2015, S. 18). Mit Arendt gesprochen, ist dies ihre Möglichkeit, sich als Mensch sprechend, denkend und handelnd zu realisieren.

Um sich auch gesellschaftlich einbringen zu können, braucht es ein Gegenüber, das wertschätzend zuhört, mitdenkt und solidarisch handelt. Diese Wertschätzung setzt eine Haltung voraus, die nicht die Defizite eines Menschen in den Vordergrund stellt. Um dies zu ermöglichen, ist die Perspektive der Selbsthilfebewegungen auf Neurodiversität hilfreich. Mit dem Schlagwort der Neurodiversität möchten Aktivist*innen deutlich machen, dass menschliches Leben aus einer Bandbreite unterschiedlich funktionierender Gehirne besteht, die nicht in defizitorientierten Diagnoseschlüsseln aufgehen, weil diese die Stärken, die Spezifik und

---

- „Schwierigkeiten, Sprache zu verstehen und sich sprachlich auszudrücken, so wie es üblicherweise in Kommunikationssituationen […] erwartet wird […]"
- „Schwierigkeiten, typische soziale Interaktionen zu verstehen und mit anderen Personen zu interagieren" (Theunissen, 2014, S. 106 f. nach ASAN, 2020).

Adaptionsmöglichkeiten von Menschen unterschlagen. Steve Silberstein formuliert diesen Umstand wie folgt: "Just because a computer is not running Windows it doesn't mean that it's broken." (Silberman, 2015, S. 471) Konfliktorientierung aus dieser Perspektive könnte heißen, die Konflikte auszumachen, die es für jede*n Einzelnen gibt, sich in diesem (oder einem anderen) Spektrum menschlicher Möglichkeiten zu bewegen, und dann gemeinsam zu schauen, wie diese Konflikte als Möglichkeiten der Verständigung über die spezifischen Deutungsmuster der Welt genutzt werden können. Hierfür bräuchte es keinen Hilfeapparat, der am Ende doch nur unsinnige Fragen stellt, sondern einen für jedes Kind unabhängig von einer Diagnose etablierten Dialog, der Konfliktfelder gemeinsam lokalisiert und Wege durch diese und mit diesen sucht, ohne sie einseitig aufzulösen zugunsten bestehender Normen und Strukturen.

Im Falle unserer Tochter sind wir mit dem Nachteilsausgleich nach mehr als zwei Jahren so weit gekommen, dass es eine Vereinbarung gibt, in dem auch 20 % Zeitzugabe bei Prüfungen festgehalten sind. Auch ein ruhiger Rückzugsraum ist dort beispielsweise angegeben als wichtiger Ort in Pausen. Letzterer existiert jedoch nicht und die Zeitzugabe wird faktisch von Lehrer*in zu Lehrer*in unterschiedlich gehandhabt. Der Versuch, sich hierfür noch einmal bei den speziellen Autismuslehrer*innen des für Berlin eingerichteten Schulpsychologischen und inklusionspädagogischen Beratungs- und Unterstützungszentrums (Sibutz) Unterstützung zu organisieren, verlief bisher erfolglos, da die dort Tätigen Unterstützung bei Überauslastung scheinbar an eine Dringlichkeit der Schule knüpfen. Diese liegt jedoch in diesem Fall nicht vor – die Dringlichkeit liegt in der Familie. In der Schule ist das Formular, das nötig wäre, um diese Art der Unterstützung zu beantragen, unbekannt. Hilfreich sind in diesem Prozess einerseits der Psychiater, der auf Veränderung der Situation drängt, andererseits die Psychologin des Elternverbandes Autismus Deutschland – aber auch der verantwortliche Sozialarbeiter im Jugendamt. Alle drei haben ein Fachwissen über die hirnorganischen Veränderungen, mit dem sie uns die Sicht und Verhaltensweisen unserer Tochter verständlich machen und auf die notwendigen Veränderungen der Strukturen hinweisen, da sich das Kind an diesen Stellen schlicht nicht verändern kann. Gleichzeitig sind sie bereit, selbst Anrufe zu tätigen oder Beratungen anzubieten, sodass wir eine Vermittlungsinstanz zwischen der Institution Schule und uns haben, mit der wir uns besprechen können und die mit Fachwissen und ohne die Belastung, als hysterische Eltern zu gelten, den Institutionen gegenüber auftreten kann. Hier ist entscheidend, dass diese Fachkräfte nicht so tun, als seien sie eine Stelle, die uns die unabänderlichen Strukturen erklärt, sondern dabei auch durchaus ihr Unverständnis oder Missfallen äußern, wenn es unverständliche Strukturen gibt, mit denen wir konfrontiert sind. Es bleibt faktisch sehr viel Aufwand bei uns, dieser ist allerdings psychisch weniger belastend, weil weniger isolierende Situationen auftreten bzw. diese abgefedert werden müssen. In den Gesprächen selbst kann dann weniger strategisches Vorgehen, sondern gemeinsames Nachdenken stattfinden.

Generell wäre es für uns hilfreich, wenn es Personen im Hilfesystem gäbe, die das Sprechen und Handeln von Menschen in ihrer Einzigartigkeit wahrnähmen und wertschätzten, wie es Hannah Arendt in „Vita Aktiva" beschreibt. „Sprechend und handelnd unterscheiden Menschen sich aktiv voneinander, anstatt lediglich verschieden zu sein; sie sind die Modi, in denen sich das Menschsein offenbart." (Arendt, 2002, S. 214) Diese Tatsache zieht die Verantwortung nach sich, dieses Handeln und Sprechen ernst- und wahrzunehmen und dieses Neu-Stricken von Zusammenhängen, Ideen und Strukturen zu verwirklichen. Dieses Ernst- und Wahrgenommen-Werden in der Perspektive, die sich auf die Welt ergibt, wie sie unsere Tochter und wir sie erleben, wäre nötig, um unterstützend statt belastend, konfliktverschärfend und -individualisierend zu wirken. Es braucht hierfür unbedingt eine Haltung, die ein Gewollt-Sein in dieser Einzigartigkeit unterstützt, statt Menschen eine Anpassungsleistung nahezulegen. Sie ist aus einer Betroffenenperspektive die zentrale Voraussetzung dafür, dass Unterstützungsangebote nützlich werden können. Da es konkrete Personen sind, die das Scharnier zwischen Hilfesystem und Unterstützung suchender Person darstellen, sind es diese konkreten Personen, die darüber entscheiden, wie Betroffene die Verhältnisse erleben und ob sie entmutigt oder ermutigt werden, diese mit zu gestalten. Die Bedingungen können problematisch sein – ob sie eine konflikthafte Situation letztlich an die Menschen mit Hilfebedarf zurückverweisen oder als gemeinsame Problematik strategisch zu verändern versuchen, entscheiden die Fachpersonen des Hilfesystems. Sie haben die Wahl, Konflikte mit den Betroffenen als Verhältniskonflikte gemeinsam zu führen oder Betroffene alleine zu lassen, in dem sie Konflikte als Verhaltenskonflikte individualisieren und damit zurückweisen.

## Literatur

Aarons, M., & Gittens, T. (2010). *Das Handbuch des Autismus. Ein Ratgeber für Eltern und Fachleute* (3. Aufl.). Beltz.

ASAN, Autistic Self Advocacy Network. (2020). About Autism. https://autisticadvocacy.org/about-asan/about-autism/. Zugegriffen: 01. Juni 2020.

Arendt, H. (28. Okt. 1964). *Günter Gaus im Gespräch mit Hannah Arendt. Sendung.* https://www.rbb-online.de/zurperson/interview_archiv/arendt_hannah.html. Zugegriffen: 01. Juni 2020.

Arendt, H. (2002). *Vita activa oder Vom tätigen Leben.* Piper.

Asperger, H. (1938). Das psychisch abnorme Kind. *Wiener klinische Wochenschrift, 49/51*(49), 1314–1317.
Asperger, H. (1943). Die „Autistischen Psychopathen" im Kindesalter. *Archiv für Psychiatrie und Nervenkrankheiten, 117*(1), 76–136. http://www.autismus-biberach.com/Asperger_Hans-_Autistischen_Psychopathen.pdf. Zugegriffen: 01. März 2020.
Baggs, A. (2020). *In my language*. https://www.youtube.com/watch?v=JnylM1hI2jc. Zugegriffen: 01. März 2020.
Bitzan, M., & Herrmann, F. (2018). Konfliktorientierung und Konfliktbearbeitung in der Sozialen Arbeit. In J. Stehr, R. Anhorn, & K. Rathgeb, (Hrsg.), *Konflikt als Verhältnis – Konflikt als Verhalten – Konflikt als Widerstand. Perspektiven kritischer Sozialer Arbeit* (Bd. 30, S. 43–54). Springer VS.
Dörner, K. (1984). *Bürger und Irre. Zur Sozialgeschichte und Wissenschaftssoziologie der Psychiatrie*. Fischer Taschenbuch.
Foucault, M. (1977). *Überwachen und Strafen. Die Geburt des Gefängnisses* (1. Aufl.). Suhrkamp.
Hofmeister, A. (2008). Dimensionen eines kritisch-psychologischen Gesundheitsbegriffes. In H. Lorenz, C. Kaidl et al. (Hrsg.), *Abstrakt negiert ist halb kapiert. Beträge zur marxistischen Subjektwissenschaft. Morus Markard zum 60. Geburtstag* (S. 221–231). BDWI-Verlag.
Holzkamp, K. (1983). *Grundlegung der Psychologie*. Campus.
Hostettler, K. (2020). *Kritik – Selbstaffirmation – Othering. Immanuel Kants Denken der Zweckmässigkeit und die Koloniale Episteme.* transcript.
Kant, I. (1800). *Anthropologie in pragmatischer Hinsicht* (2. Aufl.). Friedrich Nicolovius.
Kunstreich, T. (2016). *Partizipation als Regulierung*. Forum Wissenschaft, 1/16. https://www.bdwi.de/forum/archiv/uebersicht/9065052.html. Zugegriffen: 01. März 2020.
Kunstreich, T. (2009). Prinzipien der prospektiven Dialoge. Anmerkungen zu einer dialogischen Sozialwissenschaft. In B. Birgmeier & E. Mührel (Hrsg.), *Die Sozialarbeitswissenschaft und ihre Theorie(n): Positionen, Kontroversen* (S. 293–304). VS Verlag.
Preissmann, C. (2015). *Gut leben mit einem autistischen Kind. Das Resilienz-Buch für Mütter.* Klett-Cotta.
Sheffer, E. (2018). *Asperger's children: The origins of autism in Nazi Vienna* [Deutsche Ausgabe: Aspergers Kinder – Die Geburt des Autismus im „Dritten Reich". Frankfurt a. M.: Campus]. W. W. Norton & Company.
Silberman, S. (2015). *Neurotribes. The legacy of autism and the future of neurodiversity.* Avery.
Sinzig, J. (2011). *Frühkindlicher Autismus*. Springer.
Stehr, J., & Anhorn, R. (2018). Konflikt als Verhältnis – Konflikt als Verhalten – Konflikt als Widerstand: Widersprüche der Gestaltung Sozialer Arbeit zwischen Alltag und Institution. In J. Stehr, R. Anhorn, & K. Rathgeb (Hrsg.), *Konflikt als Verhältnis – Konflikt als Verhalten – Konflikt als Widerstand. Widersprüche der Gestaltung Sozialer Arbeit zwischen Alltag und Institution* (S. 1–40). Springer VS.
Straßburger, G., & Rieger, J. (Hrsg.). (2018). *Partizipation kompakt. Für Studium, Lehre und Praxis sozialer Berufe.* Beltz.
Theunissen, G. (2014). *Der Umgang mit dem Autismus in den USA. Schulische Praxis, Empowerment und gesellschaftliche Inklusion. Das Beispiel Kaliforniens.* Kohlhammer.

UN-Behindertenrechtskonvention. (31. Dez. 2008). Gesetz zu dem Übereinkommen der Vereinten Nationen vom 13. Dezember 2006 über die Rechte von Menschen mit Behinderungen sowie zu dem Fakultativprotokoll vom 13. Dezember 2006 zum Übereinkommen der Vereinten Nationen über die Rechte von Menschen mit Behinderungen. *Bundesgesetzblatt,* 2008, Teil II, Nr. 35, ausgegeben zu Bonn am 31. Dezember 2008. https://www.un.org/Depts/german/uebereinkommen/ar61106-dbgbl.pdf. Zugegriffen: 01. März 2021.

Wagner, L. (2020). *Der Junge, der zu viel fühlte. Wie ein weltbekannter Hirnforscher und sein Sohn unser Bild von Autisten für immer veränderten.* Europaverlag.

Weber, J. (2016). Freiheit als soziales Ereignis. Hannah Arendt sozialpädagogisch gelesen. *Widersprüche,* 142, 36. Jg. 2016, Nr. 4, S. 13–33.

Zawacki, A. (2019). *Eltern von Kindern mit Asperger-Autismus. Eine qualitative Analyse von Belastungen, Ressourcen und Bewältigungsstrategien.* Thesispreis des Fachbereichs Sozialwesen der Katho NRW, Abteilung Köln, Budrich.

# Selbstbestimmt absetzen in fremdbestimmten Verhältnissen? Reflexionen über Schwierigkeiten der (Nicht-)Einnahme von Psychopharmaka am Beispiel des antipsychiatrisch orientierten Berliner Weglaufhauses

Christian Küpper

### Zusammenfassung

Psychopharmaka haben sich seit ihrer Einführung zu einer zentralen Interventionstechnologie der (Sozial)Psychiatrie entwickelt. Viele Betroffene verbinden mit der Einnahme von Psychopharmaka schmerzvolle Erfahrungen und belastende Nebenwirkungen. Die antipsychiatrisch orientierte Praxis nimmt die Herausforderung an, Auswege aus der psychopharmakologischen Behandlung zu suchen. Am Beispiel der Praxis des Berliner Weglaufhauses werden Widersprüche und Konflikte verdeutlicht, die sich aus diesem Vorhaben ergeben.

### Schlüsselwörter

Antipsychiatrie • Selbstbestimmung • Psychopharmaka absetzen

*Prolog*
Der Kontakt zwischen uns riss langsam ab. Vermehrt schlichen sich Missverständnisse in die Kommunikation ein. Konflikte häuften sich. Handlungen stießen wiederholt auf Unverständnis. Wir Mitarbeiter*innen waren zunehmend besorgt

---

C. Küpper (✉)
Verein zum Schutz vor psychiatrischer Gewalt e. V., Berlin, Deutschland
E-Mail: kuepper@ash-berlin.eu

und hatten den Eindruck, M. würde ihre Neuroleptika[1] nicht mehr (regelmäßig) einnehmen. M. wohnte seit wenigen Wochen im Weglaufhaus, einer antipsychiatrisch orientierten Kriseneinrichtung der Berliner Wohnungslosenhilfe. Ihre Wohnung hatte sie verloren. Aufenthalte in Kriseneinrichtungen sind in der Regel auf wenige Monate befristet. Seit ihrem letzten Psychiatrieaufenthalt nahm M. regelmäßig Neuroleptika ein. Notgedrungen hatte sie sich darauf eingelassen. Bereits zuvor war M. einige Male mit der widerwilligen Einnahme von Neuroleptika konfrontiert gewesen. Sie wusste, dass ein überstürztes Reduzieren bzw. Absetzen psychische Problemlagen provozieren kann.

Wir Mitarbeiter*innen sprachen von Krise und *ver-rücktem* Handeln, von Absetz- und Entzugsphänomenen. Einige vermuteten, sie würde die Neuroleptika verlegen, weshalb ihr die Kontrolle über deren Einnahme entglitt. Wer von uns war überhaupt noch im Gespräch mit ihr? Sie beschwerte sich, einige der Mitarbeiter*innen würden sich wie Psychiater*innen aufführen, die, ausgestattet mit weitreichender Entscheidungsmacht, Handlungen regulieren und Erfahrungen kommentieren. Die regelmäßige Anwesenheit der wenigen Mitarbeiter*innen, denen sie noch vertraute, konnten wir nicht gewährleisten. Einige Mitarbeiter*innen überlegten, sie direkt auf die Neuroleptika anzusprechen und ihr Unterstützung bei der regelmäßigen Einnahme oder der Beschaffung alternativer Neuroleptika anzubieten. Sie zögerten. Wir zögerten, weil wir wussten, welche Schmerzen und Verletzungen psychiatrische Interventionen bei ihr hinterlassen hatten. Wir fühlten uns ohnmächtig und befürchteten, ihr Weglaufhaus-Aufenthalt könnte in der Psychiatrie enden. Alle wollten dies vermeiden. Welche Mitarbeiter*innen sollten das Gespräch mit ihr suchen? Wie könnten wir vermeiden, wie Psychiater*innen zu agieren? Sind wir doch nur das letzte Glied in einer langen Kette von professionell im Hilfesystem Tätigen, deren strukturelle Übermacht sich in der auf den ersten Blick harmlosen Ansprache manifestiert: „Wir machen uns gerade große Sorgen, M. Wir glauben, dass es dir gerade nicht so gut geht und dass du uns nicht mehr richtig vertraust. Wir wissen nicht weiter. Was können wir tun? Wir wollen nicht, dass du in die Psychiatrie kommst. Stimmt unser Eindruck, dass du die Neuroleptika nur noch unregelmäßig einnimmst. Brauchst du dabei Unterstützung?"

Sie kannte das Weglaufhaus schon lange. Seit vielen Jahren war sie antipsychiatrisch engagiert und in der Selbsthilfebewegung organisiert. Der Ort war ihr wichtig, auch der betroffenen- und nutzer*innenkontrollierte Ansatz. Sie wusste von den Psychiatrisierungserfahrungen einiger Mitarbeiter*innen. War dies nicht

---

[1] Gruppe von Psychopharmaka, die auch als Antipsychotika bezeichnet wird.

eine wichtige Basis für das Vertrauen, das sie diesen noch entgegenbrachte? Würden wir dieses Vertrauen aufs Spiel setzen, wenn betreffende Mitarbeiter*innen mit ihr das angedeutete Gespräch suchen, und würden wir uns damit psychiatrischen Compliance-Konzepten[2] annähern? Da aus unserer Sicht die Arbeits- und Vertrauensbasis schrittweise erodierte, suchte schließlich – nach teaminternem Austausch – die Mitarbeiter*in, zu der M. die engste Beziehung hatte und von deren Psychiatrieaufenthalten sie wusste, wiederholt das Gespräch mit M. über deren Situation und die Einnahme ihrer Neuroleptika. Tage später verließ M. das Weglaufhaus ohne Rücksprache. Sie meldete sich lediglich telefonisch in größeren Abständen.

Nach einigen Wochen wandte sich M. erneut an uns mit der Bitte um Unterstützung. Sie wünschte, wieder einzuziehen. In der Zwischenzeit war sie unter anderem bei Vertrauten untergekommen, aber auch ein weiteres Mal in der Psychiatrie gelandet. Ich war gemeinsam mit einer Kollegin im Dienst. Zu dritt besprachen wir ihre aktuelle Situation, die Möglichkeit eines erneuten Einzuges und die Schwierigkeiten, die wir vonseiten des zuständigen Sozialamtes, das für die Finanzierung des Aufenthaltes zuständig sein würde, vermuteten. Wir kamen auch auf den vorherigen Aufenthalt zu sprechen. Wir teilten ihr unseren Eindruck mit, dass an seinem Ende Misstrauen unsere Gespräche dominiert und sie sich zunehmend von uns distanziert habe. Es wirkte, als wären ihre Handlungen *ver-rückt* gewesen und als fielen ihr selbst alltägliche Tätigkeiten immer schwerer. Wir fragten, ob wir einen solchen Verlauf wieder zu befürchten hätten. Sie entgegnete, sie könne sich nicht mehr gut daran erinnern, auch nicht an die genauen Gründe ihres plötzlichen Auszuges. Sie zog noch am selben Tag wieder im Weglaufhaus ein. Einige Tage später weigerte sich das Sozialamt, den Antrag auf Kostenübernahme für M.s Aufenthalt in unserer Einrichtung zu befürworten. Die vom Sozialamt vorgeschlagene sofortige ordnungsrechtliche Unterbringung in einem Wohnheim lehnte M. ab und verließ daraufhin das Weglaufhaus.

## 1 Einleitung

Viele Unterstützung Suchende, die sich an unsere Einrichtung wenden, nehmen seit Jahren Psychopharmaka ein, nicht selten unfreiwillig und ohne hinreichende Aufklärung, häufig mit Unterbrechung und in wechselnden Vergabeformen, Dosierungen und pharmakologischen Zusammensetzungen. Mit dieser Einnahme

---

[2] „Patienten sollen Einsicht zeigen, d. h. die ärztliche Sicht der Erkrankung übernehmen; sie sollen Compliance mitbringen, also tun, was der Arzt für richtig hält." (Bock, 2013)

verbinden sie mehrheitlich existenziellen Schmerz und belastende Nebenwirkungen. Im Rahmen meiner Tätigkeit im Berliner Weglaufhaus „Villa Stöckle" begegnen mir im Zusammenhang mit der (Nicht-)Einnahme von Psychopharmaka wiederholt spezifische Widersprüche und Konflikte. Diesen möchte ich mich in diesem Text widmen. Es liegt an dieser Stelle nahe zu fragen, wessen Perspektive in diesem Text eingenommen wird und wer oder was mich autorisiert, ihn zu schreiben, zumal ich selber niemals mit der Verordnung von Psychopharmaka konfrontiert war. Die eingangs dargestellte Situation, in der meine Erfahrungen aus der Perspektive eines Mitarbeiters verdichtet sind, ruft weiterhin die Fragen nach der Deutungsmacht über Geschehenes und nach dem Schutz privater Daten ins Bewusstsein.

Mit meinen Überlegungen begebe ich mich auf die Spuren eines emanzipatorisch intendierten Prozesses sozialer Selbstverständigung über (sozial)psychiatrische Zumutungen. Dabei helfen mir Gedanken der marxistischen Kritischen Psychologie (vgl. Markard, 2009). Ob ich meinen Anspruch einlösen kann, zum Verständnis der erfahrenen Praxiswidersprüche und Konfliktkonstellationen beizutragen, deren Einbettung in gesellschaftliche Macht- und Herrschaftsverhältnisse zu verdeutlichen und die Wichtigkeit des Ringens um widerständige, auf Veränderung zielende (kollektive) Handlungen herauszuarbeiten, mögen geneigte Leser*innen entscheiden; auch ob mein Umgang mit den aufgeworfenen Fragen zufriedenstellend ist. Der Text dient außerdem meiner Selbstklärung und greift implizit Gespräche und Auseinandersetzungen mit Mitarbeiter*innen und Bewohner*innen auf.

In ihren Kämpfen für alternative Unterstützungssettings innerhalb bestehender gesellschaftlicher Verhältnisse zielen Psychiatriebetroffene, Aktivist*innen, professionell Tätige und Wissenschaftler*innen auf die Selbstbestimmungsmöglichkeiten (prospektiv) Psychiatriebetroffener. Im psychosozialen Feld stehen die Mitarbeiter*innen bzw. Mitstreiter*innen antipsychiatrisch orientierter Projekte daher vor der Herausforderung, den Unterstützung Suchenden weitreichende Kontrollmöglichkeiten und Entscheidungsmacht über den sie selbst betreffenden Unterstützungsprozess zu gewährleisten. In dem vorangestellten Erfahrungsbericht deuten sich bereits Themen an, die im Zusammenhang mit der (Nicht-)Einnahme von Psychopharmaka relevant werden. Ich versuche, mich einiger dieser Themen, wie dem Verhältnis von Professionalität und Betroffenheit sowie dem Verständnis von Selbstbestimmung und der Rolle des Vertrauens, zumindest ansatzweise anzunehmen. Doch zunächst werde ich den Schauplatz vorstellen, auf dem ich meine Überlegungen verorte.

## 2 Weglaufhaus: Zwischen utopischem Überschuss und gesellschaftlicher Realität

Das Weglaufhaus „Villa Stöckle" existiert seit 1996 (vgl. Kempker, 1998). Die Villa befindet sich in einer ruhigen Wohngegend am Stadtrand von Berlin und bietet in Einzel- und Doppelzimmern bis zu 13 Bewohner*innen Platz. Getragen wird das Weglaufhaus vom *Verein zum Schutz vor psychiatrischer Gewalt e. V.* Die Mitarbeiter*innen verwalten das Weglaufhaus basisdemokratisch in Rücksprache mit den Mitgliedern des Trägervereins selbst. Der Öffnung voraus gingen jahrelange (berufs)politische Auseinandersetzungen um die Schaffung eines alternativen Wohnprojekts für von Psychiatrisierung betroffene Menschen. Ausgangspunkt für den Aufbau des Weglaufhauses war der Zusammenschluss Psychiatriebetroffener zur antipsychiatrischen Selbsthilfegruppe *Irren-Offensive e. V.* im Jahr 1980. Den Entstehungskontext bildete die Neue Antipsychiatrie, die im Gegensatz zur Antipsychiatriebewegung der 1960er- und -70er-Jahre wesentlich getragen wurde von Psychiatriebetroffenen (vgl. Trotha, 2001). Sie kämpf(t)en für den Aufbau betroffenenkontrollierter Projekte als Alternativen zu bestehenden (sozial)psychiatrischen Einrichtungen und Betreuungsformen.[3]

Das Berliner Weglaufhaus stellt in vielfacher Hinsicht einen Kompromiss dar. Zu entscheiden war unter anderem, wer Zutritt erhalten darf, ob eine und vor allen Dingen welche staatliche bzw. kommunale Finanzierungsform sinnvoll ist und welches Verhältnis von Psychiatriebetroffenen und Menschen mit einer professionellen Ausbildung in einem helfenden Beruf umgesetzt werden soll. Die Beteiligten strebten letztlich den Aufbau eines antipsychiatrischen Ortes für Menschen in Not mit kontinuierlicher Unterstützung durch feste Mitarbeiter*innen an. Die meisten staatlichen bzw. kommunalen Finanzierungsformen schlossen sie aus, da diese eine direkte Anbindung an die (Sozial)Psychiatrische Ordnung zur Folge gehabt hätten. Eine Anbindung an die kommunale Wohnungslosenhilfe wiederum sichert eine weitgehende Umgehung hegemonialer (sozial)psychiatrischer Arbeitsweisen, verhindert aber zugleich den Aufenthalt einer großen Anzahl Unterstützung Suchender aufgrund sozialrechtlicher Vorgaben. Das Weglaufhaus ist demnach eine Einrichtung des Leistungstyps *Kriseneinrichtung* nach § 67 ff. SGB XII. Der Leistungstyp Kriseneinrichtung garantiert die 24-h Begleitung durch Mitarbeiter*innen. Soweit möglich sind – je nach Personalsituation – durchgehend zwei Mitarbeiter*innen im Dienst. In dem Fall, dass tagsüber für

---

[3] Siehe auch die Bochumer Krisenzimmer (vgl. Landesverband Psychiatrie-Erfahrener NRW e. V., 2020).

einige Stunden nur ein*e Mitarbeiter*in anwesend sein kann, wird diese*r oft unterstützt von mindestens eine*r Praktikant*in.

Das Krisenkonzept gewährleistet formal den Verzicht auf (sozial)psychiatrische Diagnostik. Inhaltlich öffnet es den Bewohner*innen den Raum zur Selbstbeschreibung ihres Krisenerlebens sowie ihrer Bedürfnisse und Ziele, die sie mit einem Aufenthalt im Weglaufhaus verbinden. Demgegenüber stehen nicht selten die Vorgaben und Krisendeutungen der zuständigen Sozialämter, die über die Bewilligung des Aufenthalts entscheiden. Deren Entscheidungen fallen in der Regel erst Tage oder Wochen nach Einzug. Unter Umständen veranlassen die Sozialämter die Hinzuziehung des jeweils zuständigen Sozialpsychiatrischen Dienstes, was nicht nur der antipsychiatrischen Intention des Weglaufhauses, sondern auch den Wünschen der meisten Bewohner*innen widerspricht. Die Mitarbeiter*innen versuchen zwischen diesen strukturell widerstreitenden Interessenlagen zu vermitteln. Erschwerend kommt hinzu, dass die Bewohner*innen auch im Anschluss an ihren Aufenthalt im Weglaufhaus mehrheitlich auf die Zusammenarbeit mit den zuständigen Ämtern und Diensten angewiesen sind. Außerdem beschränken betriebswirtschaftliche Rahmenbedingungen wie die Tagessatzfinanzierung und fehlende zusätzliche größere Einnahmequellen die Spielräume der Mitarbeiter*innen des Weglaufhauses. Im Bewusstsein dieser bestehenden Abhängigkeiten und verschiedenen Interessenlagen streben die Mitarbeiter*innen an, die Bewohner*innen und deren Anliegen parteilich zu vertreten. Dies gelingt nicht immer reibungslos, denn allen persönlichen und politischen Motiven zum Trotz befinden sich die Mitarbeiter*innen in einem Lohnarbeitsverhältnis und sind keine selbstlosen Helfer*innen.

Recht unterschiedlich verlaufen die Aufenthalte der Bewohner*innen, die zwischen einem Tag und ungefähr anderthalb Jahren dauern. Die überwiegende Mehrheit der Bewohner*innen lebt, zum Teil seit Jahren, in sozial prekären Verhältnissen. Armut, Wohnungslosigkeit, sozialer Ausschluss und vielfältige Gewalterfahrungen prägen diese Verhältnisse. Die Bewohner*innen waren fast alle (wiederholt und oft gegen ihren Willen) mit (sozial)psychiatrischen Einrichtungen und Betreuungsformen konfrontiert oder befürchten eine zukünftige Konfrontation. Diese Konfrontationen reichen von Aufenthalten in Psychiatrien und therapeutischen Wohngemeinschaften über die Medikalisierung der Hilfe und rechtliche Betreuungsverhältnisse bis zur fremdbestimmten Interpretation ihrer Erfahrungen als pathologisch und deren Einhegung in psychologisch-psychiatrischen Diagnoseregistern; die Liste ließe sich fortsetzen. Vor diesen

Konfrontationen und Verhältnissen flüchten sie sich ins Weglaufhaus. Sie wünschen sich, Selbstbestimmungsmöglichkeiten sowohl in der alltäglichen Lebensführung als auch in der Entwicklung eigener Lebens- und Wohnperspektiven zurückzuerlangen, und hoffen auf Schutz vor fremdbestimmten und demütigenden Prozeduren (sozial)psychiatrischer Überwachung und Disziplinierung.

Wichtige Rollen während ihres Aufenthalts spielen für (fast) alle Bewohner*innen die Themen Wohnperspektive und Klärung finanziell-administrativer Angelegenheiten. Die mit diesen Themen verbundenen gesellschaftlichen Beschränkungen drohen, andere zentrale Anliegen zu überlagern. Diese Anliegen beziehen sich zumeist auf unterschiedliche Facetten der Betroffenheit von (sozial)psychiatrischer Gewalt sowie von anderen Herrschafts- und Machtverhältnissen: das Besprechen und Ordnen *ver-rückter* und krisenhafter Erfahrungen, das Erfassen und die Artikulation eigenen Leidens, das Gewinnen von Vertrauen und Kontrolle, das Finden von Anteilnahme, Ruhe und Sicherheit, das Aussprechen eigener Wünsche und Bedürfnisse ohne Angst vor Abwertung, die Anerkennung eigener Gewalterfahrungen und die Unterstützung bei Versuchen, sich gegen erlittenes Unrecht zu wehren.

Die Kombination aus antipsychiatrischer Orientierung und Einbettung in das bestehende Hilfesystem verleiht dem Weglaufhaus einen ambivalenten Charakter. Einerseits symbolisiert das Weglaufhaus für Interessierte die Möglichkeit einer gänzlich anderen Umgangsweise mit menschlichen Notlagen. In dieser Möglichkeit schwingt zugleich ein utopischer Überschuss mit, welcher von der Veränderbarkeit gesellschaftlicher Normalitätsanforderungen kündet und das Weglaufhaus zu einer Anomalie im Hilfesystem macht. Andererseits befindet sich das Weglaufhaus knietief im gesellschaftlichen Schlamassel und die Mitarbeiter*innen machen sich die Hände schmutzig. Davon zeugen unter anderem Aufenthaltsabbrüche, enttäuschte Hoffnungen und die Wut mancher Bewohner*innen, Kündigungen, Gefühle der Ohnmacht und der Überforderung der Mitarbeiter*innen sowie gescheiterte Arbeitsbündnisse zwischen Mitarbeiter*innen und Bewohner*innen. Gemeinsam versuchen Mitarbeiter*innen und Bewohner*innen täglich den Spagat zwischen alternativer Unterstützungspraxis und beschränkenden sozialpolitischen Rahmenbedingungen. Sie müssen dabei einen immer wieder neu auszuhandelnden Umgang mit der Kompetenzerwartung finden, im Weglaufhaus wäre gemeinsam eine dauerhaft tragfähige Bearbeitung der subjektiven Problemlagen der Bewohner*innen möglich (vgl. Markard, 1999, S. 57).[4] Die

---

[4] Dass Bewohner*innen diese Kompetenz von den Mitarbeiter*innen erwarten und Mitarbeiter*innen diese von sich selbst, wird – auf eine gesellschafts- und ideologietheoretisch aufzuklärende Weise – strukturell nahegelegt.

beschränkenden Rahmenbedingungen können jedoch nicht einfach übersprungen werden. Die Lebensverhältnisse, aus denen die Erfahrungen von Gewalt und Leid resultieren, ragen auch in das Weglaufhaus hinein und führen wiederkehrend zu Konflikten, deren Analyse wichtiger Bestandteil der Zusammenarbeit ist.

## 3 Psychopharmaka: Das Unbehagen in der (sozial)psychiatrischen Kultur

Illustrieren möchte ich diesen Spagat wie angekündigt am Beispiel des Umgangs mit der (Nicht-)Einnahme von Psychopharmaka. Psychopharmaka haben sich seit ihrer Einführung in der Mitte des vergangenen Jahrhunderts zu einer zentralen Interventionstechnologie der (Sozial)Psychiatrischen Ordnung entwickelt. Sie bestimmen maßgeblich die modernen (sozial)psychiatrischen Behandlungs- und Betreuungskonzepte und stellen ein wichtiges Bindeglied zwischen der klassischen Anstaltspsychiatrie und den Reformbewegungen seit den 1970er-Jahren dar (vgl. Balz, 2011).[5] Die Behandlung mit Psychopharmaka ist symptomorientiert, das heißt, sie zielt auf die Reduktion psychischer Phänomene, die als Symptome identifiziert werden, und nicht auf die angenommenen Ursachen psychischer Problemlagen. Die engen Verbindungen zwischen Pharmaindustrie und Akteur*innen sowie Institutionen der (Sozial)Psychiatrischen Ordnung sind ein offenes Geheimnis. Zugleich steckt die Psychopharmakologie in einer Krise, gelang es ihren Vertreter*innen doch zuletzt nicht mehr, therapeutische Innovationen in ihrem Sinne anzustoßen, obwohl die Verschreibungen der zugelassenen Psychopharmaka stiegen (vgl. Kösters & Weinmann, 2017, S. 18).

Ich möchte in diesem Text nun weder die reduktionistischen Annahmen der Psychopharmakologie über das Mensch-Welt-Verhältnis diskutieren noch damit zusammenhängende erkenntnis- und gesellschaftstheoretische Probleme. Praktischer Ausgangspunkt meiner Überlegungen sind die negativen subjektiven Erfahrungen Betroffener, die sie mit der Einnahme von Psychopharmaka verbinden, egal, ob es sich dabei um typische oder sogenannte atypische Neuroleptika, Antidepressiva oder andere psychopharmakologische Substanzen handelt.

---

[5] „Die psychopharmakologische Manipulation ist ein wichtiger Bestandteil des Enthospitalisierungsprogramms der Sozialpsychiatrie. Propagiert als Möglichkeit für die Betroffenen, wieder ein ‚normales', eigenständiges Leben in der Gemeinde zu führen, bedeuten Psychopharmaka keine Entpsychiatrisierung. Sie sind nur eine weniger sichtbare biotechnologische und gleichzeitig kulturell geformte psychiatrische Interventionstechnologie." (Balz, 2011, S. 22)

Zwar mehren sich die Stimmen, die auf Off-Label-Use, Placebo-Effekte, fehlende Wirksamkeiten, (schwere) Nebenwirkungen und Folgeschäden hinweisen – und dies ebenfalls im Zusammenhang mit atypischen Neuroleptika und neueren Antidepressiva; auch werden Absetz- und Entzugsphänomene thematisiert (vgl. Lehmann et al., 2017). Viel zu selten jedoch kommen diejenigen zu Wort, denen Psychopharmaka verordnet werden und denen die Einnahme zur Belastung wird. Viel zu selten werden ihre Erfahrungen, ihre Schmerzen und ihr Ringen um eine gelingende Dosisreduktion ins Zentrum der Aufmerksamkeit gerückt. Viel zu selten werden ihnen Informationen und Alternativen angeboten.

Wie bereits angedeutet, sind sehr viele Bewohner*innen des Weglaufhauses bereits mit Psychopharmaka in Kontakt gekommen und schildern quälende Nebenwirkungen. Einige knüpfen an einen Aufenthalt im Weglaufhaus die Hoffnung, ihre Psychopharmaka an einem geschützten und antipsychiatrischen Ort erfolgreich zu reduzieren oder abzusetzen. Es gibt kaum explizite Anlaufstellen und nicht psychiatrische Orte, an denen Menschen die Einnahme von Psychopharmaka problematisieren und selbstbestimmt reduzieren bzw. absetzen können. Freilich reduzieren Menschen in verschiedensten Lebenssituationen und Wohn- oder Betreuungsverhältnissen Psychopharmaka oder setzen diese ab. Der Wunsch jedoch, dies selbstbestimmt in Begleitung an einem speziellen Ort zu tun, entspringt den Schwierigkeiten, die oft mit der Reduktion oder dem Absetzen einhergehen – individuell verschiedenen, unheimlichen wie verunsichernden psychischen und somatischen Phänomenen.

Psychopharmaka setzen als medizinische Substanzen am Körper an und sollen Wirkungen in verschiedenen psychischen Bereichen (u. a. Wahrnehmung, Denken, Fühlen, Motivation, Handeln) entfalten. An dieser Stelle möchte ich einige kurze Anmerkungen zur Besonderheit der Einnahme von Psychopharmaka einschieben. Die Einnahme aus Gründen der Selbsterfahrung oder erhoffter Leistungssteigerungen interessiert mich hier nicht. Stattdessen interessieren mich spezifische psychische Herausforderungen, die mit der Einnahme von Psychopharmaka verbunden sind (vgl. Trotha, 1995, S. 185 ff.).[6] Zunächst sollen die betreffenden Personen nämlich akzeptieren, dass zumindest ein Teil ihrer Erfahrungswelt behandlungsbedürftig ist und dass die Einnahme der verordneten Psychopharmaka einen wesentlichen Beitrag zur Behandlung leisten kann. Gelingt es den zuständigen Professionellen nicht, die betreffenden Personen zur

---

[6] „Physische Gewalt ist zwar fürchterlich, doch längst nicht das Schlimmste, was einem Menschen zustoßen kann. Die chemische Gewalt, die von Neuroleptika ausgeht, ist ungleich destruktiver, da sie extrem unheimliche und verängstigende körperliche Wirkungen hervorruft und die gewohnte Wahrnehmung und das innere Erleben des Betroffenen einschneidend verändert." (Trotha, 1995, S. 186)

Einsicht in deren vermeintliches Krank- oder Gestörtsein zu bewegen oder an einer bereits bestehenden Einsicht anzusetzen, laufen diese mitunter Gefahr, zur Einsicht nicht nur gedrängt, sondern gezwungen zu werden. Hegemoniale Narrative, die den Nutzen der Psychopharmaka betonen sowie psychologisierende und biologistische Deutungen gesellschaftlicher Problemlagen favorisieren, sichern dieses Vorgehen ideologisch ab. Der neurophysiologische bzw. -chemische Eingriff zwingt die betreffenden Personen schließlich wiederholt zur Beantwortung der latenten Frage, welcher Erfahrungsanteil – abgesehen von den erlebten Nebenwirkungen – wie von den Psychopharmaka beeinflusst wird. Welcher Erfahrungsanteil wurde (vermeintlich) erfolgreich behandelt, welcher ist noch gestört? Welcher Erfahrungsanteil erscheint fremd, welcher subjektiv stimmig? Psychopharmaka setzen also nicht nur am Körper an. Ihre Einnahme ist vielmehr eingebunden in ein Bedeutungsgeflecht aus Nahelegungen, Erwartungen, Gewalt, (Un-)Wissen, Hoffnungen, Entfremdung, Verzweiflung, Macht und Hilflosigkeit (vgl. Balz et al., 2002). Weitreichende psychische Schwierigkeiten eines Reduktions- bzw. Absetzprozesses werden hier bereits erkennbar. Es ist außerdem leicht nachvollziehbar, dass die angedeuteten psychischen Herausforderungen je nach Medikament (bzw. nach Medikamentenkombination), Dosierung, Vergabeform, Lebens- und Wohnverhältnis, subjektiver Bedürfnislage, leiblicher und biografischer Situiertheit variieren.

Diejenigen, die den Wunsch äußern, ihre Psychopharmaka im Rahmen eines Aufenthalts zu reduzieren oder abzusetzen, wenden sich aus verschiedenen leidvollen Lebenszusammenhängen an das Weglaufhaus. Für einige ist dieser Wunsch zentral, für andere ein wichtiges Puzzlestück für eine gelingende Flucht vor umfassendem (sozial)psychiatrischen Zugriff. Manche wiederum rücken andere Anliegen in den Mittelpunkt, wünschen sich aber zugleich Informationen und Austausch oder halten sich eine Veränderung der Einnahme offen. Meine Ausführungen konzentrieren sich im Folgenden auf solche Reduktions- bzw. Absetzwünsche von (möglichen) Bewohner*innen, bei denen sich Mitarbeiter*innen sorgen, dass deren Erwartungen nachhaltig enttäuscht und die Reduktions- bzw. Absetzprozesse nicht den gewünschten Ausgang haben werden. Zu Recht kann hier eingewendet werden, dass der Maßstab der subjektiven Sorge – wenngleich diese von mehreren Mitarbeiter*innen geteilt werden sollte – wenig aussagekräftig ist und für eine verantwortungsbewusste Operationalisierung kaum taugt. Meine anschließenden Ausführungen helfen hoffentlich, das Geschriebene einzuordnen.

Die Mitarbeiter*innen setzen für eine Aufnahme voraus, dass sich Interessierte selber mit dem Weglaufhaus in Verbindung setzen, auch wenn sich vorab stellvertretend für sie Mitarbeiter*innen anderer Einrichtungen oder zuständiger Behörden oder private Bezugspersonen melden. Formal gründet dieses Vorgehen in datenschutzrechtlichen Regelungen, inhaltlich in konzeptionellen Überlegungen zu Selbstbestimmung und Nutzer*innenkontrolle, worauf ich zurückkommen werde. Zwar lässt es sich in einigen Ausnahmefällen nicht vermeiden, dass Informationen und Deutungen über die Lebenssituation der betreffenden Personen ohne Zustimmung übermittelt werden. Die Mitarbeiter*innen streben aber an, den (zukünftigen) Bewohner*innen vollständige Auskunftskontrolle über deren jeweiliges Leben zu geben und Informationen nur nach Rücksprache einzuholen. Mit dieser Praxis versuchen sie, (sozial)psychiatrische Kontrollanordnungen ins Wanken zu bringen und die Grundlage für ein vertrauensvolles und parteiliches Arbeitsbündnis zu schaffen. Es handelt sich dabei um einen fragilen und konfliktbeladenen Prozess, da sich an der Konstellation professionell Tätige und Bewohner*innen nichts ändert. Vor dem Hintergrund ihrer Erfahrungen in und mit anderen Institutionen des Hilfesystems haben Bewohner*innen gute Gründe für Distanz und Misstrauen. So verwundert es nicht, wenn einige Unterstützung Suchende sich bei intimen Selbstauskünften in Zurückhaltung üben, zumal Schamgefühle und Ängste stete Begleiter in Notsituationen sind, oder lediglich strategisch Auskunft geben. Die im Weglaufhaus Anfragenden befinden sich in akuten Notsituationen und auf der drängenden Suche nach einem sicheren Platz zum Wohnen. Der Zugang zu diesem führt über die Mitarbeiter*innen des Weglaufhauses und die zuständigen behördlichen Stellen. So ist es zwar mehrheitlich in ihrem Interesse, sich mit den Mitarbeiter*innen über ihre Anliegen zu verständigen. Doch kann nicht vorausgesetzt werden, dass das dafür notwendige Vertrauen von Anfang an besteht, auch wenn viele, so mein Eindruck, die sich gezielt an das Weglaufhaus wenden, den Mitarbeiter*innen einen großen Vertrauensvorschuss entgegenbringen.

Im Angesicht der Reduktions- bzw. Absetzwünsche der Bewohner*innen stellt sich den Mitarbeiter*innen unter anderem die Frage, wie lange die Bewohner*innen welche Psychopharmaka wie und wo eingenommen und ob sie bereits Erfahrungen mit dem Reduzieren oder Absetzen gemacht haben. Keine*r der Mitarbeiter*innen hat eine medizinische Berufsausbildung, und da es sich nicht um eine medizinische Einrichtung handelt, können auch keine Psychopharmaka verordnet bzw. ausgegeben werden; die Mitarbeiter*innen haben sich jedoch medizinisches Wissen zum Thema Psychopharmaka angeeignet. Die angesprochene Sorge, dass Reduktions- oder Absetzprozesse nicht im Sinne der Betreffenden verlaufen könnten, fußt zum einen auf dem Wissen, dass Psychopharmaka häufig folgenschwere neurobiologische Veränderungen und die zuvor skizzierten psychischen Herausforderungen nach sich ziehen. Statt daraus jedoch den (sozial)psychiatrischen Schluss zu ziehen, die Einnahme von Psychopharmaka zu chronifizieren, erarbeite(te)n sich viele Betroffene – z. B. im Weglaufhaus und in den Projekten des Trägervereins – gemeinsam mit Unterstützer\*innen Wissen und Wege, um einem Leben ohne Psychopharmaka wieder (etwas) näher zu kommen (vgl. Bruckmann, 2007; Brückner, 1995; Lehmann, 2008; Seibt, 2014; Verein zum Schutz vor psychiatrischer Gewalt, 2012).[7] Zum anderen fußt die Sorge auf der Erfahrung, die Mitarbeiter\*innen im Weglaufhaus wiederholt mach(t)en, dass nämlich schnelle Reduktions- bzw. Absetzprozesse nach zum Teil längeren Einnahmezeiträumen die betreffenden Personen oft – mitunter zeitlich verzögert – in extreme psychische Problemlagen bringen, die letztlich weder von den Mitarbeiter\*innen noch den übrigen Bewohner\*innen aufgefangen und adäquat begleitet werden können. Häufig geschieht dies im Zusammenhang mit längeren vorherigen Psychiatrie- und Heimaufenthalten. Mehrheitlich handelt es sich bei den abgesetzten Psychopharmaka um Neuroleptika, die nicht selten zuvor in Kombination mit anderen Psychopharmaka eingenommen wurden. Oft bleibt unklar, wie lange die Bewohner\*innen welche Psychopharmaka in welcher Dosierung eingenommen haben, weil sie es entweder nicht mitteilen wollen, es selber nicht (mehr) wissen oder Unterlagen nicht vorliegen. Im Falle, dass Bewohner\*innen vor ihrem Aufenthalt ihre Medikation (abrupt) abgesetzt haben oder dies während ihres Aufenthalts tun, ohne dies jeweils den Mitarbeiter\*innen mitzuteilen, besteht außerdem nicht die Option, Erfahrungswissen aus der Begleitpraxis zu teilen und sich über das weitere Vorgehen zu verständigen.

Die Mitarbeiter\*innen stehen daher vor einem Dilemma. Sie möchten einerseits niemanden einen Aufenthalt vorschnell verwehren, wollen die Entscheidungsmacht und Selbstbestimmung der Bewohner\*innen respektieren sowie die Unterstützungstätigkeit entsprechend gestalten, also beispielsweise auch akzeptieren, wenn Bewohner\*innen sich dem Gespräch über Reduktions- bzw. Absetzprozesse entziehen. Andererseits sehen die Mitarbeiter\*innen verschiedene, unter anderem medizinische Risiken und sie befürchten, dass schnelle Reduktions- oder Absetzprozesse die Bewohner\*innen in die Psychiatrie oder Obdachlosigkeit führen könnten. Was also tun, wenn Bewohner\*innen ihre Psychopharmaka (schnell) reduzieren oder gar absetzen (wollen)? Welche Umgangsweisen mit diesem Dilemma lassen sich erarbeiten? Welche Folgen ergeben sich für die Unterstützung der Bewohner\*innen, wenn Mitarbeiter\*innen verschiedene Zugänge zu diesem Dilemma haben? Ist das Weglaufhaus ein geeigneter Ort, um Psychopharmaka abzusetzen? Die Beantwortung dieser Fragen wird erschwert durch das Vorgehen der für die jeweiligen Aufenthalte zuständigen Ämter, da diese

---

[7] Im Falle, dass die Psychopharmaka zugleich subjektiv nützliche Seiten haben, geht es auch darum, sich Ressourcen und Bearbeitungswege zu erschließen, die diese zunächst nützlichen Wirkungen ersetzen.

das Leiden unter den (Neben-)Wirkungen der Psychopharmaka und die damit einhergehenden Reduktions- bzw. Absetzwünsche in der Regel nicht als hinreichende Krisengründe und somit auch nicht als Gründe für einen Aufenthalt im Weglaufhaus anerkennen.[8]

## 4 Weglaufhaus: Nutzer*innen- und Betroffenenkontrolle

Die Spezifik des Weglaufhauses erschließt sich erst aus der parallelen Anbindung an drei Bereiche der psychosozialen Versorgung: Wohnungslosenhilfe, (sozial)psychiatrische Versorgung und antipsychiatrisch orientierte Betroffenen- bzw. Selbsthilfebewegung. Diese Bereiche folgen beispielsweise im Falle der (Nicht-)Einnahme von Psychopharmaka verschiedenen Logiken. Dieses Ineinander ermöglicht, wie ich nachfolgend noch weiter ausführen werde, eine besondere Qualität der Begleitung und Unterstützung von Menschen, die auf der Suche nach alternativen Orten im psychosozialen Versorgungssystem sind, sowie der Bearbeitung auftretender Konflikte und Widersprüche. Die damit einhergehenden Begrenzungen durchziehen meine gesamten Überlegungen.

Ich habe bereits angedeutet, welche Bedeutung der Selbstbestimmung der Bewohner*innen konzeptionell zukommt. Da sich auf den Wert der Selbstbestimmung verschiedene Theorie- und Praxisansätze einigen können, die aber Selbstbestimmung je unterschiedlich verstehen, möchte ich nachfolgend den Begriff präzisieren.[9] Entgegen dem alltagssprachlichen Verständnis, das sich in Aussagen wie „Ich bin bzw. handle selbstbestimmt" zeigt, handelt es sich bei Selbstbestimmung weder um eine Eigenschaft, die man (nicht) besitzt, noch um ein Attribut einer Handlung, die entweder selbst- oder fremdbestimmt ist. Vielmehr handelt es sich um einen Verhältnisbegriff, der den Grad angibt, inwieweit ich individuell oder gemeinsam mit anderen Einfluss auf bzw. Verfügung über die mich jeweils betreffenden Lebensverhältnisse habe (vgl. Markard, 2009, S. 158 ff.). Die Möglichkeiten der Einflussnahme sind jeweils abhängig von den konkreten gesellschaftlichen Strukturen, in denen ich mich bewege, sowie der eigenen biografischen und leiblichen Situiertheit. Der subjektive Maßstab für die

---

[8] Zwar lassen sich oft weitere Gründe anführen, die den Vorgaben der Ämter entsprechen. Sollten jedoch während des Aufenthaltes Schwierigkeiten der Reduktion bzw. des Absetzens mit behördlichen Anforderungen kollidieren, kann nicht auf das Abweichen von üblichen administrativen Prozeduren gehofft werden.

[9] Zu Widersprüchen im Depathologisierungsdiskurs und deren Bedeutung für das Verständnis von Selbstbestimmung vgl. Boger, 2015.

Bewertung des erfahrenen Verhältnisses aus Möglichkeiten und Beschränkungen findet sich in der emotionalen Befindlichkeit (vgl. Holzkamp, 1985, S. 244 f.). Selbstbestimmung in diesem – kritisch-psychologischen – Sinn bedeutet also nicht, dass Bewohner*innen lediglich selbst entscheiden können, ob sie reduzieren oder absetzen (möchten). Bezogen auf das dargestellte Dilemma ist es vielmehr wichtig herauszuarbeiten, welche (Selbstbestimmungs-)Möglichkeiten die Bewohner*innen haben, den Reduktions- bzw. Absetzprozess und die rahmenden Bedingungen gemäß ihren Vorstellungen zu gestalten. Mit dem Konzept der Nutzer*innenkontrolle beabsichtigen die Mitarbeiter*innen, die Einflussmöglichkeiten auf und die Entscheidungsmacht der Bewohner*innen über die Bedingungen des Unterstützungsprozesses zu erweitern. Alle Arbeitsschritte finden dabei nur nach Rücksprache mit den Bewohner*innen statt. Diese sind eingeladen, von vielfältigen Korrektur- und Kontrollmöglichkeiten Gebrauch zu machen. Diese Einflussmöglichkeiten finden jedoch nicht nur an den sozialrechtlichen Vorgaben, den räumlichen Gegebenheiten, den weglaufhausspezifischen Arbeitsprinzipien und den gesellschaftlichen Rahmenbedingungen ihre Grenzen. Während eines Reduktions- oder Absetzprozesses stellen insbesondere die Wirkungen der Psychopharmaka eine relevante Grenze dar. Es besteht nämlich die Gefahr, dass die somatischen und psychischen (Neben- und Nach-)Wirkungen mancher Psychopharmaka(kombinationen) für die betreffenden Personen auch mit Unterstützung nur sehr schwer zu kontrollieren sind und sie kaum noch Ruhe und Schlaf finden. Im schlimmsten Falle entgleitet ihnen die Kontrolle über den Reduktions- bzw. Absetzprozess; das heißt, sie verlieren die Kontrolle über bestimmte Erfahrungsanteile, was vom Außenstandpunkt gegebenenfalls als *ver-rückt* erscheint und weitreichende intersubjektive Verständigungsprobleme zur Folge haben kann. Überlagert werden die Reduktions- oder Absetzprozesse im Weglaufhaus außerdem, wie bereits erwähnt, mehrheitlich von existenziellen materiellen Beschränkungen. Oft bestehen keine gesicherten Wohnperspektiven, fehlen vertraute Einbindungen in soziale Zusammenhänge und finanzielle Garantien. Die unklare Zukunft beschneidet die Selbstbestimmungsmöglichkeiten der Bewohner*innen und gefährdet den Erfolg ihrer Reduktions- bzw. Absetzprozesse. Weiterhin kann leider nicht vorausgesetzt werden, dass eine vorübergehende Einbindung in die Hausgemeinschaft und der Aufbau eines vertrauensvollen Arbeitsbündnisses gelingen und dass das Fehlen einer zumindest optional verfügbaren institutionell vorgegebenen Tagesstruktur im Interesse aller Bewohner*innen ist.

Die Mängel der (sozial)psychiatrischen Versorgung zeigen sich deutlich darin, dass die Mehrheit der Akteur*innen den Betroffenen keine Auswege aus der psychopharmakologischen Behandlung aufzeigen kann. Zwar existieren Institutionen und Akteur*innen, die ihren Blick für das Psychopharmaka-Problem schärfen und ihre Praxis entsprechend modifizieren (vgl. Deutsche Gesellschaft für Soziale Psychiatrie, 2014).[10] Solange jedoch die Vergabe von Psychopharmaka eine unhinterfragte Selbstverständlichkeit bleibt und in restriktiven Settings stattfindet, werden sich Betroffene nach Alternativen umsehen. Selbstbestimmung beginnt in diesem Zusammenhang damit, umfassend informiert und beraten zu werden, Alternativen zu kennen sowie offen über Unsicherheiten und Probleme mit einer (verordneten) Einnahme von Psychopharmaka sprechen zu können. Viele Betroffene berichten aus verschiedenen (sozial)psychiatrischen Settings davon, dass es genau daran mangelt, dass sie zur Einnahme von Psychopharmaka gedrängt, häufig gezwungen werden und dass die Einnahme kontrolliert wird. Reduktions- bzw. Absetzvorhaben müssen sie daher mehrheitlich vor dem Überwachungsregime des jeweiligen Settings verbergen.[11]

Vor diesem Hintergrund wird verständlich, warum sich Betroffene an das Weglaufhaus wenden und mit einem Aufenthalt die Hoffnung verbinden, ihren Psychopharmakakonsum selbst bestimmen zu können. In der Regel empfehlen die Mitarbeiter*innen (oder andere Bewohner*innen) im Einklang mit vielen Betroffenen und solidarischen Akteur*innen einen schrittweisen, wohl überlegten und geplanten Ausschleichprozess. Sie legen den Betroffenen nahe, sich umfassend zu informieren und beraten zu lassen, damit sie eine bewusste Entscheidung treffen können. Die Verantwortung für den Reduktions- bzw. Absetzprozess tragen die Betroffenen letztlich allein; die Mitarbeiter*innen übernehmen eine begleitende und unterstützende Funktion. Die Mitarbeiter*innen schlagen die Erarbeitung von Krisenpapieren und das Führen von Absetztagebüchern sowie Stimmungsprotokollen vor oder recherchieren, wenn gewünscht, nach einschlägiger Literatur und Erfahrungsberichten. Sie verweisen auf bestehende betroffenenkontrollierte Selbsthilfeangebote wie beispielsweise die regelmäßig stattfindende Absetzgruppe, die von Mitgliedern des Vereins getragen wird, und informieren über Patientenverfügungen.[12] Dass einige mit diesen Empfehlungen in Anbetracht der schmerzhaften (Neben-)Wirkungen und ihrer jeweiligen Lebenssituation wenig anfangen können, stellt eine besondere Schwierigkeit dar.

---

[10] Zur Kritik psychiatrischer Zwangsmaßnahmen und zur Konzeption eines psychosozialen Hilfesystems, das auf soziale Kontrolle und Zwangsmaßnahmen verzichtet, vgl. Zinkler & Peter, 2019.
[11] Disziplinierende Reaktionen auf solche Vorhaben sind u. a. die persönliche Überwachung der Einnahme, die Kontrolle des Schluckens durch befohlenes Wassertrinken oder die Vergabeform der Depotspritze.
[12] Beispielsweise stellt die u. a. vom Berliner Werner-Fuß-Zentrum herausgegebene PatVerfü einen rechtlichen Versuch dar, Betroffene vor psychiatrischem Zwang und Entmündigung zu schützen (vgl. Bundesarbeitsgemeinschaft Psychiatrie-Erfahrener e. V., 2021).

Manche Bewohner*innen suchen (vergeblich) Anbindung an Psychiater*innen, die den Absetzprozess begleiten, auch weil die Einnahme bestimmter Psychopharmaka eine enge medizinische Überwachung voraussetzt. In einigen Notfällen und in Fällen, in denen kein bisheriger Medikamentenplan vorliegt, besteht außerdem die Schwierigkeit, kurzfristig die gewünschte (Bedarfs-)Medikation zu erhalten – ein Problem, das in der Organisation des Gesundheitssystems gründet.

In enger Verbindung mit den konzeptionellen Überlegungen zu Selbstbestimmung und Nutzer*innenkontrolle steht der betroffenenkontrollierte Ansatz des Weglaufhauses. Auch mit diesem versuchen die Mitarbeiter*innen, in ihrer Arbeit an Erfahrungen der Betroffenenbewegung anzuknüpfen und das Feld der professionalisierten Zuständigkeit für den Phänomenbereich psychosozialer Krisen neu zu vermessen. Angestrebt wird, dass mindestens die Hälfte der Mitarbeiter*innen psychiatriebetroffen ist, also selber einmal Patient*in in einer psychiatrischen Klinik war und damit (gewaltvolle) Erfahrungen von Fremdbestimmung und Entsubjektivierung verbindet. Es bestehen keine Differenzen in Bezahlung, Arbeitsgestaltung und Tätigkeitsbereich zu den übrigen Mitarbeiter*innen. Die psychiatriebetroffenen Mitarbeiter*innen behalten die volle Kontrolle über ihre Erfahrungen, das heißt, sie entscheiden selber, ob und wie sie ihre Erfahrungen in die Begleitung und Unterstützung der Bewohner*innen einbringen. Quer zu dieser (vereins)internen Vereinbarung über die Teamzusammensetzung steht die Anforderung der Berliner Senatsverwaltung, mehrheitlich staatlich anerkannte Sozialarbeiter*innen einzustellen. Zwei Professionalitätsvorstellungen stehen sich hier schematisch gegenüber. Das zentrale Qualifikationskriterium für die Mitarbeit im Weglaufhaus, psychiatriebetroffen oder nicht, ist, sich ein Bewusstsein für (sozial)psychiatrische – und damit verschränkte – Herrschaftsverhältnisse erarbeitet, die eigenen Positionen darin reflektiert und Parteilichkeit mit den Bewohner*innen entwickelt zu haben. Die im Weglaufhaus verfolgte Professionalitätsvorstellung verknüpft dieses Qualifikationskriterium mit den (Krisen-)Erfahrungen Psychiatriebetroffener und der Aneignung kritischer Wissensbestände der zuständigen akademischen Disziplinen. Sie materialisiert sich in den dargestellten Arbeitsprinzipien und in einer spezifischen Form professioneller Nähe (vgl. Tauwetter et al., 2004). Auch wenn sich die Lebensverhältnisse der Mitarbeiter*innen von denen der Bewohner*innen in der Regel strukturell sehr unterscheiden und sich die Ähnlichkeiten bestimmter (Betroffenheits-)Erfahrungen daran brechen, kann die Bedeutung dieser professionellen Nähe für die Bewohner*innen nicht hoch genug eingeschätzt werden. Sie trägt vielleicht auch zu dem bereits erwähnten Vertrauensvorschuss der Bewohner*innen bei. Zwar interessieren sich manche Bewohner*innen nicht dafür, dass auch Mitarbeiter*innen Erfahrungen (sozial)psychiatrischer Gewalt gemacht haben. Vielen jedoch ist bereits das Wissen darum, dass eine entsprechende Quotierung existiert, sehr wichtig, für andere wiederum ist der persönliche Austausch mit psychiatriebetroffenen Mitarbeiter*innen ein zentraler Bestandteil ihres Aufenthalts. Dieses betroffenheitsbasierte Vorgehen zielt auf Vertrauensbildung und möglichst hierarchiearme Gespräche über beispielsweise schwierige Erfahrungen im Zusammenhang mit der Einnahme sowie der Reduktion oder dem Absetzen von Psychopharmaka. Welche Rolle die persönlichen Erfahrungen einzelner Mitarbeiter*innen mit Psychopharmakakonsum im Unterstützungsprozess spielen, liegt jeweils im Ermessen der Bewohner*innen.

## 5 Schluss

Die Bemühungen der Beteiligten richten sich darauf, den Bewohner*innen einen selbstbestimmten Umgang mit Psychopharmaka zu ermöglichen. Wie ich versucht habe zu zeigen, stehen den Bewohner*innen weitreichende Beschränkungen gegenüber. Die antipsychiatrische Orientierung des Weglaufhauses öffnet dem Anspruch nach den Raum für einen sozialen Selbstverständigungsprozess über die Probleme, die Betroffene mit der Einnahme und der Reduktion bzw. dem Absetzen von Psychopharmaka verbinden. Mitarbeiter*innen legen in diesem Prozess das geschilderte Dilemma offen, weisen auf bestehende Risiken hin und lassen bisherige Erfahrungen einfließen. Die empirisch offene Frage, ob die Sorge, dass der Reduktions- bzw. Absetzprozess scheitert, die jeweiligen Erfahrungen und die Reduktions- und Absetzprozesse der Bewohner*innen erfasst, zwingt zu einer genaueren Betrachtung. Zwischen zwei idealtypischen Positionen haben die Beteiligten abzuwägen. Auf der eine Seite steht der Wunsch, den betreffenden Bewohner*innen ohne Einschränkung und ohne Vorwegnahme eines negativen Ausgangs einen psychopharmakafreien Aufenthalt im Weglaufhaus zu gewährleisten. Damit verbindet sich die Hoffnung, dass bereits die temporäre Befreiung schwerer wiegt als ein mögliches Scheitern. Auf der anderen Seite dominiert die Sorge, dass der Reduktions- bzw. Absetzprozess im angesprochenen Sinne scheitert und die Kosten, die Bewohner*innen und Mitarbeiter*innen zu tragen haben, zu hoch sind – zusätzliche Belastungen in einem bereits fordernden Arbeitsumfeld, schlaflose Nächte, verbale Bedrohungen, körperliche Gewalt, Rückzug aus den Gemeinschaftsräumen in die eigenen Bewohner*innenzimmer, Ängste und Gefühle der Überforderung, Verlust von Sicherheit und Ruhe, Vernachlässigung der Krisenbegleitung der übrigen Bewohner*innen usw. Die eine Seite sieht sich mit dem Vorwurf des naiven Idealismus sowie der organisierten Verantwortungslosigkeit konfrontiert. Die andere Seite muss sich des Vorwurfs erwehren, das Bild eines gefährlichen Menschen, eines *ver-rückten* Monsters, zu malen sowie die (sozial)psychiatrische Auffassung einer langfristig notwendigen Psychopharmakaeinnahme zu vertreten und mit einer negativen Erwartungshaltung das Scheitern des Reduktions- bzw. Absetzprozesses vorwegzunehmen. In diesem Spannungsfeld ringen die Mitarbeiter*innen und die Bewohner*innen um das richtige Vorgehen.

Die beiden idealtypischen Positionen stehen sich in der Regel nicht in Gestalt realer Mitarbeiter*innen gegenüber. Sie verweisen vielmehr auf spezifische Konflikte, mit denen sich die Mehrheit der Mitarbeiter*innen auseinandersetzen muss; auch die meisten Bewohner*innen können sich diesen kaum entziehen. Im Ringen um das richtige Vorgehen verschaffen sich verschiedene Gründe für die eine oder andere Position Geltung und werden die Handlungsspielräume des Weglaufhaus-Settings fortwährend neu ausgelotet. Die alltägliche Aufgabe, den „Laden am Laufen zu halten", verhindert in der Regel ein systematisches Ausloten. Zentrale Konzepte wie die Nutzer*innen- und die Betroffenenkontrolle sowie die basisdemokratische Selbstverwaltung beanspruchen jedoch, das systematische Ausloten der Handlungsspielräume sicherzustellen. Daraus resultiert für alle Beteiligten die schwer zu bewältigende Herausforderung, sich immer von Neuem kollektiv gegen den alltäglichen Handlungsdruck zu stemmen, damit Konflikterfahrungen in einem wechselseitigen Prozess der sozialen Selbstverständigung allen zugänglich gemacht und die gesellschaftlichen, institutionellen und subjektiven Bezüge der Konflikte analytisch aufgeschlüsselt werden können. Es bleibt empirisch offen, welche individuellen und kollektiven Selbstbestimmungsmöglichkeiten sowie Bündniskonstellationen dabei sichtbar werden. Das Bemühen endet auch dann nicht, wenn sich der Eindruck verdichtet, dass weitreichende Probleme den Reduktions- bzw. Absetzprozess begleiten, die Verständigung erschweren oder die Vertrauensbasis erodieren lassen.

Bedauerlicherweise fehlen bisher subjektwissenschaftliche und betroffenenkontrollierte Forschungs- und Evaluationsprojekte, die sich sowohl den gelungenen als auch den leider viel zu häufig scheiternden Reduktions- und Absetzprozessen der Bewohner*innen systematisch widmen. Das emanzipatorische Interesse, Bewohner*innen dabei zu unterstützen, sich nicht nur vorübergehend, sondern dauerhaft (sozial)psychiatrischen Zumutungen zu entziehen, sollte diese Projekte leiten. Die Entwicklung solcher Projekte setzt voraus, dass in ihnen eine nachhaltige und greifbare Verbesserung der Lebensverhältnisse aller Beteiligten als utopischer Fluchtpunkt aufscheint. In Anbetracht der bestehenden gesellschaftlichen Verhältnisse und der von ihnen ausgehenden Sogwirkung bedarf es dafür großer solidarischer Anstrengungen.

## Literatur

Balz, V. (Oktober 2011). Sanfte Zwänge und chemische Gewalt. *GiD Gen-ethischer Informationsdienst, 208*, 19–22.
Balz, V., Bräunling, S., & Walther, T. (2002). Meine Krankheit, meine Medikamente und ich: Die atypischen Neuroleptika als neue Identitätsstifter der Psychiatrie. *Psychologie und Gesellschaftskritik, 26*(4), 73–97.
Bock, T. (2013). Psychiatrie im Widerstreit der Interessen – Risiken und Chancen für die Zukunft. *Forum Gemeindepsychologie, 18*(1). http://www.gemeindepsychologie.de/fg-1-2013_03.html. Zugegriffen: 15. März 2021.
Boger, M.-A. (2015). Das Trilemma der Depathologisierung. In C. Schmechel et al. (Hrsg.), *Gegendiagnose. Beiträge zur radikalen Kritik an Psychologie und Psychiatrie* (S. 268–288). edition assemblage.
Bruckmann, L. (2007). Was hilft mir, wenn ich verrückt werde? In P. Lehmann & P. Stastny (Hrsg.), *Statt Psychiatrie 2* (S. 43–45). Peter Lehmann Antipsychiatrieverlag.
Brückner, B. (1995). Das Tagebuch als Selbsthilfe. In T. Bock et al. (Hrsg.), *Abschied von Babylon – Verständigung über Grenzen in der Psychiatrie* (S. 191–193). Psychiatrie-Verlag.
Bundesarbeitsgemeinschaft Psychiatrie-Erfahrener e. V. (2021). https://www.patverfue.de. Zugegriffen: 15. März 2021.
Deutsche Gesellschaft für Soziale Psychiatrie. (Hrsg.). (2014). *Neuroleptika reduzieren und absetzen.* https://www.dgsp-ev.de/fileadmin/user_files/dgsp/pdfs/Publikationen/DGSP_Broschuere_Neuroleptika_reduzieren_2018.pdf. Zugegriffen: 15. März 2021.
Holzkamp, K. (1985). *Grundlegung der Psychologie.* Campus.
Kempker, K. (Hrsg.). (1998). *Flucht in die Wirklichkeit. Das Berliner Weglaufhaus.* Antipsychiatrieverlag
Kösters, M., & Weinmann, S. (2017). Psychopharmakaforschung. Was bleibt nach der Ernüchterung? *sozialpsychiatrische informationen, 2,* 18–21.
Landesverband Psychiatrie-Erfahrener NRW e. V. (2020). *Hilfe jenseits der Psychiatrie – Die Bochumer Krisenzimmer.* http://www.psychiatrie-erfahrene-nrw.de/downloads/200331_Bochumer_Krisenzimmer_Online_Einzelseiten.pdf. Zugegriffen: 15. März 2021.
Lehmann, P. (Hrsg.). (2008). *Psychopharmaka absetzen.* Peter Lehmann Antipsychiatrieverlag.
Lehmann, P., Aderhold, V., Rufer, M., & Zehentbauer, J. (2017). *Neue Antidepressiva, atypische Neuroleptika.* Peter Lehman Publishing.
Markard, M. (1999). Gramsci und psychologische Praxis: Psychologische Praxis als Austragungsort ideologischer Konflikte. *Forum Kritische Psychologie 40* (S. 50–59). Argument.
Markard, M. (2009). *Einführung in die Kritische Psychologie.* Argument.
Seibt, M. (2014). *Basiswissen Psychopharmaka.* http://www.psychiatrie-erfahrene-nrw.de/psychopharmaka/downloads/basiswissen_psychopharmaka2014.pdf. Zugegriffen: 15. März 2021.
Tauwetter, Weglaufhaus „Villa Stöckle", & Wildwasser. (2004). *Betrifft: Professionalität.* https://www.weglaufhaus.de/wp-content/uploads/2010/08/betrifft_professionalitaet.pdf. Zugegriffen: 15. März 2021.

Trotha, T. von. (1995). Über die Unmöglichkeit, eine „Psychose" zu erfahren, oder, was mir nicht hilft, wenn ich verrückt werde. In T. Bock (Hrsg.), *Abschied von Babylon – Verständigung über Grenzen in der Psychiatrie* (S. 183–187). Psychiatrie-Verlag.

Trotha, T. von. (2001). Unterwegs zu alten Fragen: Die Neue Antipsychiatrie. *Zeitschrift für systemische Therapie, 19*(4), 201–210.

Verein zum Schutz vor psychiatrischer Gewalt e. V. (2012). *Auf der Suche nach dem Rosengarten. Echte Alternativen zur Psychiatrie umsetzen.* https://www.weglaufhaus.de/wp-content/uploads/2013/08/Dokumentation_Rosengarten_v2013.pdf. Zugegriffen: 15. März 2021.

Zinkler, M., & Peter, S. von. (2019). Ohne Zwang – ein Konzept für eine ausschließlich unterstützende Psychiatrie. *Recht und Psychiatrie, 37*(4), 203–209.

# Ertragen, beharren, einkreisen und einhaken in Schließungsprozesse – Konflikte um prekäre Kooperation und Missachtung in dominanzkulturell-geprägten Settings antisemitismuskritischer Pädagogik

Barbara Schäuble

**Zusammenfassung**

Der Beitrag geht auf Basis der Konfliktschilderung einer Pädagogin der in der antisemitismuskritischen Bildungsarbeit gegebenen Konstellation um eine prekäre Kooperationsbereitschaft nicht antisemitismusbetroffener Teilnehmer*innen in der kritischen Auseinandersetzung mit Antisemitismus nach. Der Text betrachtet verschiedene Bearbeitungsweisen des Konfliktes um die Anerkennung von Antisemitismus bzw. dessen Bedeutung und/oder Vernachlässigbarkeit. Zu den Bearbeitungsweisen des Konfliktes gehören einerseits das Ertragen von Zumutungen, ein beharrliches Einfordern von Mitarbeit, das Anrufen gemeinsamer Überzeugungen als Versuch des Einhakens in Schließungsprozesse und ein Setzen auf die Eigendynamik von Prozessen der Perspektiverweiterung. Andererseits gibt es im Arbeitsbereich auch ein Verdecken und Vermeiden des Konfliktes im Zusammenhang mit einseitigen Fokussierungen auf den Widerstand der Teilnehmer*innen.

**Schlüsselwörter**

Antisemitismuskritische Pädagogik • Anerkennung • Kooperationskonflikt

B. Schäuble (✉)
Alice Salomon Hochschule, Berlin, Deutschland
E-Mail: schaeuble@ash-berlin.eu

# 1 Einleitung

„Das sind alles gestandene Menschen mit klarem demokratischem Selbstverständnis. Aber [...] es ist sehr schwierig, sie zu Mitarbeit zu bewegen. Es ist sehr anstrengend und tut manchmal auch weh. [...] Es braucht sehr viel Zeit", so beschreibt eine Pädagogin die von ihr in der antisemitismuskritischen Bildungsarbeit erlebte Konfliktkonstellation. Der Beitrag befasst sich mit der Bedeutung und Bearbeitung schwacher Kooperation und den dahinterliegenden Anerkennungskonflikten in demokratiepädagogischen und antisemitismuskritischen Settings. Im Zentrum des Textes steht die Konfliktschilderung der Pädagogin. Sie analysiert den Konflikt als Moment einer grundlegend asymmetrischen und konflikthaften Konstellation, die unter anderem darin zum Ausdruck kommt, dass sie weiteren Reflexionsbedarf sieht, während die Teilnehmer*innen ihres Angebots problematisierende Impulse zurückweisen. Die Teilnehmer*innen stellen andere Interessen in den Vordergrund. Sie erkennen die von der Pädagogin wahrgenommene Anerkennungsproblematik nicht bzw. sie behandeln diese als vernachlässigbar und machen sich die Kooperationsgelegenheit nicht zu eigen.[1] Die Pädagogin deutet dies zum einen als Ausdruck typischer Lernwiderstände in Lern- und Bildungsprozessen, zum anderen sieht die Pädagogin dies als selbstbezogenen und aggressiven Rückzug dominanter Akteur*innen aus einer aus ihrer Sicht erforderlichen demokratisierenden Kooperation.

Neben dem Festhalten der Pädagogin am Anerkennungskonflikt und ihrem Beharren auf der Kooperation stellt der Text auch andere Umgangsweisen vor. Anders handelt beispielsweise ein Pädagoge, der in einem ähnlich gelagerten Beratungssetting dem Rückzugswunsch der Teilnehmer*innen nachgibt und dies mit dem Dienstleistungscharakter des Angebots begründet. Auf diese Weise verdeckt er bzw. entscheidet er über den Anerkennungskonflikt, der in letzter Instanz ein Konflikt um Zugehörigkeit und Existenzberechtigung ist. Unterstützung findet seine Art der Konfliktbearbeitung in einem Teil der Fachdebatte, in der das parteiliche Festhalten von Professionellen am pädagogischen Angebot angesichts der Asymmetrie zwischen Lehrenden und Lernenden einseitig als Mündigkeitsverletzung kritisiert wird.

Es liegt nahe, die unterschiedlichen Bearbeitungsweisen damit zu erklären, dass die am Konflikt festhaltende jüdische Pädagogin selbst von Antisemitismus betroffen ist und diesen daher erkennt und als bedeutsam einstuft,

---

[1] Während sich das nicht anhaltende Interesse im geschilderten Verhalten dokumentiert, sind die Rückzugsmotive der Teilnehmer*innen an dieser Stelle nur aus Sicht der Pädagogin im Blick. Eine mehrperspektivische Analyse des Konfliktes wäre sehr interessant, kann aber hier nicht geleistet werden.

während der nicht jüdische Pädagoge aufgrund erkenntnisbezogener Grenzen das Problem gegebenenfalls nicht erkennt oder dieses – da ihn selbst nicht belastend – nicht anerkennt. Eine solche Deutung ist jedoch nicht ausreichend, da Bedeutungszuschreibungen und Konfliktbereitschaft nicht allein durch unmittelbare Betroffenheit entstehen.

Positionen, die den Anerkennungs- und Kooperationskonflikt umschiffen gegenüber argumentiert der Beitrag, dass eine diskriminierungskritische Pädagogik der Konfliktbereitschaft, der Bündnisorientierung sowie der Beharrlichkeit und Parteilichkeit bedarf, wenn sie nicht die menschliche Entfaltung, den jeweiligen Lerngegenstand (hier die Auseinandersetzung mit Antisemitismus), die Möglichkeiten der Lernenden Selbstbegrenzungen zu bearbeiten sowie den universell-solidarischen Anspruch von Demokratisierungsprozessen angesichts aktuell zunehmend partikularer werdender Sozialbezüge aufgeben will. Hierbei gilt es, den entwicklungsförderlichen Charakter pädagogischer Settings im Auge zu behalten. Die Orientierung an individueller Freiheit ist jedoch nicht per se mündigkeitsfördernd, sondern sie bedeutet Abwendung vom Horizont der Gesellschaftlichkeit und insbesondere von Diskriminierungsbetroffenen und sie behindert gegebenenfalls auch die Auseinandersetzungs- und Handlungsmöglichkeiten derer, deren Mündigkeit damit vermeintlich geschützt wird.[2]

Der Beitrag rekonstruiert die Aussagen der Pädagogin im Licht von subjektwissenschaftlichen (Holzkamp 1985), anerkennungs- (Butler, 2005; Honneth, 2009, 2014, 2015) und demokratietheoretischen (vgl. Dubiel, 1999; Rancière, 2002) Überlegungen. Er versucht so, einen Horizont zu umreißen, in dem die Worte der Pädagogin stehen könnten.

Da die im Arbeitsbereich beobachtete Verdeckung des Anerkennungs- und Kooperationskonflikts und die Erfahrung der Pädagogin, sich persönlich stark für den Erhalt des pädagogischen Austauschs einsetzen zu müssen, die Frage nach den gegenwärtigen Voraussetzungen antisemitismuskritischer Bildungsprozesse nahelegt, will der Text dazu beitragen, den Möglichkeitsraum antisemitismuskritischer Pädagogik auszuloten.

Mich interessiert der von der Pädagogin beschriebene Kooperations- und Anerkennungskonflikt zum einen aus einem grundlegenden Interesse daran, den Möglichkeitsraum antisemitismuskritischer Praxis einzuschätzen, zum anderen, um ähnliche Konflikte, die ich in meinem eigenen pädagogischen Handeln erlebe, bewusster bearbeiten zu können. Die Beharrlichkeit, Konfliktbereitschaft und

---

[2] Hiermit sind rund um den aus meiner Sicht zu Recht persuasiv orientierten Charakter antisemitismuskritischer Bildung Fragen aufgeworfen, wie sie Nohl hinsichtlich der Unterscheidung politischer Bildung, politischer Erziehung und Instruktion aufwirft (Nohl, 2020).

Kooperationsorientierung der Pädagogin sind für mich wichtige Antworten auf die Frage, wie ich andere dafür gewinnen kann, sich auch in Konflikten weiterhin an der Reflexion und Bearbeitung von Antisemitismus (als gegebenenfalls zunächst nicht ihrem, sondern meinem) Problem zu beteiligen. Zudem frage ich mich, wie man mit der Erfahrung der Pädagogin umgehen kann, dass in dominanzkulturellen Konstellationen nicht nur ein Lerngegenstand, sondern die eigenen politischen und auch existenziellen Interessen an der Auseinandersetzung mit Anerkennungs- und Zugehörigkeitsverhältnissen missachtet werden und dass einem selbst dadurch auch als Person die Anerkennung als gleichrangiges Alter Ego verweigert werden kann. Ich kenne das vor allem aus Versuchen, mich und meine Positionen in patriarchatskritischen Lernprozessen zu behaupten.[3] Auch der von der Pädagogin beschriebene Konflikt, sich dem Ringen um Anerkennung nicht durchgängig entziehen zu können, dabei aber in einer recht schwachen Position zu sein, ist mir bekannt.

Mich beschäftigt die Frage, wie meine pädagogische Arbeit konfliktbereiter werden kann, zum einen, weil ich antisemitische Positionierungen in Bildungsprozessen infrage stellen will, und zum anderen, um zu den anerkennungsreichen und konfliktbereiten Beziehungen beizutragen, auf die ich selbst angewiesen bin. In den Lehr-Lern-Räumen, die ich als Lehrende in Professionalisierungsprozessen der Sozialen Arbeit mitgestalte, versuche ich die Tatsache verschiedener Perspektiven, Positionen und Lebensweisen als selbstverständlich und als Prämisse zu setzen. Ich versuche erfahrbar zu machen, wie widersprüchlich Erfahrungen sind und da einzuhaken, wo ungleichheitsverfestigende, beispielsweise heteronormative, eurozentrische und segregierende Positionen und Normen Risse bekommen bzw. wo entsprechende Deutungen reinszeniert werden. Doch nicht immer gelingt es mir, neben dieser Rahmung und der Behandlung von Macht und Diskriminierung als abstrakteren Lerngegenständen auch die Reibung und den damit verbundenen Widerstand zu unterstützen oder zu erzeugen, die es braucht, damit Dialoge verbindlich werden und eine „kritische" Grenze überschreiten bzw. damit Differenzen hinsichtlich konkreter Deutungen, Begründungen und Handlungsweisen klar werden (vgl. Forschungsgruppe Lebensführung, 2004). Oft spüre ich stärker den Wunsch, keinen Ärger zu erzeugen, als die Diskriminierungen, über die wir sprechen.

---

[3] Es ist jedoch hier deutlich zu sagen, dass Antisemitismus in seiner Ausschluss- und Verfolgungslogik weitaus existenzbedrohlicher ist als das Frauen in Unterordnungsverhältnissen anerkennende Patriarchat (vgl. Klinger & Knapp, 2007).

Mit dem Beitrag versuche ich Deutungs- und Bearbeitungsmöglichkeiten der Konfliktkonstellation im Arbeitsbereich zu verstehen, um antisemitische Äußerungen und die Vernachlässigung von Antisemitismus aktiver und konfliktbereiter infrage stellen zu können und um zugleich lokal und gesamtgesellschaftlich „Strukturen [...] zu ermöglichen, in denen Handlungsfähigkeit als Darstellung und Beteiligung in sozialen und intersubjektiven Räumen sinnvoll wird, sich bewährt und entwickeln kann" (Mecheril, 2001).

## 2 Die Erfahrung deuten – im Zusammenhang mit Perspektivendifferenz und einem dominanzgesellschaftlichen Machtverhältnis

Nach den einleitenden Worten soll die Betrachtung der Konfliktschilderung der Pädagogin nähere Einblicke in die von ihr erfahrene Konfliktkonstellation eröffnen. Sie deutet das Erlebte. So beschreibt sie ihre Erfahrung als in einem historischen Ungleichheits- und Gewaltverhältnis und in diskursiven Setzungen situierte Situation und beschreibt diese Konstellation als eine sich aufgrund von Perspektivendifferenz, Anerkennungsverweigerung und den Grenzen von Pädagogik entwickelnde.

„Unser Arbeitsfeld ist von Dilemmata umgeben und begleitet. Wir leben und arbeiten einerseits in einem Rechtsstaat, zugleich leben wir in einer rassistisch und antisemitisch strukturierten Gesellschaft. Und die Perspektiven unterscheiden sich. Es gibt Schwierigkeiten, die Weitergaben aus der Vergangenheit und gegenwärtige Schieflagen anzuerkennen und dagegen mit Bildung anzugehen." (Interview 1)

Die Pädagogin verortet die Konflikte in ihrem Feld als Widerspruch zwischen deklarierten Programmen und einer durch die historische Tradierung von Antisemitismus geprägten Realität. Konkret schildert sie, wie schwer und schmerzvoll es für sie ist, Lehrer*innen, mit denen sie arbeitet, zur „Mitarbeit" an deren eigenem Ziel demokratischer Entwicklung zu bewegen, da diese der Problembearbeitung Widerstand entgegensetzen. Die Motivlage ihrer Teilnehmer*innen thematisiert sie als widersprüchlich und spricht von der herausfordernd „lange[n] Zeit, die es braucht, bis Menschen sich auf Reflexionsprozesse einlassen" (Interview 1). Sie fordert Kooperation und Zeit zur Perspektivenverschränkung ein und ringt so darum, ihre Teilnehmer*innen unter prekären Umständen zu einer reflexiven Distanzierung von partikularen und antisemitisch geprägten Perspektiven anzuregen.

## 3 Entschlossenheit, Zeit und Kraft aufbringen

Im Konflikt sucht die Pädagogin nach Übereinstimmung sowie einem Bündnis mit den Teilnehmer*innen des Angebots, indem sie auf geteilte demokratische Überzeugungen sowie deren Haltungen hinweist.

> „Wir arbeiten zum Beispiel mit einer Lehrer-Gruppe, das sind alles gestandene Menschen mit einem ganz klaren demokratischen Selbstverständnis. Aber gleichzeitig lassen sie sich einfach nicht drauf ein und leisten Widerstand und Abwehr. Es ist sehr schwierig, sie zu Mitarbeit zu bewegen. Es ist sehr anstrengend und tut manchmal auch weh, weil sie Privilegien haben, die sie nicht abgeben wollen. Es braucht sehr viel Zeit." (Interview 1)

Sie schaut jedoch nicht nur auf die Teilnehmer*innen, sondern nimmt auch die eigene Belastung in den Blick, die es ihr erschwert, an der von ihr als geteilt konzipierten „Arbeit" mitzuwirken. Sie deutet zudem mit dem Verweis auf das asymmetrische Verhältnis („Privilegien") an, dass sie annimmt, dass die Teilnehmer*innen aufgrund deren unangefochtener Position eventuell kein ausreichendes Interesse an der Bearbeitung von Antisemitismus haben. Sie deutet die Unangefochtenheit bzw. Anerkennung als ein knappes, derzeit nur für so „Privilegierte" verfügbares Gut. Dass sie die Teilnehmer*innen über deren kollektiven Rückzug als homogene Gruppe wahrnimmt, kann eine ihrer Lehrenden-Rolle geschuldete Typisierung sein. Der Hinweis auf geteilte Privilegien legt es jedoch nahe, darin eine Konstellationsdeutung zu sehen, mit der die Pädagogin die Gruppe als sich grundsätzlicher und durchgängig von ihr unterscheidend wahrnimmt. Sie porträtiert in dieser Lesart die sich zurückziehenden Teilnehmer*innen als Teil einer Gesellschaftsmehrheit, die Antisemitismus nicht persönlich anficht, während sie selbst dieses Privileg unangefochtener Anerkennung und Zugehörigkeit nicht besitzt.

## 4 Anerkennungstheoretische Überlegungen

Die Situation lässt sich nicht zuletzt, weil auch die Pädagogin sie selbst als Anerkennungskonflikt beschreibt, nicht nur als Ausdruck mangelnder Wahrnehmung bzw. Erkenntnisoptionen betrachten. Denn in der Situation wird etwas, das die Lernenden aus Sicht der Pädagogin durchaus wahrnehmen als nicht weiter zu beachten behandelt. Vergleichbare Konstellationen stehen im Zentrum der anerkennungstheoretischen Betrachtungen von Honneth und Butler. Beide befassen sich mit den Wendungen und Kämpfen, die Menschen in Reaktion auf Degradierungen bzw. Erfahrungen von Missachtung entwickeln, zumal wenn dahinter grundlegendere Mehrheitsverhältnisse, Diskurse und Anerkennungsordnungen stehen. Dazu formuliert Butler:

„Bestimmte Menschenleben werden in hohem Maße vor Verletzung geschützt [...]. Andere Menschenleben werden nicht so schnell und entschlossen Unterstützung finden und werden nicht einmal als ‚betrauernswert' gelten." (Butler, 2005, S. 48)

Dadurch, dass in pädagogischen Settings stets im Kontext von Gruppenbildungsprozessen und vor Publikum gehandelt wird und Bildungsprozesse Zeit für Reflexionen eröffnen, haben diese eine besondere Anerkennungsrelevanz. So hat Ricken herausgearbeitet, dass pädagogische Konstellationen durch Modi des Zeigens und Anerkennens bestimmt sind: So entstehen unter anderem durch die Anwesenheit Dritter,

„die Praktiken enorm betreffende Verschiebungen: sei es, weil die anderen – als Dritte – als mögliche Verbündete oder Konkurrenten, Begünstigte oder Sündenböcke sowie bloße Zuschauer oder gar Schiedsrichter bedeutsam werden [...], oder sei es, weil bestimmte pädagogische Problemstellungen der Differenzierung ebenso wie der Gerechtigkeit etc. erst mit Blick auf Dritte überhaupt entstehen" (Ricken, 2019, S. 129).

In Dialogen wird Anerkennung durch Adressierungen, Zuwendung, Perspektiverweiterung und Rückzug verhandelt.[4] Dabei gilt es in Anerkennungsprozessen „ein Werden für sich zu erfragen, eine Verwandlung einzuleiten, die Zukunft [...] im Verhältnis zum anderen zu erbitten" (Butler, 2005, S. 62), zugleich gilt es jedoch auch, durch Beharren (Butler, 2005), Setzungen und Kämpfe (Honneth, 2014) andere Positionen und Relationen auszuhandeln.

Honneth beschreibt drei Prozessdimensionen von Anerkennung: Erstens die Fähigkeit und Motivation Asymmetrien zu erkennen, zweitens ein sich daran anschließendes „Sich-selbst–Erkennen", verbunden mit dem Wieder-Erkennen Anderer sowie drittens die Erfahrung des eigenen Anerkanntseins im Werden. Auf Letzteres baut die hier im Fokus stehende Pädagogin, wie der folgende Abschnitt zeigt, indem sie ihre Position nachdrücklich setzt und nicht einseitig von anderen abhängig macht. Butler (2005) spricht hier von einer „Wendung", sich anders zu positionieren, als dies erwartet wird. Dies umfasst nicht nur einen Umgang mit der Versagung anderer, sondern auch das Bewahren und Ausweiten einer offeneren und integrativeren Gesellschaftlichkeit.

---

[4] Schäffter (2009) unterscheidet in Anschluss an Nothdurfter (2007, 118 ff.) zwischen Anerkennungsarena, Anerkennungsordnung und Anerkennungsfiguration.

Honneth macht darauf aufmerksam, dass die Verweigerung von Zuwendung, Achtung und Wertschätzung (Anerkennung) zur Gefährdung der Selbstachtung führen kann, er sieht die Verweigerung jedoch auch als Basis von stets von Neuem ausbrechenden Anerkennungskämpfen. Honneth bezieht sich hier auf Mead, demzufolge Einsätze gegen die Missachtung Formen der „Selbstbehauptung" darstellen, zur Verteidigung der Ansprüche des eigenen „Ich" gegenüber der gesellschaftlichen Umwelt. Dazu ist das Subjekt in der Lage,

> „wenn es sich anstatt in die Perspektive des existierenden Gesamtwillens in diejenige einer erweiterten Rechtsgemeinschaft hineinversetzt; das ideale ‚Mich' damit in sich errichtet, das gewährt ihm über den moralischen Bruch mit dem Gemeinwesen hinweg die intersubjektive Anerkennung, ohne die es eine persönliche Identität nicht aufrechterhalten kann. Weil die Impulsivität des ‚Ich' aber nicht stillzustellen ist, wandert mit ihr ein Element der normativen Idealisierung in alle gesellschaftliche Praxis ein. Die Subjekte können gar nicht anders, als sich in der Verteidigung ihrer spontan erlebten Ansprüche stets wieder der Zustimmung eines kontraktlich unterstellten Gemeinwesens zu versichern, das ihnen gegenüber dem etablierten Anerkennungsverhältnis ein Mehr an Freiheitsrechten einräumt" (Honneth, 2014, S. 133 f.).

## 5 Prämissensetzendes Einkreisen durch Anpreisen des Bildungsangebots als willkommene Entlastungsoption

Als die Pädagogin den bereits erwähnten Widerstand der Teilnehmer*innen und deren Wunsch, den Bildungsprozess zu beenden, bemerkt, lässt sie diese nicht von der Angel. Sie beharrt auf geteilten demokratischen Überzeugungen und hakt so in Schließungsprozesse ein (vgl. Mackert, 2004). Zudem versucht sie angesichts der bereits bestehenden Kooperation, die Auseinandersetzung auch als Angebot auf Entlastung und zu gewinnende Handlungsoptionen verständlich und attraktiv zu machen.

> „Obwohl wir sagen: Wenn ich anerkenne, dass ich Teil des Problems bin, dann erkenne ich ja gleichzeitig auch an, dass ich Teil der Lösung bin, und dann muss ich nicht so viel Kraft aufwenden, um diese Erkenntnis zu blockieren. Es braucht Zeit, bis Menschen sich auf Reflexionsprozesse einlassen. Das zeugt von Bedürfnissen, die einfach nicht laut ausgesprochen werden." (Interview 1)

Doch die angenommene aus Belastungserfahrungen gespeiste Motivation zur Reflexion haben so Adressierte offensichtlich nicht im selben Maße bzw. sie wägen gegebenenfalls entstehende Entlastungen mit anderen Belastungen ab.[5] Auch der Versuch der Pädagogin, ein entsprechendes Begehren zu adressieren, schlägt fehl. Die Lernenden nehmen zwar freiwillig am Bildungsprozess teil, ihre Motive sind aber offenbar andere oder nicht so weitreichend, wie die der Pädagogin. Das Motiv der eigenen Betroffenheit und Zusammengehörigkeit bzw. das Begehren nach Solidarität ist prekär.

## 6 Perspektiven anreichern

Neben der Anrufung des Gemeinsamen, das jedoch nicht durchgängig Zuwendung bzw. Solidarität erzeugt, nutzt die Pädagogin weitere Formen des „Einkreisens", so eine später im Interview von ihr selbst geprägte Bezeichnung ihres Tuns. Sie sucht nach Möglichkeiten der einstimmenden und anreichernden Perspektivenverschränkung.

„Wir versuchen uns erstmal auf einer Ebene mit ihnen zu treffen und die Perspektiven auf die Problemlage zu besprechen. Es wird ganz häufig von Mobbing gesprochen – irgendwie mobben, aber da geht es im Kern um Antisemitismus. Das muss erstmal rausgearbeitet werden, weil das Problem so nicht benannt wird. Aber es geht im Kern halt darum. [...] Man kann es aber manchmal schaffen, eine Offenheit dafür zu generieren, dass die Problemstellung klarer definiert wird." (Interview 1)

Diese Schilderung zeigt Möglichkeiten pädagogischer Settings im Bereich der Perspektiverweiterung. Es gibt demnach Erfahrungen, die zeigen, dass es gelingen kann, die Teilnehmenden in erkenntnis- und beziehungsgetriebene Eigendynamiken der Perspektiverweiterung und eingehenderer Klärungsprozesse hineinzuziehen. Professionelle im demokratiepädagogischen Feld setzen daher darauf, dass die Teilnehmer*innen zunächst vage formulierte Problemverständnisse („das

---

[5] Auf Prozesse des Abwägens als Hintergrund für Widerstand weist eine andere Pädagogin im Interview hin. Die Beratenen wollen zwar ein Problem loswerden, doch dabei nicht unter größeren Bearbeitungsdruck geraten. Die Pädagogin meint, dass ein Teil des Widerstandes auch aus Sorgen vor unteilbarer Verantwortung resultiere. Daher verwiese sie selbst in solchen Situationen auf die Möglichkeit, andere einzubinden: „Wir können ihnen sagen, dass die Verantwortlichen in den Gemeinden da genauso gefragt sind wie bspw. eine Schule. Das beruhigt Schulen ungemein, also dass die jetzt nicht diejenigen sind, die das alleine zu lösen haben so. Und wenn dann Schulen sich drauf einlassen und auch die Ortsteile, das heißt Verantwortungsträger*innen oder Leute, die sich engagieren in den Ortsteilen bereit sind, sich auseinanderzusetzen, dann können die Schulen sehr gestärkt da rausgehen, auch wenn das Problem der Erscheinungsformen dann noch nicht gelöst ist." (Interview 3)

Thema", „das Phänomen", „der Umgang") im Verlauf des Prozesses angemessener zu konkretisieren suchen. Dabei muss jedoch auch das Paradox bearbeitet werden, dass Bildungsprozesse den ursprünglich wahrgenommenen Anlass nicht unbedingt weniger kompliziert machen. Rahel Jaeggi (2014) hat im Anschluss an Dewey herausgearbeitet, dass Lern- und Forschungsprozesse mit einem fortschreitenden Problematisch- und Unbestimmtwerden von Situationen einhergehen. Neue Deutungen können dabei sowohl zurückgewiesen werden (Holzkamp, 1985, 1993), als auch zu einer Transformation von Selbst-Welt-Verhältnissen beitragen (vgl. ebd.).

Doch die Lern- und Teilnahmemotivation ist gegebenenfalls schon erschöpft, wenn erste Handlungsansätze gefunden wurden oder wenn deutlich wird, dass die Bearbeitung aufwendiger ist als gedacht. Eine stärkere Perspektivenverschränkung, mit der sowohl ein Wiedererkennen als auch ein Anerkennen antisemitischer Gehalte erreicht wird, gelingt nach Aussagen der hier fokussierten Pädagogin erst in längeren Prozessen, wobei die Zeit durch mehrere Faktoren begrenzt ist. Zum einen ist die objektiv verfügbare Zeit knapp, zum anderen die Zeit, für die die Teilnehmenden Motivation aufbringen, und schließlich sind auch die Zeit und die Kraft knapp, die Pädagog*innen in den widerstandsreichen Prozessen einsetzen können und wollen.

## 7  Positionierung als Reibungspunkt

Pädagog*innen plädieren daher teilweise dafür, die Bereitschaft, jüdische Erfahrungen anzuerkennen, als Bedingung zu formulieren und antisemitismuskritische Bildungsprozesse von vornherein als Arbeit an eigenen Widerständen auszuflaggen. So sagt Chernivsky (2017), die Arbeit erfordere eine

> „bewusste Reflexion über Scham- und Schuldgefühle, die einen tiefergehenden und selbstinitiierten Lernprozess blockieren können. Ein gemeinsames Wachsen in der Reibung an diesen Fragen und Themen setzt unter anderem den bewussten Verzicht auf Beschuldigung und Bewertung voraus sowie das Einverständnis, sich irritieren zu lassen – sei es durch neues Wissen oder die Herausforderung, unvereinbare (biografische) Erfahrungen und Sichtweisen nebeneinander stehen zu lassen – auch wenn dies unbehaglich ist. Die bewusst getroffene Entscheidung der dialogischen Anerkennung aller im Raum ausgesprochenen Erfahrungen ist die vielleicht entscheidendste innere Voreinstellung im pädagogischen Konzept. In der Umsetzung erfordert dies vor allen die Bereitschaft, ‚sich verstören' zu lassen" (Chernivsky, 2017, S. 277).

Chernivsky setzt dabei „auf die Analyse der [...] Abwehr- und Distanzierungswünsche" (ebd., S. 278) und darauf, dass "die persönliche Relevanz dechiffriert wird [...], jedoch nicht losgelöst von historischen und gesellschaftlichen Bedingungen, die zur Weitertradierung und Verankerung antisemitischer Ressentiments in individuellen Wahrnehmungssphären und sozialen Strukturen maßgeblich mit beitragen" (ebd., S. 278).

Chernivsky sieht als eine Grenze solcher Absichten, dass die Zuwendung und Bereitschaft zum Perspektivenaustausch durch den „Wunsch nach positiver Identifikation mit dem eigenen Kollektiv und das Bedürfnis nach einer konsistenten Verbindung mit vorigen Generationen" (ebd., S. 273), eine „daraus folgende Abwehr und Ignoranz dem Antisemitismus gegenüber" sowie eine „radikale Einfühlungsverweigerung" (ebd.) untergraben werde.

Hiervon spricht auch die interviewte Pädagogin. Sie spricht über Projektionen, die sich unter anderem in Form von Konstruktionen fundamentaler Differenz ausdrücken. Sie erlebt dies wiederkehrend und wie einen Automatismus, in dem auf Differenz totale Differenzkonstruktionen und Schließungsimpulse folgen.

„Dass wir jüdisch sind, führt in der Wahrnehmung von Anderen sofort dazu, dass wir nicht mehr als Professionelle gesehen werden und auf das Religiöse und Kulturelle reduziert werden. Von außen wird oft erwartet, dass wir nur mit Menschen aus unserer Gruppe arbeiten, und uns in die Angelegenheiten der Anderen sozusagen nicht ‚einmischen'. Ich bin gerne jüdisch, aber ich will auch über alles andere reden. Und es geht nicht immer darum. Wir wollen mitreden, wann Religion und Gruppenzugehörigkeit wirklich eine Rolle spielen." (Interview 1)

Ihrer Erfahrung nach können die Abwehr und das Desinteresse der Teilnehmer*innen Ausdruck grundlegend partikularer Perspektiven sein; hinter diesen steht letztlich – so meine Interpretation, die hier von ihr nur angedeutet wird – ein Mangel an Vorstellungen einer verbindenden Gesellschaftlichkeit. Die Pädagogin beschreibt dies als einen Anspruch auf Rückzug, wonach Minderheiten sich aus Anliegen der Mehrheit und Abstimmungsprozessen heraushalten mögen, so als gäbe es nur Gruppen und keine übergreifende gesellschaftliche Verständigungsnotwendigkeit und -möglichkeit.

Das dahinter aufscheinende Argument ihrer Teilnehmenden beginnt bei Konstruktionen einer Nicht-Zugehörigkeit. Sie unterstellen eine Partikularität sowie mangelnde Urteilsfähigkeit derjenigen, von denen sie sich abgrenzen. Die mit einer solchen Deutung verbundene Konstruktion der Eigengruppe gerät jedoch aus dem Blick. Statt den Lern- und Anerkennungskonflikt mit einer Selbstverständigung zu verbinden, wird ein gruppentheoretischer und völkisch grundierter Bezugsrahmen aufgerufen, der die Gesellschaft als verbindenden Ort bestreitet. Im Kontext eines solchen Gesellschaftsverständnisses sorgen Gruppen für sich selbst, eine gemeinsame Zugehörigkeit *(membership,* vgl. Falck zit. in Hußmann & Kunstreich, 2015) und daher Verständigungsnotwenigkeit besteht nicht. Die mit einer solchen Gruppenlogik einhergehende soziale Schließung ist noch weitreichender als die von der Pädagogin zuvor beschriebenen Erkenntnisprobleme, die vergleichsweise egozentrischen Gründe für die Seminarteilnahme und die Lern- und Verständigungsprozessen im Weg stehenden antisemitische Orientierungen.

Im Feld pädagogischer Demokratieentwicklung erschweren also nicht erst geschlossen rechtsextreme Weltanschauungen eine verbindende Auseinandersetzung, sondern bereits Perspektivendifferenz und Nicht-Erkennen, Missachtung sowie Prozesse sozialer Schließung und Abwendung von Gesellschaftshorizonten, seien sie Ergebnis sozialen Rückzugs oder ethnisierender Deutungen. Damit geht eine „Untermoralisierung" (vgl. Schneider, 2004) des schmerzhaften Erlebens von Antisemitismus einher.

## 8 Beharren auf einem gesellschaftlichen Bezugsrahmen – Einfordern eines kooperations- und gesellschaftsfähigen Gegenübers

Die Pädagogin reklamiert mit ihrem Beharren auf dem Bildungsprozess die Anerkennung von Perspektivdifferenz und die Notwendigkeit von Kooperation im Zusammenleben. Wo die Lernenden sich in eine Gruppenlogik zurückziehen, beharrt sie auf Verbindung (in meinen Worten: Gesellschaftlichkeit) als Prämisse. Man könnte dies auch so reformulieren: Da eine Nicht-Anerkennung von Antisemitismus dem (Potenzial und) Selbstverständnis von Demokrat*innen nicht gerecht wird und die Nicht-Zu(sammen)gehörigkeit für mich und andere schmerzhaft ist, beharre ich mir und anderen gegenüber trotz Anstrengung und Verletzungen darauf, einen Teil der Arbeit am Entwickeln gemeinsamer Perspektiven zu leisten. Die Pädagogin bearbeitet den Konflikt durch Selbstzumutungen, ein Sich-selbst-Positionieren und Sichtbar-Machen, das beharrliche Einfordern von Mitarbeit, die schrittweise Ausweitung von Problemdeutungen, ein Setzen auf die Eigendynamik von Perspektivverschränkung und -erweiterung, durch zukunftsweisende Entlastungsangebote und durch Gemeinsamkeiten beschwörende Versuche des Einhakens in Schließungsprozesse.[6]

---

[6] Hier zeigen sich Ähnlichkeiten mit den von Hanna Hoa Anh Mai rekonstruierten „Positionierungen zwischen Selbstschutz und Selbstverwirklichung", die Pädagog*innen of Color in Bildungsprozessen einnehmen. Mai beschreibt, dass diese die Erfahrung machten, durch

## 9 Sich selbst setzen und anderen Fragwürdigkeit ermöglichen

Resümiert man dies, so zeigt sich, dass das Potenzial des Bildungsprozesses neben den ausgetauschten Perspektiven wesentlich aus der Beharrungskraft der Pädagogin erwächst. Dass es der riskante, weil abweisbare Akt einer eigenen Setzung als anzuerkennendes Subjekt ist, der die Beziehung und die dialogische Aushandlung erst ermöglicht, formulieren auch andere, die sich in Schließungsprozessen positionieren. So konstatiert beispielsweise Fanon:

> „In jedem Augenblick muss ich mich daran erinnern, dass der wahre Sprung darin besteht, die Erfindung in die Existenz einzuführen. In der Welt, in der ich fortschreite, erschaffe ich mich unaufhörlich. Ich bin solidarisch mit dem Sein, insofern ich es überwinde." (Fanon, 2016, S. 195)

Ebenso markiert dies Günther in diesem Band. Sie sagt, dass einen „Konflikt führen" aus der Betroffenenperspektive heiße, „durch eigenes Verhalten die Voraussetzungen herzustellen, die für eine dialogische Aushandlung nötig sind". Günther schließt dabei an Hannah Arendt an, es liege in der Fähigkeit hierzu,

> „das Mensch-Sein als politisches und gesellschaftlich handelndes Wesen verborgen, sich sprechend und handelnd in die Welt der Menschen einzuschalten" (Arendt 2002, S. 215, zit. in Günther in diesem Band).

## 10 Sich auf ein mögliches Gemeinwesen beziehen und Unbestimmtheit ermöglichen

Die Pädagogin beharrt auf der anerkennenden Verbindung und der Konfliktbereitschaft der Lernenden, indem sie auf der Unbestimmtheit der Situation, ihrer selbst und der der anderen Beteiligten beharrt. Ihre Bearbeitung des Anerkennungskonfliktes bedeutet, sich nicht – im Sinne der Unterwerfung unter die Definitionsmacht anderer – zu unterwerfen, sondern auf der eigenen Unbestimmtheit zu beharren. Anerkennung ist demnach zu verstehen als eine „Geste der

---

Adressat*innen „auf den Platz der Anderen zurückverwiesen" und symbolisch ihrer Kompetenzen beraubt zu werden, bzw. eine Privatisierung ihrer Erfahrungen erlebten. Zu den Bearbeitungsweisen gehört zuallererst die eigene Positionierung, eine für sich selbst und Dritte vorgenommene Bestimmung des eigenen Ausgangspunktes, ein Artikulieren eigener Bedürfnisse, das Stellen von Bedingungen und bisweilen auch die Entscheidung sich zu entziehen als Akt des Selbstschutzes (Mai, 2020).

Demut gegenüber dem, was man nicht vollständig kennen kann" (Butler, 1998, S. 214) und als Ausdruck der Erfahrung der Uneinholbarkeit seiner selbst. Das ist kein

> „Eingedenken der Anderen [...], vielleicht müssen die in solidarischer Absicht selbstkritisch Gewordenen die Widerständigkeit der Anderen, [...] den Ausdruck des Verkannten nicht nur zulassen, sondern sogar ermutigen, die eigene Grenze am anderen erfahren" (Bünger, 2005, S. 39 f.).

In dieser Perspektive sind Bildungsprozesse in sozialer Hinsicht weder sinnvoll als erziehende Assimilationsprozesse noch im Sinne eines individualistischen Freiheits- bzw. Selbstbestimmungsverständnisses begreifbar. Es liegt vielmehr nahe, (politische) Bildung als Möglichkeitsraum des Aushandelns von Geltungsansprüchen und Konflikten angesichts eines Gewahrwerdens der Fragwürdigkeit des angenommenen eigenen Selbst und des eigenen Wissens (vgl. Meyer-Drawe, 1984) aufgrund eigener und fremder Unverfügbarkeit zu verstehen. Dabei kann im Idealfall auf vorgängige Anerkennung zurückgegriffen werden. Zudem kann über den ertragenen und aufgedrängten Anerkennungskonflikt eine Perspektivenverschränkung entstehen, die über den Moment hinaus verbindende Potenziale hat. Gelingt jedoch auch im Austausch kein Erkennen und Anerkennen einer als legitim wahrgenommenen Zugehörigkeit und Zusammengehörigkeit, dann ist es nicht mehr sinnvoll, von sozialen Konflikten zu sprechen, sondern es muss von vereinseitigender und gefährdender Ignoranz bzw. Missachtung und polizierenden Handlungsweisen (vgl. Rancière, 2002) gesprochen werden.

## 11 Konfliktverdeckung

Die bisher vorgestellten beharrenden und auf Kooperation ausgerichteten Formen der Konfliktbearbeitung sind nicht die einzigen im Arbeitsbereich. Es zeigen sich auch Verdeckungen des Konfliktes im Zusammenhang mit einer einseitigen Fokussierung auf den Widerstand der Teilnehmer*innen. So zieht der im Folgenden zitierte Pädagoge aus dem Widerstand der Teilnehmer*innen den Schluss, dass sein Auftrag in diesem Moment endet.

> „Weil wir in erster Linie nachfrageorientiert arbeiten, kommt unser Einsatz an seine Grenzen, wenn wir ein Problem sehen, aber uns niemand einen Auftrag erteilt, weiter tätig zu werden. Dann können wir nicht tätig werden oder nicht weitergehen." (Interview 2)

Der hier zitierte Pädagoge ringt nicht um das durch Widerstände der Teilnehmer*innen einerseits und mögliche eigene Despotie andererseits gefährdete Arbeitsbündnis. Da, wo die Beratenen kein Problem sehen, endet aus seiner Sicht auch sein Mandat, sich einzumischen, bzw. seine Interventionsberechtigung.[7] Hinter dieser Position stehen – dies sei hier angemerkt – auch entsprechende Aufträge an die größtenteils aus den Bundesprogrammen gegen rechts geförderten pädagogischen Träger. So markieren Evaluationen der Programme (vgl. Greuel und König, 2019) die Mündigkeitswahrung als zentralen Konflikt der Projekte und unterschlagen sowohl eine eingehender gesellschaftstheoretisch rückgebundene Bestimmung des Mündigkeitsbegriffs, als dass sie auch die Konflikte um Missachtung und Autoritarismus, die Anerkennung und Demokratisierung oft erst ermöglichen, unterakzentuieren, obwohl Ziele wie Anerkennung und Demokratisierung neben der Demonstration politischer Handlungsbereitschaft Ziele sind, die hinter den jeweiligen Projekten und Förderprogrammen stehen. Der Rückzug stellt meines Erachtens eine Form der Konfliktvermeidung und einen Ausdruck mangelnder Energie dar beispielsweise aufgrund von unzureichendem Interesse.

Mündigkeit wird im praxisorientierten Fachdiskurs zumeist abstrakt und individualisierend fokussiert, nicht aber hinsichtlich von Formen einer Mündigkeit, die das Zusammenleben mit anderen zum Ziel hat.[8] Auch dadurch wird die Vorstellung einer einzelne gesellschaftliche Milieus übersteigenden Gesamtgesellschaft aufgegeben, ohne die jedoch Ziele wie Demokratie und Gerechtigkeit nicht mehr verbindlich formuliert und noch weniger auf ihre Realisierung geprüft und eingeklagt werden können. Mit solchen Bearbeitungsweisen oder einem vorschnellen Aufgeben des Ringens um die Arbeitsbeziehung wird der eingangs geschilderte Konflikt sowie allgemein die Widersprüchlichkeit eines nachfrageorientierten Nutzenverständnisses von Bildungsangeboten umschifft. Nur die defensiven Motivationen der Teilnehmer*innen aufzugreifen, ist zu wenig gegenstandsbezogene Energie, um die größeren sozialen Möglichkeiten

---

[7] Ein weiteres Beispiel für nur abstrakte Ziele verfolgende Ansätze ist die Arbeit der unter dem Schirm der Bundesprogramme arbeitenden freien Moderator*innen, die vielfach nur moderieren und kaum dezidierte Sachkompetenz im Umgang mit den Beratungsgegenständen wie Antisemitismus haben sollen.

[8] So unterscheidet Brumlik (2013) liberale und gesellschaftliche Mündigkeitskonzepte danach, ob allein die Entscheidungsfreiheit der Einzelnen oder neben dieser auch Würde-Ansprüche anderer und gesellschaftliche Dimensionen Berücksichtigung finden. Seine Vorstellung von einer advokatorischen Ethik bezieht sich auf ein doppeltes Mandat, das der Erzogenen gegenüber der Welt und das der Welt gegenüber diesen.

von Bildungsprozessen einzuholen, die darin liegenden Selbst- und Fremdschädigungen bewusst zu machen und Verbindungen zu ermöglichen, die neue soziale Möglichkeiten eröffnen.

## 12 Fazit

Auch wenn der zuletzt genannte Pädagoge Möglichkeiten unausgeschöpft lässt, die die Pädagogin nutzt, so scheint der antisemitismuskritisch-pädagogische Möglichkeitsraum doch sehr begrenzt. Liest man die Aussagen der Pädagogin als bereichstypisch, lässt sich der Möglichkeitsraum wie folgt umreißen: Perspektivenverschränkung und Annäherung an den Gegenstand scheinen Möglichkeiten zu sein, die Bildungsarbeit eröffnet, wenn sie konfliktbereit ist. Dies gilt zumal dann, wenn Appelle in ein demokratisches Selbstverständnis der Teilnehmenden einzuhaken bzw. ein entsprechendes Begehren zu mobilisieren vermögen bzw. wenn es gelingt, ein Gemeinwesen zu skizzieren, das offenere, weniger bestimmte Selbst- und Weltverhältnisse (vgl. Marotzki, 1990; Walther, 2014) aufscheinen lässt. Dieses Potenzial ist jedoch auf ausreichend Zeit für eine Perspektivenverschränkung und enorme Kraftanstrengungen antisemitismusbewusster Pädagog*innen angewiesen. Es scheint stark darauf anzukommen, dass diese ihre Kraft einbringen möchten, können und gegebenenfalls aus Selbstbehauptungsgründen müssen.

Derzeit besteht, so scheint es, das Arrangement antisemitismuskritischer Bildungsarbeit in der kraftaufwendigen Verteidigung sozialer Zugehörigkeit für die einen und einer zunächst belastenden Erweiterung des eigenen Selbstverständnisses für die anderen, durch die jedoch „mit Zeit" neue Beziehungen und Deutungsmöglichkeiten entstehen können. Es handelt sich dabei keineswegs um schöngeistige Aktivitäten, sondern um eine anstrengende Konfliktaustragung, verbunden mit der Thematisierung von Selbst- und Fremdschädigungen, auch durch verkürzte Freiheitsvorstellungen bzw. Mündigkeitskonzepte.

Pädagogische Prozesse eröffnen den Aussagen der hier zitierten Pädagogin nach Gelegenheiten für Kommunikations- und Anerkennungsprozesse und persönliche sowie soziale, auf das Gemeinwesen bezogene Entwicklungsmöglichkeiten. Sie brauchen jedoch auch, so deutet sie an, eine Abstützung in Diskursen über Antisemitismus und Demokratiedefizite, die ein Problembewusstsein für „Mitarbeit" wecken. Sie brauchen einen Anschluss an Überzeugungen einer verbindenden Gesellschaftlichkeit, die in außerpädagogischen Demokratisierungsprozessen und Strukturen abgestützt wird, um eine Kraft zu entwickeln, die größer ist als die Energie der unmittelbar Beteiligten, durch ihren individuellen Einsatz im demokratischen Raum auf Konfliktualität, Multiperspektivität und Mehrstimmigkeit zu beharren.

Doch diese Ressourcen scheinen knapp. In einer „Analyse rechter Bedrohungsallianzen" problematisiert Heitmeyer (2020) die zunehmend „unzureichenden Energien und Synergien" bei der Bekämpfung rechter Tendenzen. Er macht deutlich, dass vehement artikulierte rechte Positionen Schweigespiralen auslösen und Desinteresse zementieren können. Das deutet auf einen Prozess hin, in dem eine institutionelle (rechtliche, infrastrukturelle) Ausweitung sozialer Zugehörigkeit und entsprechender Ansprüche in der Bevölkerung zunehmend an Unterstützung verliert, sodass interpersonelle und gruppenbezogene Bündnisse (und schließlich situative Solidarität) und ein machtsensibles Handeln Einzelner die einzigen verbleibenden Möglichkeiten sozialer Integration sind. Mit diesen wird in Anerkennungsarenen zwar etwas mehr Verbindung bzw. Anerkennung und Ausgleich erreicht. Die in Empowerment-Prozessen angestrebte Zugehörigkeit/Mitgliedschaft und Gerechtigkeit und die dafür nötigen grundlegenderen Verschiebungen der Anerkennungsordnung und -figuration liegen jedoch in weiter Ferne. Sie sind zunächst erst einmal auf die Mobilisierung der Einzelnen angewiesen.

Der gesellschaftliche Trend zum Rückzug in partikulare Gemeinschaften anstelle gesellschaftlicher Aushandlung wiegt schwer in einem Handlungsfeld, das ohnehin nur begrenzt demokratisierende Kraft besitzt – zum einen aufgrund der Eigensinnigkeit von Lernenden allgemein, zum anderen aufgrund der eingangs von der Pädagogin genannten Mehrheitsverhältnisse sowie der unvollständigen Demokratisierung im gesellschaftlichen Umfeld des unmittelbaren pädagogischen Raums.

Die zitierte Pädagogin kann sich aktuell neben ihrer eigenen Kraft noch auf eine gemeinsame politische Leitidee mit den Teilnehmer*innen beziehen. Dieser ideelle und parteilich-orientierte Möglichkeitsraum steht in wachsendem Kontrast zur Verknappung der Zeit für entsprechende Bildungsprozesse und zu gesellschaftlichen Stimmungslagen, die eine Pluralisierung und das Anliegen der Antisemitismuskritik nicht unterstützen. Rechte Akteur*innen haben die Bedeutung des Zusammenhangs zwischen Erziehung und Nationbuilding klar vor Augen und bemühen sich seit einiger Zeit darum, ein funktionales, normativ enthaltsames oder unmittelbar völkisches Bildungsverständnis durchzusetzen. Antisemitismuskritische Bildungsprozesse sind demgegenüber zugleich demokratisch-normbasiert wie auch subjektorientiert, sie setzen auf eine Überwindung der Spaltung von Binnen- und Außenmoral und eine Desolidarisierung gewachsener Kollektive (der „Gemeinschaft") zugunsten einer höherstufigen

Solidarität. Sie sind dafür auf starke und konfliktbereite Beteiligte und ein konfliktorientiertes Bildungsverständnis angewiesen.

## Literatur

Arendt, H. (2002). *Vita activa oder Vom tätigen Leben.* Piper.
Bünger, C. (2005). *Widersprüche der Anerkennung. Bildungstheoretische Reflexionen eines sozialphilosophischen Paradigmas.* Cuvillier.
Butler, J. (1998). *Haß spricht. Zur Politik des Performativen.* Berlin-Verlag.
Butler, J. (2005). *Gefährdetes Leben. Politische Essays.* Suhrkamp.
Brumlik, M. (2013). Kindeswohl und advokatorische Ethik. *EthikJournal, 1*(2), 1–14.
Chernivsky, M. (2017). Biografisch geprägte Perspektiven auf Antisemitismus. In: Mendel, M., Messerschmidt, A. (Hrsg.), *Fragiler Konsens. Antisemitismuskritische Bildung in der Migrationsgesellschaft* (S. 269–280). Campus Verlag.
Dubiel, H. (1999). Integration durch Konflikte? *Kölner Zeitschrift für Soziologie und Sozialpsychologie 39*, 132–143.
Hußmann, M., & Kunstreich, T. (2015). *Membership und soziale Gerechtigkeit. Der Hans-Falck-Reader.* Beltz.
Fanon, F. (2016). *Schwarze Haut, weiße Masken.* Verlag Turia + Kant.
Forschungsgruppe Lebensführung. (2004). Zum Verhältnis von Selbsterkenntnis, Weltwissen und Handlungsfähigkeit in der Subjektwissenschaft. *Forum Kritische Psychologie 47*, 4–38.
Greuel, F., & König, F. (2019). Die pädagogische Prävention von Rechtsextremismus im Spannungsverhältnis von Theorie und Praxis sowie Normierungs- und Subjektorientierung. *Zeitschrift für Sozialpädagogik 2*, 115–131.
Heitmeyer, W. (2020). *Rechte Bedrohungsallianzen. Signaturen der Bedrohung II* (1. Aufl.). Suhrkamp Verlag.
Holzkamp, K. (1985). *Grundlegung der Kritischen Psychologie.* Campus.
Holzkamp, K. (1993). *Lernen. Subjektwissenschaftliche Grundlegung.* Campus.
Honneth, A. (2009). *Unsichtbarkeit. Stationen einer Theorie der Intersubjektivität.* Suhrkamp.
Honneth, Axel (2014): *Kampf um Anerkennung. Zur moralischen Grammatik sozialer Konflikte.* Suhrkamp.
Honneth, A. (2015). *Verdinglichung. Eine anerkennungstheoretische Studie.* Suhrkamp
Jaeggi, R. (2014). *Kritik von Lebensformen.* Suhrkamp.
Klinger, C., & Knapp, G.-A. (2007). *Achsen der Ungleichheit. Zum Verhältnis von Klasse, Geschlecht und Ethnizität.* Campus.
Mackert, J. (2004). *Die Theorie sozialer Schließung.* VS Verlag.
Mai, H. H. A. (2020). *Pädagog\*innen of color. Professionalität im Kontext rassistischer Normalität.* Beltz Juventa.
Marotzki, W. (1990). *Entwurf einer strukturalen Bildungstheorie.* Deutscher Studien Verlag.
Mecheril, P. (2001). *Anerkennung des Anderen als Leitperspektive Interkultureller Pädagogik? Perspektiven und Paradoxien.* http://www.ida-nrw.de/projekte-interkulturell-nrw/such_ja/12down_1/pdf/mecheril.pdf. Zugegriffen: 16. Mai 2021.

Meyer-Drawe, K. (1984). Die Beziehung zum Anderen beim Kind. Merleau Pontys Konzeption kindlicher Sozialität. *Bildung und Erziehung, 37*(2), 157–168.
Nohl, A.-M. (2020). Politische Erziehung. Ein blinder Fleck der Diskussion zur politischen Bildung. In: Ackeren, I. van, & Bremer, H. et al. (Hrsg.), *Bewegungen. Beiträge zum 26. Kongress der DGfE* (S. 161–171). Budrich.
Rancière, J. (2002). *Das Unvernehmen. Politik und Philosophie.* Suhrkamp-Verlag.
Ricken, N. (2019). Bildung und Subjektivierung. Bemerkungen zum Verhältnis zweier Theorieperspektiven. In: Ricken, N., Casale, R., & Thompson, C. (Hrsg.): *Subjektivierung. Erziehungswissenschaftliche Theorieperspektiven* (S. 95–118). Beltz Juventa.
Schäffter, O. (2009). Die Theorie der Anerkennung – ihre Bedeutung für pädagogische Professionalität. In: Mörchen, A., & Tolksdorf, M. (Hrsg.), *Lernort Gemeinde. Ein neues Format der Erwachsenenbildung* (S. 171–182). Bertelsmann.
Schneider, W. L. (2004). Die Unwahrscheinlichkeit der Moral. Strukturen moralischer Kommunikation im Schulunterricht über Nationalsozialismus und Holocaust. In: Meseth, W., Proske, M., & Radtke, F.-O. (Hrsg.), *Schule und Nationalsozialismus. Anspruch und Grenzen des Geschichtsunterrichts* (S. 205–234). Campus-Verlag.
Walther, A. (2014). Aneignung und Anerkennung. In U. Deinet & C. Reutlinger (Hrsg.), *Tätigkeit – Aneignung – Bildung: Positionierungen zwischen Virtualität und Gegenständlichkeit* (S. 97–112). Springer.

# Voraussetzungen positionierten Handelns im Kontext extrem rechter Angriffe auf Demokratiebildung

Felix Busch-Geertsema

## Zusammenfassung

Angriffe extrem rechter Akteur*innen auf Einrichtungen der Demokratieentwicklung, der politischen Bildung und der Sozialen Arbeit stehen im Kontext einer gesellschaftlichen Rechtsverschiebung globalen Ausmaßes. Die Voraussetzungen für angefeindete Projekte, in solchen Auseinandersetzungen positioniert zu handeln, sind Gegenstand dieser Konfliktanalyse. Exemplarisch wurde hierfür der Konflikt zwischen der AfD und einem Berliner Demokratieprojekt unter subjektwissenschaftlichen Prämissen untersucht. Dabei wurde deutlich, dass organisationale Rückendeckung, Organisationswissen und ein politisch interpretiertes professionelles Selbstverständnis zentrale Konfliktvoraussetzungen sind.

## Schlüsselwörter

Demokratisierung · Demokratiearbeit · Rechtsverschiebung · Rechtsextremismuskritische Gemeinwesenarbeit · Lokalpolitik · Professionelles Selbstverständnis · Organisationales Wissen · Personalrekrutierung

F. Busch-Geertsema (✉)
Hochschule Fulda, Fulda, Deutschland
E-Mail: busch-geertsema@gmx.de

## 1 Einleitung

Im Rahmen einer Studienarbeit im Master-Studiengang „Praxisforschung in Sozialer Arbeit und Pädagogik" an der Alice-Salomon-Hochschule habe ich eine Konfliktanalyse nach Schäuble und Eichinger (2019) durchgeführt, die ein problemzentriertes Interview mit einer Mitarbeiterin eines Demokratieprojekts in Berlin[1] zur Grundlage hatte. Vom Bildungsträger dieses Projekts wurde eine Pressemitteilung herausgegeben, die von verschiedenen Zeitungen und Radiosendungen aufgegriffen wurde. Das Projekt informierte darin (verunsicherte) Lehrer*innen darüber, wie sie sich im Berufsalltag politisch äußern und Position beziehen können – auch gegen die AfD. Hintergrund war ein im September 2018 von der Hamburger AfD-Fraktion veröffentlichtes Meldeportal im Internet, auf dem Schüler*innen die Namen AfD-kritischer Lehrer*innen und ihre vermeintlichen Verstöße gegen das schulische Neutralitätsgebot in einem Kontaktformular an die AfD übermitteln können. AfD-Fraktionen anderer Landesparlamente folgten mit ähnlichen Portalen, darunter Bremen, Niedersachsen, Baden-Württemberg und Sachsen (vgl. Gastmann, 2018). Angesichts dieser Portale entwickelte sich eine öffentliche Debatte um Neutralität in Schulen, an der sich neben Medien und Parteien auch Gewerkschaften (z. B. Tepe, 2018) und Akteur*innen Sozialer Arbeit beteiligten.[2] Dies warf für mich die Frage auf, was das Demokratieprojekt dazu befähigt hatte, sich so offensiv in den Konflikt zu begeben. Denn die Gefahr, dadurch besonders ins Visier der AfD und anderer extrem rechter Akteure zu rücken und von diesen beispielsweise in Form parlamentarischer Anfragen im Hinblick auf die öffentliche Finanzierung angegriffen zu werden, erschien mir groß.

---

[1] Der Name des untersuchten Projekts wird zu seinem Schutz nicht genannt. Alle weiteren Angaben, die das Projekt und seine Mitarbeiter*innen erkennbar machen könnten, wurden in Absprache anonymisiert, soweit dies möglich war.

[2] Auf die Schwierigkeit des Begriffs der Neutralität wird hier aufgrund der Kürze des Beitrags nicht eingegangen. Dennoch bleibt zu fragen, ob dieses positivistische Konzept nicht gerade aufgrund seiner scheinbaren politischen Leere nicht nur für reaktionäre, sondern (wie in diesem Fall) auch für extrem rechte und totalitäre Ideologien besonders verwendbar ist.

## 2 Konfliktlinie: Demokratiearbeit und politische Bildung unter Beschuss

Im Feld der Demokratiearbeit und der politischen Bildung haben Angriffe extrem rechter[3] Akteur*innen in den letzten fünf Jahren stark zugenommen.[4] Insbesondere Kleine Anfragen der AfD in Kommunal-, Bezirks- und Landtagsparlamenten, in denen Projekte mit einer dezidiert pro-demokratischen und antifaschistischen Haltung einer meist sehr umfangreichen und zeitaufwendigen Befragung unterzogen werden, dienen der Delegitimierung, Verunsicherung und Abschreckung. Teilweise schafft es die AfD, dabei Namen und Anschriften von Mitarbeiter*innen herauszufinden und gegebenenfalls zu veröffentlichen. Häufig wird dabei seitens der AfD mit einem stark verallgemeinerten Neutralitätsgebot argumentiert, dem die betroffenen Projekte nicht hinreichend entsprechen würden, wenn sie beispielsweise die AfD als undemokratische Partei bezeichneten. Ein Beispiel für Angriffe auf Demokratieprojekte ist die Auseinandersetzung um *Miteinander – Netzwerk für Demokratie und Weltoffenheit in Sachsen-Anhalt e. V.*, bei der die AfD besonders hartnäckig gegen den gemeinnützigen Verein vorging und dieser sich politisch und juristisch dagegen zur Wehr setzte (vgl. Amadeu-Antonio-Stiftung, 2018).

Angriffe auf demokratiepädagogische Bildung und Soziale Arbeit (vgl. Gille & Jagusch, 2019, S. 46) stehen im Kontext einer gesellschaftlichen Rechtsverschiebung globalen Ausmaßes. Von der Abschaffung ganzer Studiengänge wie der Gender Studies in Ungarn (siehe O. A., 2018) noch etwas entfernt, finden sich in der Bundesrepublik derzeit diskursive und in der Konsequenz materielle Angriffe konservativer und extrem rechter Akteur*innen auf demokratische Prozesse in Schulen und Hochschulen, wofür die Debatte um die Fassadengestaltung an der Alice-Salomon-Hochschule (siehe Stokowsky, 2017) eines von vielen Beispielen ist.

In diesem von Angriff und Widerstand geprägten Konflikt um Deutungshoheit über den Auftrag von Sozialer Arbeit, Demokratieentwicklung und politischer Bildung stehen also demokratisch und diskriminierungskritisch positionierte Akteur*innen einer an Macht gewinnenden autoritären, konservativen bis extrem rechten Strömung gegenüber, die sich in diesem Kontext selber als demokratisch

---

[3] Der Begriff „extreme Rechte" meint hier eine soziale Bewegung mit verschiedenen Strömungen wie beispielsweise Rechtspopulismus und Neonazismus (vgl. Schedler, 2016, S. 30).
[4] Zum wenig erforschten Feld der Angriffe extrem rechter Akteur*innen auf Soziale Arbeit siehe Gille und Jagusch (2019).

und pluralistisch inszeniert. Hier steht Soziale Arbeit mit einem Professionsverständnis, das sich an Menschenrechten, einer humanistischen und demokratischen Ethik und letztlich einem antifaschistischen Leitbild orientiert,[5] qua Definition in einem eindeutigen Widerspruch zu Parteien wie der AfD und anderen Akteur*innen, die sich autoritär, patriarchal, rassistisch, antisemitisch und sozialdarwinistisch (die Aufzählung ließe sich um viele weitere Punkte ergänzen) positionieren.

## 3    Hypothesen: Delegitimierung bis Existenzbedrohung

Ausgehend von der Entwicklung gesellschaftlicher Kräfteverhältnisse und der zunehmenden Präsenz und Reichweite extrem rechter Deutungsangebote, begleitet von einem kontinuierlichen parlamentarischen Angriff auf Institutionen demokratischer und diskriminierungskritischer Bildung und Sozialer Arbeit, nahm ich an, dass sich die AfD auch im genannten Fall nicht zurückhalten und das Projekt existenzbedrohlichen Anfeindungen aussetzen würde. Aufgrund der Abhängigkeit des Bildungsprojekts von der freiwilligen Kooperation mit Schulen vermutete ich, dass AfD-nahe Lehrer*innen, Eltern und Schüler*innen nun die Zusammenarbeit ihrer Schulen mit dem Projekt ebenso zu unterbinden versuchen könnten wie Lokalpolitiker*innen und andere, extrem rechte zivilgesellschaftliche Akteur*innen. Auch die finanzielle staatliche Zuwendung an die Projekte könnte durch die AfD (mittels parlamentarischer Anfragen) angegriffen werden, indem darin z. B. versucht wird, Einfluss auf die öffentliche Zuwendung von Projektmitteln zu nehmen. Die Geldgeber*innen, so meine Hypothese, könnten sich aufgrund des parlamentarischen und diskursiven Angriffs auf das Projekt in der Defensive sehen und dieses bitten, sich für die Sicherstellung der Finanzierung nicht mehr in der Öffentlichkeit zu positionieren. Diesem Druck folgend, wäre die Existenz des Demokratieprojekts infrage gestellt. Vor dem Hintergrund all dieser möglichen und weitreichenden Konsequenzen ging ich davon aus, dass die Entscheidung für die öffentliche Positionierung zumindest in Teilen des Teams umstritten sein müsste.

Um mehr darüber zu erfahren, vereinbarte ich ein Interview mit einer Mitarbeiterin des kleinen Projektteams. Sie (im Folgenden IP genannt) konnte jedoch die

---

[5] Demokratie-Arbeit hat ihre Wurzeln in den Re-Education-Programmen der US-amerikanischen Besatzung nach 1945 in West-Deutschland. Ihr ist der Anspruch also immanent, demokratiefeindlichen und faschistischen Tendenzen aktiv entgegenzuwirken (vgl. Lohe, 2020, S. 22).

meisten meiner Forschungshypothesen widerlegen. So gab es seitens der Schulen weder von Eltern noch von Lehrer*innen oder Schulverwaltungen negative Reaktionen auf die Pressemitteilung, von denen die Interviewte etwas mitbekommen hätte.[6] Die AfD baute lediglich auf Bezirksebene Druck auf, indem sie eine Kleine Anfrage zur Ausgestaltung der Bildungsarbeit des Projekts stellte.[7] Die Bezirksregierung antwortete auf diese Frage „ziemlich nüchtern" (IP) und verwies auf das Selbstbestimmungsrecht sozialer Träger. Das Projekt musste nicht einmal indirekt (z. B. auf Wunsch der Bezirksverwaltung hin) auf die Anfrage reagieren. Auch seitens anderer Mittelgeber*innen des Projekts erfolgte keine Reaktion.

Bevor öffentlich gegen die AfD-Portale Stellung bezogen wurde, war im Rahmen der Teamsitzung die Vermutung geäußert worden, dass eine öffentliche Anfeindung des Projekts zu erwarten sei, was jedoch nicht zu Bedenken gegen das Vorhaben führte.

Vor diesem Hintergrund stellte sich für mich die Frage, was das Projekt zu dieser (für die Soziale Arbeit nicht unbedingt typischen) klaren öffentlichen Stellungnahme bewegt hat. Was hat die Sozialarbeiter*innen also konfliktfähig gemacht? Von der Annahme ausgehend, dass es sich hierbei nicht (nur) um besondere individuelle Kompetenzen oder einen besonderen Mut der Mitarbeiter*innen handelt, sondern die organisationalen und kommunalen Möglichkeitsräume Bedingung für diese Handlungen waren, stehen die dahinterliegenden Bedeutungsstrukturen im Zentrum der folgenden Analyse.

## 4  Begründungsmuster: „Das ist auch unser Auftrag"

Das zentrale Begründungsmuster für die öffentliche Diskursintervention ist der Interviewten nach die Position des kleinen Trägers und der Auftrag an das Projekt:

> „Ich glaub, Bedenken gibt's immer, weil auch unsere Einrichtung permanent unter Beschuss von rechts steht. Also es ist immer diese Idee von irgendwie ‚linksextreme

---

[6] Es ist natürlich möglich, dass sich in Reaktion auf die Stellungnahmen Kooperationen nicht ergeben haben, von denen die Interviewte nichts mitbekommen hat. Somit lässt sich meine Hypothese nicht vollständig widerlegen; dennoch erlebt die Interviewte zumindest keine negativen Konsequenzen.

[7] Darin wurde u. a. erfragt, warum es keine politische Bildung gegen links im Bezirk gebe und welchen sozialen Konsequenzen sich Schüler*innen ausgesetzt sehen würden, wenn sie antifaschistisches Engagement im Klassenverbund verweigern würden.

Strukturen aufdecken' und ‚alle in Demokratieprojekten sind irgendwie Systemzerstörer*innen' [lacht] oder was auch immer. Und deshalb gab's auch die Überlegung: Wie weit können wir uns positionieren, ohne dass wir uns diesem Kampf wieder hingeben? Und gleichzeitig haben wir aber auch gesagt: Ey, das ist halt irgendwie unsere Einstellung, das ist unsere Position, das ist auch unser Auftrag. Das ist ja nicht was, was wir uns ausdenken oder was unsere alleinige politische Überzeugung ist." (IP)

Sichtbar wird hier, dass sowohl die Haltung der Organisation als auch der Auftrag an das Projekt Orientierungsressourcen sind, auf die sich die Interviewte beziehen kann. Bei der „Einstellung" oder „Position" des Trägers fällt eine aus organisationswissenschaftlicher Perspektive spannende Unterscheidung auf, die die Befragte zwischen der subjektiven „alleinigen politischen Überzeugung" und der organisationalen („unseren") Position macht. Implizit verweist sie damit darauf, dass die Entscheidung neoinstitutionalistischen Theorien entsprechend eben keine ist, die mit der individuellen Überzeugung ihrer Mitglieder begründet wird. Stattdessen wird das gemeinsame Handlungsbestimmende in den Vordergrund gerückt, mit anderen Worten das Organisations- und Umweltwissen (vgl. Dewe & Peter, 2016, S. 128 f.). Dies wirft also die Frage auf, von welchen Strukturen ausgehend diese Form des Wissens in die Organisation gelangt ist.

Ähnliches gilt für den Auftrag des Projekts, der hier als Handlungsbegründung genannt wird. So ist der institutionalisierte Auftrag bestimmt durch die Profession (vgl. ebd., S. 132), aber auch durch die Kommunalpolitik als Auftraggeber. Auch hierbei handelt es sich um eine Angleichung an die Umwelt der Organisation, die den Handlungsspielraum ihrer Mitglieder maßgeblich beeinflusst, wie es auch die Interviewte beschreibt. Dabei stellt sich wiederum die Frage, welchen Auftrag Profession und Staat gegenüber dem Projekt als maßgebend erachten im Kontext des Angriffs der extremen Rechten auf demokratiefördernde Beratung und Bildung.

Das Motiv, die „Arbeit gut machen" zu wollen, ob sie nun durch die Profession oder den Staat bestimmt wird, macht aus Sicht der Befragten sogar persönliche Angriffe erträglich und scheint somit eine besonders große Bedeutung für die Organisation zu haben:

„Bei uns werden Kolleg*innen persönlich angegriffen, also im übertragenen Sinne z. B. in der BVV [= Bezirksvollversammlung] durch diese Anfragen oder so. Und es ist ja immer diese Taktik mit der AfD. Dieses ‚Gebt uns die Namen! Sagt uns, wo die Leute wohnen, wo die Leute arbeiten, wie ihr vernetzt seid!' So dieses ‚Netzwerke aufzudecken'. Und genau davon sind wir jetzt auch Teil und so werden wir auch behandelt. Aber ich glaub, das war uns klar und das ist auch okay. Das heißt ja auch, dass wir unsere Arbeit gut machen." (IP)

Die Gelassenheit gegenüber möglichen Konflikten machte es interessant, die strukturellen Voraussetzungen für Auftrag und Haltung des Projekts zu untersuchen, die den Mitarbeiter*innen trotz persönlicher Angriffe ermöglichen, Entscheidungen für offensive Interventionen zu fällen sowie die umliegenden Akteur*innen und Konfliktparteien und ihre Beziehungen zu analysieren.

## 5 Voraussetzungen für eine gelassene Positionierung

Aus dem Interview lassen sich die Bedingungen für die offensive Positionierung des Projekts auf drei Ebenen herauslesen: 1) das Ansehen des Projekts im Bezirk, 2) die Sichtbarkeit der Bündnispartner*innen sowie 3) das Wissen in der Organisation.

### 5.1 Ansehen des Projekts: „Wir sind schon auch so'n bisschen'n Vorzeigeprojekt"

Das prestigeträchtige Projekt genießt der Befragten nach den Rückhalt des Bezirks:

> „Wir sind quasi 'n Projekt auch direkt aus dem Büro des Bürgermeisters. Also wir sind schon auch so'n bisschen 'n Vorzeigeprojekt. Finanziert vom Bezirk. Das heißt, ich geh jetzt mal davon aus, dass daher auch die Unterstützung kommt." (IP)

So verwies die Bezirksregierung bei der Kleinen Anfrage der AfD-Bezirksfraktion, wie bereits erwähnt, „ziemlich nüchtern" (IP) auf das Selbstbestimmungsrecht sozialer Träger und stellte sich somit schützend vor das Projekt, das sich für seinen Einsatz somit vor keiner politischen Institution rechtfertigen musste. Um den Rückhalt wissen nicht nur die Mitarbeiter*innen des Projekts, sondern auch die Organisation selber, wenn wir die Befragte wörtlich nehmen:

> „Und der Verein, bei dem wir sind, ist auch einfach im Bezirk ein schon ziemlich etablierter, langjähriger und ich sag mal sozialdemokratischer Verein, der sich der Unterstützung der BVV gewiss ist." (IP)

Auch hier könnte davon gesprochen werden, dass der Rückhalt durch den Bezirk als Organisationswissen fest im Trägerverein des Projekts verankert ist und die Möglichkeitsräume der in ihm Tätigen prägt. So ließe sich vielleicht auch der

Stolz, den die Mitarbeiter\*innen des Trägers bei der Anfrage durch die AfD verspürten vor dem Hintergrund erklären, dass ihre Existenz dadurch nicht bedroht war und sie sich auf die Rückendeckung des Bezirks verlassen konnten:

> „Alle sind so vertraut mit solchen Situationen, dass es keine große Angst mehr hervorgerufen hat. Also es war tatsächlich auf 'ne absurde Art und Weise schon so 'ne Art Stolz. Dieses: ‚Ja, okay, jetzt haben sie uns auf dem Schirm. Jetzt wissen sie, wer wir sind.'" (IP)

Doch vor welchem historisch-politischen Hintergrund lässt sich dieser starke Rückhalt erklären? Die Interviewte sieht diesen in dem Ruf des Bezirks und insbesondere eines Ortsteiles als Hochburg deutscher Nazis, gegen den sich die Bezirksregierung gezwungen sah, etwas zu unternehmen:

> „Es war so ein berlinweit bekanntes Problem. Das war so 'ne No-go-Area und da waren die meisten rassistisch motivierten Angriffe und Übergriffe. Und ich glaube, das war so was ... Die Leute, die da regiert haben, mussten darauf reagieren." (IP)

Durch diesen Handlungsdruck wurde das Demokratieprojekt im ohnehin schon sehr etablierten Trägerverein gegründet, der von Beginn an ein diskriminierungskritisches und antifaschistisches Selbstverständnis hatte. Diese Reaktion ist im Hinblick auf die Verharmlosung und Nicht-Bearbeitung von Rechtsextremismus in anderen Gebieten der Bundesrepublik nicht unbedingt selbstverständlich.[8]

Es lässt sich aus dem Interview schließen, dass der Auftrag des Bezirks an das Projekt die offensive Bekämpfung extrem rechter Strukturen ist, wozu nicht nur Bildungsarbeit gehört, sondern auch die aktive Präsenz in Bündnissen mit anderen sozialarbeiterischen Institutionen wie Mobilen Beratungsteams gegen Rechtsextremismus, sozialen Einrichtungen und zivilgesellschaftlichen Initiativen vor Ort.

Auch wenn die Interviewpartnerin nicht der Ansicht ist, dass das Problem extrem rechter Gewalt im Bezirk mittlerweile gelöst sei, ist die hegemoniale Erzählung von Erfolgen geprägt Sie mündet jedoch nicht darin, dass die Unterstützung des Projekts als überflüssig abgetan wird, sondern sie versteht die Arbeit gegen die extreme Rechte als Beitrag zum Prestige des Bezirks:

---

[8] Erwähnt sei hier z. B. die sächsische Landesregierung, die seit Jahrzehnten eine besondere Qualität von Rechtsextremismus im eigenen Bundesland leugnet. Eine Klärung der Frage, worin der Unterschied zwischen dem unterschiedlichen Umgang besteht und welche politisch-historischen Kräfteverhältnisse und Bedingungen ihn hervorbringen, würde den Umfang dieses Beitrags überschreiten.

„Ich glaube tatsächlich auch, dass das ein Projekt ist, mit dem sich der Bezirk auch gut schmücken kann. Weil es ist schon dieses: ‚Erfolgsgeschichte – Wir haben die Nazis bekämpft', was so auch nicht stimmt. [...] Das ist irgendwie der [sic!] Narrativ und deshalb ist das so wie so'n Vorzeigeding." (IP)

## 5.2 Ein schützender Träger

Zum einen stützt also der Bezirk die Arbeit des Projekts, auf der anderen Seite ist aber auch der Träger, in dem das Projekt verortet ist, ein großer Schutz für die konkrete Arbeit und schafft Möglichkeitsräume der offensiven Positionierung gegen extrem rechte Ideologien. Die Interviewte schildert dies eindrücklich:

„Wir sind als Demokratieprojekt Teil dieses Trägervereins, der einfach extrem etabliert ist und der uns quasi den Rücken stärkt und wo einfach klar ist, der Träger hat die und die Haltung, und die ist jetzt vielleicht nicht total plakativ ‚Anti-AfD', aber auf jeden Fall inhaltlich irgendwie mit fast allem, was die AfD fordert, im Widerspruch [lacht], so. Und quasi, [...] an denen müsste man erst mal vorbeikommen, um uns angreifen zu können." (IP)

Das Bild der schützenden Institution, das die Interviewte hier zeichnet, erweitert die Konfliktkonstellation um einen weiteren Bündnispartner für das Projekt. Obwohl das Demokratieprojekt selbst Teil des Trägers ist, spricht sie von diesem in der dritten Person Plural („an *denen* müsste man erst mal vorbeikommen"). Der Verein erscheint im Konflikt also als eine weitere Partei und ist nicht gleichzusetzen mit dem Projekt. Dabei fungiert er jedoch als klarer Verbündeter in der Konfliktkonstellation, da sich die organisationalen Wissensbestände des Projektes mit dem des Trägers im Hinblick auf die verhandelten Inhalte decken.

Eine weitere Ebene stellen die unmittelbaren Berührungspunkte zwischen den Akteur*innen dar. So hat das Projekt der Interviewten zufolge nur unmittelbaren Kontakt zu Verbündeten, nämlich vor allem Lehrer*innen und Schulen, die mit dem Projekt kooperieren und auf deren Nachfrage hin man sich auch für die öffentliche Positionierung gegen die Meldeportale entschieden hat, sowie, wie bereits zuvor erwähnt, zum Bezirk und zum Trägerverein. Zur AfD besteht kein direkter Kontakt. Nicht einmal auf die AfD-Anfrage im Bezirk musste das Projekt selber antworten, was einmal mehr untermauert, wie stark das lokale Bündnis ist, und zum anderen symbolisch für den fehlenden unmittelbaren Kontakt mit der gegnerischen Konfliktpartei steht. Dass die Mitarbeiter*innen des Projekts der Konfliktpartei nicht „in die Augen sehen" müssen, kann ein Grund für die große Konfliktbereitschaft sein.

## 5.3 Wissen in Organisation, Umwelt und sozialen Bewegungen

Drittens verweist die Interviewte sowohl auf die Relevanz des Organisations- und Umweltwissens als auch auf das professionelle Wissen der Mitarbeiter*innen. In beiden Fällen spricht sie der Erfahrung, die sowohl die Organisation als auch ihre Mitglieder mit dem Konfliktgegenstand gesammelt haben, eine zentrale Bedeutung zu:

> „Ich glaube, das ist 'ne Institution, die sich damit auskennt. Das Team ist gerade relativ jung und neu zusammengesetzt, kommt aber aus verschiedenen politischen Kontexten oder haben [sic!] alle schon viel Arbeit in der Richtung irgendwie gemacht. Und ich glaub, für das Team an sich sind einfach Bedrohungen von rechts nichts Neues. Das sind Leute, die sich damit auskennen oder dem schon länger ausgesetzt sind." (IP)

Mit anderen Worten ließe sich sagen, dass sowohl die Organisation als auch ihre Mitglieder gelernt haben, in einer solchen Konfliktsituation so zu verfahren, wie sie es getan haben. Wenn von einer theoretisch umstrittenen komplexen Beziehung zwischen Individuen und einer gesteuerten bzw. steuernden Organisation ausgegangen wird (vgl. Merchel, 2005, S. 145–148), ist also genauer zu beleuchten, wie das Lernen funktioniert, und nicht zuletzt, wie das angesammelte Wissen weitergegeben und vermittelt wird. Die Erwähnung politischer Kontexte sollte dabei auch als Hinweis auf das Wissen sozialer Bewegungen verstanden werden. Dortige Konflikterfahrungen, beispielsweise im zivilgesellschaftlichen Engagement gegen die extreme Rechte, haben zur Entwicklung von Haltungen und Handlungsstrategien geführt, auf die Fachkräfte zugreifen können. Die Interviewte sieht als Antwort auf die Frage der Wissensweitergabe einerseits eine organisational verankerte Praxis der andererseits individuell stattfindenden Wissenssicherung, die vor allem durch eine enge Selektion gekennzeichnet ist:

> „Ich glaube, dieses Selbstverständnis von dem Demokratieprojekt ist auch etwas, was sich immer weitergereicht hat, einfach auch durch die praktische Lösung, dass fast in allen Fällen das Team ihre Nachfolger*innen sehr bewusst ausgewählt hat. Und quasi die Leute, die konkret gearbeitet haben, immer darauf geachtet haben, dass eben Menschen ihnen folgen, die irgendwie sehr sichtbar und sehr klar die ... Ja, ich sag einfach die gleiche Meinung oder irgendwie gleiche Weltanschauung und gleiche Arbeitseinstellung, politische Meinung, wie auch immer, teilen, die der Verein auch hat." (IP)

Ausgehend von der neoinstitutionalistischen Annahme, dass verschiedene Organisationen mit ähnlichen Strukturen und Aufgaben sich einander imitieren und angleichen (vgl. Dewe & Peter, 2016, S. 129), ist also auch das Lernen der Mitarbeiter*innen in anderen Arbeitszusammenhängen geprägt von einem ähnlichen Organisationswissen. Systemtheoretischen Ansätzen folgend, nach denen die Organisation gewissermaßen ein Eigenleben führt und das Handeln ihrer Mitglieder selber steuert (vgl. Merchel, 2005, S. 146), könnte dies auch als ein von der Organisation selbst intendierter Prozess der Selbsterhaltung sein. Mit anderen Worten wäre die bewusste Selektion von Mitarbeiter*innen mit Lernerfahrungen in ähnlichen Kontexten also interpretierbar als eine durch die Organisation selbst gesteuerte Praxis der Wissenserhaltung.[9]

Das Organisations- und Umweltwissen, vermittelt durch Institutionen und soziale Bewegungen um das Projekt herum, schafft also Möglichkeitsräume der offensiven Kommunikation. Sowohl Bezirk als auch Trägerverein werden als verbündet wahrgenommen und die Erfahrungen mit Angriffen von der extremen Rechten haben die Organisation nicht in die Passivität gedrängt, sondern vielmehr gestärkt in einer aktiven Haltung.

Fraglich ist, ob der bereits formulierte Auftrag, den die Interviewte als zentrale Handlungsbegründung aufführt, auch aus einem spezifischen Professionsverständnis hervorgeht bzw. ob es sich dabei explizit um Professionswissen handelt, das beispielsweise durch die akademische Ausbildung der tätigen Sozialarbeiter*innen in die Organisation gelangt. Hierzu lassen sich aus der Untersuchung zwar nicht allzu deutliche Rückschlüsse ziehen, von einem politisch-interventionistischen Selbstverständnis ist aber klar auszugehen, wenn doch der Konflikt mit extrem rechten Gruppierungen für die Befragte eindeutig Teil ihres Auftrags darstellt.

## 6 Schlussfolgerungen und Reflexion

Abweichend von dem von Schäuble und Eichinger vorgeschlagenen Vorgehen (vgl. Schäuble & Eichinger, 2019), war die Ausgangslage meiner Analyse nicht ein von den Mitarbeiter*innen des Projekts benannter Konflikt, sondern es gab einen vorgeschalteten Prozess, in dem ich als Forscher den Konflikt im Sinne einer Arbeitshypothese markierte: Diese gewissermaßen einer Top-down-Logik folgende Annahme bezieht sich auf einen vermuteten latenten Konflikt zwischen dem Berliner Demokratieprojekt und extrem rechten gesellschaftlichen Kräften und Parteien wie der AfD.

---

[9] Aus einer handlungstheoretischen Perspektive würde die Motivation hingegen eher in den Individuen selbst liegen.

Von den ursprünglich angenommenen Hypothesen hat sich nur eine als wahr herausgestellt, nämlich die, dass es einen Angriff auf Bezirksebene auf die Finanzierung des Projekts gegeben hat. Die von der Bezirksverwaltung beantwortete Parlamentarische Anfrage der AfD (s. o.) hatte jedoch keinerlei Konsequenzen für die Finanzierung des Projekts. Die Annahme, dass AfD-nahe Lehrer*innen sich aufgrund der öffentlichen Stellungnahme des Projekts gegen eine Kooperation mit dem Projekt entschieden hätten, konnte ebenfalls nicht bestätigt werden. Ansonsten gab es keinen Druck seitens der Mittelgeber, und auch im Team des Demokratieprojekts gab es im Vorfeld keine ernsthaften Bedenken gegen die öffentliche Positionierung.

Die von mir wahrgenommene konflikthafte Situation hatte andere Bedeutungen in den Augen der Mitarbeiterin als von mir angenommen. Das ist für eine subjektwissenschaftlich orientierte Forschung kein ernüchterndes Ergebnis, da es eben nicht darum geht, gesellschaftliche Strukturzusammenhänge wie den von mir beschriebenen Deutungswettstreit über demokratische Standpunkte politischer Bildung auf eine individuelle Ebene „herunter zu konkretisieren" (Markard, 2010, S. 170). Vielmehr ist die Suche nach für Konfliktwahrnehmungen relevante Bedingungen von Bedeutung, die den subjektiven Handlungsraum bestimmen. Mit der Analyse konnten die Prämissen-Gründe-Zusammenhänge spezifiziert werden, also die objektiven Bestimmungen in einer historisch-konkreten Konstellation (vgl. ebd., S. 173), zu der sich die Mitforscherin bzw. ihr Team handelnd in Beziehung setzt.

Welche Bedeutungen, Begründungen und konkreten Konstellationen stellten also den Handlungsraum her, in dem sich die offensive Haltung des Projekts im Konflikt mit dem rechten Angriff auf demokratiepädagogische Lehre in Schulen leben ließ?

Zentral erscheinen hierfür zunächst der starke Rückhalt und der klare Auftrag des Bezirks an das Projekt, rechtsextremen und diskriminierenden Haltungen aktiv entgegenzutreten. Im Kontext der zunehmenden Einschüchterung demokratischer Pädagogik sowie der strategischen Bekämpfung antifaschistischer Initiativen und Projekte durch konservativ-liberale, aber auch sozialdemokratische Kräfte[10] ist dies keine Selbstverständlichkeit. Diese Rückendeckung lässt sich unter anderem durch das Erfolgsnarrativ begründen, das der Bezirk um die Bekämpfung seines Problems mit rechtsextremen Strukturen zum Aushängeschild seiner eigenen Stärke macht.

---

[10] Erwähnt sei an dieser Stelle beispielsweise die Debatte um den Antifa-Kongress im Münchener DGB-Haus, der zwischenzeitlich vonseiten der Gewerkschaft abgesagt wurde (vgl. Mantoan & Meyer, 2017).

Auch der Trägerverein, in dessen Leitbild sich eine ähnliche Positionierung findet, stützt die Haltung des Projekts sowie die Lehrer*innen, mit denen das Projekt in Kontakt steht. Es gibt also ein starkes Bündnis unterschiedlicher Institutionen und Akteur*innen, deren Leitbilder und Haltungen bezüglich rechter und diskriminierender Ideologie in das Organisationswissen des Demokratieprojektes gelangen und offensive Möglichkeitsräume erschaffen, in denen sogar persönliche Angriffe erträglich erscheinen. Hinzu kommt ein politisch-interventionistisches professionelles Selbstverständnis, das den aktiven Konflikt mit rechten Akteur*innen als Teil des eigenen Auftrags begreift und ebenfalls auf das Leitbild bzw. das Organisationswissen des Projekts einwirkt. Dieses Selbstverständnis kann aus der Kultur der politischen Milieus entstanden sein, in denen sich die Mitarbeiter*innen bewegen. Es kann aber auch Ausdruck eines fachlichen Professionsverständnisses sein, das z. B. durch die sozialarbeiterische Ausbildung an der Fachhochschule entwickelt wurde.

Von einer gesellschaftsanalytischen Perspektive aus betrachtet, ist der individuelle Mut, der den aktiven Mitarbeiter*innen auch nicht abzusprechen ist, bedingt durch eine „mutige" Organisation, die ihrerseits von der Entschlossenheit der umliegenden Institutionen geprägt ist. Dieser „Organisationsmut" reicht sogar so weit, dass nicht nur die lokale Praxis der AfD damit bekämpft wird, sondern darüber hinaus Diskurse aufgegriffen werden können, die von bundesweiter Reichweite sind.

Für einen weiter gehenden Forschungsprozess ließe sich hieraus die Hypothese ableiten, dass dort, wo Organisationen im Bereich der Demokratieentwicklung und der politischen Bildungsarbeit gegen rechts auf einen starken Rückhalt in Form von eindeutigen Aufträgen seitens der Mittelgeber und des eigenen Trägers sowie auf ein politisch-interventionistisches Selbstverständnis treffen, offensiver vorgehen können in der Auseinandersetzung mit extrem rechten Ideologien, auch über den eigenen Sozialraum hinaus. Das zeigt die Fallanalyse unter den genannten historischen und lokalen Bedingungen. Inwiefern ähnliche Voraussetzungen und Handlungsstrategien für das Handlungsfeld typisch sind, lässt sich aufgrund des geringen Fallumfangs der Untersuchung nicht bestimmen, meine eigenen Beobachtungen (vgl. meine Arbeitshypothese) deuten zumindest nicht unbedingt darauf hin. Mehr Wissen über handlungsfeldtypische Strategien und Ressourcen ließe sich erst aus einer umfassenderen Erhebung unter Berücksichtigung der jeweiligen lokalen Kräfteverhältnisse (nicht nur in Parlamenten) generieren.

Die Orientierung an der subjektwissenschaftlichen Grundierung der Konfliktanalyse erlaubte eine differenzierte Herausarbeitung insbesondere der subjektiven Bedeutungen der Situation für die Befragte. Sichtbar wurden zudem die Orientierungsprozesse der Befragten, als ich die Situation als Konflikt rahmte. So war beispielsweise der Auftrag des Bezirks an das Projekt gleichermaßen ein legitimierendes Motiv und eine Ressource für die Mitarbeiter*innen, in der erwähnten Form zu handeln, als auch Teil der Bedeutungsstrukturen.

Schwierig war der Eintritt ins Feld mit klaren Konflikt-Hypothesen. Von der Makroebene des gesellschaftlichen Konflikts (extrem rechte Angriffe auf demokratiepädagogische Bildung) ausgehend, entwickelte ich Prämissen, unter denen ich die Mikroebene des lokalen Demokratieprojekts im Bezirk untersuchte, das sich zwar in diesem Konflikt positionierte, ihn jedoch gar nicht als ein professionstheoretisches Dilemma oder aufwühlendes Problem in der eigenen Praxis wahrnahm.

Das Ergebnis stellt eine begründete Widerlegung meiner Vorannahmen dar, dass gesellschaftliche Konflikte auch zu Konflikten der Einzelnen werden. Meine Wahrnehmung der Konfliktkonstellation wurde jedoch nicht zurückgewiesen. Es handelt sich beim Forschungsprozess also um eine reflexive Perspektiven-Verschränkung im Holzkamp'schen Sinne (vgl. Holzkamp, 1985, S. 238), in der ich gemeinsam mit der Befragten Spezifischeres über die Bedeutungen, Prämissen und Bedingungen von Nicht-Konflikten analysieren konnte.

## Literatur

Amadeu-Antonio-Stiftung. (2018). *Bundesweit tätige Organisationen stellen sich gemeinsam gegen die AfD-Kampagne.* https://www.amadeu-antonio-stiftung.de/bundesweit-taetige-organisationen-stellen-sich-gemeinsam-gegen-die-afd-kampagne-31271. Zugegriffen: 04. März 2020.
Dewe, B., & Peter, C. (2016). Professionelles Handeln – Relationierung von Professionswissen und organisationalen Strukturen. Dargestellt am Fallbeispiel der Familienhilfe im Kontext Sozialer Arbeit. In S. Busse (Hrsg.), *Professionalität und Organisation* (S. 127–157). Springer VS.
Gastmann, U. (2018). Petzen für die AfD. Lehrer, die nicht „neutral" unterrichten, sollen an den Pranger. *Zeit Online*, 31.10.2018. https://www.zeit.de/2018/45/lehrermeldeportal-afd-pranger-unterricht-denunziation-demokratie. Zugegriffen: 18. Febr. 2019.
Gille, C., & Jagusch, B. (2019). *Die Neue Rechte in der Sozialen Arbeit in NRW. Exemplarische Analysen.* In L. Berg & A. Zick (Hrsg.), *Rechtspopulismus, soziale Frage & Demokratie 03.* Forschungsinstitut für gesellschaftliche Weiterentwicklung (e. V.).
Holzkamp, K. (1985). *Grundlegung der Psychologie.* Campus.
Lohe, C.-F. (2020). Erfahrungsraum Demokratie. *Sozial Extra, 44*(1), 22–26.
Mantoan, J., & Meyer, R. D. (2017). DGB wirft Antifa raus. *neues deutschland*, 20.10.2017. https://www.neues-deutschland.de/artikel/1067539.antifa-kongress-in-bayern-dgb-wirft-antifa-raus.html. Zugegriffen: 07. März 2019.

Markard, M. (2010). Kritische Psychologie: Forschung vom Standpunkt des Subjekts. In G. Mey & K. Mruck (Hrsg.), *Handbuch Qualitative Forschung in der Psychologie* (S. 166–181). Springer VS.

Merchel, J. (2005). *Organisationsgestaltung in der Sozialen Arbeit.* Juventa.

O. A. (2018). Ungarn schafft das Fach Gender Studies ab. *Spiegel Online,* 16.10.2018. http://www.spiegel.de/lebenundlernen/uni/ungarn-schafft-das-fach-gender-studies-ab-a-1233500.html. Zugegriffen: 14. Febr. 2019.

Schäuble, B., & Eichinger, U. (2019). Wie sich Konflikte zu eigen machen? *Konfliktanalysen als Moment einer kritischen Sozialen Arbeit. Sozial Extra. ps://.* https://doi.org/10.1007/s12054-019-0145-4 (S. 40–43).

Schedler, J. (2016). Die extreme Rechte als soziale Bewegung. In F. Virchow et al. (Hrsg.), *Handbuch Rechtsextremismus.* Springer VS.

Stokowsky, M. (2017). Streit um Hochschulfassade: Sind Männer nicht auch hübsch? *Spiegel Online,* 05.09.2017. http://www.spiegel.de/kultur/gesellschaft/eugen-gomringer-gedicht-sind-maenner-nicht-auch-huebsch-kolumne-von-margarete-stokowski-a-1166168.html. Zugegriffen: 14. Febr. 2019.

Tepe, M. (2018). AfD-Portale: Haltung zeigen! Stellungnahme der GEW vom 25.10.2018. https://www.gew.de/aktuelles/detailseite/neuigkeiten/haltung-zeigen. Zugegriffen: 14. Febr. 2019.

# Konflikte in der Kinder- und Jugendhilfe

Zwischen Autoritarismus, Transformation und Teilhabe

Timo Ackermann

### Zusammenfassung

Im Beitrag werden Konflikte in der Kinder- und Jugendhilfe untersucht. Genauer betrachtet werden die Fallarbeit im Jugendamt sowie das Feld der Heimerziehung. Empirische Grundlage sind Materialien aus ethnografischer und partizipativer Forschung. Die Analyse zeigt, wie Konflikte zurückgedrängt und vereinseitigend bearbeitet werden. Bislang, so die These des Beitrags, werden Konflikte zu selten als Möglichkeit verstanden, den Gebrauchswert sozialer Dienstleistungen zu vermehren und Teilhabeperspektiven zu verbessern.

### Schlüsselwörter

Kinder- und Jugendhilfe · Konflikte · Beteiligung · Jugendamt · Heimerziehung

## 1 Einleitung

Im folgenden Beitrag werden Konflikte in der Kinder- und Jugendhilfe untersucht. Konkrete Situationen werden, wie die Herausgeber*innen vorschlagen, als Ausgangspunkte für konfliktbezogene Analysen verwendet (vgl. Schäuble &

T. Ackermann (✉)
Berlin, Deutschland
E-Mail: ackermann@ash-berlin.eu

© Der/die Autor(en), exklusiv lizenziert durch Springer Fachmedien Wiesbaden GmbH, ein Teil von Springer Nature 2022
U. Eichinger und B. Schäuble (Hrsg.), *Konfliktanalysen: Element einer kritischen Sozialen Arbeit*, Perspektiven kritischer Sozialer Arbeit 32, https://doi.org/10.1007/978-3-658-35857-0_6

Eichinger, 2019). Genauer betrachtet werden zwei Arbeitsfelder der Kinder- und Jugendhilfe, die Fallarbeit im Jugendamt sowie das Feld der Heimerziehung. Als Material dienen Daten aus dem Kontext ethnografischer Forschung sowie aus einem partizipativ angelegten Forschungsprojekt (vgl. Ackermann, 2017; Ackermann & Robin, 2017). Abschließend wird nach gemeinsamen Konfliktlinien in beiden Arbeitsfeldern gefragt. Als Ergebnis zeigt sich, dass Konflikte – sowohl in der jugendamtlichen Fallbearbeitung wie auch in der Heimerziehung – häufig zurückgedrängt und zu einseitig bearbeitet werden. Für Adressat*innen der Kinder- und Jugendhilfe kann widerständiges Verhalten im Konflikt zudem risikoreich sein und zu sanktionierenden Handlungsweisen der Sozialarbeiter*innen führen. Zu selten werden Konflikte bislang als Chance verstanden, die Teilhabe von Nutzer*innen und Adressat*innen zu verbessern. Zu selten wird die Chance genutzt, aus Konflikten zu lernen und Transformationen zu initiieren. Abschließend wird deshalb für eine dialogische, „kompetente" (Bitzan & Herrmann, 2018, S. 47 ff.) und organisational verankerte Bearbeitung von Konflikten sowie dafür plädiert, dass sich die Kinder- und Jugendhilfe insgesamt vermehrt als Ort zur Bearbeitung von Konflikten verstehen müsste.

## 2 Ausgangspunkte: Konflikte in der Sozialen Arbeit und in der Kinder- und Jugendhilfe

Mit Blick auf Diskurse Sozialer Arbeit ergibt sich das Bild, dass das Konzept des Konflikts durchaus genutzt wird, allerdings insgesamt eher „lose gekoppelt" bleibt. Professionstheoretische Ansätze verweisen auf paradoxale Handlungsanforderungen sowie auf hieraus resultierende innere und soziale Konflikte. Kritische Ansätze, z. B. feministischer, marxistischer, antirassistischer und intersektionaler Lesart, thematisieren soziale Probleme und gesellschaftliche Verhältnisse, die für Konflikte konstitutiv sind und mit denen die Soziale Arbeit befasst ist. Im Kontext der Kinder- und Jugendhilfe sowie des Kinderschutzes werden gewaltvoll zugespitzte Konflikte in Familien thematisiert. Zugleich werden Konflikte zwischen Adressat*innen und Sozialarbeiter*innen, aber auch zwischen Professionssystemen und Institutionen thematisiert.[1]

In diesem Beitrag wird das Konzept des Konfliktes, wie die Herausgeberinnen vorschlagen, als Ausgangspunkt genommen, um konkrete Situationen auf unterschiedlichen Ebenen zu rekonstruieren. Dabei wird nach innerpsychischen,

---

[1] Versuche der systematischen Aufarbeitung des Konzeptes „Konflikt" sind bislang eher Ausnahmen geblieben; die Frage, was Konflikte ausmacht, beantworten sie uneinheitlich (vgl. Kunstreich, 1975; Schäuble & Eichinger, 2019; Stehr et al., 2018).

interaktionalen, organisationalen, handlungsfeldtypischen und gesellschaftlichen Spannungsverhältnissen gefragt: Untersucht werden widerstrebende Deutungsweisen, Interessen, Ziele und Normvorstellungen. Die grundlegende These ist, dass nicht bemerkte, unverstandene oder verdrängte Konflikte problematische Konsequenzen haben. Die These lautet weiterhin, dass strukturelle Konflikte situative Aushandlungsprozesse überlagern. Konflikte offen zu bearbeiten, böte demgegenüber die Möglichkeit, Teilhabechancen für Adressat*innen der Kinder- und Jugendhilfe zu schaffen, gerade für Menschen, die häufig marginalisiert werden. Eine vermehrte Arbeit mit und an den Konflikten schafft Optionen, konkrete Handlungsoptionen zu öffnen und den Gebrauchswert sozialer Dienstleistungen zu vermehren. Arbeit im und am Konflikt führt dazu, so weiter die Annahme, die Interessen von Nutzer*innen vermehrt anzuerkennen und auf diese Weise zur Demokratisierung von sozialstaatlichen Organisationen und Institutionen beizutragen.

Ausgangspunkte für die weiteren Überlegungen sind empirische Forschungsprojekte aus dem Handlungsfeld der Kinder- und Jugendhilfe. Erstens wird Bezug genommen auf ethnografische Feldforschungen im Kontext bundesdeutscher Jugendämter (vgl. Ackermann, 2017). Zweitens werden Referenzen zu einem partizipativem Forschungsprojekt hergestellt, in dem gemeinsam mit Jugendlichen und Pädagog*innen untersucht wurde, wie Partizipation von jungen Menschen in Einrichtungen der Heimerziehung ermöglicht bzw. verunmöglicht wird (vgl. Ackermann und Robin 2017). Beide Forschungsprojekte, sowohl das partizipative wie auch das ethnografische Forschungsdesign, liefern spezifische Angriffspunkte für eine Konfliktperspektive. In der Ethnografie werden Konflikte insbesondere auf der Ebene der Interaktionen sichtbar. In der partizipativen Forschung werden Artikulationsräume geöffnet, in denen die Beteiligten auf Konflikte aufmerksam machen, die sie selbst alltäglich betreffen.

## 3 Konflikte in Jugendämtern – aus ethnografischer Perspektive

Ich beginne mit einer Szene, die ich zu Beginn einer Feldforschung in bundesdeutschen Jugendämtern[2] beobachtete und die für mich zu einem Schlüsselerlebnis (vgl. Emerson, 2004) wurde. Im Folgenden wird eine Konfliktperspektive auf die Situation eingenommen, um zu überprüfen, welche Erkenntnisse sich aus einer solchen Betrachtungsweise ergeben.

---

[2] Für die Dauer von etwas mehr als einem Jahr wurden in drei bundesdeutschen Jugendämtern wiederkehrend ethnografische Feldbesuche durchgeführt und für die Analyse von Entscheidungsprozessen ausgewertet; zwei der in diesem Kontext verwendeten Materialien wurden bereits in der entsprechenden Publikation untersucht (vgl. Ackermann 2017).

## 3.1 Von inneren zu strukturellen Spannungsverhältnissen

In der folgenden Sequenz spiegelt sich der innere Konflikt von Sozialarbeiter*innen, der sich einstellt, wenn Sozialarbeiter*innen über das Kindeswohl zu entscheiden haben. Die Analyse beginnt bei inneren und führt weiter zu strukturellen Spannungsverhältnissen. In der konkreten Situation, die hier geschildert wird, saß der Ethnograf mit einer Sozialarbeiterin in einem Büro eines Jugendamtes, um ein Gespräch zu führen.

> Nach einer Weile klopft Herr Jokisch an der Tür. Er fragt: „Störe ich gerade?" Frau Böhnisch verneint und sagt, er könne ruhig reinkommen. Sie fragt ihn, was es denn gebe. Er erzählt, er habe da einen Fall, da sei das so mit einer Mutter, dass sie ihr Kind „dagelassen", also in der Klinik gelassen habe. Nun „kann die Mutter sich nicht entscheiden". Das Kind sei vor drei Tagen zur Welt gekommen. Die Mutter wisse nicht, ob sie das Kind zur Adoption freigeben wolle. Nun mache die Klinik Druck. Er habe einen Anruf bekommen und man habe ihm gesagt, man könne das Kind nicht länger als bis zum Mittwoch behalten. Man verlange da von ihm nun „eine Entscheidung".

Der (innere) Konflikt des Sozialarbeiters besteht zunächst einmal darin, entscheiden zu müssen, obwohl eigentlich nicht entschieden werden kann. Herr Jokisch befindet sich in einer spannungsreichen, dilemmatischen Situation: Er kann nicht mit Sicherheit sagen, welche Interventionen die weniger schädliche für das Kind ist. Wird die Mutter das Kind gut versorgen? Oder verweisen seine Beobachtungen bereits darauf, dass auch in Zukunft ein problematisches elterliches Verhalten zu erwarten ist? Wo ist das Kind in Zukunft besser aufgehoben: bei der Mutter oder in einer Pflegeeinrichtung? In vielen weiteren Fällen stellt sich diese Frage den Sozialarbeiter*innen auf ähnliche Weise: Soll das Kind (langfristig) bei seiner Herkunftsfamilie bleiben oder wäre es in staatlicher Obhut besser aufgehoben? Verschärft wird die Problematik noch dadurch, dass eine Fehlentscheidung dramatische Folgen haben kann, zunächst für die betroffenen Kinder und Jugendlichen, aber auch, so jedenfalls die Befürchtung der Sozialarbeiter*innen, für alle anderen Beteiligten.

Die Sozialarbeiter*innen wissen um die einschneidenden biografischen Folgen von stationären Erziehungshilfen – gerade wenn diese im Konflikt oder gegen den Willen der Beteiligten durchgeführt werden. Die Fremdunterbringung wird von den Sozialarbeiter*innen daher zumeist als Ultima Ratio, als letztes Mittel und Bürde, behandelt (vgl. Ackermann, 2017, S. 281 ff.). Gleichzeitig sind die Sozialarbeiter*innen darauf bedacht, eine Gefährdung des Kindeswohls abzuwenden, ihre Fallarbeit richtig zu machen und nachvollziehbar zu gestalten. Dies schon deshalb, weil sie befürchten, bei einer problematischen Entwicklung für diese verantwortlich gemacht zu werden, aber auch, weil sie sich zu guter Sozialarbeit sich selbst und anderen gegenüber verpflichtet fühlen.

Auf einer strukturellen Ebene lässt sich mit Blick auf die untersuchte Situation festhalten: Die Entscheidungspraxis in Jugendämtern vollzieht sich typischerweise angesichts einer Vielzahl von Akteur*innen, die häufig konfligierende Ziele verfolgen. Der zuständige Sozialarbeiter möchte in der protokollierten Situation eine gute „Lösung" für den Fall. Er sucht nach einer praktikablen Strategie zur Bearbeitung der Fallsituation. Dazu muss er die Situation weiter klären. Die Mutter erschwert dies aber, sie lässt ihre eigene Position offen, „kann sich nicht entscheiden". Sie entzieht sich damit, zumindest kurzfristig, der Auseinandersetzung und dem Zugriff des Amtes. Die Klinik verfolgt offenkundig ein klares Interesse: Das Kind soll schnellstmöglich in die Verantwortung des Jugendamtes übergeben werden. Dies erhöht den Druck auf den zuständigen Sozialarbeiter, der mehr Zeit für Klärung und Reflexion gebrauchen könnte. Die Kollegin, die in der Situation um Rat gefragt wird, wird sicherlich im weiteren Fortgang des Prozesses bemüht sein, den jüngeren Kollegen nach Kräften zu unterstützen. Sie muss aber zugleich darauf bedacht sein, genügend Aufmerksamkeitskapazitäten für die Bearbeitung der eigenen Fälle vorzuhalten. In vielen weiteren Situationen ließen sich solche und andere Konstellationen nachweisen, in denen sich multiple Akteur*innen begegnen, deren Interessen miteinander in Konflikt stehen.

Typisch erscheint zudem, dass Entscheidungen im Kreis von Kolleg*innen, also zwischen Professionsangehörigen, verhandelt und getroffen werden, so wie sich dies auch in der obigen Situation andeutet: Die Entscheidung, wo das Kind in Zukunft leben wird, ist Gegenstand einer Beratung unter Kolleg*innen, die ad hoc stattfindet und bei der die Adressat*innen kein Mitspracherecht haben. Bei solchen Gesprächen zwischen Tür und Angel (vgl. Matzner, 2017) handelt es sich mit anderen Worten um wenig partizipativ angelegte Entscheidungsprozesse, häufig werden Entscheidungen auf ähnliche Weise vorbereitet, gewissermaßen präpariert. Die Abwesenheit der Adressat*innen in der kollegialen Beratung begünstigt eine einseitige Situationsauslegung, einen durch das Amt und die Sozialarbeiter*innen präfigurierten Einschätzungs- und Entscheidungsprozess. Werden die Entscheidungen zu einem späteren Zeitpunkt an die betreffenden Adressat*innen herangetragen, führt dies häufig zu dem Gefühl, überrascht oder überrumpelt worden zu sein (vgl. Ackermann et al. i. V.). Der Konflikt mit den Adressat*innen scheint für einen Moment ausgesetzt, er bricht aber wieder auf, wenn die auf diese Weise präparierten Entscheidungen den Nutzer*innen „nahegebracht" werden müssen.

In der Auseinandersetzung um das Wohl des Kindes im Rahmen der jugendamtlichen Fallarbeit lassen sich weitere, spannungsreiche Muster erkennen:

Das Kind wird zum Gegenstand der Auseinandersetzung zwischen zahlreichen Akteur*innen, die nicht nur widerstrebende Ziele verfolgen, sondern auch unterschiedliche Begriffssysteme nutzen. Es wird zum „Grenzobjekt" zwischen verschiedenen Systemen (vgl. Scheiwe, 2012), dem alle Seiten etwas abgewinnen können und das zugleich zum verbindenden Element der Akteur*innen wird. Alle Beteiligten sehen in dem Kind etwas anderes: im obigen Beispiel vielleicht „eine Patientin", „ein gefährdetes Kind", „einen Fall" oder „die eigene Tochter". Konflikte entstehen zwischen den Akteur*innen nicht zuletzt darüber, welche Bedeutungszuschreibung für das Grenzobjekt Kind Gültigkeit beanspruchen kann.

In der obigen Sequenz befassen sich die Sozialarbeiter*innen mit den Verhaltensweisen der Mutter sowie damit, welche Prognosen sich aus diesen für ihre Eignung als Mutter sowie für die Gefährdungsabschätzung insgesamt ableiten lassen. Interaktive Aushandlungen darüber, wie sich die Verhaltensweisen von Eltern mit Blick auf ihre Elternschaft, „Väterlichkeit" und vor allem „Mütterlichkeit" lesen lassen, sind typisch für das untersuchte Handlungsfeld, wie sich in vielen weiteren Untersuchungen zeigt (vgl. Alberth & Bühler-Niederberger, 2017). Kindern kommt hingegen in Kinderschutzprozessen häufig eine eher passive Rolle zu, sie werden kaum gehört, können wenig Einfluss auf Entscheidungsprozesse nehmen oder werden mitunter kaum oder auch gar nicht gesehen und somit zu „unsichtbaren" Kindern im Kinderschutz (vgl. Wolff et al., 2013; Ackermann und Robin 2016). Die Aushandlungsprozesse erfolgen zwischen adulten Akteur*innen, was auf eine Machtungleichheit zwischen den Generationen bzw. auf eine adultistische Attribution von Handlungsfähigkeit verweist (vgl. Schulze et al., 2020). Deutlich werden insofern Konflikte in der jugendamtlichen Fallbearbeitung um Situationsdefinitionen und Bedeutungszuschreibungen, die, ausgehend von unterschiedlichen gesellschaftlich präformierten Machtpositionen, ausgeführt werden.

## 3.2 Widerstand, Konflikt und Kooperation mit Erziehungsberechtigten: „unwillige", „widerständige" oder „unfähige" Eltern?

Vertiefen lassen sich die bisherigen Überlegungen zu Konfliktverhältnissen in der Kinderschutzarbeit der Jugendämter anhand der Kategorie der „Kooperationsbereitschaft", die im Kontext der erforschten Ämter häufig verwendet wurde. Während meiner Feldaufenthalte sprachen Sozialarbeiter*innen z. B. in Fallbesprechungen immer wieder davon, Klient*innen seien nicht „kooperativ", "unwillig" oder "widerständig". Auch in den Fallakten der Jugendämter fanden sich vielfältige Attribuierungen, die sich auf den Grad der Kooperativität der jeweiligen Adressat*innen bezogen. Eine „mangelnde Kooperationsbereitschaft" brachten Sozialarbeiter*innen dabei immer wieder auch in Verbindung mit möglichen Kindeswohlgefährdungen. Dies zeigt sich auch in der folgenden Interviewpassage.

> „Ja, also ich sehe jetzt zum Beispiel, ich habe hier ein Problem mit der Kooperation der Eltern, ich sehe eine latente Gefährdung der Kinder, also hier in dem Fall gibt es eine Gefährdung, ja, die Kooperation ist bei der Mutter, klar, da gibt es eine Kooperation, sie hält die Termine ein, sie möchte das, aber es mangelt an der Umsetzung. Sie schafft es halt nicht und bei Herrn Körnig ist es halt eher so, dass also mit der Einsicht, das kann ich immer noch nicht richtig sagen, ob er das ... ich zweifele an der Problemsicht bei ihm. Und aber auch da, er setzt es halt auch wenig um und entzieht sich auch den Kontakten mit den Helfern, ja. Also da hat man halt einfach ein Kooperationsproblem."

Der Konflikt, der sich im obigen Zitat zeigt, kreist um die „Kooperation" mit den Erziehungsberechtigten. Immer wieder kommt es in konfliktreichen Situationen zwischen Erziehungsberechtigten und Sozialarbeiter*innen des Jugendamtes zudem zu gegenüberstellenden Kategorisierungen der Eltern, so auch in der zitierten Sequenz. Die Mutter „hält die Termine ein". Bei dem Vater steht infrage, ob er überhaupt die nötige „Problemeinsicht" aufbringt. Er zeigt sich widerständig, „setzt wenig um und entzieht sich". Die Mutter erscheint als Klientin, mit der eine Kooperation möglich ist. Der Vater wird – in Abgrenzung von der Kategorisierung der Mutter – als tendenziell problematischer Klient betrachtet.

Kooperation wird wie in der obigen Sequenz zudem häufig vor allem als Bereitschaft der Eltern verhandelt, Vorgaben des Jugendamtes einzuhalten und umzusetzen. In diesem Zusammenhang wird die „Problemsicht" von der interviewten Sozialarbeiterin relevant gemacht: Die Mutter ist grundsätzlich kooperationsbereit und „willig", wie es in anderen Fällen während meiner Feldforschung hieß, sich an den Erwartungen des Jugendamtes zu orientieren, auch wenn es an der „Umsetzung" manchmal hapert. Kooperation bedeutet hier, dass die Eltern an den Maßnahmen mitwirken, die die Jugendämter veranlasst haben. Vergessen wird in einer solchen Konzeption von Zusammenarbeit, dass Kooperation und Kooperationsbereitschaft Gegenstand (und Ausdruck) wechselseitiger, interaktiver Prozesse sind. Gerade im Kinderschutz müssen Menschen für Kooperationen gewonnen, muss Kooperationsbereitschaft über das Engagement von Sozialarbeiter*innen erst aufgebaut und aufrechterhalten werden (vgl. Roose et al., 2013).

In der oben zitierten Passage deutet sich zudem an, wie eine konfliktreiche Situation zwischen den Eltern einerseits und der Jugendhilfe andererseits in Kategorisierungen der Erziehungsberechtigten münden kann. Die Kategorien markieren dabei interpretative Einschätzungen der elterlichen Kompetenzen sowie Implikationen für die Gefährdungseinschätzungen. Die „Widerständigkeit" führt in der obigen Sequenz zu einem handfesten „Kooperationsproblem". Mehr noch: Der Widerstand des Vaters kann als Unfähigkeit der Erziehungsberechtigten aufgefasst werden, auf die Bedürfnisse der eigenen Kinder in ausreichendem Maße Rücksicht zu nehmen (vgl. Ackermann, 2017, S. 244). Dies läuft – aus der Sicht der Sozialarbeiter*innen – letztlich auf die Unfähigkeit der Erziehungsberechtigten hinaus, ihre elterlichen Aufgaben wahrzunehmen (vgl. ebd., S. 247).

## 3.3 Adressat*innen zwischen risikoreichem Widerstand und Anpassung

Eine aus Amtssicht nicht ausreichende Kongruenz mit der jugendamtlichen Problemkonstruktion – sich nicht einverstanden zu erklären oder Widerstand gegenüber den ergriffenen Maßnahmen zu leisten – kann für junge Menschen und Eltern zu einem riskanten Unterfangen werden. Nutzer*innen drohen, als „widerständige" oder „unkooperative" Klient*innen kategorisiert zu werden, was sich verschärfend auf die Gefährdungseinschätzung auswirken und bis zum Ausschluss aus dem Kooperationszusammenhang führen kann. Angepasstes, „kooperatives" Verhalten ist demgegenüber geeignet, um aus der Perspektive der Adressat*innen die Arbeitsbeziehung mit dem Jugendamt zu stabilisieren. Mehr noch: Die Demonstration von kooperativem Verhalten fungiert als „Neutralisierungstechnik": Werden von Sozialarbeiter*innen beunruhigende Umstände beobachtet, die eine Kindeswohlgefährdung indizieren könnten, kann die Feststellung kooperativen Verhaltens die Gesamteinschätzung einer Situation entscheidend entschärfen (vgl. Ackermann, 2017, S. 246). Die Sozialarbeiter*innen vertrauen den Klient*innen, vertrauen auf ihre Kooperativität. Sie sind dann eher bereit, andere beunruhigende Umstände, etwa mangelnde Kompetenzen in der Erziehung und Alltagsbewältigung, in Kauf zu nehmen. Es besteht die begründete Hoffnung, dass die Adressat*innen die Interventionen des Amtes akzeptieren und sich Verbesserungen in den Lebensumwelten der Familien sowie für die betroffenen Kinder einstellen. Die Feststellung von Kooperativität führt dazu, die Einschätzung von Gefährdungen abzumildern, wenn nicht gar zu neutralisieren.

Die Frage der Problemkongruenz wird auch in der Fachliteratur für eine Einschätzung von möglichen Kindeswohlgefährdungen relevant gemacht (vgl. Kinderschutz-Zentrum Berlin, 2009, S. 96). Nur wenn bei den Adressat*innen eine Einsicht in notwendige Veränderungen erreicht werden kann, sind Veränderungen in der Familie und für die Sicherung des Kindeswohls der betroffenen Minderjährigen möglich. Zudem unterstützt kooperatives Verhalten die Erwartung, dass sich Familien bei sich zuspitzenden Krisen an Fachleute wenden, um sich unterstützen zu lassen (anstatt in weiter eskalierende Krisen hineinzuschlittern). Problemkongruenz herzustellen, darf aber nicht bedeuten, die Nutzer*innen bzw. Adressaten*innen sozialer Dienste auf die Problemdefinition des Jugendamtes festzulegen, wie es offensichtlich immer wieder geschieht. Der Widerstand der Adressat*innen sollte eher als Einladung verstanden werden, sich mit den Anliegen von Eltern, Jugendlichen und Kindern intensiver zu befassen. Im oben behandelten Fall wäre es z. B. bedeutsam zu klären, wieso der Vater sich den Kontakten zu den Sozialarbeiter*innen entzieht. Problematisch erscheint zudem, wenn die Zuschreibungen von Kooperativität und Nicht-Kooperativität gewissermaßen auf zwei Elternteile aufgespalten werden. Es gelingt auf diese Weise zwar, eine Klientin (hier die Mutter) adressierbar und „den Fall bearbeitbar [zu] halten" (Böhringer et al., 2012). Gleichzeitig wird damit aber die Fall- und Konfliktwahrnehmung vereinseitigt, was blinde Flecken für die Fallarbeit nach sich zieht und zum Ausschluss eines Elternteils (Vater oder Mutter) aus dem Hilfeprozess beitragen kann. Demgegenüber könnten Widerstand sowie die Beobachtung von (eigenen und fremden) Affekten als erkenntnisleitend verstanden werden.

Während meiner Feldforschung konnte ich zudem wiederkehrende Versuche von Sozialarbeiter*innen der Jugendämter beobachten, die Adressat*innen unter Nutzung von Machtmitteln dazu bringen, die Situationsdefinition der Sozialarbeiter*innen zu akzeptieren. Erziehungsberechtigte werden gewissermaßen „auf Linie gebracht" bzw. zur Kooperation im Sinne des Amtes bewegt. Erwartungen des Jugendamtes werden gegenüber den Erziehungsberechtigten etwa durch eine Auflagenpraxis durchgesetzt, in deren Zuge Sozialarbeiter*innen zum Teil kleinteilig ausformulierte Ziele bzw. Auflagen formulieren, die von den Erziehungsberechtigten zunächst zu akzeptieren und dann später auch zu erfüllen sind. Die Einhaltung wird kontrolliert und die Nicht-Befolgung der Auflagen als mangelnde Kooperativität sanktioniert sowie in die Gefährdungseinschätzung einbezogen. Erziehungsberechtigte wurden mit dem Verweis auf eine drohende Fremdunterbringung oder einen Sorgerechtsentzug davon überzeugt, eine ambulante bzw. stationäre Hilfe zu beantragen.

Gegenüber einer Kritik solcher Versuche, Kooperativität über den Einsatz von legitimierten Machtmitteln zu erreichen, ließe sich argumentieren, dass

Erziehungsberechtigte häufig zu unfreiwilligen Adressat*innen jugendamtlicher Interventionen werden. Auch diese Adressat*innen müssen, obwohl sie die Interventionen des Jugendamtes möglicherweise ablehnen und keine Problemeinsicht zeigen, für die Akzeptanz von Hilfe und für die Zusammenarbeit gewonnen werden. Hierzu kann es durchaus bedeutsam und nützlich sein, die institutionellen Zusammenhänge zu verdeutlichen: In der Tat kann sich das Jugendamt ja bei einer abgelehnten Hilfe genötigt sehen, schärfer zu intervenieren. Hierüber sollte gegenüber Adressat*innen auch aus einer professionsethischen Perspektive Transparenz hergestellt werden.

Die Arbeit mit Drohungen, aber auch mit Auflagen, hat jedoch immer die Tendenz, Konflikte einseitig und nur vermeintlich aufzulösen und eher expertokratisch stillzustellen. Die Definition der Situation ist in solchen und weiteren Prozessen nicht mehr bzw. kaum noch Gegenstand gemeinsamer Aushandlung mit den Adressat*innen. Die Sozialarbeiter*innen nutzen ihre sozialen Position attribuierten Machtmittel, um ihre Situationsdefinition, ihre Bedeutungszuschreibung durchzusetzen. Vielmehr müsste es demgegenüber um eine gemeinsame Erörterung gehen, in der alle Beteiligten mit ihren Perspektiven im Konflikt gehört werden. Aus solchen Prozessen der gemeinsamen Untersuchung gehen idealerweise gemeinsame oder auch widerstrebende Situationsdefinitionen hervor, über die sich die Beteiligten verständigen. Man könnte in Anlehnung an Paolo Freire von dialogischen Prozessen des Re- und Dekodierens sprechen (vgl. May, 2019). Mit anderen Worten ginge es darum, Kooperativität wechselseitig herzustellen und nicht einseitig zu erzwingen. Dies gilt natürlich besonders in konfliktreichen Situationen.

## 4 Konflikte in Einrichtungen der stationären Erziehungshilfe – Reflexionen aus dem Kontext partizipativer Forschung

Im folgenden Abschnitt lade ich zu einem Wechsel des Handlungsfeldes und zu einer Reflexion von Konflikten in Einrichtungen der stationären Erziehungshilfe ein. Die erste Situation, die ich dazu im Folgenden untersuchen möchte, ereignete sich im Rahmen eines partizipativen Forschungsprojektes. Mit der „Reisenden Jugendlichen Forschungsgruppe", einer Gruppe von Jugendlichen, sowie drei begleitenden Pädagog*innen, hatten wir begonnen, die Beteiligungsmöglichkeiten von Bewohner*innen eines Trägers der stationären Kinder- und Jugendhilfe zu erforschen (vgl. Ackermann & Robin, 2017). Die Jugendlichen sowie die begleitenden Pädagog*innen wurden im Rahmen eines partizipativen Forschungsansatzes zu Co-Forschenden im Prozess der gemeinsamen Untersuchung.[3]

## 4.1 Der Alltag in Wohngruppen als „geregelter Alltag"

In der Sichtung des Datenmaterials wurden wir schnell darauf aufmerksam, dass die Jugendlichen in den von ihnen geführten Interviews wiederkehrend nach „Regeln" in den Einrichtungen der Erziehungshilfe gefragt hatten. In der Vorbereitung der Interviews war von „Regeln" kaum die Rede gewesen und eine solche Frage war auch im gemeinsam entwickelten Interview-Leitfaden nicht vorgesehen. Wir waren daher überrascht und kamen zu dem Schluss, dass die „Regeln" von besonderer Relevanz für die Lebenswelten der Akteur*innen sein mussten.

In der genaueren Betrachtung des empirischen Materials zeigte sich eine dreifache Strukturierung der von den Jugendlichen thematisierten Regeln in Ordnungen des sozialen Raums, der Zeit und der Körper (vgl. Ackermann & Robin, 2017, S. 48 ff.). Ausgangszeiten von Wohngruppen und Heimeinrichtungen betreffen z. B. sowohl den sozialen Raum, in dem die Bewohner*innen sich bewegen können, als auch Zeitfenster, in denen sie dieses oder jenes tun (oder nicht tun) können. Regelungen zur Säuberung des Bades sowie zur Nutzung der Küche adressieren Aspekte von Körperlichkeit (Hygiene, Nahrungsaufnahme), sind bezogen auf die jeweilige Räumlichkeit (Bad, Küche) sowie zeitlich gebunden (z. B. „abends" oder „morgens", „donnerstags"). Es gibt „Handy-", „Aufräum-", „Essens-", „Besuchs-", „Gruppen-", „Schlaf-" und „Telefonzeiten" usf. Formuliert und verhandelt werden diese Erwartungen als „Regeln", die miteinander verschränkt sind und sich wechselseitig verstärken. In ihrer Gesamtheit verdichten sich die Regelungen zur totalen pädagogischen Institution, die die Jugendlichen als „engen Kontext" erfahren (Ackermann & Robin, 2017, S. 40 ff.). Konflikte erscheinen angesichts der erfahrenen Enge unvermeidlich, insbesondere wenn sich die Bewohner*innen mit den institutionalisierten Regelungen nicht einverstanden zeigen und Regelabweichungen durch das pädagogische Personal festgestellt werden.

---

[3] Ausgangspunkt für das Projekt war das Erkenntnisinteresse des Trägers, genauer verstehen zu wollen, wie sich Beteiligung in stationären Wohngruppen herstellen ließe – und wie dies überhaupt praktisch Tag für Tag umgesetzt wird und von den Jugendlichen selbst erlebt wird. Zur Bearbeitung dieses Erkenntnisinteresses entwickelten wir mit den Jugendlichen und den Pädagogen gemeinsam einen Forschungsansatz.

## 4.2 Feste und verhandelbare Regelungen

Auffällig war in den Schilderungen von Pädagog*innen und Jugendlichen gleichermaßen, dass die Beteiligten für den Alltag der Wohngruppe „feste" und „verhandelbare" Regelungen unterschieden. Hierzu ein Auszug aus einem Interview, das ein co-forschender Pädagoge mit eine*r Kolleg*in führte und das die Frage der Regelungen aus pädagogischer Perspektive behandelt.

> „Na, es sind Regeln von vornherein natürlich vorgegeben. Und es gibt, ja, es gibt durchaus auch Regeln, die man besprechen kann. Und es gibt auch welche, die einfach feststehen. Wie zum Beispiel die Abendzeiten, die Ruhezeiten, weil die [...] auch geländeübergreifend, also gruppenübergreifend, für das ganze Gelände geregelt sind. Das hat auch den Sinn, dass nicht die eine Gruppe eine Stunde länger draußen bleiben darf als die andere. Und zusätzlich geht es auch um unsere Arbeitszeiten. Also das muss ja auch angepasst an die Arbeitszeiten sein."

Vorgegebene Regelungen, wie sie in der oben stehenden Interviewpassage angedeutet werden, garantieren die institutionelle Ordnung der Heimeinrichtungen. Eine Notwendigkeit für solche „Regeln" ergibt sich schon aus dem Organisationscharakter von Einrichtungen der stationären Erziehungshilfe. Würden bei jedem Aus- und Einzug einer Jugendlichen alle bestehenden Absprachen, Regelungen sowie Sanktionen umfassend neu verhandelt, bedeutete dies einen erheblichen Aufwand und Handlungsunsicherheit, zumal es in manchen Einrichtungen zu regelmäßigen Wechseln von Jugendlichen kommt. Es kann schlichtweg nicht immer alles neu entschieden werden bzw. dies würde gerade in größeren Einrichtungen zur komplexen Aufgabe werden (vgl. Luhmann, 2011).[4] Demokratisch-partizipative Ansprüche stehen hier dem Organisationscharakter der Heimerziehung entgegen. Gleichwohl kann eine demokratische Organisationskultur Räume für Artikulation und Beteiligung öffnen. Immer wieder konnten wir beobachten, wie Pädagog*innen in den Heimeinrichtungen den Jugendlichen Beteiligungsmöglichkeiten einräumten und auf diese Weise eine Aneignung des sozialen Raumes ermöglichten.

Als verhandelbar behandelten die Pädagog*innen vor allem „einfache" Partizipationsthemen, wie es die Co-Forschenden der Reisenden-Jugendlichen-Forschungsgruppe begrifflich fassten: z. B. die Wahl des Mittagessens oder die

---

[4] Dies, zumal Abstimmungsprobleme hinzukommen, wenn – wie das Interview oben verdeutlicht – auf dem Gelände einer Einrichtung mehrere Wohngruppen angesiedelt sind, deren Bewohner*innen sich gegenseitig beobachten und sich über die Unterschiede in Regelsystemen austauschen. Eine Gruppe von Jugendlichen könnte sich benachteiligt fühlen oder es käme zu Abstimmungsschwierigkeiten.

Mitbestimmung bei einem Ausflugsziel. Mitsprache an der Gestaltung des Alltages wird den Jugendlichen auf diese Weise ermöglicht, grundlegende Themen, Strukturen und Konflikte aber werden ausgeklammert und Aushandlungsprozesse werden auf einfache Themen verlagert. Einen weitergehenden Versuch, Jugendliche in die Entwicklung von Regelsystemen und von möglichen Sanktionen einzubeziehen, schildert die folgende Passage, die einem Interview mit einem Pädagogen entnommen ist.

„Meistens ist es schon eher für die Mädchen einzuhalten, wenn sie mit dran beteiligt sind an den Regeln. Oder auch so, wenn es darum geht, dass irgendwelche Konsequenzen ausgesprochen werden. Wenn die sich das selber überlegen und für sich sagen, okay, die Konsequenz gebe ich mir auf das und das Fehlverhalten, halten die sich besser daran. Das auf jeden Fall. Und sie können es halt verstehen. Aber manchmal ist es auch ein bisschen verwirrend."

Aus konfliktorientierter Perspektive zeigt sich ein ambivalentes Bild. Einerseits eröffnet der beschriebene Ansatz Jugendlichen Spielräume, den sozialen Raum in Wohngruppen mitzugestalten: Sie sind weniger stark fremden Erwartungen unterworfen, sondern können selbst evaluieren und – zumindest in begrenztem Rahmen – mitbestimmen. Sie entscheiden mit darüber, welche Sanktionen eingesetzt werden, wenn es zu Regelverletzungen – letztlich zu Konflikten mit den institutionalisierten Erwartungen – kommt.[5] Einerseits nehmen die Jugendlichen über die Beteiligung an der Entwicklung von Regel- und Sanktionssystemen Einfluss auf das soziale Geschehen. Sie können idealerweise in einem diskursiven Verfahren eigene Bedürfnisse und Wertmaßstäbe einbringen. Die Entwicklung einer institutionellen Ordnung unter Einbezug der Jugendlichen kann insofern durchaus emanzipatorische Dimensionen haben, als es für die Jugendlichen möglich wird, vermehrt nach eigens definierten Standards zu leben und beurteilt zu werden. Andererseits muss die Beteiligung an der Entwicklung von Regel- und Sanktionssystemen kritisch betrachtet werden, können begrenzte, partizipative Arrangements doch als konfliktvermeidend bzw. als Verlagerung von Konflikten in die Subjekte gelesen werden. Weil die Jugendlichen in die Bearbeitung der Regelungen einbezogen werden, können sie sich später kaum beschweren, weil sie sie selbst mitentworfen haben. Die Begrenzung durch die Regelungen

---

[5] Die co-forschenden Pädagog*innen berichteten uns, die Bewohner*innen würden sich häufig für härtere „Konsequenzen" aussprechen als sie selbst. Die Jugendlichen handelten, als würden sie vergessen, dass sie selbst in Zukunft von den Sanktionen, an deren Entwicklung sie beteiligt werden, betroffen sein könnten. Wir können nur vermuten, dass sie vielleicht in der Situation der Aushandlung nicht die Konsequenzen überblicken, die ihnen selbst drohen könnten.

wird in die Gruppe der Jugendlichen und die Subjekte selbst verlagert, ohne dass die Ordnung der Institution grundlegend infrage gestellt würde. Dies erzeugt eine Bindung an die Regelungen für die Jugendlichen, die dann eher bereit sind, diese „einzuhalten". Mehr noch: Die Jugendlichen selbst werden gewissermaßen Teil der institutionellen Ordnung sowie ihrer Aufrechterhaltung durch Sanktionierungen.

Den Pädagog*innen wird über die Nutzung von Regelsystemen in Konfliktsituationen eine Distanznahme ermöglicht. Sie können auch in der Sanktionierungspraxis darauf verweisen, dass sie nur eine Ordnung durchsetzen, die ihnen selbst äußerlich ist: „Ich setze nur die Regeln unserer Einrichtung durch." Sind die Jugendlichen an der Entwicklung dieser Regelungen beteiligt, verstärkt sich dieser Konnex. Die Pädagog*innen können darauf verweisen, dass es die Regeln der Jugendlichen sind, die nun durchgesetzt werden. Problematisch erscheint daher, wenn die Beteiligung an Regelungssystemen letztlich als Strategie genutzt wird, um Bindung an grundlegende Regelungen der Einrichtung zu erzeugen, ohne dass Mitsprache bei tief greifenden Spannungsverhältnissen ermöglicht würde. Eine weitergehende Beteiligung würde demgegenüber bedeuten, Konflikte um grundlegende Themen zu ermöglichen und Auseinandersetzungen auch situativ und nicht nur um Regelungen zu führen. Mit Blick auf die Bearbeitung von Konflikten zeigt sich insofern ein ambivalenter Charakter der Beteiligung von Jugendlichen an der Entwicklung von Regelungs- und Sanktionssystemen.

### 4.3 Konflikte als End- oder Ausgangspunkt von Beteiligung

Anhand einer konkreten Situation, die sich im Laufe der Forschung mit der Reisenden-Jugendlichen-Forschungsgruppe ereignete, soll im Folgenden etwas weiter über Konflikte im Feld stationärer Erziehungshilfen nachgedacht werden. Dabei wird gefragt, wie Konflikte in der Kinder- und Jugendhilfe bearbeitet werden können und inwieweit Spannungsverhältnisse als End- oder Ausgangspunkte für Beteiligung zu verstehen wären. Die folgende Protokollierung nimmt eine spannungsreiche Situation zum Gegenstand.

> „Im Laufe des zweiten Tages der Forschungsreise hatte sich ein Konflikt zwischen zwei jugendlichen Teilnehmerinnen hochgeschaukelt. Bereits bei der Ankunft in der Jugendherberge, die der Forschungsgruppe als Übernachtungsmöglichkeit diente, war es zu verbalen und später auch zu körperlichen Auseinandersetzungen zwischen den beiden Jugendlichen gekommen. Einer der begleitenden Pädagogen, der zugleich eine der Jugendlichen in einer Wohngruppe betreute, drohte den Jugendlichen, er werde

sie nach Hause fahren, wenn sie sich nicht beruhigten. Die Forschungsreise sei damit für die beiden ‚vorbei'. Einem klärenden Gespräch mit den Jugendlichen stand er zunächst skeptisch gegenüber. Schließlich konnte jedoch ein vermittelndes Gespräch geführt werden, das von den begleitenden Wissenschaftler*innen geleitet wurde. In dessen Verlauf stellte sich heraus: Beide Jugendliche hatten sich darauf gefreut, die Forschungsreise miteinander zu gestalten. Sie hatten sich im Zuge des zweiten Tages zunehmend voneinander weg nach außen orientiert und zu anderen Gruppenteilnehmerinnen Kontakt gesucht. Bei beiden Jugendlichen hatte dies zu einer Kränkung geführt: Die Abkehr von der jeweils anderen Person hatte sich auf diese Weise gegenseitig verstärkt. Eine der Jugendlichen äußerte in dem Gespräch in etwa: ‚Ich bin so alleine, ich habe nicht mal mehr meine Eltern, und dann bist auch noch Du weggegangen.' Zudem formulierte eine der Jugendlichen, dass sie die Forschungsreise selbst an ihre eigenen Gefühle des Alleinseins erinnert habe. Beide Jugendliche zeigten sich von tiefer Trauer betroffen, konnten wieder aufeinander zugehen und schließlich doch bis zum Ende der Forschungsreise gemeinsam teilnehmen."

Mit Blick auf die strukturellen Rahmungen der untersuchten Sequenz lässt sich festhalten: Ausgangspunkt für die Unterbringung in den stationären Einrichtungen sind in der Regel schwerwiegende familiäre Konflikte, wie sie sich auch in der obigen Situation andeuten. Der Konflikt mit der Herkunftsfamilie wird durch die Unterbringung manifest und führt zu einem Abbruch der Beziehungen zur Herkunftsfamilie, was das Gefühl des Alleingelassen-Seins verstärkt. In der Situation der Heimunterbringung kumulieren daher, wie in der obigen Situation, Gefühle von Wut und Trauer darüber, verlassen worden zu sein. Entfernt von ihrem Elternhaus, sind die Jugendlichen in dem „engen Kontext" der Heimerziehung zudem darauf angewiesen, sich zu behaupten und sich dabei auch mit anderen Jugendlichen sowie den sie betreuenden Pädagog*innen zu relationieren. Dabei kommt es naturgemäß zu Konflikten zwischen den jugendlichen Bewohner*innen einerseits sowie zwischen der Statusgruppe der „Bewohner*innen" und der „Mitarbeiter*innen" (vgl. Goffman, 1961). Den Mitarbeiter*innen stehen dabei weitreichende Machtmittel zur Verfügung (vgl. Wolf, 1999, S. 139 ff.). Sie können z. B., wie in der analysierten Szene, auf das Ende einer Reise oder in anderen Fällen auch auf den „Rauswurf" aus einer Einrichtung entscheidend Einfluss nehmen. Sozialarbeiter*innen sind insofern ungleich mächtigere Beteiligte in Konfliktsituationen.

## 4.4 Strategien im Alltag der Heimeinrichtung im Umgang mit Konflikten

Im Alltag der Heimerziehung ist zudem nicht immer ausreichend kommunikativer Raum verfügbar, um Affekte, wie sie in der Situation oben deutlich werden, als erkenntnisleitend aufzugreifen und genauer zu bearbeiten. Nicht selten reagieren Pädagog*innen angesichts negativ konnotierter Emotionen, angesichts von Trauer, aber auch besonders angesichts von Wut und Aggression mit Strategien des „Ruhigstellens" und des „Dazwischenhauens". In der geschilderten Situation sollen die Jugendlichen von der Forschungsreise ausgeschlossen werden. Die Wut der Jugendlichen kann in genauerer Betrachtung der zitierten Protokollierung einerseits als Symptom eines innerpsychischen Konfliktes verstanden werden (Kontakt zu X haben zu wollen). Die gezeigten Emotionen und Affekte verweisen aber auch auf die soziale Situation, getrennt von der eigenen Familie, in einer Heimeinrichtung zu leben und dort den eigenen Alltag im Umgang mit anderen bewältigen zu müssen. Der Pädagoge droht den Jugendlichen, sie müssten die Reise abbrechen bzw. er würde sie auch gegen ihren Willen zurück in ihre Einrichtung bringen. Das transformative Potenzial bleibt damit verschlossen, mehr noch droht den Jugendlichen über den Ausschluss von der Forschungsreise eine einschneidende Sanktionierung ihrer affektiven Äußerungen.

In der obigen Situation wurde die Bearbeitung des Konfliktes sicherlich durch die besondere Rahmung der Forschungssituation begünstigt. Der partizipative Forschungsansatz impliziert eine besondere Rollenkonfiguration: Die begleitenden Wissenschaftler*innen begegnen den Jugendlichen als „Co-Forschende", als idealerweise Gleichberechtigte, die gemeinsam einen Gegenstand erkunden. Sie sind zudem nicht (oder weniger) der Aufrechterhaltung einer (vermeintlich) notwendigen institutionellen Ordnung verpflichtet. Der partizipative Forschungsansatz anerkennt die Jugendlichen in ihrer Subjektivität, er interessiert sich für die Besonderheiten ihrer Lebenssituationen und Subjektivitäten. Er konnte daher möglicherweise auch in dieser konkreten Situation eine forschende Bearbeitung „eigener" Konflikte, Verstehensweisen, Identitätskonstruktionen und Deutungsmuster ermöglichen. Zudem waren in der besonderen Situation der Forschungsreise Kapazitäten an Aufmerksamkeit und Zeit verfügbar, die im Alltag der Heimerziehung mitunter fehlen.

In den Interviews, sowohl mit Jugendlichen wie auch mit Pädagog*innen, wurde von vielen weiteren Situationen berichtet, in denen Affekte der Jugendlichen im Alltag der Heimeinrichtung eher zurückgedrängt wurden. So erzählte ein Jugendlicher, er und andere Jugendliche würden immer wieder auf ihre Zimmer geschickt, wenn sie wütend seien. Die Argumentation der Pädagog*innen sei dann, dass sich der Jugendliche zunächst „beruhigen" solle. Auch die interviewten Pädagog*innen schilderten ihrerseits solche Versuche, Konflikte zunächst zu entdramatisieren. Die Intention solcher Handlungsweisen ist sicherlich darin zu sehen, die Situation zu beruhigen. Der Konflikt wird zunächst entschärft und dann – idealerweise – später in Ruhe bearbeitet. Andererseits wird der emotional geführte Konflikt hier als Grenze der Auseinandersetzung behandelt: Das Gespräch wird unterbrochen, die Jugendlichen werden (mit ihren Affekten) auf ihre Zimmer verwiesen. Der nicht bearbeitete Konflikt droht – auch angesichts knapper Personal- und Zeitressourcen – in Vergessenheit zu geraten.

Andere Jugendliche berichteten zudem, Bewohner*innen von Wohngruppen, die sich selbst verletzten („ritzen"), seien über Regelungen der Einrichtungen angehalten worden, ihre Narben stets verdeckt zu tragen. Damit solle dafür gesorgt werden, so auch das pädagogische Personal in Interviews, dass die Spuren der Selbstverletzung für andere Jugendliche nicht sichtbar seien. Außerdem hätten die Jugendlichen die Kosten für Verbandsmaterial von ihrem knappen Taschengeld selbst zahlen müssen. Eine aktive Auseinandersetzung mit der Problematik der Selbstverletzung sei hingegen, so die Jugendlichen weiter, unterblieben.

Mit Strategien des Auf-das-Zimmer-Schickens und des Unter-die-Ärmel-Verbannens, wie sie sich im empirischen Material zeigen, werden Konflikte und Symptome von Konflikten aus dem kommunikativen Raum der Einrichtungen zurückgedrängt. Einerseits mag ein solches Vorgehen einen Versuch darstellen, Nachahmungseffekte unter den jugendlichen Bewohner*innen zu verhindern. Andererseits scheint es sich doch um eine Strategie zu handeln, Konflikte unsichtbar zu machen. Die Narben des „Ritzens", gelesen als Symptome innerlicher oder auch sozialer Konflikte, werden in den Bereich des Nicht-Sichtbaren verlagert. Problematisch erscheint, wenn – wie die Schilderungen von Jugendlichen andeuten – für Emotionen kein oder zu wenig Platz bleibt bzw. diese auf das jeweilige „Zimmer" der Jugendlichen zurückverwiesen werden. Sowohl die direkte Äußerung von Wut als auch der nach innen gekehrte Ausdruck des Konfliktes in Form der Selbstverletzung werden aus dem kommunikativen Raum der Einrichtung zurückgedrängt. Die Konflikte und ihre Spuren werden „ent-öffentlicht".[6]

Entsprechend der von den Jugendlichen beschriebenen Strategie des Zurückdrängens von Konflikten fanden sich auch in der Selbstreflexion der befragten Pädagog*innen immer wieder Ansätze, Konflikte und Krisen als Ende der Beteiligung zu verstehen: Beteiligung ist diesem Verständnis zufolge nur innerhalb des

---

[6] Für diese begriffliche Zuspitzung sowie für weitere hilfreiche Hinweise zu meinem Text danke ich Ulrike Eichinger und Barbara Schäuble.

Regelsystems möglich, das die Einrichtung vorgibt. Wer sich entsprechend der Regelungen der Einrichtung verhält, erwirbt Rechte der Beteiligung (vgl. Ackermann & Robin, 2017, S. 78 ff.).[7] Verhalten sich Jugendliche jedoch widerständig oder verletzen sie bestehende Regelungen, so verlieren sie Mitspracherechte bzw. muss dementsprechend eine Regelanpassung zunächst erfolgen, um dann (erneut) Beteiligung zu ermöglichen. Entgegen dieser Lesart könnten Regelverletzungen genuine Anlässe für ein beteiligungsorientiertes Vorgehen darstellen. Gerade im Konflikt wird das nicht anerkannte Bedürfnis der Kinder und Jugendlichen deutlich. Der Konflikt eröffnet Möglichkeiten, eine Beteiligung herzustellen, die über die Wahl des Mittagessens hinausgeht und auch die Anerkennung unterschiedlicher Werte und Interessen miteinschließt.

Werden Konflikte in der Heimerziehung aber nur unter weitgehendem Ausschluss affektiver Äußerungen (sozusagen „wohltemperiert") verhandelt, z. B. nachdem die Jugendlichen sich „beruhigt" haben, so schränkt dies den Personenkreis der Jugendlichen ein, für den eine Bearbeitung von Konflikten überhaupt zugänglich ist. Jugendliche, die aus marginalisierenden Lebenssituationen in die Heimeinrichtung kommen oder auch in der Situation der Heimunterbringung sich in akuten Krisen befinden, sind möglicherweise gerade nicht in der Lage, sich den Erwartungen entsprechend zu verhalten und zu äußern: Sie bleiben angesichts der Erwartung einer ruhigen, wenig emotionalen Auseinandersetzung von der Bearbeitung von Konflikten ausgeschlossen. Junge Menschen sind dann mit ihren Gefühlen alleingelassen, was die Bearbeitung innerpsychischer und sozialer Konflikte erschwert.

Angesichts der bisherigen Untersuchungen – angesichts der Erkenntnisoptionen, die Konflikte eröffnen, aber auch angesichts problematischer Folgekosten, wenn Konflikte nicht bearbeitet werden – müssten im Alltag von Heimeinrichtungen vermehrt Räume zur Artikulation von Emotionen und Konflikten geschaffen werden. Gerade negativ konnotierte Emotionen wie Wut und Trauer wären als erkenntnisleitend zu verstehen: als Hinweise auf innere, interaktionale oder strukturelle Konflikte, die damit zugleich bearbeitbarer würden. Eine konstruktive Arbeit am Konflikt in der Heimerziehung und im Jugendamt hätte das Potenzial, den Gebrauchswertgehalt des Hilfesettings zu verbessern. Die Bearbeitung

---

[7] Eine Logik, die sich auch in sogenannten „Stufensystemen" abbildet (vgl. Kunstreich & Lutz, 2015). Die Regelungen verlangen (bedingungslose) Unter- und Einordnung der Jugendlichen. Nach erfolgter Verhaltensmodulation im Sinne des Regelsystems erhalten die Jugendlichen weiterführende Rechte in der Mitgestaltung des Alltags (vgl. Ackermann & Robin, 2017, S. 78 ff.).

von Konflikten würde dabei die Anerkennung der jeweils legitimen, in der Situation des Konfliktes aber verborgenen, über die Symptome durchscheinenden Bedürfnisse der Adressat*innen implizieren.

## 5  Fazit: Konflikte in der Kinder- und Jugendhilfe

Die Untersuchung der empirischen Materialien brachte für die Praxis der Kinder- und Jugendhilfe innerpsychische, interaktionale und handlungsfeldtypische Konfliktlagen hervor. Sowohl für die Fallarbeit des Jugendamtes als auch für das Feld der stationären Erziehungshilfen wurden Handlungsstrategien aufgezeigt, die darauf ausgerichtet sind, Konflikte zurückzudrängen oder diese einseitig, expertokratisch aufzulösen. Entscheidungen werden unter Ausschluss der Adressat*innen getroffen und Konflikte werden aus dem kommunikativen Raum der Institutionen zurückverwiesen und „ent-öffentlicht". Für die Adressat*innen Sozialer Arbeit kann es risikoreich sein, Konflikte mit Sozialarbeiter*innen auszutragen. Wie Materialien aus der ethnografischen und partizipativen Forschung zeigen, werden „Widerständigkeit" und „Regelverletzungen" von Sozialarbeiter*innen als dispräferiertes, störendes Verhalten behandelt. Die Beobachtungen solcher Verhaltensweisen, die im Konflikt von der erwarteten Normalität abweichen, die Regeln und Erwartungen verletzen, führen nicht selten zu verschärften Falleinschätzungen und sanktionierender Interventionspraxis im Sinne des „Kindeswohls".

Gegenüber Strategien der Ent-Öffentlichung und der einseitigen Bearbeitung wären Konflikte in der Kinder- und Jugendhilfe demgegenüber – im Sinne einer doppelten Möglichkeit – als Chance für eine Änderung der Bedingungen des Möglichen zu verstehen (vgl. Schäuble & Eichinger, 2019). Erstens könnten über das Arbeiten am Konflikt in den konkreten Situationen die Handlungsmöglichkeiten der Beteiligten Situation sowie der Gebrauchswert von Sozialen Dienstleistungen insgesamt vermehrt werden. Eine klärende Bearbeitung von Konflikten trägt z. B. in Wohngruppen, aber auch in der Fallarbeit des Jugendamtes dazu bei, Hilfeangebote zu entwickeln und durchzusetzen, die den Bedürfnissen der Nutzer*innen stärker entsprechen und sich daher als gebrauchswerthaltiger und produktiver erweisen. Für die beteiligten Adressat*innen ist der Konflikt überdies eine Möglichkeit, sich als Handelnde zu positionieren sowie dazu, mit den jeweils eigenen Interessen und Werten nach Anerkennung zu streben, letztlich eine Chance, Handlungsmächtigkeit zu gewinnen. Jeder geführte Konflikt bietet für Adressat*innen der Kinder- und Jugendhilfe Gelegenheiten, ihre Teilhabe an Entscheidungsprozessen und sozialstaatlichen Institutionen zu verwirklichen. Jeder in wechselseitiger Anerkennung mit Adressat*innen geführte

Konflikt kann als Chance verstanden werden, das Verhältnis zwischen Adressat*innen und Sozialarbeiter*innen strukturell zu verändern. Jede performative Handlung kann einerseits zur Reproduktion des Handlungsfeldes mit seinen typischen Relationen beitragen oder andererseits Verschiebungen der Relationierung zwischen Sozialarbeiter*innen und Adressat*innen anstoßen. Die Arbeit im und am Konflikt hat mithin das Potenzial, die Teilhabe von marginalisierten Adressaten*innen in konkreten Handlungssituationen zu stärken, Veränderungen in den konkreten Hilfearrangements und Lebenssituationen, aber auch Transformationen im Verhältnis zwischen Sozialarbeiter*innen und Adressat*innen sowie im Feld der Kinder- und Jugendhilfe insgesamt anzuregen.

Konflikte – sowie mit ihnen verbundene Affekte und Emotionen – müssten vor diesem Hintergrund in der Kinder- und Jugendhilfe vermehrte Aufmerksamkeit erfahren. Das Miss- oder Gelingen in der Bearbeitung von Konflikten sollte aber keinesfalls Fachkräften Sozialer Arbeit individualisierend, z. B. als Frage der Haltung, zugeschrieben werden. Um eine konstruktive Bearbeitung von Konflikten zu ermöglichen, ist es unabdingbar, strukturelle Voraussetzungen zu schaffen und konzeptuelle und organisationale Veränderungen anzustreben. Für eine transformative Bearbeitung von Konflikten wären z. B. systematisch Artikulationsräume zu entwickeln, in denen Nutzer*innen und Adressat*innen in der Kinder- und Jugendhilfe die Gelegenheit haben, Konflikte zur Sprache zu bringen – und klärend zu bearbeiten. Orte der Grenz- und Konfliktbearbeitung könnten z. B. Qualitätsdialoge, Beschwerde- oder Ombudsstellen sowie andere Formen der Nutzer*innen-Beteiligung sein. Nur in einem organisationalen Umfeld, sei es im Jugendamt oder in einer Einrichtung der Heimerziehung, in der sowohl die Organisationskultur als auch die organisationalen Strukturen partizipatives Arbeiten am Konflikt erlauben, kann diese gelingen. Andernfalls droht immer wieder die autoritäre, vermeintliche Auflösung des Konfliktes durch einseitige Interventionen von Expert*innen, die im Zweifel ihre Deutungsweisen durchsetzen. Für die Praxis der Kinder- und Jugendhilfe ergibt sich, dass sie sich selbst vermehrt als Raum zur Konfliktbearbeitung verstehen müsste – und dafür die notwendigen Voraussetzungen zu schaffen hätte.

## Literatur

Ackermann, T., Stork, R., & Zalewski, I. (i. V.). *Das Jugendamt im Dialog mit seinen Nutzer*innen. Forschungsbericht über die Arbeit im Projekt „Qualitätsdialoge"*. Unveröffentlichter Forschungsbericht.

Ackermann, T. (2017). *Über das Kindeswohl entscheiden. Zur Fallarbeit im Jugendamt.* transcript.
Ackermann, T., & Robin, P. (2017). *Partizipation gemeinsam erforschen. Die Reisende Jugendlichen-Forschungsgruppe (RJFG) – ein Peer Research-Projekt in der Heimerziehung.* EREV.
Ackermann, T., & Robin, P. (2016). Children in child protection processes. In F. Esser, M. Baader, T. Betz, & B. Hungerland (Hrsg.), *Reconceptualising agency and childhood: New perspectives in childhood studies* (S. 243–255). Routledge.
Alberth, L., & Bühler-Niederberger, D. (2017). The overburdened mother: How social workers view the private sphere. *Journal of Family Research/Zeitschrift für Familienforschung, 11*, 153–170.
Bitzan, M., & Herrmann, F. (2018). Konfliktorientierung und Konfliktbearbeitung in der Sozialen Arbeit. In J. Stehr, R. Anhorn, K. Rathgeb (Hrsg.), *Konflikt als Verhältnis – Konflikt als Verhalten – Konflikt als Widerstand* (S. 43–54). Springer.
Böhringer, D., et al. (2012). *Den Fall bearbeitbar halten. Gespräche in Jobcentern mit jungen Menschen. Rekonstruktive Forschung in der Sozialen Arbeit.* Budrich.
Emerson, R. M., et al. (2004). Working with "key incidents". In C. Seale (Hrsg.), *Qualitative research practice* (S. 427–442). Sage.
Goffman, E. (2016 [1961]). *Asyle. Über die soziale Situation psychiatrischer Patienten und anderer Insassen.* (20. Aufl.). Suhrkamp.
Kinderschutz-Zentrum Berlin. (2009). *Kindeswohlgefährdung. Erkennen und Helfen* (11., überarb. Aufl.). Kinderschutz-Zentrum Berlin.
Kunstreich, T. (1975). *Der institutionalisierte Konflikt: Eine exemplarische Untersuchung zur Rolle des Sozialarbeiters in der Klassengesellschaft am Beispiel der Jugend- und Familienfürsorge.* Linke.
Kunstreich, T., & Lutz, T. (2015). Dressur zur Mündigkeit? „Stufenvollzug" als Strukturmerkmal nicht nur von offiziell geschlossenen Einrichtungen. *Beiträge zu Theorie und Praxis der Jugendhilfe, 12* (2015), 24–35.
Luhmann, N. (2011). *Organisation und Entscheidung.* Springer.
Matzner, A. (2017). *Informelle Gespräche in Jugendämtern: Eine Ethnografie sozialer Praktiken der Arbeit im Allgemeinen Sozialen Dienst.* Springer.
May, M. (2019). Zur Weiterentwicklung von Paulo Freires Prinzip von Kodierung/Dekodierung in der partizipativen Sozialraumforschung: Das Beispiel der Analyse jugendlicher Raumaneignung eines Stadtteilzentrums. *Österreichische Zeitschrift für Soziologie, 44*(3), 27–44.
Roose, R., Roets, G. v., Houte, S. v., Vandenhole, W., Reynaert, D. (2013). From parental engagement to the engagement of social work services: Discussing reductionist and democratic forms of partnership with families. *Child & Family Social Work, 18*(4), 449–457.
Schäuble, B., & Eichinger, U. (2019). Wie sich Konflikte zu eigen machen? *Sozial Extra, 43*(1), 40–43.
Scheiwe, K. (2012). Das Kindeswohl als Grenzobjekt: Die wechselhafte Karriere eines unbestimmten Rechtsbegriffs. In R. Hörster, S. Köngeter, & B. Müller (Hrsg.), *Grenzobjekte: Jenseits der Differenz-Entwicklungsformen in der Sozialwelt* (S. 209–231). VS Verlag.
Schulze, H., Richter Nunes, R., Schäfer, D., (2020). Plädoyer für eine adultismuskritische Standpunktsensibilität Sozialer Arbeit mittels kinderrechtsbasierter Forschung. In

P. Cloos et al. (Hrsg.): *Soziale Arbeit als Projekt: Konturierungen von Disziplin und Profession* (S. 209–222). Springer Fachmedien Wiesbaden.

Stehr, J., Anhorn, R., & Rathgeb, K. (Hrsg.). (2018). *Konflikt als Verhältnis – Konflikt als Verhalten – Konflikt als Widerstand*. Springer.

Wolf, K. (1999). *Machtprozesse in der Heimerziehung. Eine qualitative Studie über ein Setting klassischer Heimerziehung*. Votum Verlag.

Wolff, R., et al. (2013). *Kinder im Kinderschutz: Zur Partizipation von Kindern und Jugendlichen im Hilfeprozess*. Eine explorative Studie. Bundeszentrale für gesundheitliche Aufklärung, Nationales Zentrum Frühe Hilfen (NZFH).

# Konfliktanalysen in der arbeitsmarktbezogenen Beratung und Vermittlung – Professionalisierung durch Auseinandersetzung mit Möglichkeiten und Grenzen der Aneignung und Bearbeitung?

Urban Nothdurfter

### Zusammenfassung

Ausgehend von der zunehmenden Bedeutung sozialer Dienste am Arbeitsmarkt werden Konflikte von und Herausforderungen für Mitarbeiter*innen in entsprechenden Praxiskontexten in den Blick genommen. Der Beitrag zeigt auf, wie Mitarbeiter*innen in sozialen Diensten am Arbeitsmarkt mit den sich ihnen stellenden Herausforderungen umgehen und wie sie sich auftretende Konflikte aneignen und diese bearbeiten. Abschließend stellt der Beitrag die Frage nach den Möglichkeiten eines kritisch-reflexiven Umgangs mit der Konfliktualität dieses Handlungsfeldes und nach einer entsprechenden kollektiven Auseinandersetzung als wichtiger Voraussetzung eines sich Konflikten stellenden Professionalisierungsprozesses.

### Schlüsselwörter

Soziale Dienste am Arbeitsmarkt • Aktivierung • Fördern und Fordern • Konfliktanalysen

Ausgehend von der zunehmenden Bedeutung sozialer Dienste am Arbeitsmarkt werden Konflikte von und Herausforderungen für Mitarbeiter*innen in

---

U. Nothdurfter (✉)
Freie Universität Bozen, Brixen, Italien
E-Mail: Urban.Nothdurfter2@unibz.it

© Der/die Autor(en), exklusiv lizenziert durch Springer Fachmedien Wiesbaden GmbH, ein Teil von Springer Nature 2022
U. Eichinger und B. Schäuble (Hrsg.), *Konfliktanalysen: Element einer kritischen Sozialen Arbeit*, Perspektiven kritischer Sozialer Arbeit 32,
https://doi.org/10.1007/978-3-658-35857-0_7

entsprechenden Praxiskontexten in den Blick genommen. Auf empirischer Grundlage gibt der Beitrag Einblicke in die Praxis der arbeitsmarktbezogenen Beratung und Vermittlung und zeigt Konflikte auf, wie sie im Kontext dominanter Politikstrategien, insbesondere in Versuchen der Aktivierung benachteiligter und schlechter ausgestatteter „Zielgruppen", zutage treten. Zwar findet auf internationaler Ebene eine Diskussion zur Professionalisierung dieses Handlungsfeldes statt, jedoch konzentrieren sich entsprechende Beiträge oft stärker auf die Frage nach arbeitsmarktbezogenen Kompetenzen der Fachkräfte, anstatt auf das kleinteilige Freilegen von Konflikten und Möglichkeitsräumen für eigenes und kollektives professionelles Handeln. Der Beitrag zeigt auf, wie Mitarbeiter*innen in sozialen Diensten am Arbeitsmarkt mit den sich ihnen stellenden Herausforderungen umgehen und wie sie sich auftretende Konflikte aneignen und diese bearbeiten. Abschließend stellt der Beitrag die Frage nach den Möglichkeiten eines kritisch-reflexiven Umgangs mit der Konfliktualität dieses Handlungsfeldes und nach einer entsprechenden kollektiven Auseinandersetzung innerhalb der Organisation als wichtiger Voraussetzung eines sich Konflikten stellenden Professionalisierungsprozesses.

## 1 Entwicklungen im Arbeitsbereich arbeitsmarktbezogene Unterstützung

Im Zentrum wohlfahrtsstaatlicher Entwicklungen der letzten Jahrzehnte stand der Gedanke, dass wohlfahrtsstaatliche Zielsetzungen vermehrt über eine aktivierende Arbeitsmarkt- und Sozialpolitik zu verfolgen seien (vgl. Bonoli & Natali, 2012; Eichhorst et al., 2010; Graziano, 2012; Weishaupt, 2010). Dabei wurde aktivierende Arbeitsmarkt- und Sozialpolitik begleitet von neuen Konzepten zur Reform arbeitsmarktbezogener Institutionen und deren Zusammenarbeit und teilweise operativen Zusammenlegung mit den für angrenzende Wohlfahrtsbereiche zuständigen lokalen Sozialbehörden. In diesem Zusammenhang wurde für viele Kontexte auch eine Ausdehnung von Handlungs- und Entscheidungsspielräumen auf regionaler und lokaler Ebene beschrieben (vgl. Bergmark et al., 2017; Minas et al., 2012). Vor diesem Hintergrund erklären sich auch der Ausbau der Dienstleistungskomponente wohlfahrtsstaatlicher Architekturen sowie die Bestrebung, staatliches Verwaltungshandeln durch eine Handlungsorientierung zu ersetzen, welche die Erbringung individuell abgestimmter arbeitsmarktbezogener und sozialer Dienstleistungen ermöglicht, zugleich aber auch mit stärkerer verhaltensbezogener Konditionalität wohlfahrtsstaatlicher Unterstützungsleistungen einhergeht (vgl. Otto et al., 2020).

Das wesentliche Merkmal dieser Entwicklungen ist die verstärkte interaktive Zuwendung des Wohlfahrtsstaats bzw. seiner Institutionen und Akteur*innen zu den sogenannten Zielgruppen wohlfahrtsstaatlicher Politik bzw. zu den Nutzer*innen entsprechender Dienstleistungen. Fragen nach der Umsetzung und Bedeutung aktivierender Politik sind entsprechend nicht nur auf der Ebene formaler Politikentwürfe oder makroorientierter Analysen, sondern wesentlich durch Analysen von Aktivierungspraktiken in den Blick zu nehmen (vgl. Brodkin & Marston, 2013; van Berkel et al., 2017).

Zentraler Schauplatz der Aktivierungspraxis sind die Dienste der Arbeitsverwaltungen bzw. die sozialen Dienste am Arbeitsmarkt. Truschkat und Peters (2018) unterstreichen deren Verortung in einem komplexen Gefüge, das sich auf der gesellschaftlichen, der organisationalen und der interaktiven Ebene abbildet. Hier treten Restriktionen und Widersprüche des Aktivierungsparadigmas deutlich zutage. Die Soziale Arbeit verhält sich zu diesem zentralen Schauplatz aktivierender wohlfahrtsstaatlicher Intervention ambivalent. Zwar mangelt es sowohl in der deutschen als auch in der internationalen Fachdebatte Sozialer Arbeit nicht an kritischen Beiträgen und allgemeinen Einschätzungen zur Rolle der Sozialen Arbeit im aktivierenden und dienstleistungsorientierten Wohlfahrtsstaat (vgl. Dahme et al., 2003; Kessl, 2009; Anhorn & Balzereit, 2016; Otto et al., 2020), gleichzeitig wurde die empirische Analyse der Praxis in sozialen Diensten am Arbeitsmarkt zumindest im deutschen Sprachraum vonseiten der Sozialen Arbeit eher vernachlässigt und weitgehend der sozialpolitischen Implementierungsforschung überlassen (vgl. Globisch & Madlung, 2017; Heidenreich & Rice, 2016). Das hat wohl auch damit zu tun, dass arbeitsmarktbezogene Dienstleistungen im Spannungsfeld von Verwaltungshandeln und Sozialer Arbeit angesiedelt sind, trotz der (Vor-)Geschichte Sozialer Arbeit im Kontext disziplinierender Arbeitserziehung nicht unbedingt als angestammtes Handlungsfeld der Sozialen Arbeit gesehen werden und entsprechend als Gegenstand kritischer Analysen vonseiten der Sozialen Arbeit auch wenig in Betracht gezogen werden. Gleichzeitig werden arbeitsmarktbezogene Dienstleistungen von politischer Seite aber zunehmend als soziale Dienstleistungen definiert und auch im internationalen Vergleich als Handlungsfelder Sozialer Arbeit markiert (Nothdurfter & Olesen, 2017). Diese Entwicklung birgt das Risiko einer Entfremdung und Reduzierung der Sozialen Arbeit „zu einer ausführenden Instanz staatlicher Vorgaben und Zielvorstellungen" (Truschkat & Peters, 2018, S. 200). Allerdings hat sich de facto in den Handlungsfeldern des aktivierenden Wohlfahrtsstaats und somit in den sozialen Diensten am Arbeitsmarkt neues Terrain für die Soziale Arbeit erschlossen, das sie in Bezug auf ihre Wissensbestände, Kompetenzen und ethische Positionierungen herausfordert (vgl. Truschkat & Peters, 2018; Sadeghi & Fekjær,

2019; Caswell, 2020). Vor diesem Hintergrund gilt für dieses Handlungsfeld in besonderer Weise, dass kritische Analysen praktisch werden müssen (Schäuble & Eichinger, 2019) und eine kleinteilige Auseinandersetzung mit den Herausforderungen und Konflikten der arbeitsmarktbezogenen Beratung und Vermittlung mehr Beachtung finden sollte.

## 2 Arbeitsmarktbezogene Beratung und Vermittlung als Form des Umgangs mit Konflikten des Förderns und Forderns

Die internationale Fachdebatte zur aktivierenden Arbeitsmarkt- und Sozialpolitik diskutiert die Bedeutung der operationalen Seite entsprechender Politiken und untersucht durchaus auch Mikroprozesse der Praxis in sozialen Diensten am Arbeitsmarkt sowie in angrenzenden Wohlfahrtsbereichen (vgl. Brodkin & Marston, 2013; van Berkel et al., 2017). Dabei werden der Übergang zu stärker auf Motivations- und Verhaltensänderung abzielenden Strategien beschrieben (vgl. Meyers et al., 1998; Hasenfeld, 1999, Fletcher & Flint, 2018) und Bedeutungsverschiebungen von Praxis sowohl im Zusammenhang der Umsetzung aktivierender Maßnahmen als auch in kritischen Beiträgen zur „neo-sozialen" Programmierung wohlfahrtsstaatlicher Intervention insgesamt diskutiert (vgl. Gilbert, 2013; Lessenich, 2013).

Theoretisch finden Beiträge zu diesem Thema einen wichtigen Bezugspunkt im Ansatz der *street-level bureaucracy* (vgl. Lipsky, 2010), der Dilemmata der Arbeit in öffentlichen Diensten und die zentrale Bedeutung der Nutzung von Ermessens- und Handlungsspielräumen für die Umsetzung politischer Maßnahmen aufzeigt (ebd.). In Untersuchungen zur Umsetzung aktivierungspolitischer Maßnahmen wurde der sogenannte *street level* auch als Ort der konflikthaften Auseinandersetzung mit aktivierungspolitischen Maßnahmen in den Blick genommen. In diesem Zusammenhang haben kritische Forschungen das Wirken staatlicher Autorität als Regieren durch Aktivierungspraktiken thematisiert. Diese Beiträge verdeutlichen, wie sich Fragen der Macht und Subjektivität verbinden und wie Aktivierung durch Strategien der Responsibilisierung als Fremd- und Selbststeuerung wirkt (vgl. Cruikshank, 1999; Dean, 1999, McDonald & Marston, 2005; Marston & McDonald, 2006). Dabei ist das Handeln der Beschäftigten in arbeitsmarktbezogenen Diensten von besonderer Bedeutung. Diese repräsentieren den aktivierenden Staat und stellen ihn zugleich her, indem sie Motivation und Verhaltensweisen im Sinn einer unternehmerischen Selbstführung und -optimierung fördern und fordern. Adressat*innen aktivierender Politik sollen zu eigenverantwortlicher sozialer Absicherung durch Erwerbsarbeit und zur Verbesserung der eigenen Arbeitsmarktfähigkeit erzogen werden. Sie sollen eine entsprechende Haltung, aber auch eine moralische Pflicht gegenüber der Gesellschaft verinnerlichen und Unterstützungsleistungen nur bedingt – in einer Logik von Leistung und Gegenleistung – in Anspruch nehmen. Individuelles Case-Management wird dabei zu einer pädagogisierenden Schlüsseltechnologie, die die Vermittlung normativer Haltungen verlangt und dabei auf Affekte zur Verinnerlichung der Eigenverantwortung und des unternehmerischen Selbst als Regierungstechnik und als Modus der politischen Subjektbildung zurückgreift (vgl. McDonald & Marston, 2005; Penz et al., 2017; Penz & Sauer, 2020). Auch Ansätze einer interpretativen Politikfeldanalyse, welche die Bedeutung situativer Handlungsfähigkeit betonen und Steuerung interpretativ durch die Analyse lokaler Praktiken und Entscheidungen verstehen, können als nützlicher Theoriebezug für den Blick auf die Aktivierungspraxis dienen. Situative Handlungsfähigkeit berücksichtigt in dieser Perspektive Deutungen und Überlegungen lokaler Akteur*innen bzw. deren Einbettung in eigene subjektive und intersubjektive Deutungszusammenhänge (Bevir & Rhodes, 2010).

Wenig berücksichtigt ist jedoch die Frage des professionellen Umgangs mit Konflikten und Widersprüchen aktivierender Politik, wie sie in sozialen Diensten am Arbeitsmarkt zutage treten (vgl. van Berkel & van der Aa, 2012; Nothdurfter, 2018; Sadeghi & Fekjær, 2019). Wie werden die fördernde und die fordernde Dimension der Aktivierung im konkreten Fall im Gleichgewicht gehalten? Wann und weshalb kommt es zu Widersprüchen und Mandatskonflikten? Wie wird mit diesen umgegangen und welche Rolle spielt dabei das professionelle Selbstverständnis der Fachkräfte? Während Tätigkeiten in sozialen Diensten am Arbeitsmarkt sehr unterschiedlich konzipiert und von Beschäftigten mit unterschiedlichen Ausbildungshintergründen und Qualifikationen ausgeführt werden, werden die genannten Fragen vielfach nur unzureichend thematisiert.

Die Mitarbeiter*innen mit ihren Deutungs- und Handlungsstrategien gestalten mit, wie Aktivierung schließlich auf ihre Zielgruppen trifft. Umso mehr stellt sich die Frage des konkreten individuellen und kollektiven Umgangs mit Widersprüchen und Konflikten. Nachfolgend werden entsprechende Erfahrungen von Mitarbeiter*innen aufgezeigt und Fragen nach Möglichkeiten des *Upscaling* von Konflikten innerhalb der Organisation und im Rahmen von Professionalisierungsstrategien gestellt.

## 3 Konflikte am Beispiel des Wiener AMS

Die Ergebnisse stammen aus einer qualitativen Untersuchung im Kontext des Wiener Arbeitsmarktservice (AMS). Das Ziel der Untersuchung bestand darin, Beratungs- und Vermittlungstätigkeiten als arbeitsmarktbezogene Dienstleistungen des AMS aus Perspektive der Berater*innen auszuleuchten und die Herausforderungen in diesem Handlungsfeld zu verdeutlichen. Dabei wurden unterschiedliche Aspekte in den Blick genommen, wie das Selbstverständnis der Berater*innen, deren Sicht auf bzw. deren Konstruktionen von Zielgruppen aktivierender Politik, Interpretationen des Aktivierungsgedankens sowie Darstellungen der unterschiedlichen Nutzung von Handlungsspielräumen. Besonderes Augenmerk wurde darauf gelegt, wie die Berater*innen die Herausforderungen ihres Arbeitsalltages darstellen und damit umgehen (vgl. Nothdurfter, 2018).

### 3.1 Forschungskontext und methodische Vorgehensweise

Die Praxis im Kontext aktivierungspolitischer Maßnahmen ist stark kontextabhängig und nur in Verbindung mit Analysen ihrer spezifischen Konzeption und Einbettung in Arbeitsmarkt- und Sozialpolitik, Governance und Organisation zu verstehen (vgl. van Berkel, 2017).

Seit den 1990er-Jahren hat Österreich seine Arbeitsmarktpolitik deutlich an der Leitidee der Aktivierung ausgerichtet. So wurde eine Umstrukturierung der österreichischen Arbeitsverwaltung durchgeführt und aktivierenden Maßnahmen wurde gegenüber sogenannten passiven Leistungsbezügen Priorität eingeräumt (vgl. Stelzer-Orthofer, 2011). Insgesamt wurde in diesem Zusammenhang Arbeitslosigkeit stärker als individuelles Problem thematisiert, Arbeitslose wurden entsprechend stärker als zu aktivierende Arbeitssuchende und Kund*innen in den Blick genommen. Prioritäre Ziele der Arbeitsmarktpolitik sind in erster Linie möglichst frühzeitige Interventionen zur Behebung persönlicher oder qualifikatorischer Defizite und die schnelle (Re-)Integration in den Arbeitsmarkt (vgl. Atzmüller, 2009). Gleichzeitig wurden Dienste des Arbeitsmarktservice und das Angebot an Schulungs- und Qualifikationsmaßnahmen stark ausgebaut. Eine operative Zusammenlegung der Dienste der Arbeitsverwaltung mit den lokalen Sozialbehörden hat in Österreich nicht stattgefunden. Sozialhilfeempfänger*innen im Erwerbsalter müssen sich jedoch beim AMS registrieren und an Aktivierungsmaßnahmen teilnehmen (vgl. Leibetseder et al., 2015).

Dem AMS obliegt die Durchführung der Maßnahmen aktiver Arbeitsmarktpolitik, die Prüfung und Auszahlung von Lohnersatzleistungen bei Arbeitslosigkeit und die Sicherstellung von beruflichen Ausbildungsmöglichkeiten für Jugendliche. Dienstleistungen für Arbeitssuchende werden je nach Problemlage und Betreuungsbedarf in unterschiedlichen Abteilungen, sogenannten Zonen, erbracht. Arbeitssuchende mit erhöhtem Beratungs- und Betreuungsbedarf werden nach einem Clearing der Beratungszone zugewiesen, in der eine intensivere Beratung erfolgt und eine individuelle Betreuungsvereinbarung definiert wird.

Beschäftigungsbezogene Dienstleistungen im AMS-Kontext sind nicht explizit sozialarbeiterisch ausgewiesen. Die Qualifikation als Berater*in wird über innerbetriebliche Ausbildungen erworben. Obwohl im österreichischen Kontext beispielsweise Lepschy (2009) darauf hingewiesen hat, dass Soziale Arbeit mit Arbeitslosigkeit zwangsläufig konfrontiert ist und eine stärkere Beachtung des Handlungsfelds Arbeitslosigkeit und Beschäftigungsförderung in der Ausbildung Sozialer Arbeit angemahnt hat, blieb das Thema in der österreichischen Fachdebatte Sozialer Arbeit eher randständig. Diskussionen über die Rolle der Sozialen Arbeit werden am ehesten im Zusammenhang mit arbeitsmarktpolitischen Maßnahmen für Jugendliche und junge Erwachsenen geführt (vgl. Bergmann, 2014). Kritische Beträge betonen zwar eine aktivierungspolitische Kolonialisierung sozialpädagogischer und sozialarbeiterischer Tätigkeiten (vgl. Atzmüller & Knecht, 2018), konkrete Konfliktanalysen und Fragen einer kritisch-reflexiven Professionalisierung im Bereich der sozialen Dienste am Arbeitsmarkt kommen allerdings zu kurz. Professionalisierungsfragen werden allenfalls in den angrenzenden Bereichen der Erwachsenenbildung diskutiert (vgl. Steiner, 2018).

Im Rahmen der Untersuchung wurden 14 qualitative Interviews mit Berater*innen in den Diensten des AMS Wien geführt. Der Interviewseinstieg erfolgte mittels einer Fallvignette, d. h. eines vorgegebenen hypothetischen Fallbeispiels, um zunächst Informationen über Herangehensweisen und Abläufe zu erlangen. Im weiteren Verlauf wurden die Interviews sehr offen geführt, um den interviewten Berater*innen die Möglichkeit zu geben, von Herausforderungen und Konflikten in ihrem Arbeitsalltag zu erzählen. Die Analyse des Interviewmaterials orientierte sich an den Grundsätzen rekonstruktiver Sozialforschung und wurde unter Zuhilfenahme eines Programms zur Analyse qualitativer Daten durchgeführt.

## 3.2 Berater*innen als Gestalter*innen von Aktivierungspraktiken

Die Arbeit im AMS-Kontext zeigt sich als ein wichtiger Aktivierungsschauplatz, auf dem aktivierende Politik durch die Kombination und Balancierung fordernder und fördernder Strategien und Elemente vonseiten der Berater*innen wesentlich mitgestaltet wird. Diese Schlüsselrolle der Berater*innen erschließt sich nicht auf den ersten Blick, da die Praxis stark durch Regularien, standardisierte Abläufe und Kontrollen bestimmt wird. So müssen strikte zeitliche Vorgaben sowohl für die Dauer von Beratungsgesprächen als auch in Bezug auf Beratungs- und Vermittlungsverläufe eingehalten, vorgesehene Sanktionsmaßnahmen verhängt und sämtliche Tätigkeiten genau dokumentiert werden. Besonders im Hinblick auf Vermittlungsquoten und -fristen sowie bezüglich einer Verhinderung des Übertritts in Langzeitarbeitslosigkeit finden systematische Kontrollen statt. Nichtsdestoweniger wird deutlich, dass jenseits bzw. unterhalb der geltenden Regeln und entsprechenden Kontrollen Berater*innen auch über Ermessens- und Handlungsspielraum verfügen bzw. verfügen müssen, um in ihrem Arbeitsalltag praktikable und individuell angepasste Lösungen zu finden. So erklärt eine Mitarbeiterin:

> „Natürlich gibt es die ganzen Vorgaben, aber schlussendlich ist es so, dass jeder Berater ein bisschen anders arbeitet." (Interview 1, Beraterin)

Doch auf der Grundlage welcher Deutungen und Interpretationen werden Ermessens- und Handlungsspielräume genutzt? Obwohl sich die interviewten Berater*innen in ihren Darstellungen insgesamt stärker mit der Dimension des Förderns als mit jener des Forderns zu identifizieren scheinen, lassen sich unterschiedliche Identitäten und Orientierungsmuster ausmachen, was zum Teil auch von den Berater*innen selbst so beschrieben wird. Idealtypisch lässt sich ein erstes Orientierungsmuster identifizieren, in dem sich Berater*innen in erster Linie als Unterstützende begreifen, die die Lebenslage und Gesamtsituation der Klient*innen in den Blick nehmen. Entsprechend wird betont, dass Arbeitslosigkeit sehr oft nur einen und längst nicht immer den vordergründigen Aspekt einer problematischen Situation darstellt. Diesem Orientierungsmuster entspricht ein Handlungsansatz, der von der Notwendigkeit eines umfassenden Fallverstehens ausgeht und Beratung in einem erweiterten Sinn versteht. In einem zweiten Orientierungsmuster identifizieren sich Berater*innen stärker mit einer bürokratischen Rolle, in der sie ihre Zuständigkeit gemäß Vorgaben auf die schnellstmögliche Beendigung von Arbeitslosigkeit eingrenzen. In diesem Orientierungsmuster nehmen Berater*innen ihre Aufgabe als eine weitgehend administrative Tätigkeit und als Unterstützung bei der schnellen Stellensuche und -vermittlung wahr und betonen, sich um eine möglichst „sachliche" Ausführung dieser Aufgabe zu bemühen. Darüber hinaus lässt sich aber auch ein drittes, stark an der Leitidee des Forderns orientiertes Muster ausmachen, innerhalb dessen Berater*innen ihre Rolle als erziehende und disziplinierende Instanz im Vordergrund sehen. Während die Bedeutung einer erziehenden Funktion durchaus auch im Selbstverständnis der interviewten Berater*innen betont wird, besonders in Bezug auf Zielgruppen wie Jugendliche oder „arbeitsmarktferne" Personengruppen, wird Disziplinierung als Orientierungsmuster meist nur indirekt angesprochen.

„Dann gibt es im AMS auch die Leute, die vielleicht eine Art Befriedigung empfinden, wenn sie auf den Tisch hauen und sagen können: ‚So musst du es machen!'" (Interview 3, Beraterin)

Obwohl die Interviews keinen systematischen Vergleich zwischen Berater*innen mit unterschiedlichen Qualifikations- und Kompetenzprofilen ermöglichen, zeigen sich in den Interviews Unterschiede in den Darstellungen der eigenen Kompetenzen und Herangehensweisen. Obwohl die interne Ausbildung in erster Linie auf arbeitsmarktbezogene Orientierungs- und Vermittlungstätigkeiten im AMS fokussiert ist, betonen Berater*innen mit Qualifikationen im Bereich Sozialer Arbeit oder Pädagogik, dass sie gerade in der Zusammenarbeit mit als „schwierig" geltenden Zielgruppen auch „mehr" machen könnten und würden, sofern ihr Beschäftigungsprofil und die zur Verfügung stehende Zeit dies zulassen würden. Was sich in allen Interviews als kritischer Punkt findet, ist die knappe Bemessung der Ressource Zeit. Während die zur Verfügung stehende Auswahl an Trainings-, Weiter- und Ausbildungsangeboten durchweg als sehr gut beurteilt wird, wird Zeitmangel bei der Beratung in allen Interviews als Problem dargestellt, gerade im Zusammenhang mit Situationen, in denen erst einmal verstanden werden muss, was sich hinter dem Problem der Arbeitslosigkeit sonst noch alles verbirgt. Dies sei, so einige Berater*innen, oft aber notwendig, um besser zu verstehen, worin genau die Probleme und Vermittlungshemmnisse bestehen. Beschäftigungsfähigkeit und Vermittlung würden oft zunächst eine umfassendere Problembearbeitung erfordern. Dafür ist in 30-minütigen Erstgesprächen und 15-minütigen Folgegesprächen aber keine Zeit und entsprechende Kompetenzen der Berater*innen werden auch nicht vorausgesetzt.

„Im Vordergrund steht immer die Arbeitssuche oder die Unterstützung bei der Arbeitssuche; und da sind wir auch zuständig. Aber eben, wenn man merkt, da geht nichts, spätestens dann fängt man sich an zu fragen, woran es wohl liegt. Und das ist oft auch schwierig herauszufinden. [...] Aber wenn da ein Problem ist, das nicht bearbeitet ist, dann geht es meiner Meinung nach nicht. Und dann schaut man halt, wo man da ansetzen kann, aber da etwas zu lösen, dafür haben wir sicher nicht die Zeit und da fühle ich mich auch nicht kompetent genug." (Interview 14, Beraterin)

Unterschiedliche Interpretationen zeigen sich jedoch nicht nur in Bezug auf die eigene Rolle, sondern eng damit verbunden auch hinsichtlich des Leitgedankens der Aktivierung. Sie reichen von Aktivierung als Qualifikations- und Motivationsarbeit bis hin zu Interpretationen als Disziplinierung und (schlimmstenfalls) als Verwaltung von Arbeitslosigkeit bzw. von Arbeitslosen. Welche Interpretationsmuster in den Vordergrund treten, scheint neben in der Organisation und bei sich selbst gesehenen Möglichkeiten auch sehr stark davon abhängig zu sein, wie Berater*innen Arbeitssuchende in Bezug auf ihre Motivation und Beschäftigungsfähigkeit einschätzen und sie somit als Adressat*innen von Aktivierung konstruieren und kategorisieren. So zeigt sich, dass Einschätzungen, Argumentationen und Praktiken sich durchaus unterscheiden, je nachdem, ob beispielsweise von „orientierungslosen" Jugendlichen oder „arbeitsmarktfernen" Zielgruppen oder Sozialhilfebezieher*innen gesprochen wird.

> „Ja, also grundsätzlich macht es mir am meisten Spaß mit den jungen Leuten, einfach weil man da noch etwas bewegen kann." (Interview 7, Beraterin)
> „Das ist eine eigene Klientel, eigentlich, ja, die Mindestsicherungsbezieher. [...] Schwieriges Klientel deswegen, weil sie offensichtlich schon lange nicht mehr gearbeitet haben, wenn überhaupt." (Interview 5, Beraterin)

Die Interviews weisen darauf hin, dass es entscheidend auch von den Berater*innen abhängt, ob sich aktivierende Politik eher von ihrer disziplinierenden Seite zeigt, ob innerhalb des vorgegebenen Rahmens mehr oder weniger auf individuelle Situationen und Umstände eingegangen wird, ob Sanktionen eher zu vermeiden gesucht oder als eine pädagogische Maßnahme eingesetzt und dargestellt werden und ob die Berater*innen es sich herausnehmen, Aktivierung im Härtefall auch punktuell auszusetzen und, wie ein Berater offenlegt, auch einmal eine nicht dokumentierte Ausnahme zu machen. Die interviewten Berater*innen sind sich ihrer Schlüsselrolle sehr wohl bewusst und machen keinen Hehl daraus, dass Aktivierung von ihnen entscheidend mitgestaltet werden kann. Trotz Regularien und knapper Zeitressourcen gibt es immer noch Handlungsspielraum.

> „Es kommt darauf an, was man daraus macht. Das führt auch dazu, dass es einen Riesenunterschied macht, bei welchem Berater du als Kunde bist. Du kannst einen voll motivierten und ambitionierten Berater haben, du kannst aber auch jemanden haben, der verzweifelt." (Interview 8, Berater)

## 3.3 Der Umgang mit Konflikten als persönliche Angelegenheit der einzelnen Berater*innen

In den Darstellungen der interviewten Berater*innen nimmt der Umgang mit Herausforderungen, Widersprüchen und Konflikten einen zentralen Stellenwert ein. Die Berater*innen sind ständig mit dem zentralen Dilemma konfrontiert, die Dimensionen des Forderns und Förderns in der Praxis zu verbinden und auszuhandeln, um sie im Einzelfall in der richtigen Balance zu halten und dabei weder den eigentlichen Arbeitsauftrag zu vernachlässigen noch die individuelle Situation der Arbeitssuchenden zu übersehen. Die Berater*innen erleben die Konflikte, wie sie aus dem Anspruch einer fordernden und schnellen Vermittlung einerseits und aus den Voraussetzungen für ein gezieltes Fördern im Interesse der Adressat*innen andererseits entstehen. Die Berater*innen sind Widersprüchen und Dilemmata des Aktivierungsparadigmas also unmittelbar ausgesetzt, was sich in den Interviews als die stark erlebte Schwierigkeit darstellt, Arbeitssuchende bestmöglich zu aktivieren, dabei aber auch realistisch zu bleiben, individuelle Situationen nach Möglichkeit zu berücksichtigen und, wie es eine interviewte Beraterin auf den Punkt bringt, den Menschen auch nicht unrecht zu tun.

> „Und andererseits den Menschen auch nicht unrecht zu tun. Wenn jemand sagt: ‚Ich kann das einfach nicht machen', dann darauf zu bestehen, dass das trotzdem gemacht wird, das geht nicht." (Interview 12, Beraterin)

Die beschriebenen Widersprüche werden durchaus in den sozial- und arbeitsmarktpolitischen Vorgaben sowie auf der Ebene der Beschreibung und des Selbstverständnisses der Organisation verortet. Das AMS präsentiert sich als kund*innenorientiertes Dienstleistungsunternehmen, ist aber gleichzeitig zuständig für die hoheitliche Aufgabe der Umsetzung und Überwachung des Arbeitslosenversicherungsgesetzes. Das heißt, es geht konkret neben der Auszahlung der Unterstützungsleistungen, der Vermittlung und Beratung auch um die Kontrolle und Sanktionierung durch Leistungskürzungen. Wie in der Praxis mit den daraus entstehenden Konflikten umgegangen wird, wird von den Berater*innen selbst – trotz des Bewusstseins der strukturellen Ursachen – vorwiegend als Angelegenheit der einzelnen Berater*innen dargestellt, die sich entweder mehr oder weniger als Dienstleister*innen begreifen oder den Konflikt verkürzen, indem sie zwischen dem, was sie „menschlich" nachvollziehen können und dem, was ihr „eigentlicher" Auftrag ist, zu trennen versuchen.

> „Ja, man muss sich nur irgendwie klar sein. Ist man ein Amt, in dem man das Gesetz ausführt, die Sperren ausführt, den Arbeitsauftrag ausführt, indem man die Menschen

sechs Monate in irgendeinen Kurs steckt und Arbeit vermittelt? Oder ist man ein Dienstleistungsunternehmen, wo man auf die Kunden eingeht und schaut, dass man das Beste für sie, oder das Beste für alle, macht. Das AMS, glaub ich, weiß selbst nicht wirklich, was es ist. Eigentlich sind wir ein Dienstleistungsunternehmen mit amtlichem Charakter, aber das widerspricht sich halt voll. Wenn ich ihm das Geld wegnehm, kann ich nicht das Dienstleistungsunternehmen sein. [...] Also ich fühl mich schon mehr als Dienstleistungsunternehmen." (Interview 5, Beraterin)

Die beschriebenen Konflikte beziehen sich vor allem auf das Spannungsfeld zwischen der Notwendigkeit der Vermittlung bzw. dem Ziel der schnellstmöglichen Arbeitsaufnahme einerseits und Vorstellungen und Bedürfnissen der Klient*innen andererseits. Einige Berater*innen betonen, dass Vorstellungen und Qualifikationswünsche sehr oft „menschlich" nachvollziehbar seien, der Auftrag aber darin bestehe, Arbeitslosigkeit schnellstmöglich zu beenden, was konkret heißt, dass nach 100 Tagen Berufsschutz Arbeitssuchende in jede Beschäftigung vermittelt werden können, die kollektivvertraglich entlohnt wird und Gesundheit und Sittlichkeit nicht gefährdet. Um Konflikte möglichst zu vermeiden, gilt es aus Sicht der Berater*innen, die Klient*innen zunächst genau über ihre Rechte und Pflichten aufzuklären, in der Folge möglichst passende Qualifikations- und Arbeitsangebote ausfindig zu machen und mit den Klient*innen zu verhandeln, um einerseits die Einhaltung der Vorschriften zu ermöglichen und andererseits den Klient*innen im Rahmen des Möglichen entgegenzukommen. Trotzdem stehen Konflikte auf der Tagesordnung, besonders wenn Sanktionen verhängt und damit Leistungsbezüge (Arbeitslosengeld, Notstands- oder Sozialhilfe) ausgesetzt bzw. gekürzt werden. Als umso wichtiger betonen die interviewten Berater*innen eine genaue Rechtsbelehrung der Klient*innen und den Verweis auf deren Eigenverantwortung:

„Ja, da gibts schon oft Problematiken, natürlich. Da ist ja die Aggression, das Potenzial ist natürlich auch da, wenn jemandem das Geld weggenommen wird. Aber ich sage mal so, oft kann man das, oder ich kann das – Gott sei Dank! – gut so erklären, dass ich auch nur der Ausführende bin, also ich habe ja nicht das Gesetz geschrieben und ich habe ihn ja nicht gezwungen, nicht zum Kurs zu gehen, sondern er ist ja eigentlich selbst verantwortlich." (Interview 1, Beraterin)

Besonders widersprüchlich wird die Arbeit der Berater*innen allerdings, wenn sie Menschen beraten und vermitteln sollen, die wenig oder keine realistische Aussicht auf Beschäftigung haben.

„Es gibt halt voll viele Kunden mittlerweile, von denen ich ziemlich sicher weiß, oder glaube zu wissen, dass ich sie nicht vermitteln werde können. Das ist so." (Interview 8, Berater)

Die interviewten Berater*innen betonen, dass es in solchen Situationen darauf ankommt, Vorgaben möglichst im Sinn der Klient*innen zu nutzen und diesen nicht unrealistische Aufgaben abzuverlangen. Stattdessen ergebe es mehr Sinn, Menschen ohne realistische Beschäftigungsaussichten trotzdem zu einem strukturierten Tagesablauf zu raten und sie zu Aktivitäten zu ermutigen, die ihnen guttun könnten. Das sei aber, so einige der interviewten Berater*innen, nicht mehr Teil der Arbeit, sondern vielmehr persönliche Aufmerksamkeit den Klient*innen gegenüber.

„Ich sag halt meinen Kunden oft: ‚Schauen Sie, dass Sie an die frische Luft kommen, und bewegen Sie sich viel.' Aber das ist jetzt nichts, was bei mir im Leitfaden drin stehen würde, wie ich ein Beratungsgespräch zu führen habe. Das ist teilweise sehr schwierig." (Interview 8, Berater)

Gerade in als schwierig dargestellten Situationen wird der Umgang mit Herausforderungen und Konflikten als eine sehr individuelle und persönliche Angelegenheit beschrieben. Letztendlich, so die interviewten Berater*innen, sei es ihre eigene Angelegenheit, wie sie mit Konflikten umgingen und mit den Schwierigkeiten ihrer Arbeit zurechtkämen.

„Im Prinzip ist das was, was jeder weiß. Also das muss man nicht ganz groß besprechen oder so. Das ist unsere tägliche Realität. Klar weiß das mein Vorgesetzter auch, dass das so ist. [...] Das ist unser täglich Brot. Das ist halt Sache jedes Beraters, was er draus macht." (Interview 10, Berater)

Dementsprechend nehmen die interviewten Berater*innen zur Frage des Umgangs mit Konflikten kaum auf Grundsätze des institutionellen Mandats des AMS oder auf professionelle Standards der Beratung Bezug. Vielmehr wird mit dem sehr persönlichen Anspruch argumentiert, die beschriebene Tätigkeit auf eine für jeweils sich persönlich akzeptable Art und Weise auszuführen.

„Wie gesagt, ich habe für mich selbst einen Weg gefunden, den hat mir nicht mein Vorgesetzter oder mein Dienstgeber vorgegeben. Dass das für mich lebbar und akzeptabel wird. Und ich bin trotzdem gut in meinem Job, das kann ich fix sagen, sodass ich trotzdem noch halbwegs in den Spiegel schauen kann. Dass ich nach Hause gehen kann und trotzdem noch Schlaf finde." (Interview 8, Berater)
„Also mir war es immer wichtig, dass ich noch halbwegs ein bisschen einen Sinn erkenne in dem, was ich tue. Das ist mir heute noch wichtig. Und das ist teilweise eh schwer genug hier. Aber man kann halt noch immer was draus machen als Berater mit Engagement." (Interview 10, Berater)

Die Aussagen legen die Interpretation nahe, dass die individualisierenden und personalisierenden Effekte der Aktivierung auch auf der Ebene der Berater*innen wirken und sich die Berater*innen zu Widersprüchen und Konflikten auf eine sehr persönliche Art und Weise ins Verhältnis setzen, indem sie für sich einen Weg finden bzw. persönliche Mindestansprüche für eine akzeptable Arbeit definieren und hochhalten. Berater*innen haben die Aufgabe, Arbeitssuchende zu marktförmigerem Verhalten und zu besserer Beschäftigungsfähigkeit zu aktivieren, sie verinnerlichen aber gleichzeitig eine Haltung, die sie den Umgang mit Schwierigkeiten und Dilemmata als in ihrer Eigenverantwortung stehend bzw. als ihre persönliche Angelegenheit begreifen und darstellen lässt. Obwohl die Berater*innen im Aktivierungskontext eine Schlüsselrolle innehaben, werden die kritische Auseinandersetzung sowie der Umgang mit auftretenden Schwierigkeiten nicht im Rahmen einer professionellen Argumentation verortet und verhandelt, sondern auf eine individuelle und sehr persönliche Ebene verlagert. Aktivierung funktioniert also auch auf der Ebene der Berater*innen über die Machttechnik der Individualisierung und den Rückgriff auf Eigenverantwortung unter den prekären Bedingungen einer vorwiegend durch vorgegebene Fristen und managerielle Kontrolle bestimmten Arbeitsorganisation. Der Umgang mit Herausforderungen und die Bearbeitung von Konflikten bleiben vorwiegend Angelegenheit der einzelnen Berater*innen, die sich somit die Konflikte persönlich aneignen. Entsprechend stellen die Berater*innen Konflikte auch als Konflikte mit sich selbst dar, mit denen jede*r für sich umzugehen lernen muss.

„Es gibt Kollegen, die halten sich rein an die Vorgaben und können damit am besten leben. Und dann gibt es Menschen und Kollegen, die halt da ein bissl mehr hinterfragen oder mehr auch auf das Menschliche achten. Ja, das ist es dann halt: Wie kannst du selbst damit umgehen? Bei vielen schlägt sich das dann auf die Gesundheit. Weil du dann ganz einfach selbst der Zerrissene bist." (Interview 6, Beraterin)

## 4 Konfliktanalysen als Ausgangspunkt für professionell gerahmte und kollektive Bearbeitungen?

Die dargestellten Ergebnisse zeigen, dass der Umgang mit Herausforderungen und Konflikten in der arbeitsmarktbezogenen Beratung und Vermittlung stark auf die persönliche Ebene des eigenen Anspruchs und des eigenen Zurechtkommens der einzelnen Berater*innen zurückfällt, während eine professionelle Rahmung und eine kollektive Auseinandersetzung auf der Ebene der Organisation und in Bündnissen mit Nutzer*innen weitgehend zu fehlen scheinen. Dieser individualisierte Umgang mit Herausforderungen und Konflikten stimmt bedenklich.

Umso wichtiger ist, dass kritische Analysen sich mit der Praxis der Aktivierung auseinandersetzen und aufzeigen, wie Dilemmata in der Praxis aufbrechen und Konflikte (nicht) bearbeitet werden. Die dargestellten Ergebnisse lassen eine professionell gerahmte und kollektive Bearbeitung der Konflikte auf der Ebene der Organisation vermissen und führen zur Frage, wie ein *Upscaling* der Konfliktbearbeitung im Kontext der arbeitsmarktbezogenen Beratung und Vermittlung aussehen könnte.

Konflikte in der arbeitsmarktbezogenen Beratung und Vermittlung sind weder dadurch zu lösen, dass diese Tätigkeiten nur in Verwaltungszusammenhängen gedacht werden und der Umgang mit Herausforderungen als persönliche Angelegenheit der einzelnen Berater*innen auf diese zurückfällt, noch in einem expertokratischen Verständnis der Konzipierung und Etablierung dieser Tätigkeiten als neutraler Anwendung technischer Beratungs- und Vermittlungskompetenzen. Es geht vielmehr um die Entwicklung einer kritisch-reflexiven Professionalität, die trotz eigener Verstrickungen eine kritische Distanz zu aktivierungspolitischen Strategien und Zumutungen einnehmen und Herausforderungen der entsprechenden Praxis im Rahmen einer reflexiven Auseinandersetzung professionell bearbeiten kann.

Soziale Dienstleistungen als Teil wohlfahrtsstaatlicher Intervention stellen immer auch sozialpolitische Antworten dar, in denen sich die Bedingungen von Solidarität ausdrücken und Rechte und Pflichten konkretisieren bzw. verhandelt werden müssen. Das gilt besonders für aktivierungspolitische Maßnahmen, in denen Unterstützung stärker in einer Logik von Leistung und Gegenleistung konzipiert bzw. an Bedingungen eigenverantwortlichen und arbeitsmarktbezogenen Verhaltens gekoppelt wird. So verweisen Lødemel und Gubrium (2014) in ihrer Analyse aktivierender Politik auf die zentralen Merkmale des Wiederauflebens des alten Gedankens der Unterstützungswürdigkeit bzw. -unwürdigkeit und der Balancierung von Rechten und Pflichten.

In der Praxis treten diese Fragen des Balancierens von Rechten und Pflichten bzw. von fördernden und fordernden Elementen unmittelbar und konflikthaft zutage. Konfliktanalysen zeigen die Notwendigkeit von Aushandlungsprozessen und die Verpflichtung bzw. die Vermittlung zwischen aktivierungspolitischen Vorgaben einerseits und individuellen Situationen und lebensweltlichen Bedürfnissen andererseits. Eine professionelle Bearbeitung von Konflikten in diesem Kontext erfordert einen Zugang, der sich mit der Durchsetzung und Legitimität aktivierungspolitischer Strategien und entsprechender Praktiken auseinandersetzt und Fragen nach notwendigen Wissensbeständen, Kompetenzen und ethischen Positionierungen als Themen zulässt, als ausgesprochenes Organisationswissen um Konflikte und im Kontext sozialpolitischer Vergewisserungen, als eigenen und kollektiven kritisch-reflexiven Umgang mit Potenzialen, Herausforderungen und Zumutungen von Aktivierung.

Sollen soziale Dienste am Arbeitsmarkt über eine schnelle Vermittlung, eine Verwaltung von Arbeitslosigkeit sowie eine Überwachung und Disziplinierung im Zusammenhang mit der Gewährung von Transferleistungen hinausgehen und die (Wieder-)Aufnahme aushaltbarer und sinnvoller Arbeit längerfristig fördern, müssen der Umgang mit Widersprüchen und die Bearbeitung von Konflikten in der Praxis als Ausgangspunkte für die Verbesserung und die Professionalisierung arbeitsmarktbezogener Beratung und Vermittlung dienen.

## Literatur

Anhorn, R., & Balzereit, M. (2016). Die „Arbeit am Sozialen" als „Arbeit am Selbst" – Herrschaft, Soziale Arbeit und die therapeutische Regierungsweise im Neo-Liberalismus: Einführende Skizzierung eines Theorie- und Forschungsprogramms. In R. Anhorn & M. Balzereit (Hrsg.), *Handbuch Therapeutisierung und Soziale Arbeit. Perspektiven kritischer Sozialer Arbeit* (S. 3–203). Springer VS.

Atzmüller, R., & Knecht, A. (2018). Transformations of Work and Welfare – Apprentices under Neoliberalism. *Social Work and Society, 2/2018*, https://www.socwork.net/sws/article/view/572/1119. Zugegriffen: 12. Sept. 2020.

Atzmüller, R. (2009). Aktivierung statt Vollbeschäftigung. Die Entwicklung der Arbeitsmarktpolitik in Österreich. Die Dynamik des „österreichischen Modells". In C. Hermann & R. Atzmüller (Hrsg.), *Brüche und Kontinuitäten im Beschäftigungs- und Sozialsystem* (S. 135–186). Edition Sigma.

Bergmann, N. (2014). Aktuelle Entwicklungen in der aktiven Arbeitsmarktpolitik für Jugendliche – geänderte Einbindung der Sozialen Arbeit? *Österreichische Zeitschrift für Soziologie, 39*(4), 341–350.

Bergmark, Åke; Bäckman, Olof; Minas, Renate (2017): Organizing local social service measures to counteract long-term social assistance receipt. What works? Experiences from Sweden. *European Journal of Social Work, 20*(4), 548–559.

van Berkel, R., & van der Aa, P. (2012). Activation work: Policy programme administration or professional service provision? *Journal of Social Policy, 41*(3), 493–510.

van Berkel, R. (2017). State of the art in Frontline studies of welfare-to-work: A literature review. In R. van Berkel, D. Caswell, P. Kupka, & F. Larsen (Hrsg.), *Frontline delivery of activation policies in Europe: Activating the unemployed* (S. 12–35). Routledge.

van Berkel, R., Caswell, D., Kupka, P., & Larsen, F. (Hrsg.). (2017). *Frontline delivery of activation policies in Europe: Activating the unemployed*. Routledge.

Bevir, M., & Rhodes, R. (2010). *The state as cultural practice*. Oxford University Press.

Bonoli, G., & Natali, D. (Hrsg.). (2012). *The politics of the new welfare state*. Oxford University Press.

Brodkin, E., & Marston, G. (Hrsg.). (2013). *Work and the welfare state: Street-level organizations and workfare politics*. Georgetown University Press.

Caswell, D. (2020). Talking policy into being – How street-level bureaucrats and vulnerable unemployed talk about labor market participation. *European Policy Analysis, 6*(1), 23–37.
Cruikshank, B. (1999). *The will to empower: Democratic citizens and other subjects*. Cornell University Press.
Dahme, H.-J., Otto, H.-U., Trube, A., & Wohlfahrt, N. (Hrsg.) (2003). *Soziale Arbeit für den aktivierenden Staat*. Leske + Budrich.
Dean, M. (1999). *Governmentality: Power and rule in modern society*. Sage.
Eichhorst, W., Kaufmann, O., & Konle-Seidl, R. (Hrsg.). (2010). *Bringing the jobless into work? Experiences with activation schemes in Europe and the US*. Springer.
Fletcher, D.R., & Flint, J. (2018). Welfare conditionality and social marginality: The folly of the tutelary state? *Critical Social Policy, 38*(4), 771–791.
Gilbert, N. (2013). Citizenship in the enabling state: The changing balance of rights and obligations. In A. Evers & A.-M. Guillemard (Hrsg.), *Social Policy and Citizenship: The Changing Landscape* (S. 80–96). Oxford University Press.
Globisch, C., & Madlung, F. (2017). Aktivierende Sozialpolitik zwischen Systemimperativ und Eigensinn: Eine Untersuchung der Effekte und Aneignungen der Bedarfsorientierten Mindestsicherung. *Österreichische Zeitschrift Soziologie, 42*(4), 321–343.
Graziano, P. R. (2012). Converging worlds of activation? Activation policies and governance in Europe and the role of the EU. *International Journal of Sociology and Social Policy, 32*(5), 312–326.
Hasenfeld, Y. (1999). Social services and welfare-to-work: Prospects for the social work profession. *Administration in Social Work, 23*(3), 185–199.
Heidenreich, M., & Rice, D. (Hrsg.). (2016). *Integrating social and employment policies in Europe: Active inclusion and challenges for local welfare governance*. Edward Elgar Publishing.
Kessl, F. (2009). Critical reflexivity, social work and the emerging European post-welfare states. *European Journal of Social Work, 12*(3), 305–317.
Leibetseder, B., Altreiter, C., & Leitgöb, H. (2015). The new means-tested minimum income in Austria: Discretion and regulation in practice. *Journal of Poverty and Social Justice, 23*(1), 57–70.
Lepschy, D. (2009). Das Handlungsfeld „Arbeitslosigkeit – Soziale Arbeit mit Arbeitslosen bzw. Arbeitsuchenden" – Botschaften an die Ausbildung. In A. Riegler, S. Hojnik, & K. Posch (Hrsg.), *Soziale Arbeit zwischen Profession und Wissenschaft* (S. 213–232). VS Verlag.
Lessenich, S. (2013). *Die Neuerfindung des Sozialen: Der Sozialstaat im flexiblen Kapitalismus*, (3. Aufl.). transcript.
Lipsky, M. (2010) [1980]. *Street-level Bureaucracy: Dilemmas of the Individual in Public Services*. 30th anniversary expanded edition. Russell Sage.
Lødemel, I., & Gubrium, E. (2014). Trajectories of change: Activation reforms from inception to times of Austerity. In I. Lødemel & A. Moreira (Hrsg.), *Activation or workfare? governance and the neo-liberal convergence* (S. 327–347). Oxford University Press.
Marston, G., & McDonald, C. (Hrsg.). (2006). *Analysing social policy: A governmental approach*. Edward Elgar Publishing.
McDonald, C., & Marston, G. (2005). Workfare as welfare: Governing unemployment in the advanced liberal state. *Critical Social Policy, 25*(3), 374–401.

Meyers, M. K., Glaser, B., Donald, M., & K. (1998). On the front lines of welfare delivery: Are workers implementing policy reforms? *Journal of Policy Analysis and Management, 17*(1), 1–22.

Minas, R., Wright, S., & van Berkel, R. (2012). Decentralization and centralization: Governing the activation of social assistance recipients in Europe. *International Journal of Sociology and Social Policy, 32*(5), 286–298.

Nothdurfter, U., & Olesen, S. P. (2017). Activation work as professional practice – complexities and professional boundaries at the street-level of employment policy implementation. In B. Blom, L. Evertsson, & M. Perlinski (Hrsg.), *Social and caring professions in European welfare states: Policies, services and professional practices* (S. 237–252). The Policy Press.

Nothdurfter, Urban (2018): *Activation in practice: Constraints and possibilities for (Professional) action on the frontline of public employment services.* bu,press.

Otto, H.-U., Wohlfarth, A., & Ziegler, H. (2020). Der pädagogische Wohlfahrtsstaat – Welfare Citizenship als Gegenstand Sozialer Arbeit. In P. Cloos, B. Lochner, & H. Schoneville (Hrsg.), *Soziale Arbeit als Projekt* (S. 235–247). Springer VS.

Penz, O., Sauer, B., Gaitsch, M., Hofbauer, J., & Glinsner, B. (2017). Post-bureaucratic encounters: Affective labour in public employment services. *Critical Social Policy, 37*(4), 540–561.

Penz, O., Sauer, B. (2020). *Governing affects. Neoliberalism, aeo-bureaucracies, and service work.* Routledge.

Sadeghi, T., & Fekjær, S. B. (2019). Frontline workers' competency in activation work. *International Journal of Social Welfare, 28*(1), 77–88.

Schäuble, B., & Eichinger, U. (2019). Wie sich Konflikte zu eigen machen? *Sozial Extra, 43*(1), 40–43.

Steiner, Petra H. (2018): *Soziale Welten der Erwachsenenbildung: Eine professionstheoretische Verortung.* transcript.

Stelzer-Orthofer, C. (2011). Mindestsicherung und Aktivierung – Strategien der österreichischen Arbeitsmarktpolitik. In C. Stelzer-Orthofer & J. Weidenholzer (Hrsg.), *Aktivierung und Mindestsicherung: Nationale und europäische Strategien gegen Armut und Arbeitslosigkeit* (S. 141–156). Mandelbaum Verlag.

Truschkat, I., & Peters, L. (2018). Soziale Dienste am Arbeitsmarkt. In G. Graßhoff, A. Renker, & W. Schröer (Hrsg.), *Soziale Arbeit: Eine elementare Einführung* (S. 187–204). Springer VS.

Weishaupt, J. T. (2010). *From the manpower revolution to the activation paradigm: Explaining institutional continuity and change in an integrating Europe.* Amsterdam University Press.

# Das „Risiko" in der Sozialen Arbeit. Zur Konfliktverdeckung, Konfliktverlagerung und Transformation des Selbstverständnisses Sozialer Arbeit am Beispiel der risikoorientierten Bewährungshilfe

Roland Anhorn

### Zusammenfassung

Als eines der zentralen Elemente in der Macht- und Herrschaftstechnologie des Neoliberalismus hat das „Risiko" mittlerweile auch Eingang in die Soziale Arbeit gefunden, am avanciertesten in Gestalt der risikoorientierten Bewährungshilfe. In dezidierter Abgrenzung von einer traditionellen, auf die Reintegration des Straftäters ausgerichteten Bewährungshilfe artikuliert die risikoorientierte Bewährungshilfe den Anspruch, in erster Linie einen substanziellen Beitrag zur öffentlichen Sicherheit leisten zu wollen. Dabei stützt sie sich zur Kontrolle und Verhaltenssteuerung von Straftätern auf eine neue, IT-basierte Technologie der Risikoabschätzung und -klassifikation. Damit wird ein Entwicklungspfad vorgezeichnet, mit dem nicht nur marginale Veränderungen einer ansonsten gleichbleibenden Theorie und Praxis Sozialer Arbeit einhergehen. Neben Veränderungen im Selbstverständnis, in den Zielen und Arbeitsweisen der Sozialen Arbeit gestalten sich die Konfliktverhältnisse auf eine neue Weise, indem mit der Risikoprogrammatik Konflikte verschoben, verdeckt und unsichtbar gemacht werden, sodass am Ende eine im Kern andere Soziale Arbeit „als wir sie bislang kannten" steht.

R. Anhorn (✉)
Ev. Hochschule Darmstadt, Darmstadt, Deutschland
E-Mail: roland.anhorn@eh-darmstadt.de

**Schlüsselwörter**

Risikoorientierung in der Sozialen Arbeit • neoliberale Macht- und Herrschaftstechnologie • Konfliktverlagerung und -verdeckung

## 1 Einleitung

Das Denken und Handeln in Begriffen des Risikos bzw. der Gefahr, der Gefährlichkeit und Gefährdung ist von den Rändern ins Zentrum der gesellschaftlichen Diskurse und Praktiken gerückt. In der öffentlich-politischen Wahrnehmung wird nicht nur sehr spezifischen Adressatengruppen der Sozialen Arbeit (wie Gewalt- und Sexualstraftätern) eine gesteigerte Gefährlichkeit zugeschrieben. Auch konventionelle Lebenszusammenhänge (wie Familie, Partnerschaft oder Arbeitsplatz), „natürliche" Entwicklungsverläufe (wie Kindheit, Jugend oder Alter) und althergebrachte „soziale Probleme" (wie Armut, Arbeitslosigkeit oder psychische Krankheiten), die ihrer Alltäglichkeit und Selbstverständlichkeit wegen ehedem nur in eng umgrenzten und extremen „Sonderfällen" problematisiert und zum Gegenstand normalisierender Interventionen gemacht wurden, werden nunmehr regelmäßig und *in toto* aus dem Blickwinkel eines (generalisierten) Risikos, einer (potenziellen, aber berechenbaren) Gefahr/Gefährlichkeit oder zumindest einer (drohenden) Gefährdung gedeutet und als (wahrscheinliche) Störungen der sozialen Ordnung entsprechend (präventiv) „behandelt". Kategorien des „Risikos" und die damit verbundenen Praktiken sind auf diese Weise – so die Ausgangsthese – zum maßgeblichen Medium einer „neuen" Macht- und Herrschaftstechnologie geworden, der die diffizile Aufgabe zukommt, den im Zeichen des Neoliberalismus forcierten Prozess einer umfassenden Entsicherung der sozialen und ökonomischen Verhältnisse programmatisch zu begleiten, politisch zu regulieren und in seinen konflikthaften und ausschließenden Folgen ideologisch zu neutralisieren. Die im Kontext einer neoliberalen Hegemonie politisch hergestellten Konstellationen der „Unsicherheit" und die dadurch bedingten zunehmenden Unwägbarkeiten in der individuellen und kollektiven Lebensgestaltung und (Zukunfts-)Planung haben das Vokabular des „Risikos" auch innerhalb der Sozialen Arbeit zu einem zentralen Kriterium in der Wahrnehmung, Bewertung und Behandlung von Personen(gruppen), Ereignissen und Situationen werden lassen. Risikodiskurse und risikobasierte Praktiken geben – so die zweite These – eine Interpretations- und Handlungsmatrix vor, mit der Fragen in der Bewertung von moralischen Inhalten (gut/schlecht), in der Einordnung von Verhalten und Verhältnissen (gefährlich/ungefährlich) und der Zuweisung von sozialen Positionen (Teilhabe/Ausschließung) in einer Weise beantwortet und bearbeitet werden, die das Selbstverständnis, die gesellschaftliche Funktion und den Gebrauch und Nutzen der Sozialen Arbeit für die Adressat*innen in grundlegender Weise verändert.

An keinem Arbeitsfeld der Sozialen Arbeit lässt sich dieser mit der Risikoorientierung einhergehende Paradigmenwechsel so deutlich und exemplarisch ablesen wie an der Transformation einer ehemals sozialstaatlich-integrativ-rehabilitativ ausgerichteten Bewährungshilfe in eine neuerdings (versicherungs-) statistisch (aktuarisch) begründete und dezidiert risiko- und sicherheitsorientierte Bewährungshilfe (BWH) – einer Bewährungshilfe, die sich im Schlepptau der sozialen und ökonomischen Verwerfungen neoliberaler Gesellschaftsreformen eine gesamtgesellschaftlich gesteigerte Straf- und Ausschließungsbereitschaft und eine politisch-massenmedial befeuerte Kontroll- und Überwachungserwartung zwar nicht ohne Widerstände, letztlich aber doch „mit Erfolg" zu eigen gemacht hat. Als eine der avanciertesten konzeptionellen „Innovationen" steht die Risikoorientierte Bewährungshilfe (ROB) exemplarisch für ein mögliches Zukunftsszenario der Sozialen Arbeit insgesamt. Damit wird die Bewährungshilfe – dritte These – (erneut) zu einer primär ordnungspolitischen Agentur in der Produktion von „innerer Sicherheit" und innerhalb der Sozialen Arbeit zum beispielgebenden Akteur in der Aneignung, Generierung und Anwendung eines risikobasierten ausschließenden Ordnungswissens, mittels dessen – These vier – Konfliktverhältnisse und Interessensgegensätze innerhalb einer widersprüchlichen Berufspraxis und Organisationsstruktur verdeckt, „entnannt", verlagert und damit entpolitisiert werden. Entgegen der Einschätzung von Hardy (2015, S. 177), der die Grundlagen der Sozialen Arbeit in ihrer Substanz davon unberührt sieht, wird hier davon ausgegangen – fünfte und letzte These –, dass mit der Risikoorientierung der Kern eines traditionellen und erst recht eines kritischen Verständnisses Sozialer Arbeit infrage steht.

Vor diesem Hintergrund werden im Folgenden in groben Linien die Veränderungen nachgezeichnet, die sich im Zeichen der „Sicherheitsgesellschaft" und einer mit dem Risikobegriff (re)organisierten Macht- und Herrschaftstechnologie einstellen (2) und die sich im Kontext der Kriminalpolitik in einer Bifurkation sicherheitspolitischer Strategien (Wille zur Eliminierung der Kriminalität auf der einen, störungs- und schadensminimierendes Management auf der anderen Seite) niederschlägt (3). Im Anschluss daran wird die Entwicklung der BWH von ihrer Legitimationskrise in den 1990er-Jahren und ihrer daraus abgeleiteten „Neuerfindung" als Risikoorientierte Bewährungshilfe kurz skizziert (4). Im abschließenden fünften Teil setzt sich der Beitrag mit einem besonderen Blick auf die Konfliktverdeckungen und -verlagerungen mit den Folgen auseinander, die eine an der ROB ablesbare Orientierung am Risikokonzept für das Selbstverständnis, die gesellschaftliche Funktion, die Arbeitsweisen und Praktiken der Sozialen Arbeit insgesamt nach sich zieht (5).[1]

## 2 Die „Sicherheitsgesellschaft". Zu den Veränderungen der Macht- und Herrschaftspraxis durch die Risikoorientierung

Der einzigartig aufklärerischen Machtanalytik Michel Foucaults zufolge stehen die westlichen Gesellschaften seit den 1960er-Jahren im Begriff, in eine „neue" Macht- und Herrschaftsformation der *gouvernementalen Führung* einzutreten, in der die dominanten Mechanismen und Verfahren ihrer Entfaltung um den Begriff der *Sicherheit* und einer damit verbundenen Sicherheitstechnologie kreisen (vgl. Foucault, 2004, S. 23 f., 26). Die Ordnung der Gesellschaft und der Dinge über die Prozeduren einer komplexen Sicherheitstechnologie herstellen und dauerhaft gewährleisten zu wollen, bedeutet jedoch nicht, worauf Foucault mehrfach hinweist (ebd., S. 20 ff.), dass sich mit der Sicherheitsorientierung ein Bruch mit traditionelleren Macht- und Herrschaftspraktiken wie den „alten Stützen von Gesetz und Disziplin" (ebd., S. 26) vollzogen hätte. Vielmehr zeichnet sich mit dem Sicherheitsdispositiv – an anderer Stelle spricht Foucault gar von der „Sicherheitsgesellschaft" (ebd., S. 20) – innerhalb eines Gesamtgefüges von Macht- und Herrschaftsverhältnissen „lediglich" eine Neukonfiguration mit einer „völlig andere[n] Verteilung der Dinge und Mechanismen ab" (ebd.). Die veränderten Modalitäten einer politischen Rationalität der Sicherheit haben die althergebrachten Macht- und Herrschaftstechnologien der Disziplinierung und der staatlichen Rechtspraxis nicht verdrängt, sondern sind in ein auf neue Weise konstelliertes (Mischungs- und Dominanz-)Verhältnis gebracht worden.

„Die Sicherheit [...] stützt sich auf eine gewisse Anzahl materieller Gegebenheiten. [...] für sie geht es nicht darum, dieses Gegebene derart zu rekonstruieren, daß man

---

[1] Bei der Vergegenwärtigung der Auswirkungen einer Risikoorientierung bietet sich zu Analysezwecken die Differenzierung zwischen zwei unterschiedlichen, aber eng miteinander verwobenen Ebenen an: 1.) die Ebene der Regierung *der* Sozialen Arbeit im Modus der Risikoorientierung (als Steuerung und Kontrolle einer professionellen Praxis und ihres jeweiligen Organisationszusammenhangs) und 2.) die Ebene der Regierung *durch* die Soziale Arbeit mit den Mitteln der Risikoorientierung (sprich einer risikobasierten „Führung" des Verhaltens der „Probanden"). Obwohl nur sehr schwer voneinander zu trennen, beschränkt sich der Beitrag aufgrund des begrenzten Raumes im Wesentlichen auf die Folgen einer Regierung *der* Sozialen Arbeit durch die Risikoorientierung.

einen Punkt der Perfektion [...] erreichen würde. Es geht einfach darum, die positiven Elemente zu maximieren, so daß man auf bestmögliche Weise vorankommt, und im Gegensatz dazu Risiko und Mißstand, wie den Diebstahl, die Krankheiten usw., auf ein Mindestmaß zu beschränken, wobei man genau weiß, daß man sie niemals beseitigen wird." (ebd., S. 38)

Der erklärtermaßen pragmatisch-sachlich ausgerichteten Macht- und Herrschaftstechnologie der „Sicherheit" geht es nicht so sehr, wie im juridischen Machttypus, um die Eliminierung einer unerwünschten oder, wie im Machttypus der Disziplin, um die Herstellung und Gestaltung einer näherungsweise idealen Wirklichkeit, sondern *nur* um ein klug kalkuliertes und rational organisiertes Management einer unter Vorbehalt akzeptierten Wirklichkeit. „Es handelt sich [...] eher darum, sie [die Wirklichkeit, R.A.] in akzeptablen Schranken zu halten." (Foucault, 2004, S. 102)

Das Sicherheitsdispositiv und die mit ihm verbundenen Techniken der Normalisierung operieren auf der Grundlage einer „umfassenden Quantifizierung des Sozialen" (Mau, 2017, S. 10). Das heißt, unter Einsatz von stetig erweiterten und mit immer differenzierteren Messinstrumenten erhobenen Datenmengen wird – ohne jeden unrealistischen Anspruch auf ihre vollständige Eliminierung – in erster Linie auf eine *rationelle Bearbeitung und Steuerung von Wahrscheinlichkeiten* (des Auftretens von Verhaltensweisen, Ereignissen oder Situationen) hingearbeitet. Spezifische auf eine Gesamtheit (Aggregat) bezogene soziale Sachverhalte (z. B. Gesundheits- oder Krankheitsstatus, Arbeitslosen- oder Armutsentwicklung, ökonomisches Leistungsvermögen, „Kriminalitätsaufkommen" etc., sei es im Hinblick auf die Gesellschaft als Ganzes oder eine besondere [Alters-, Geschlechter- oder ethnische] Gruppe oder ein ausgewiesenes soziales Milieu) werden in der Logik des Sicherheitsdispositivs zum Gegenstand statistischer Wahrscheinlichkeitsberechnungen und Kostenkalkulationen, auf deren Grundlage auf der einen Seite ein als „optimal angesehener Mittelwert" bestimmt und auf der anderen Seite „Grenzen des Akzeptablen festgelegt" (Foucault, 2004, S. 20) werden. In Gestalt quantifizierender Richtwerte werden somit *qualitative* Differenzen hergestellt. Jede*r, ob als Einzelne*r oder als Gruppenangehörige*r, wird im Vergleich zur maßgeblichen Bezugsgröße der aggregierten Daten – dem „optimalen Mittelwert" der Normalitätskurven – ins Verhältnis gesetzt, sprich je nach den zugrunde liegenden algorithmisierten Ordnungs- und Bewertungssystemen in spezifischer Weise klassifiziert, sozial positioniert und insbesondere an den „unteren Rändern" der Standardabweichungen zum Gegenstand normalisierender, kontrollierender und gegebenenfalls ausschließender Eingriffe gemacht.

In diesem Zusammenhang hat Foucault (2004, S. 95) den Begriffen des Risikos und der Kalkulation von sowie der Arbeit mit Risiken und Wahrscheinlichkeiten als den avanciertesten Formen neoliberaler Macht- und Herrschaftspraktiken von Beginn an eine besondere Bedeutung zugesprochen – eine Bedeutung, die sich nicht zuletzt in den Entwicklungen einer „zweigleisigen", sich aber vielfältig kreuzenden und ergänzenden kriminalpolitischen Strategie manifestiert (vgl. hierzu und zum Folgenden: Feeley & Simon, 1992, 1994; Cohen, 1985).

## 3 Alte und Neue Pönologie. Zur Bifurkation kriminalpolitischer Strategien

In neoliberal-spätmodernen Gesellschaften lassen sich im Hinblick auf „Kriminalität/Abweichung" grob zwei Reaktionsmuster und Bearbeitungsweisen von „Ordnungsstörungen" unterscheiden. Auf der einen Seite stehen die traditionellen, auch als „Alte Pönologie" (Feeley & Simon, 1994) bezeichneten Formen staatlichen Strafens: Kriminalisierte Abweichungen werden als Bruch von gesellschaftlich als allgemein verbindlich erachteten und offiziell absolut gesetzten und konsensuell getragenen Normen und Werten betrachtet, die es im Interesse der Gewährleistung einer durch den Normbruch gestörten sozialen Ordnung zu *eliminieren* gilt. Auf der Grundlage der Zuschreibung von individueller Schuld, persönlicher Verantwortung und/oder behandlungsbedürftigen psycho-sozialen Defiziten wird der Rechtsbruch entweder durch „ausgleichende" staatliche Strafen „getilgt" und/oder durch rehabilitative Maßnahmen der Reintegration „geheilt". In beiden Fällen stellen die gleichzeitige Bestätigung von und die Anpassung an die vorgegebene Norm den Zielpunkt eliminatorischer Interventionen dar. Tat und Täter werden als *Ausnahmefall* definiert und in einem expressiven, moralisch und symbolisch hoch aufgeladenen „öffentlichen Prozess" mehr oder weniger eindringlich inszeniert und demonstrativ „zelebriert".

Im Unterschied (und in Ergänzung) hierzu gehorcht die „Neue Pönologie" einer anders gelagerten Rationalität, die nicht mehr der Logik der Elimination folgt, sondern Kriminalität und Abweichung als *Normalfall* und unvermeidliche Begleiterscheinungen des sozialen Lebens betrachtet, die es angesichts der Zwangsläufigkeit ihres Auftretens im besten Fall als Risiken methodisch-rational-pragmatisch zu managen und zu steuern, sprich möglichst effektiv und effizient beherrschbar zu machen und „in akzeptablen Schranken zu halten" gilt.[2] Der

---

[2] „Risikoorientierung verfolgt nicht den Anspruch, Risiken auszuschließen, sondern angemessen mit ihnen umzugehen, sie nach Möglichkeit zu minimieren […]", so bringt mit Klaus

politischen Rationalität der „Neuen Pönologie" zufolge geht es nicht mehr vorrangig darum, ein „Übel" wie die Kriminalität ein für alle Mal aus der Welt zu schaffen, sondern darum, die „natürlichen" Risiken der spätmodernen Lebens- und Organisationsweise über spezifische Sicherheitsvorkehrungen professionell zu regulieren, einzuhegen und präventiv erst gar nicht aufkommen zu lassen.

Der Kategorie des „Risikos", das heißt den nach versicherungsmathematischem Vorbild berechneten und nach Wahrscheinlichkeiten ausgewiesenen Gefahren, Gefährlichkeiten und Gefährdungen kommt dabei in der Neuen Pönologie die Funktion zu, die Unterscheidung zwischen kriminell und „nur" abweichend, zwischen illegalem und „nur" störendem Verhalten, zwischen Rechtsbruch und „nur" lästigen Beeinträchtigungen weiter aufzuweichen und umfassendere staatliche und gesellschaftliche Kontroll- und Regulierungsansprüche zu legitimieren und als wahrnehmungs- und handlungsleitendes Risikobewusstsein im Alltag und in den Lebenswelten der Bürger*innen fest zu verankern.

Neben der Ausweitung der Kontroll- und Interventionssphären erweist sich die Risikoorientierung als funktionales macht- und herrschaftsstrategisches Medium der Konfliktverlagerung und -verdeckung, mit dem die sozialen Ungleichheits- und Ausschließungsverhältnisse unter den veränderten Bedingungen des Neoliberalismus auf neue Weise (aber mit den alten inhaltlichen Zuschreibungen) konfiguriert und hergestellt werden. Unter den Bedingungen eines postwohlfahrtsstaatlich entsicherten, demokratischen Kapitalismus stellt die erfolgreiche Zuschreibung von Gefährlichkeit oder Gefährdung eine mögliche und zudem hochgradig konsensuelle „Lösung" für hierarchisierende soziale Positionszuweisungen dar. Gefährlichkeiten bzw. Gefährdungen, die mit ethnisierten Gruppen und/oder mit Geschlechterzugehörigkeit und/oder mit Altersphasen in Verbindung gebracht werden können, folgen zwar in der Regel verdeckt einem Muster rassistisch, sexistisch usw. motivierter Ausschließung und reproduzieren damit die überlieferten Hierarchien sozialer Zugehörigkeit. Losgelöst vom unmittelbaren Anknüpfungspunkt der „Rasse", des Geschlechts oder anderer „Eigenschaften", die sich unter den Bedingungen der „Gleichstellung" und der „Diskriminierungsverbote" als nur noch eingeschränkt diskreditierungs- und legitimationsfähig erweisen, erscheint eine alle anderen Merkmale überlagernde Zuschreibung von Gefährlichkeit oder Gefährdung allemal konsensfähiger und weitgehend „frei" vom hohen Legitimationsaufwand und erwartbaren Widerstand, den direktere und unverblümtere Formen des Rassismus, des Heteronormativismus oder der

---

Mayer (2015, S. 162) einer der Hauptprotagonisten der ROB im deutschsprachigen Raum die abgekühlt-realistischen Ambitionen einer „manageriell" verstandenen und betriebenen BWH zum Ausdruck.

„Behinderten"-Diskriminierung mittlerweile hervorrufen (vgl. Lianos & Douglas, 2000, S. 118). Strukturell bedingte Konfliktverhältnisse lassen sich auf diese Weise in von „Problemgruppen und -individuen" ausgehende Risiken überführen und „bearbeiten". Vor diesem Hintergrund haben an der Kategorie des Risikos orientierte (Konflikt-)Bearbeitungsweisen in der „reformierten" BWH ein symbolisch bedeutsames, wenn auch gesamtgesellschaftlich gesehen eher marginales Handlungsfeld gefunden.

## 4 Von der traditionellen zur risikoorientierten Bewährungshilfe

Mit der Krise des wohlfahrtsstaatlich-sozialintegrativen Kapitalismus seit den 1970er-Jahren und der daraus resultierenden globalen Durchsetzung einer auf die Verallgemeinerung von Konkurrenzverhältnissen und die Verhaltensimperative der Eigenverantwortung und des Wettbewerbs zielenden neoliberalen Gesellschaftsordnung (vgl. Anhorn, 2020) korrespondieren in der Sozial- und Kriminalpolitik Entwicklungen, die zu einer vermehrten politischen Propagierung und gesteigerten gesellschaftlichen Akzeptanz strafender und ausschließender Praktiken und Ideologien führten (vgl. Garland, 2001; Wacquant, 2009). Im Windschatten dieser sogenannten punitiven Wende ist folgerichtig ein massiver Legitimationsverlust aller primär sozialintegrativ-rehabilitativen Angebote der Resozialisierung und Hilfe eingetreten und eine von interessierter Seite regelrecht herbeigeredete Krise in der „Regierung" der Straffälligen heraufbeschworen worden. „Man kann auch in Deutschland", so Klug und Schaitl (2012, S. 21) in ihrem lapidaren „Misstrauensvotum" gegenüber der traditionellen Bewährungshilfe, „nicht mehr von der Bevölkerung erwarten, dass sie den Behauptungen der Wirksamkeit von Hilfe schlechthin Glauben schenkt". Innerhalb des kriminalpolitischen Teilsegments der Bewährungshilfe wurden demnach – wie wir noch genauer sehen werden – mit der Risikoorientierung lediglich Anpassungen an gesellschaftspolitisch-institutionelle Entwicklungen einer zunehmenden Ausschließungs- und Strafbereitschaft nachvollzogen.

## 4.1 Legitimationskrise und Fundamentalkritik der traditionellen BWH

Aus der in den 1980er-Jahren einsetzenden, in den 1990ern voll entfalteten und in den 2000er-Jahren von Vertretern der ROB aufgegriffenen und forcierten Legitimationskrise erwuchs eine Fundamentalkritik der traditionellen, reintegrativ-resozialisierungsorientierten BWH, die bisweilen die Züge einer klischeehaften Denunziation der Sozialen Arbeit angenommen hat. So wurde der BWH eine elementare und mit punktuellen Modifikationen keineswegs mehr zu korrigierende „Performance" attestiert. „Das Fehlen der Darstellung konkreter, theoretisch fundierter Interventionsstrategien und -methoden erweist sich derzeit als ein zentrales Defizit fachlicher Entwicklungsansätze." (Mayer et al., 2007, S. 34) Mit der Unterstellung

- einer konzeptionslosen (vgl. Mayer et al., 2007, S. 34),
- einer reaktiven (vgl. Klug, 2008, S. 170),
- einer permissiven (vgl. Klug, 2008, S. 171),
- einer einseitig an den Bedürfnissen und Zielen der Probanden[3] orientierten (vgl. Mayer et al., 2007, S. 37),
- eines an Beliebigkeit grenzenden (Nicht-)Einsatzes von Handlungsmethoden (vgl. Mayer et al., 2007, S. 34),
- einer über weite Strecken standard- und strukturlosen (vgl. Klug, 2007, S. 2 40, 2008, S. 176; Klug & Schaitl, 2012, S. 97) und
- einer auf spontane Eingebungen und Ad-hoc-Entscheidungen basierenden Praxis (vgl. Klug, 2007, S. 242)

wird das Bild einer Bewährungshilfe (und damit einer Sozialen Arbeit insgesamt) gezeichnet, deren Arbeitsinhalte und -formen als unkontrolliert, „eigensinnig" und geradezu willkürlich gestaltete und unwissenschaftliche „freie Kunst" erscheinen müssen, die in unzulässigem Maße den kreativen Launen und intuitiven Ideen der einzelnen Bewährungshelfer*innen überlassen bleibt (vgl. Klug, 2007, S. 240; Klug & Schaitl, 2012, S. 142).

In der Summe zielt die Kritik dabei auf die Grundpfeiler eines seit den 1970er-Jahren innerhalb der Sozialen Arbeit über weite Strecken konsensuell gewordenen Selbstverständnisses der Subjekt-, Lebenswelt- und Bedürfnisorientierung als

---

[3] Aus pragmatischen Gründen wird im Beitrag der in der BWH eingebürgerte Sprachgebrauch der „Probanden" beibehalten, wenn es um Klient*innen oder Nutzer*innen geht. Da es sich in der Risikoorientierten Bewährungshilfe nahezu ausschließlich um männliche Probanden handelt, wird durchgehend die männliche Variante bevorzugt.

den Leitlinien einer (re)integrativ-rehabilitativen sozialarbeiterischen Praxis. So wurde mit unverkennbar „kritisch"-distanzierendem Gestus von den Vertretern einer „neuen" risikoorientierten Fachlichkeit die „„alte' Bewährungshilfe als nondirektive Praxis bezeichnet, die *explizit danach fragte, was der Klient will*" (!) und die personen- und bedürfniszentrierte Fragen („Was will der Klient?", „Was sind die Bedürfnisse und Ziele des Klienten?") in den Mittelpunkt ihrer Arbeit rückte (Kufner-Eger, 2020, S. 231; Hervorhebungen R. A.). Vor diesem Hintergrund wird seitens der ROB-Befürworter eine prinzipielle Problematisierung des ehemals herausgehobenen Stellenwerts der Beziehungsarbeit betrieben. Die im Vergleich zur traditionellen BWH sich wandelnde Bewertung der Beziehungsarbeit, die im Zuge der Risikoorientierung vermehrt durch den professioneller und sachlicher anmutenden Begriff des „Arbeitsbündnisses" ersetzt wird (vgl. Mayer, 2015, S. 156; Mayer et al., 2007, S. 54), schlägt sich nicht nur in einer tendenziellen Abwertung ihrer Bedeutung im Gesamtprozess der BWH nieder: An erster Stelle steht bei der ROB das Risiko-Assessment und nicht (mehr) die Grundlegung der Bewährungshilfearbeit durch den behutsamen Aufbau einer stabilen (Vertrauens-)Beziehung. Sie bekundet sich darüber hinaus in dem besonderen Nachdruck, mit dem in der ROB das Moment des Konfrontativen und damit des Konflikthaften in den Vordergrund gerückt wird (allerdings ausschließlich im Sinne einer responsibilisierenden Konfliktverlagerung in den „Täter", wie wir am Beispiel der Deliktorientierung noch sehen werden).[4]

So heißt es entsprechend bei Mayer (2007b, S. 373):

> „Die weit verbreitete Strategie, zuerst eine gute Beziehung zu schaffen und erst danach an schwierigen Themen zu arbeiten, erweist sich häufig als problematisch. Wird von Beginn an versucht, durch einen möglichst irritationsfreien, positiven Verlauf der Gespräche eine gute Beziehung zum Probanden herzustellen, um auf dieser Basis dann belastende Themen wie zum beispielsweise die Rekonstruktion des

---

[4] „Beziehungsarbeit" im Verständnis einer reintegrativ-resozialisierend ausgerichteten Sozialen Arbeit stellte unter den asymmetrischen und kontrollorientierten Beziehungsbedingungen in der BWH ein seit jeher nur eingeschränkt realisierbares Ideal dar. Gleichwohl repräsentierte es eine für ihr Selbstverständnis konstitutive und handlungsorientierende Bezugsgröße: Eine kooperative Erarbeitung und ko-konstruierte Interpretation der individuellen und sozialen Ausgangsbedingungen, eine möglichst konsensuelle Aushandlung von Zielen sowie eine koordinierte Planung und kollaborative Durchführung von Maßnahmen wurden als notwendige, wenn auch unter schwierigen und widersprüchlichen Voraussetzungen nur bedingt einlösbare Ansprüche für eine erfolgversprechende Resozialisierung betrachtet. Dabei lief auch die traditionelle BWH immer Gefahr, in der Beziehungsarbeit mit den Probanden strukturelle Widersprüche, Interessensgegensätze und Konfliktverhältnisse unter dem Hilfebegriff zu verdecken.

Delikthergangs oder die Auseinandersetzung mit den Folgen der Tat für die betroffenen Opfer anzugehen, sorgt die anfängliche Umgehung heikler Themen zwar für eine von den Probanden als positiv erlebte Gesprächsatmosphäre, etabliert aber nicht selten eine implizite Beziehungsregel, die von Seiten des Probanden als ‚Hier passiert nichts Unangenehmes' interpretiert wird." (Vgl. auch Kufner-Eger, 2020, S. 155)

Eine mit der Beziehungsarbeit korrespondierende vereinseitigte Akzentuierung des (klientenzentrierten) Hilfeaspekts führe nicht nur, so die Kritik, zu einer Unterbewertung der für die BWH konstitutiven Kontroll- und Zwangsseite, sondern darüber hinaus zu einer tendenziellen Vernachlässigung bzw. Nicht-Erfüllung des „legitimen" Bedürfnisses nach öffentlicher Sicherheit in der Gesellschaft.

„Möglicherweise wurde von den Professionellen die veränderte Wahrnehmung der Öffentlichkeit unterschätzt […]. Der Fokus der Öffentlichkeit richtet sich auch und besonders auf die Dienste, die mit gefährlichen Tätern zu tun haben, und fordert Rechenschaft über das Tun […]. Diesen Impuls nicht als ‚Sicherheitshysterie' zu bewerten […], sondern das berechtigte Anliegen darin zu erkennen, wurde zu einem wichtigen Lernprozess der Sozialen Dienste der Justiz."

Aus der Anerkennung eines allgemeinen Sicherheitsbedürfnisses wird folgerichtig eine klare Leitlinie für eine reorganisierte „neue" BWH abgeleitet:

„Wichtigster Auftraggeber für den Kontrollprozess ist nicht der Proband mit seinen Wünschen und Vorstellungen, sondern das aufsichtsführende Gericht bzw. die Führungsaufsichtsstelle und die Öffentlichkeit, die von den Sozialen Diensten der Justiz einen Beitrag zur öffentlichen Sicherheit erwartet." (Klug/Schaitl 2012, S. 32 f.)

## 4.2 Risikoorientierte Bewährungshilfe. Von der Resozialisierung zum Sicherheitsmanagement

„Unsicherheiten" und die damit verbundenen Risikokonstellationen stellen unverkennbar das signifikanteste Merkmal der nach neoliberaler Programmvorlage modellierten Gegenwartsgesellschaft dar. Dabei lässt sich ein widersprüchliches Nebeneinander von auf der einen Seite unsicherheits- und risiko*affirmativen* Deutungsmustern und politischen Strategien konstatieren, die aus primär wirtschafts- und sozialpolitischen Motiven heraus auf die soziale „Entsicherung" der individuellen und kollektiven Lebensverhältnisse zielen, um mit der Verallgemeinerung von Wettbewerbs- und Konkurrenzbedingungen Eigeninitiative und Selbstverantwortung in der Existenzsicherung „zu fördern und zu fordern". Dem stehen auf der anderen Seite, wenn es um Themenkomplexe wie Krankheit, Ernährung oder Straffälligkeit geht, entschieden unsicherheits- und risiko*aversive* Grundeinstellungen und Konzepte gegenüber. Im Fall der „Kriminalität" hat das zur Etablierung eines Dispositivs der „inneren Sicherheit" geführt, das zur Kanalisierung und Bewältigung von endemisch gewordenen Unsicherheitsgefühlen nicht nur vermehrt auf Strategien der Kriminalisierung und der Strafverschärfung zurückgreift (vgl. Garland, 2001), sondern mittels einer Politik der Unsicherheit auch elementare Freiheits- und Grundrechte (auch der Probanden der BWH) im Namen der Sicherheit beschneidet.

Unter der Prämisse, dass „es […] bei allem Tun der Sozialen Dienste in erster Linie um Rückfallprävention und innere Sicherheit [geht]" (Klug & Schaitl, 2012, S. 24), macht sich die ROB eine dezidiert strafrechtliche Perspektive zu eigen. Als erweitertes Vollzugsorgan staatlicher Straf- und Kontrollansprüche fügt sie sich damit weitgehend widerspruchslos in den justiziellen Strafapparat ein.[5]

Der herausgehobene Stellenwert, den ein dominant strafrechtlicher Zugang in der ROB einnimmt, kommt nicht zuletzt in der Priorisierung der Deliktorientierung und der Rückfallprävention als dem alles beherrschenden Leitmotiv der praktischen BWH-Arbeit zum Tragen. Ganz im Sinne einer nicht mehr auf den sozioökonomischen und lebensweltlich-biografischen Gesamtkontext ausgerichteten „holistischen" Perspektive, sondern eines Blickwinkels, der sich auf die systematische Reduktion auf und das selektive Herausfiltern von Risikoelementen konzentriert, ist „das Konzept der Risikoorientierten Bewährungshilfe […] in erster Linie nicht personen- und umweltorientiert, sondern deliktorientiert" (Mayer et al., 2007, S. 48). Im Zuge dieser „Innovation in der Bewährungshilfe" hat sich der Schwerpunkt „von der Förderung der sozialen Integration hin zur gezielten Erhebung und Bearbeitung von Risikofaktoren und das Rückfallrisiko mindernden Interventionen" (Justizbehörde des Kantons Zürich, zit. n. Klug, 2007, S. 238) verschoben. In logischer Konsequenz wird die Deliktorientierung denn auch als aktiver Beitrag zum Opferschutz, das heißt als zielgerichtete präventive Arbeit im Interesse einer Verhinderung zukünftiger potenzieller Opferwerdungen, ausgegeben.[6]

---

[5] Um den Resozialisierungsgedanken wenigstens dem Namen, wenn auch kaum mehr der ursprünglichen Idee nach am Leben zu erhalten, nehmen seine letzten Verfechter gerne zu dem kleinlauten, dem Risikodiskurs angepassten Slogan Zuflucht, wonach eine erfolgreiche Resozialisierung von Straftätern das beste Mittel sei, um das Ziel einer verbesserten öffentlichen Sicherheit zu gewährleisten.

[6] Mit der verstärkten Opferorientierung vollzieht die BWH auch in dieser Hinsicht eine hochgradig konsensfähige und legitimationsfördernde kriminalpolitische Entwicklung nach, die gleichwohl einem unveränderten strafrechtlichen Rahmen verhaftet bleibt. Nicht nur, um die

Die Deliktorientierung als eine an justiziellen Vorgaben ausgerichtete und zudem ausschließlich täterfokussierte Aufarbeitung von (Straf-)Taten wird dabei ganz in den Dienst der allem anderen übergeordneten Zielsetzung der Rückfallverhinderung und des Opferschutzes gestellt (vgl. unter vielen: Mayer, 2015, S. 153; Klug & Schaitl, 2012, S. 17, 22 u. ö.). Zu diesem Zweck findet auch der Zwang eine im Vergleich zur von der sozialstaatlich-integrativen Resozialisierungsidee geprägten BWH eine aufschlussreiche Neubewertung. Indem Kontrolle kurzerhand als Hilfe deklariert wird (vgl. Klug & Schaitl, 2012, S. 113), lassen sich folgerichtig auch Repression und Zwang mühelos als hilfreicher, als „helfender Zwang" darstellen und auf Kosten der Selbstbestimmung der Probanden als eine Praktik der Sozialen Arbeit (re)affirmieren. Unter dem Motto „Zwang schützt nicht nur, Zwang hilft auch" – eine Haltung, die mittlerweile in zahlreiche Bereiche der Sozialen Arbeit Eingang gefunden hat – entlastet sich die ROB von einer ihre Alltagsroutinen und Funktionsfähigkeit beeinträchtigenden (Dauer-)Problematisierung der Zwangs- und Kontrollaspekte, wie sie in der traditionellen BWH in der bewussten Auseinandersetzung mit ihren Widersprüchen und Ambivalenzen noch professioneller Standard war.[7]

Neben der Tatsache, dass sich die ROB als Hybrid, als doppelsinnige Mischform beider oben genannten kriminalpolitischer Strategien, darstellt, in der sich das moralisierend-expressiv-eliminatorische Moment der „alten" mit dem entmoralisierend-pragmatisch-manageriellen Moment der „neuen" Pönologie verbindet, hat sich die BWH mit dem Denken und Handeln in der Risikologik zum festen und nachhaltig wirksamen Bestandteil einer Macht- und Herrschaftstechnologie gemacht, die auf der Grundlage einer technisierten kalkulatorischen Rationalität auf die „Führung" von Individuen und Bevölkerungsgruppen (hier Straftäter) mit dem Ziel der Herstellung und Gewährleistung einer klassen-, geschlechter- oder generationenspezifischen (Sicherheits-)Ordnung gerichtet ist (vgl. Dean, 1999, S. 131).

---

Dramatik der zu bearbeitenden Tat, sondern auch, um die Notwendigkeit einer Deliktorientierung zu belegen, werden nach dem bewährten Rezept der expansiven Begriffsdehnung mehr oder weniger alle zu Opfern erklärt, nicht zuletzt, um jedem Versuch der Täter, Techniken der Neutralisierung und Rationalisierung der Taten anzuwenden, konsequent begegnen zu können (vgl. Mayer, 2007b, S. 377). Zur durchaus positiven Bewertung einer Deliktorientierung in der BWH durch Praktiker*innen vgl. Kufner-Eger, 2020, S. 88 (mit Bezug auf eine Untersuchung von Veronika Hofinger aus dem Jahr 2016) und S. 245.

[7] Zur weitreichenden Akzeptanz und Befürwortung von Zwang und Kontrolle als legitimem „Regierungsmittel" und Bestandteil eines veränderten Selbstverständnisses der BWH (vgl. Hardy, 2015, S. 149 ff.), allerdings bezogen auf die besonderen Bedingungen in England und Wales; mit durchaus vergleichbaren Ergebnissen bezogen auf die BWH in Österreich (vgl. Kufner-Eger, 2020, S. 223).

Die neue Qualität, die mit einer auf die spezifischen Bedürfnisse der BWH zugeschnittenen Logik des Risikokalküls bei der institutionellen „Regierung der Kriminalität und der Kriminellen" ins Spiel gebracht wird, lässt sich auf folgenden Nenner bringen: Auf der Basis eines – prinzipiell unabgeschlossenen – Pools von *abstrakten,* in sich äußerst *heterogenen* und ausgesprochen *alltagstheoretisch bestimmten* (Kausal-)Annahmen zu kriminogenen Risikofaktoren (z. B. Unterschichtzugehörigkeit, fehlender Schulabschluss, männliches Geschlecht, Migrationshintergrund, Vorstrafen, Quantität und Qualität der Rückfälle etc.) werden statistische Korrelationen hergestellt, die spezifische Risikoprofile und Tätertypen („Hochrisikotäter") hervortreten lassen. Die Korrelationen wiederum werden in der Kombination und Kumulation ihrer unterschiedlichen Risikokomponenten mit einem Wahrscheinlichkeitskoeffizienten versehen, mit dem das Auftreten präventiv abzuwendender Verhaltensweisen (Rückfall) statistisch exakt prognostiziert wird. Die Diagnose und Prognose der Gefährdung respektive Gefährlichkeit von Straftätern gründet mithin auf einer nach versicherungsmathematischen Prinzipien *vorab* vorgenommenen Zusammenstellung und Berechnung von Risikofaktoren, die vor jeder unmittelbaren „persönlichen" Begegnung ein kontext- und beziehungsloses Wissen generieren, das vom konkreten Individuum, vom einzelnen „Straftäter", (vorerst) vollkommen abstrahiert bzw. diesen nach den Relevanzkriterien der „Gefährlichkeit" auf einschlägige Risikomerkmale reduziert.[8]

„Straffällige, die rückfällig geworden sind, werden mit Straffälligen, die nicht rückfällig geworden sind, verglichen. Auf diese Weise können Merkmale identifiziert werden, die mit Rückfälligkeit in Verbindung stehen und als Prädiktoren genutzt werden können. Diese Prädiktoren werden zu Listen zusammengestellt und im einzelnen Anwendungsfall bewertet. Die Bewertung kann in Form einer Summenscorebildung erfolgen, bei der für das Vorhandensein eines Risikofaktors jeweils ein Punkt vergeben wird. [...] Die zu beurteilende Person kann dann anhand ihrer individuellen Ausprägung der Risikofaktoren einer Gruppe zugeordnet werden, deren Rückfallrisiko bekannt ist. Das individuelle Rückfallrisiko ergibt sich aus den Rückfallquoten der jeweiligen Teilgruppe." (Mayer, 2007a, S. 148 f.)

Damit folgt der Risikodiskurs einer Rationalität, die geeignet erscheint, die bisher fraglos vorausgesetzten Spezifika eines „verstehenden" sozialarbeiterischen bzw. sozialpädagogischen Zugangs (und im Weiteren die Merkmale aller auf einen personalen Bezug gegründeten Professionen) wenn nicht zu verdrängen, so doch sehr viel stärker in den Hintergrund zu rücken. Unter der Herrschaft einer

---

[8] Zu den verschiedenen Verfahren und Messinstrumenten des Risiko-Assessments und zur „Gefährlichkeitsanalyse" (vgl. Mayer, 2007a, S. 151 ff.; Klug & Schaitl, 2012, S. 38 ff.)

abstrakt kalkulierenden Vernunft (vgl. Castel, 1991, S. 289), mittels deren auf der Grundlage einer Vergleichsmatrix von Risikofaktoren, die für die BWH praxis-, sprich rückfallrelevanten Schlüsselvariablen herauspräpariert werden, verliert die traditionelle, *individualisierende* und auf eine *persönliche* Beziehung gegründete Rationalität sozialpädagogischer Verfahren der Lebenswelt- und Situationsanalyse und einer darauf aufbauenden Interventionsplanung einen bedeutenden Teil ihrer Vorrangstellung, die ja nicht zuletzt darauf basiert, den Probanden als *unvergleichliches* Individuum zum Gegenstand eines *singulären* Wissens und zum *originären* „Autor" eines einzigartigen lebensgeschichtlichen Narrativs zu machen.

Demgegenüber beruht das im Rahmen des Risikodiskurses gewonnene Wissen, das auf der Grundlage eines mathematischen Wahrscheinlichkeitswissens ohne jeden personalen Bezug hergestellt wird, auf einer *abstrakten* Bestimmung von Risikokonstellationen. Als vorgeschaltete Wahrnehmungsfilter und Interpretationsschemata gibt dieses Wissen für die konkreten, zu „Risikobündeln" geformten „Einzelfälle" nicht nur den Rahmen des Denk- und Machbaren vor, sondern präformiert auch die gesamte Organisations- und Verlaufsstruktur einschließlich der Handlungsoptionen im Bewährungs(hilfe)prozess. Aus gruppenbezogenen Datenaggregaten, deren Analyse spezifische und statistisch signifikante Verhaltensmuster erkennen lässt, wird auf individuelles Verhalten geschlossen, das zwar als statistisch „nur" wahrscheinliches ausgeben wird, in der Alltagspraxis der BWH gleichwohl als Handlungsgrundlage so genommen wird bzw. in der präventiven Logik des „Risikos" vielleicht sogar so genommen werden muss, *als ob* das Verhalten „real" und „objektiv" eintreten würde.

Neben dieser ein spezifisches (Risiko-)Wissen begründenden epistemologischen Ebene schlägt sich die Risikoorientierung in der BWH auf der organisatorischen und verfahrenstechnischen Ebene noch in einer Reihe von handlungspraktischen Vorgaben nieder, die allesamt auf die Propagierung und den durchgehenden Einsatz von Instrumenten der *Standardisierung* als konstitutivem Moment der ROB hinauslaufen. Standardisierung bedeutet in diesem Zusammenhang Formalisierung, Homogenisierung, Objektivierung einer als zu informell, zu heterogen, zu subjektiv erachteten und aufgrund dessen für die Legitimationskrise verantwortlich gemachten Praxis der BWH.

„Ohne Verfahrensstandards ist keine inhaltliche Modernisierung denkbar. Eine völlig individualistische Verfahrensdefinition nach dem Motto: ‚Was der Bewährungshelfer tut, bleibt ihm selber überlassen' lässt nicht nur keine Qualitätssicherung zu, sie ist auch mit professionellen Maßstäben nicht zu begreifen." (Klug, 2007, S. 240)

Daraus wird unter Bezugnahme auf eine ausschließlich manageriell-risikobestimmte Fachlichkeit die denkbar umfassendste Schlussfolgerung gezogen:

„Alle Tätigkeiten müssen den Grundnormen sozialarbeiterischer Fachlichkeit genügen. Diese sind u. a.: Standardisierung der Instrumente und der Dokumentation, Transparenz des Vorgehens, Klarheit des Aufgabenspektrums." (Klug/Schaitl, 2012, S. 89)

Oberste Priorität nimmt dabei das Ziel ein, den „subjektiven Faktor" weitgehend auszuschalten bzw. so weit einzudämmen, dass die damit assoziierten und vielfach kritisierten professionellen Ermessensspielräume der Bewährungshelfer*innen in einem Maße eingeschränkt werden, dass die jeweiligen Risikoeinschätzungen, -erklärungen und -einordnungen keine „individuelle Angelegenheit, die individuellen Regeln und Tendenzen unterliegt" (Mayer, 2007a, S. 162), mehr bleiben, sondern im Interesse einer transparenten, jederzeit überprüfbaren und „replizierbaren" Assessment- und Interventionspraxis zu einem *„geschlossenen System"* (ebd., S. 163; Hervorh. R. A.) zusammengeführt werden.

Dieser Versuch einer systematischen Eliminierung von Ambiguität und der konsequenten Abwertung von konkretem, lokalem, subjektivem, eigensinnigem und widerständigem Wissen – auch von professionellem Erfahrungswissen – geht sogar so weit, mit der Standardisierung den Anspruch eines *Einheitsmodells* von der theoretischen Erklärung bis zu den praktischen Handlungsvollzügen zu verbinden. Um eine konsistente und konsensfähige Praxis der BWH zu erreichen, sind „ein *einheitliches Strukturmodell* der Fallkonzeption und eine *einheitliche Begrifflichkeit* notwendig". Die Fallkonzeption muss dabei „explizit nach *festgelegten Regeln* erfolgen. Dies bedeutet eine *Festlegung auf eine bestimmte Sichtweise,* was voraussetzt, dass die Mitarbeitenden in der Bildung von risikoorientierten Bedingungsmodellen *trainiert* werden […], bis eine gewisse *Einheitlichkeit der Modellbildung* und damit der darauf aufbauenden Interventionsplanung erreicht ist" (Mayer, 2007a, S. 162; Hervorhebungen R. A.).[9]

---

[9] Die hier mit Blick auf die Professionellen geführte Rede vom „Trainieren" (anstelle von [selbst]reflexiven Bildungsprozessen) korrespondiert mit den kognitiv-behavioralen Behandlungsansätzen des An- und Abtrainierens von Verhalten und Einstellungen bei den Probanden. Klug und Schaitl (2012, S. 98) vertreten diese unter der mittlerweile auch in der Sozialen Arbeit unvermeidlichen Bezugnahme auf die Hirnforschung mit besonderem Nachdruck: „Zum einen wissen wir aus der What-works-Forschung, dass hauptsächlich kognitiv-behaviorale Settings erfolgversprechend sind, was bedeutet, am besten reale Situationen zu üben, zumindest aber Verhaltensweisen zu trainieren, statt über sie zu reden." Es sei belegt, so heißt es weiter, „dass das bloße unstrukturierte Gespräch keine verhaltens- und

Mit diesem Schritt zur Vereinheitlichung wird ein unverblümt – und so nicht (mehr) für möglich gehaltenes – (sozial-)technokratisches Verständnis propagiert, das schließlich in einen Schematismus der Formalisierung und Manualisierung der Sozialen Arbeit mündet (vgl. Mayer, 2007a, S. 166 f.; Klug & Schaitl, 2012, S. 90).

Analog zu den machtvollen Bestrebungen neoliberaler Diskurskollektive (Mirowski, 2019), eine *universelle* Hegemonie neoliberaler Denk-, Sprach- und Handlungsformen als verbindliche Existenzweise durchzusetzen, repräsentiert die ROB somit im Bereich der BWH (und im Weiteren der Sozialen Arbeit insgesamt) den Versuch, eine globale Einheitssprache zu etablieren (vgl. Mau, 2017, S. 201), die eine kontextfreie Vergleichbarkeit und „kulturübergreifende" Verständigung und Anwendung ihrer standardisierten Instrumente ermöglicht.

Wie sehr standardisierte Verfahren Inhalt und Format und damit spezifische Organisations- und Handlungsformen vorgeben, lässt sich an einer aufschlussreichen Differenzierung ablesen, die mit der ROB in der Phase des Risiko-Assessments und der daraus abgeleiteten Gestaltung der Interventionen vorgenommen wird. Unter der allem anderen übergeordneten Zielsetzung der Rückfallvermeidung besteht ein zentrales Spezifikum der risikoorientierten BWH in einer mittels Diagnostik hergestellten Aufspaltung und Hierarchisierung von *kriminogenen* und *nicht-kriminogenen* Faktoren und einer im Weiteren prognostisch begründeten Arbeitsteilung und Zuweisung von Ressourcen. Auf der Grundlage einer präzisen Analyse, „von welchen Klienten das höchste Gefährlichkeitspotential ausgeht" (Klug & Schaitl, 2012, S. 34), und anhand „eindeutige[r] Aussagen darüber [...], wie hoch das Rückfallrisiko in einem vorliegenden Einzelfall zu bewerten ist und in welchen Bereichen Risiko-Faktoren

---

einstellungsverändernde Wirkung hat. Der ‚Königsweg' zu nachhaltiger Veränderung ist, neue Erfahrungen zu machen, damit neue Synapsen (!) gebildet werden. Dies würde bedeuten, den Klienten zum ‚Tun' zu bewegen (z. B. zu trainieren), statt mit ihm über etwas zu ‚reden'." – Der damit verbundene Übergang von einer ursprünglich stark von der Psychoanalyse geprägten BWH (vgl. Kufner-Eger, 2020, Anm. 57, S. 116, 156) zu einer sich an kognitiv-behavioralen Behandlungsformen orientierenden BWH bringt auf eine symptomatische und symbolträchtige Weise den Wandel der BWH im Ganzen zum Ausdruck. Stanley Cohen (1985, S. 154) hat bereits Mitte der 1980er-Jahre diesen sich abzeichnenden Wandel prägnant zusammengefasst: Der mit der kognitiven Wende um sich greifende „neue Behaviorismus" repräsentiert eine Verschiebung von internen, „tiefenstrukturell" zu erschließenden psychischen Zuständen zu externem (Oberflächen-)Verhalten, von (vergangenheitsbezogenen) Ursachen zu (gegenwärtigen und zukünftigen) Konsequenzen, vom konkreten Individuum zu abstrakten Kategorien.

vorliegen" (Mayer, 2007a, S. 148), wird eine für das Selbstverständnis, die Funktion und die (Beziehungs-)Gestaltung der BWH folgenreiche Unterscheidung getroffen

- zwischen strafrechtlich und sicherheitspolitisch relevanten (kriminogenen) Faktoren, die unter Gesichtspunkten der Rückfallprävention zum Gegenstand eines individualisierten Kontroll- und Hilfeprozesses gemacht werden *müssen*, und
- zwischen strafrechtlich und sicherheitspolitisch nicht-relevanten (nicht-kriminogenen) Faktoren, deren Bearbeitung aus der BWH an andere Hilfe- und Unterstützungsinstanzen ausgelagert werden *kann* (und angesichts der Arbeitsbelastung auch ausgelagert wird).

Mit anderen Worten: Die als rückfallrelevant erachteten Risikofaktoren stellen den maßgeblichen Selektionsfilter in der Analyse und Bewertung des lebensweltlichen und biografischen Kontextes der Probanden dar. Nicht-kriminogene – und das heißt in der Logik der ROB nicht Rückfall verursachende Kontextfaktoren – finden entweder keine Berücksichtigung oder werden zur „Aufarbeitung" an andere Hilfeorgane delegiert.

Damit wird nicht nur die im professionellen Selbstverständnis der BWH einstmals für konstitutiv erachtete „Ganzheitlichkeit" des Resozialisierungsprozesses aufgespalten und in voneinander weitgehend unabhängige oder bestenfalls lose verbundene Einzelkomponenten der Kontrolle und Hilfe aufgelöst. Mit der Arbeit an kriminogenen Faktoren und der Konzentration auf die „wirklich gefährlichen Risikotäter" werden Praktiken des Zwangs, der Kontrolle und konfrontativen Ansprache massiv aufgewertet und legitimiert, wie umgekehrt die davon getrennte Arbeit an nicht-kriminogenen Faktoren mit Freiwilligkeit, Konsens und Kooperation in Verbindung gebracht (und implizit abgewertet) wird. Darüber hinaus wird mit der Risikoklassifikation auch ein entscheidendes Kriterium der Ressourcenzuteilung vorgegeben: Hohe Risiko-Scores bedeuten eine hohe Kontroll- und Kontaktdichte, was wiederum die Notwendigkeit eines hohen Ressourceneinsatzes nach sich zieht. Die ROB leistet mit der Ressourceneinteilung nach Maßgabe der „Gefährlichkeit" nicht nur ihren von politischer und öffentlicher Seite eingeforderten Beitrag zur „inneren Sicherheit", sie macht sich damit auch ökonomisch motivierte Forderungen zu eigen, mit einer zielgruppengenaueren Allokation knapper werdender (bzw. knapper gemachter) Mittel zur Effizienzsteigerung und Rationalisierung staatlicher Dienstleistungen beizutragen (vgl. Klug & Schaitl, 2012, S. 49, 121; Mayer, 2007a, S. 153).

Daran wird deutlich: Die unterschiedlichen Diskurse, die sich beim Versuch einer risikoorientierten Rehabilitierung der BWH miteinander verbinden, führen ein breites Spektrum an je spezifischen Versprechen mit sich:

- als Modernisierungsdiskurs: Sicherung der „Zukunftsfähigkeit" der BWH durch notwendige Anpassungen an grundlegend veränderte gesellschaftliche Bedingungen, insbesondere im Hinblick auf ein sich wandelndes und steigerndes öffentliches Sicherheitsbedürfnis (vgl. u. a. Klug & Schaitl, 2012, S. 19; Klug, 2007, S. 245),[10]
- als Rationalisierungs- und Qualitätsmanagementdiskurs: Steigerung der Effektivität und Effizienz durch organisationale und konzeptionelle Struktur- und Prozessreformen (vgl. u. a. Mayer, 2007a, S. 153; Klug & Schaitl, 2012, S. 16, 49),
- als administrativer New-Public-Management-Diskurs: Gewährleistung von durchgehender Transparenz und Überprüfbarkeit/Controlling der Leistungserbringung (vgl. u. a. Mayer, 2007a, S. 157),
- als Professionalisierungsdiskurs: Statussicherung und -verbesserung der Profession und Zugewinn an professioneller Autonomie (vgl. u. a. Mayer, 2007a, S. 147, 169; Klug & Schaitl, 2012, S. 138 f.),
- als evidenzbasiert-„positivistischer" Wissenschaftsdiskurs: Zugewinn an Objektivität und sowohl empirischer wie theoretischer Fundierung der Praxis (vgl. u. a. Klug & Schaitl, 2012, S. 18, 48),
- als ethisch begründeter Gerechtigkeits- und als neoliberaler Responsibilisierungsdiskurs: gerechtere Behandlung und angemessene Verantwortungszuschreibung (vgl. Klug & Schaitl, 2012, S. 48, 108), und schließlich
- als Sicherheitsdiskurs: Domestizierung von „Gefährlichkeit" und Verbesserung der öffentlichen Sicherheitslage auf der Grundlage präziser wissenschaftlich autorisierter Risikodiagnosen.

In der Summe haben die Verschränkung und die wechselseitige Verstärkung dieser recht heterogen erscheinenden Diskurse, die allesamt einer spezifischen Rationalität der Regierung von Menschen und Dingen folgen und ein je eigenes

---

[10] Die Modernisierungsbedürftigkeit der BWH wurde nicht nur durch ein zunehmendes Sicherheitsbedürfnis in der Gesellschaft, sondern auch durch ein vertrautes Muster dramatisierender Beschreibungen von „Problemverdichtungen" innerhalb des Strafvollzugs begründet: Wegen vermehrter Suchterkrankungen, eines erhöhten Anteils von Gewalttätern, des vermehrten Auftretens „psychischer Störungen" und eines steigenden Ausländeranteils unter den Insassen sieht sich die BWH, so die gängige Rede, mit einer „neuen und schwierigeren Klientel" (Klug, 2007, S. 235) mit deutlich komplexeren Problemlagen konfrontiert.

„Versprechen" mit sich führen, entscheidend dazu beigetragen, die Legitimationskrise der Bewährungshilfe zu überwinden. Sie haben allerdings auch neue Konfliktfelder und -themen eröffnet, auf die abschließend kurz eingegangen werden soll.[11]

## 5 „Und dann frag ich mich: Ist das noch Soziale Arbeit, die ich mache?!"[12] – Zu den Folgen einer risikoorientierten Bewährungshilfe für die Soziale Arbeit

Im Anschluss an Mary Douglas (Lianos & Douglas, 2000) lässt sich davon ausgehen, dass „Risiken" als Teil der sozialen Wirklichkeit nicht einfach „objektiv" gegeben sind, sondern das Ergebnis eines komplexen sozialen und kulturellen (Deutungs- und Zuschreibungs-)Prozesses darstellen, mit dem Menschen(gruppen), kollektives und individuelles Verhalten und – seltener – Verhältnisse erfolgreich als Gefahr bzw. Gefährdung (für die Gesellschaft, für sich selbst, für die Familie etc.) markiert und öffentlich repräsentiert werden. In diesem Sinne ist die Kategorie „Risiko" zu einem zentralen Bestandteil der Wahrnehmungs- und Interpretationsmuster und der Mittel und Verfahren geworden, mittels deren die neoliberale Gegenwartsgesellschaft sich über die Frage ihrer „richtigen Ordnung", ihrer moralischen und sozialen Grenzziehungen, ihrer Konflikt(er)klärungen und -bearbeitungsweisen, ihrer Zugehörigkeiten und Ausschließungen – kurzum über die Grundlagen und Praktiken ihrer Macht- und Herrschaftsordnung verständigt. Die dabei aufgeworfenen „Probleme" nach Möglichkeit in eine berechenbare, sprich (präventiv) beherrsch- und steuerbare Form zu bringen, stellt hierbei das besondere Charakteristikum einer risikoorientierten Regierungsrationalität dar. Die ROB und die sie begleitende öffentliche Rede von „Hochrisikotätern", „resistenten Risikoprobanden", „Gefährlichkeitsprofilen" etc. (Klug & Schaitl, 2012, S. 29) repräsentieren dabei lediglich einen kleinen Ausschnitt einer sehr viel umfassenderen Macht- und Herrschaftstechnologie des

---

[11] An dieser Stelle war ursprünglich die Präsentation der Forschungsergebnisse einer Studie vorgesehen, die unter Leitung von Johannes Stehr an drei Standorten der BWH in Hessen durchgeführt worden ist. Im Rahmen einer umfangreicher angelegten Arbeit zur risikoorientierten BWH sollen diese 2022 vorgelegt werden.

[12] So die Frage einer Bewährungshelfer*in in: (Kufner-Eger, 2020, S. 249).

„Risikos", mit der zur Sicherstellung der „guten Ordnung" der Gesellschaft Konfliktverhältnisse auf neue Weise konfiguriert, das heißt verdeckt, verschoben und „verwandelt" werden.

Auf der grundlegendsten und das professionelle Selbstverständnis der Sozialen Arbeit unmittelbar berührenden Ebene der „Subjektkonstruktion" hat Robert Castel bereits vor mehr als 30 Jahren die spezifische „Logik" und die weitreichenden praktischen Folgen einer Macht- und Herrschaftstechnologie, die im Wesentlichen auf der Kalkulation und Zuschreibung von Risiken basiert, formuliert (vgl. Castel, 1991, S. 281). Das Subjekt wird dabei nicht mehr so sehr als *sozial* konstituiertes, sondern „radikalreduktionistisch" in erster Linie als Träger (potenzieller) Risikomerkmale konzipiert. Damit wird das Wissen, das als Grundlage und Referenzgröße für die professionelle Handlungspraxis gilt, nicht nur auf veränderte Weise erhoben, sondern mit den einzelnen Bestandteilen in seiner Gesamtzusammensetzung neu sortiert und zugeordnet. Es kommt zu einer regelrechten Umkehrung im Verhältnis einer „psycho-sozialen" zu einer „technisch-kalkulatorischen" Rationalität (vgl. Mau, 2017). Aus einer „induktiven" Wissensproduktion, die die Ko-Präsenz einer „persönlichen Begegnung", das heißt unmittelbare Interaktions- und Kommunikationsprozesse, voraussetzt und die von einem *qualitativen* Blick professioneller (und immer auch subjektiv gefärbter) Interpretation geprägt ist, wird ein „deduktiv"-technisches Verfahren, das zu „objektiven Fakten" erklärte isolierte Wissenspartikel zusammenträgt und in einen hochselektiven *quantifizierenden* Sinnzusammenhang bringt, aus dem schließlich unter standardisierten Formatvorgaben konkrete Handlungsschritte und -abfolgen abgeleitet werden. Aus einem hermeneutisch-„ganzheitlichen" *Vermögen* kontextgebundener Wissensbildung und individualisierter Behandlung werden technisch-administrativ-managerielle *(Teil-)Kompetenzen* entkontextualisierter Datenerhebung und -verarbeitung, die ein auf die jeweiligen Risikoprofile abgestimmtes und nach individuellen „Problemzonen" differenzierendes Kontroll- und Interventionsschema festlegen. Am Anfang der risikoorientierten BWH steht somit eine grundlegende *Verweigerung von Individualität,* die sich am Ende in einem zweifachen Reduktionismus niederschlägt, der die Soziale Arbeit buchstäblich zu einer IT-gestützten (Sozial-)Technik, zur Verwalterin und Anwenderin einer verdinglichenden, technischen Rationalität werden lässt: Im Hinblick auf die Probanden als kontrollbedürftige „Bündel" von Risikofaktoren und im Hinblick auf die Professionellen als sicherheitspolitische „Vollzugsorgane", deren als „Subjektivismus" und „Individualismus" problematisierte Ermessensspielräume durch die Orientierung an empirie-zertifizierten Wissensbeständen und standardisierten und manualisierten Verfahrensdirektiven gezielt begrenzt werden.[13] Dabei erweist sich die Risikoorientierung insgesamt als zentraler Mechanismus in einer Regierungstechnologie, mit der sich Konfliktverhältnisse auf der einen Seite sowohl verdecken, „entnennen" und entpolitisieren als auch auf der anderen Seite in („Kampf"-)Arenen verschieben und verlagern lassen, die zu individualisierenden Verantwortungszuschreibungen und personalisierenden Bearbeitungsweisen „nötigen".[14]

Mit der Umstellung auf die Risikoorientierung hat sich die BWH jedoch nicht nur die gesteigerten (Sicherheits-)Erwartungen einer durch spektakuläre „Fälle" immer wieder in Aufruhr versetzten Öffentlichkeit zu eigen gemacht und damit ihre Legitimationskrise erfolgreich bewältigt. Der von der BWH beschrittene risiko- und sicherheitsorientierte Lösungsweg war darüber hinaus auch mit einer weitgehenden (Selbst-)Verpflichtung auf (kriminal-)politische Abstinenz und einer Verabschiedung von einem konfliktbehafteten advokatorisch-parteilichen Selbstverständnis verbunden. Aus der vormaligen (Selbst-)Mandatierung der Sozialen Arbeit als einer Instanz, die mit ausgewiesenen kriminal- und sozialpolitischen Gestaltungsansprüchen für die *Verbesserung sozialer Verhältnisse* im Interesse ihrer Proband*innen zu agieren versuchte, ist im Zuge eines fortschreitenden professionellen Konformismus ein *ordnungspolitisches Management*

---

[13] Vgl. hierzu unter vielen Klug (2007, S. 240): „In der Tat regeln Standards – als Garantie bestimmter Prozessqualität – Schritte, die dem Befinden des einzelnen Bewährungshelfers entzogen sind und auch sein müssen, da [...] eine individuelle Leistungsfestlegung durch jeden einzelnen Bewährungshelfer eine methodische Qualitätssicherung unmöglich macht." – An dieser Stelle tut sich zudem ein besonderes Paradoxon auf. Das vielfach vorgebrachte Versprechen einer Professionalisierung und damit einer Statusaufwertung der Sozialen Arbeit macht auf der einen Seite fraglos einen wesentlichen Teil der Überzeugungskraft der risikoorientierten BWH aus. Auf der anderen Seite wird aber mit der gezielten Einschränkung fachlicher Ermessens- und Entscheidungsspielräume das für ein traditionelles Professionsverständnis konstitutive Moment der beruflichen Autonomie systematisch untergraben. Die ROB betreibt damit im Namen der Professionalisierung faktisch eine Entprofessionalisierung der Sozialen Arbeit.

[14] Nicht weiter nachgegangen werden kann an dieser Stelle dem aus der Perspektive einer kritischen Kriminologie grundlegendsten Mechanismus einer Konfliktverdeckung bzw. -verlagerung, dem zufolge mit der ROB (wie im Übrigen auch mit der herkömmlichen Bewährungshilfe) „Kriminalität" nicht als regulierungsbedürftiger und -fähiger (interpersonaler) Konflikt, sondern als Normbruch, als rechtswidriges und deshalb strafwürdiges Verhalten definiert wird, Konfliktverhältnisse mithin unter dem Etikett der „Kriminalität" verschleiert und statt einer zivilen Konfliktregelung einer staatlich organisierten strafrechtlichen Bearbeitung zugeführt werden. Ein ursprünglicher Konflikt zwischen Schädiger und Geschädigtem wird so in einen Konflikt zwischen schuldigem „Täter" und ordnungsstiftendem, strafendem Staat transformiert (vgl. hierzu u. a. Stehr, 2002).

*von Kriminalitätsrisiken* geworden. Ein (potenziell) konfliktreicher politisch-sozialtransformativer Wille zur Reform (des „Täters" im Zeichen der Resozialisierung, der Gesellschaft unter dem Motto: „Eine gute Sozialpolitik ist die beste Kriminalpolitik") transformierte sich in einen (sozial)technisch-manageriellen (Kontroll- und Sicherheits-)Willen, der sich im Konsens mit der „Öffentlichkeit" bevorzugt auf vorab kategorisierte und klassifizierte (Hoch-)Risiko-Täter konzentriert (vgl. Feeley & Simon, 1992, S. 452). Mit dieser Form der Entpolitisierung (und damit „Entkonfliktualisierung") der Bewährungshilfe, die mit der unbesehen Anerkennung politisch-institutionell hergestellter Sicherheits- und Strafbedürfnisse einhergeht, ist zugleich ein Verzicht auf eine grundsätzliche Kritik staatlichen Strafens verbunden. Bestenfalls artikuliert sich hier noch eine verhaltene Kritik am *Übermaß* staatlichen Strafens, nicht mehr aber am staatlichen Strafen an sich.

Mit der (Selbst-)Entpolitisierung „von innen" korrespondiert allerdings auch eine deutlich verstärkte Politisierung der Bewährungshilfe „von außen". Um die fortschreitend intensivierten und von interessierter Seite – insbesondere vonseiten der Politik und der Massemedien – angeheizten und vielfach ins Illusionäre gesteigerten Sicherheits- und Kontrollerwartungen einzulösen, wurden organisationsintern Verantwortlichkeiten und „Haftungsregeln" neu gestaltet und verteilt, sodass im Bedarfsfall professionelle Fehlurteile, dienstliche Versäumnisse und administrative Desorganisation öffentlich(keitswirksam) als individuelles Fehlverhalten und „Schuld" ausgewiesen werden konnten. Darin spiegelt sich eine mit Konzepten des New-Public-Managements verbundene Strategie der Dezentralisierung, das heißt der Verlagerung von Verantwortung „nach unten", die oft genug als Zugewinn an Autonomie und Partizipation ausgegeben wird. In der ROB artikulieren sich hier gesamtgesellschaftliche Entwicklungstendenzen, die von einer kollektiven, institutionellen Verantwortungsübernahme zu einer individualisierten, an einzelnen Mitarbeiter*innen festgemachten Verantwortlichkeitszuschreibung führen.[15] Die verstärkte Responsibilisierung der „Täter", die mit einer strafrechtsfixierten, auf kognitiv-behaviorale Veränderung von „problematische[n]

---

[15] Den Prozess einer fortschreitenden Delegierung und Personalisierung von Verantwortung von der Politik auf die Organisation, von der Organisation auf die einzelnen Mitarbeiter*innen kann ich aus meiner Tätigkeit in der justiziellen und freien Straffälligenhilfe in Hessen aus eigener Anschauung bestätigen. Während das Justizministerium in der Regel darum bemüht war, die zuständigen Justizbediensteten bei entsprechenden „Vorfällen" (Verstoß gegen Bewährungsauflagen oder „Missbrauch" von Vollzugslockerungen in Verbindung mit – casus horribilis – erneuten Straftaten) aus der Schusslinie öffentlicher Kritik zu nehmen, wurden ab den 1990er-Jahren mit der Politisierung von „innerer Sicherheit" und „(Alltags-)Kriminalität" die betroffenen Praktiker*innen für ihre „Fehleinschätzungen" mit Blick auf die öffentliche Stimmung – salopp formuliert – „zum Abschuss freigegeben".

Einstellungen" (Mayer, 2007a, S. 158) und Verhaltensmustern zielenden Deliktorientierung einhergeht, findet so aufseiten der Praktiker*innen ihr Pendant in einer zunehmenden Individualisierung professioneller Verantwortungs- und Schuldzuweisung (und belegt ein weiteres Mal die These, dass mit der ROB nicht nur die Klientel, sondern auch die BWH selbst einer nachhaltig veränderten „Führung" und Kontrolle unterworfen wird).

Mittels managerieller Techniken, wie Controlling, Audits, Festlegung von Leistungszielen, kontinuierlicher (Wirkungs-)Evaluation etc., soll zudem ein Höchstmaß an Transparenz und damit eine jederzeit rekonstruier- und zuweisbare individuelle Verantwortlichkeit sichergestellt werden. Die naheliegende und aus Sicht der Praktiker*innen durchaus rationale Bewältigungsweise einer zunehmenden Individualisierung von Verantwortung und „Schuld" schlägt sich dabei in einer deutlich defensiveren, zu einem professionellen Konservatismus neigenden und in der Tendenz großenteils risikoaversiven Praxis der BWH nieder (vgl. Hardy, 2015, S. 140 ff., 2014, S. 306; Kufner-Eger, 2020, S. 233). Die Option „safety first" stellt angesichts einer sicherheitssensiblen Politik und Gesellschaft und der immerwährenden Gefahr der öffentlichen Skandalisierung eines „Versagens" der BWH ein durchaus situationsangemessenes individuelles und organisationales Verhalten dar: Restriktive Praktiken und freiheitsbeschränkende Maßnahmen, die auf „falsch positiven" Bewertungen basieren, das heißt, die nicht vorliegende bzw. geringe Rückfallrisiken falsch bzw. zu hoch ansetzen, sind nicht nur nicht nachweisbar (der Nicht-Eintritt eines Rückfalls ist ja stets ein kontrafaktisch nie zu widerlegender Beweis für die „Richtigkeit" einer Einschätzung). Im Unterschied zu „falsch negativen" Risikoprognosen, sprich zur Fehl- bzw. Unterbewertung im Falle eines faktischen Rückfalls, stören „falsch positive" weder die Alltagsroutinen der BWH noch stellen sie ihre Legitimation und ihren professionellen Status infrage. Vielmehr leisten sie einen willkommenen Beitrag zum öffentlichen Bild einer „erfolgreichen" BWH.

Das in einem gesellschaftlichen Klima sicherheitspolitischer Dramatisierungs- und Skandalisierungsbereitschaft beförderte Bestreben der BWH, auf der sicheren Seite stehen zu wollen, bringt des Weiteren die spezifische Form eines auf neue Weise versachlichten Autoritarismus hervor. In den (selbst-)entmächtigenden, professionelle Ermessens- und autonome Handlungsspielräume beschneidenden Akten der (Selbst-)Unterwerfung werden mit der kontinuierlichen Anrufung von und mit der Bezugnahme auf anonyme und „technische" Autoritäten dritte, bislang so nicht bekannte Akteure in das bisher bevorzugt beziehungsbasierte Arbeitsbündnis von Professionellen und Probanden eingeführt. Mit der selbstverständlichen Nutzung technisierter und rationeller Programm-, Kontroll- und Evaluationsinstrumente etabliert sich eine neue Qualität der „Fremdführung" in der BWH, die die „Fallarbeit" jenseits der eigenen professionellen Urteilsfähigkeit und der individuellen Beziehungsgestaltung „verantwortlich" steuert. Verantwortlichkeit bezeugt sich damit in der „richtigen" Befolgung der jeweiligen Programmvorgaben. Fachlichkeit gewinnt so als anonymisierte und formalisierte Expert*innen-Herrschaft eine neue Bedeutung. Diese liegt nun nicht mehr in erster Linie im subjektiven professionellen Vermögen der Praktiker*innen, sondern in wesentlichen Teilen in vorstrukturierten Verfahrensschritten und „Wissensspeichern" von Programmen. „Vertrauen" – im Hinblick auf Professionalität und Beziehungsarbeit eine der Zentralkategorien jedweder Form der Sozialen Arbeit – wird von einem fehleranfälligen Individuum in ein immer weiter perfektioniertes System der Diagnostik, Prognostik und Intervention transferiert.[16] Das Risiko einer verstärkten Identifikation mit dem „System/Programm" und seinen organisatorischen Erfordernissen auf Kosten des herkömmlichen professionellen Selbstverständnisses einer vorrangigen Orientierung an den Bedürfnissen und Lebenslagen der Probanden dürfte in diesem Fall mit einer gewissen Wahrscheinlichkeit gegeben sein.

Eine mögliche – und von den wenigen hierzu vorliegenden empirischen Untersuchungen auch bestätigte (vgl. Kufner-Eger, 2020, S. 142, 158; Hardy, 2015) – Distanzierung von einem traditionellen Selbstverständnis Sozialer Arbeit kommt auch in Tendenzen einer internen *Spezialisierung* und *Hierarchisierung* der BWH zum Ausdruck. Ohne dass – wie in England und Wales – der Schritt gegangen worden wäre, die BWH aus den grundständigen Studiengängen der Sozialen Arbeit herauszulösen und in eine auf ihre spezifischen (Sicherheits- und Kontroll-)Bedürfnisse zugeschnittene „Sonder-Ausbildung" zu überführen, lässt sich auch im deutschsprachigen Raum die Forcierung eines Spezialistentums konstatieren, mit dem ein Selbstverständnis als Risiko-Expert*innen und -Manager*innen befördert wird, das die Aufrechterhaltung eines *generalistischen* Sozialarbeitsethos und die Identifikation mit einem *professionellen* Rollenverständnis wenn nicht ausschließt, so doch zumindest deutlich erschwert. Zudem lassen sich in diesem Zusammenhang auch Tendenzen einer informellen Hierarchisierung innerhalb der BWH beobachten: Zwischen einer allgemeinen, mit weniger Ressourcen ausgestatteten BWH auf der einen und einer risikoorientierten „Spezial"-BWH auf der anderen Seite, die nicht nur, wie alle Spezialeinheiten, durch ihren heiklen Aufgabenbereich und Adressatenkreis („gefährliche Sexual-

---

[16] Vgl. hierzu die Entwicklung der Assessment-Instrumente, wo mittlerweile von einer 3. Generation gesprochen wird, mit der nach einer Phase vereinseitigt kalkulatorischer Verfahren (1. Generation) aktuarische (versicherungsmathematisch-formelle) und traditionelle (klinisch-informelle) Assessment-Modelle zu kombinieren versucht werden (vgl. Hardy 2015, S. 178; Mayer 2007a, S. 150 ff.).

und Gewaltstraftäter") mit mehr Prestige verbunden wird, sondern auch über eine bessere personelle und materielle Ressourcenausstattung verfügt. Neue interne Konkurrenz- und Konfliktverhältnisse in der BWH sind die fast zwangsläufige Folge dieser der Logik des „Risikos" geschuldeten Aufgabenteilung und ungleichen Ressourcenzuweisung.

## 6 Fazit

Die ROB hat – wie im Übrigen auch die traditionelle resozialisierungsorientierte BWH – nicht nur keinen (expliziten und theoretisch eingeholten) Konfliktbegriff (vgl. Stehr, 2021, S. 192 ff.; Stehr & Anhorn, 2018), sie operiert zudem mit einem geradezu naiv anmutenden und in den Sozialwissenschaften so nicht mehr für möglich gehaltenen positivistisch-objektivistischen Wissenschaftsverständnis auf der Grundlage eines unbesehen unterstellten Normen- und Wissenskonsenses. Die ROB hat daher auch keinen (selbstkritischen) Blick auf die Verdeckung von Konfliktverhältnissen bzw. die Verlagerung auf Ebenen und in Wirkungsbereiche, die – zeit(geist)gemäß – restriktivere und kontrollierendere Praktiken individualisierender Responsibilisierung ermöglichen und zugleich öffentlich artikulierte Sicherheitsbedürfnisse – zumindest symbolisch – bedienen. Für die systematische Reflexion der gesellschaftlichen und institutionell-organisationalen Kontextbedingungen und deren Folgen für eine Soziale Arbeit bleibt außer der Konstatierung ihrer „objektiven" Notwendigkeit kein Raum. Die ROB fällt damit (wieder) hinter ein verfügbares Niveau der Reflexivität (vgl. Cremer-Schäfer & Resch, 2012) zurück, mit dem für die Soziale Arbeit erst die Voraussetzungen für ein selbstkritisches Nachdenken über die eigenen Verstrickungen in die jeweiligen Macht- und Herrschaftsverhältnisse gegeben sind. Als neue Regierungstechnologie macht sich die ROB damit sehenden Auges zum „blinden" Teil der herrschenden Verhältnisse – in der Sozialen Arbeit, aber auch darüber hinaus.

## Literatur

Anhorn, R. (2020). Soziale Arbeit im Neoliberalismus. Versuch einer konzeptionellen Klärung. In H.-U. Otto (Hrsg.), *Soziale Arbeit im Kapitalismus. Gesellschaftstheoretische Verortungen – Professionspolitische Positionen – politische Herausforderungen*, (S. 85–108). Beltz Juventa.

Castel, R. (1991). From Dangerousness to Risk. In G. Burchell, C. Gordon, & P. Miller, (Hrsg.), *The Foucault Effect. Studies in Governmentality*, (S. 281–298). University of Chicago Press.

Cohen, S. (1985). *Visions of social control. Crime, punishment and classification.* Polity Press.
Cremer-Schäfer, H., & Resch, C., et al. (2012). „Reflexive Kritik". Zur Aktualität einer (fast) vergessenen Denkweise. In R. Anhorn (Hrsg.), *Kritik der Sozialen Arbeit – kritische Soziale Arbeit* (S. 81–105). Springer VS.
Dean, M. (1999). *Governmentality. Power and rule in modern society.* Sage.
Feeley, M., & Simon, J. (1994). Actuarial justice: The emerging New Criminal Law. In D. Nelken (Hrsg.), *The Future of Criminology* (S. 173–201). Sage.
Feeley, M., & Simon, J. (1992). The new penology: Notes on the emerging strategy of corrections and its implications. *Criminology, 30,* 449–474.
Foucault, M. (2004). *Geschichte der Gouvernementalität I. Sicherheit, Territorium, Bevölkerung. Vorlesungen am Collège de France 1977–1978.* Suhrkamp.
Garland, D. (2001). *The culture of control. Crime and social order in contemporary society.* Oxford University Press.
Hardy, M. (2015). *Governing risk: Care and control in contemporary social work.* Palgrave.
Hardy, M. (2014). Practitioner perspectives on risk: Using governmentality to understand contemporary probation practice. *European Journal of Criminology, 11*(3), 303–318.
Klug, W. (2008). „Risikoorientierte Bewährungshilfe" – ein Modell? Auseinandersetzung mit dem Züricher Konzept. *Bewährungshilfe, 55*(2), 167–179.
Klug, W. (2007). Methodische Grundlagen der Bewährungshilfe – Vorschlag für ein Gesamtkonzept. *Bewährungshilfe, 54*(3), 235–248.
Klug, W., & Schaitl, H. (2012). *Soziale Dienste der Justiz. Perspektiven aus Wissenschaft und Praxis.* Forum Verlag Godesberg.
Kufner-Eger, J. (2020). *Risikoorientierte Rationalisierung Sozialer Arbeit. Verwerfungen der Berufsidentität in der Bewährungshilfe.* Springer VS.
Lianos, M., & Douglas, M. (2000). Dangerization an the End of Deviance: The Institutional Environment. In D. Garland & R. Sparks (Hrsg.), *Criminology and Social Theory* (S. 103–125). Oxford University Press.
Mau, S. (2017). *Das metrische Wir. Über die Quantifizierung des Sozialen.* Suhrkamp.
Mayer, K. (2015). Risiken im Straf- und Maßregelvollzug – Handlungsgrundlagen und Konsequenzen für die Praxis. In H. Hongler & S. Keller (Hrsg.), *Risiko und Soziale Arbeit. Diskurse, Spannungsfelder, Konsequenzen,* (S. 151–172). Springer VS.
Mayer, K. (2007a). Diagnostik und Interventionsplanung in der Bewährungshilfe. Grundlagen und Aufgaben eines Risikoorientierten Assessments. *Bewährungshilfe, 54*(2), 147–171.
Mayer, K. (2007b). Ein strukturiertes risikoorientiertes Interventionsprogramm für die Bewährungshilfe. *Bewährungshilfe, 54*(4), 367–386.
Mayer, K., Schlatter, U., & Zobrist, P. (2007). Das Konzept der Risikoorientierten Bewährungshilfe. *Bewährungshilfe, 54*(1), 33–64.
Mirowski, P. (2019). *Untote leben länger.* Matthes & Seitz.
Stehr, J. (2021). Konfliktorientierung in der Forschung zur sozialen Ausschließung. In R. Anhorn & J. Stehr (Hrsg.), *Handbuch soziale Ausschließung und Soziale Arbeit* (S. 191–214). Springer VS.
Stehr, J. (2002). Außerstrafrechtliche Reaktionen auf Kriminalität. In R. Anhorn & Bettinger (Hrsg.), *Kritische Kriminologie und Soziale Arbeit. Impulse für professionelles Selbstverständnis und kritisch-reflexive Handlungskompetenz* (S. 189–199). Juventa.

Stehr, J., & Anhorn, R. (2018). Konflikt als Verhältnis – Konflikt als Verhalten – Konflikte als Widerstand: Widersprüche der Gestaltung Sozialer Arbeit zwischen Alltag und Institution. In J. Stehr, R. Anhorn, & K. Rathgeb (Hrsg.), *Konflikt als Verhältnis – Konflikt als Verhalten – Konflikte als Widerstand: Widersprüche der Gestaltung Sozialer Arbeit zwischen Alltag und Institution* (S. 1–40). Springer VS.

Wacquant, L. (2009). *Bestrafen der Armen. Zur neoliberalen Regierung der sozialen Unsicherheit*. Budrich.

# Konflikte im Ringen um Partizipation von Nutzer*innen Sozialer Arbeit

Reflexionen zu einem kooperativen Praxisforschungsprojekt im Kontext akzeptierender Drogenhilfe und gemeindepsychiatrischer Pflichtversorgung

Rossana Berge, Ulrike Eichinger und Rebekka Kuf

### Zusammenfassung

Sozialpsychiatrische Angebote beinhalten für Nutzer*innen partizipative Rechte sowie Mitwirkungspflichten. Am Beispiel eines partizipativen Praxisforschungsprojekts mit Professionellen und Nutzer*innen aus der akzeptierenden Drogenhilfe werden widersprüchliche Voraussetzungen von Partizipation sowie daran geknüpfte Konflikte aufgezeigt. Die Nutzungsweisen bzw. der Nutzen von Partizipationsangeboten spiegeln sowohl abstinenzorientierte Normen als auch die quasi marktliche Steuerung wider. Es werden prozessorientiert (Interessen-)Konflikte, Diskrepanzen zwischen Wollen und Können, schädigende Tendenzen im Umgang mit Bedürfnissen sowie die Bedeutung des Umgangs mit Nicht-Beteiligung behandelt.

### Schlüsselwörter

Konfliktanalyse · Konfliktbearbeitung · Partizipation · Nicht-Nutzung · Subjektwissenschaftliche Praxisforschung

---

R. Berge · U. Eichinger (✉) · R. Kuf
Alice Salomon Hochschule, Berlin, Deutschland
E-Mail: eichinger@ash-berlin.eu

## 1 Partizipation als Gegenstand und Korrektiv von Praxisforschung

Basis des Beitrags ist ein Praxisforschungsprojekt, das in Kooperation mit Professionellen und Nutzer*innen eines Trägers der Drogenhilfe entstanden ist. Das Praxisforschungsprojekt zielt ab auf die Stärkung der Partizipationsmöglichkeiten der Nutzer*innen bei der Gestaltung des Hilfeangebots, zudem war das Forschungsdesign selbst (teilweise) partizipativ angelegt.[1] Ziel dieses Beitrags ist es, die im Prozess freigelegten bzw. erfahrenen Konflikte darzustellen und zu analysieren.

Partizipation, verstanden im Sinne von mitentscheiden und teilhaben, zielt auf das Erhalten bzw. die Erhöhung der eigenen Lebensqualität ab. Dies geschieht gegebenenfalls solidarisch mit anderen im Kontext sozialer oder politischer Prozesse (vgl. Bröse & Held, 2015, S. 138). Scheu und Autrata (2011, S. 278) verweisen darauf, dass Partizipation die „Gestaltung des Möglichkeitsraums des Sozialen wie auch die Gestaltung der Sozialbeziehungen selbst" umfasst. Partizipation kann als Praxis im Anschluss an wahrgenommene Bedürfnisse bzw. als Wunsch nach Verfügungserweiterung über Handlungsmöglichkeiten verstanden werden, die aus erfahrenen Einschränkungen entstehen können. Partizipation verweist auf das menschliche Potenzial von Handlungsfähigkeit, stets die Wahl zu haben, naheliegend oder anders zu handeln. Dieses Potenzial lässt sich somit sowohl im restriktiven als auch im verallgemeinerten Modus realisieren. Ein Bewusstsein über mögliche selbst- und fremdschädigende Praxen von Partizipation können weder bezogen auf den Hilfeprozess noch in Bezug auf den Forschungsprozess selbst vorausgesetzt werden. Durch soziale Selbstverständigung ist es allerdings möglich, Aufmerksamkeit darauf zu lenken und als (konflikthaft) erfahrene Einschränkungen zu Ausgangspunkten von Entwicklungsprozessen zu machen (vgl. Markard, 2009, S. 166; May, 2017, S. 146). Denn (erwünschte) Partizipation ist institutionell nicht nur als Recht auf Eigensinn (vgl. Lütke, 2015) und Teilhabe, sondern zum Teil auch als (Mitwirkungs-)Pflicht etabliert. Wagner (2017a) fordert daher eine kritische Auseinandersetzung mit dem

---

[1] Die Idee zu dem Projekt entstand am Rande des Arbeitskreises Kritische Soziale Arbeit. Ein Professioneller erzählte der späteren Projektleiterin von einer versandeten Initiative in seiner Praxis zur Stärkung von Nutzer*innenpartizipation, die er wieder aufgreifen wollte. Das Ergebnis einer Fokusgruppe mit Nutzer*innen im Rahmen der Qualitätsentwicklung seines Trägers war der Vorschlag, Klient*innensprecher zu schaffen. Die Institutionalisierung wurde durch andere Nutzer*innen befürwortet. Die einzige Bewerbung wurde jedoch zurückgezogen und das Verfahren nicht weiterverfolgt, vermutlich, so Teammitglieder rückblickend, weil weder das Verfahren noch die Gegenstände der Mitbestimmung geklärt waren.

Befund, dass Partizipation nicht ausschließlich emanzipatorische Zielsetzungen hat, sondern im Kontext der Sozialen Arbeit in einem konflikthaften Verhältnis zu sozialer Ausschließung steht, worauf wir zurückkommen werden (vgl. ebd., S. 47 ff.).

Theoretisch, methodologisch und methodisch knüpft das Praxisforschungsprojekt sowohl an die konfliktanalytische, das heißt die subjekt- wie sozialwissenschaftliche Perspektive des Sammelbands an als auch an die sozialpädagogische Nutzungsforschung (vgl. Oelerich & Schaarschuch, 2013; van Rießen & Jepkens, 2020). Das Projekt fand von 2018 bis 2019 zunächst im Rahmen eines einsemestrigen Lehrforschungsprojekts statt. Professionelle und Nutzer*innen fragten wir in den Räumen des Trägers: „Woran können und woran wollen Nutzer*innen im Kooperationsträger wie beteiligt werden?" Methodisch wurde die Frage mittels einer Gruppendiskussion mit den Professionellen des Teams und einer Fragebogenerhebung zum Kennenlernen der Nutzer*innenperspektive untersucht.[2] Zudem wurden die Vor- und Nachbereitungsgespräche, die wir mit beiden Gruppen geführt hatten, protokolliert. In einer zweiten Phase wurde im Rahmen einer Masterarbeit an die Zwischenergebnisse angeknüpft und vertiefend untersucht, wie es gelingen kann, einen im Zuge des Partizipationsvorhabens neu geschaffenen Raum für den Austausch der Nutzer*innen untereinander im Trägergebäude so zu gestalten, dass ihre Partizipationsmöglichkeiten gestärkt werden. Methodisch geschah dies durch teilnehmende Beobachtung. Die dritte Phase bestand aus Einzelinterviews mit drei Professionellen des Teams, die die Kooperation maßgeblich gestalteten, sowie mit vier Nutzer*innen, die die Projektleiter*in führte. Ziel der Einzelinterviews war es, den Nutzen des Gesamtprojekts für die Nutzer*innen und den Träger zu ermitteln.

Im Laufe des Gesamtprozesses kristallisierten sich in den facettenreichen, aber auch fragmentarischen (Einzel-)Phasen verschiedene Konfliktkonstellationen, -verdeckungen und deren Bearbeitungsweisen heraus, die im Folgenden gebündelt reflexiv vertieft werden.[3]

---

[2] Die Methode der Fragebogenerhebung wurde zusammen mit Nutzer*innen nach einer Vorstellung und Diskussion verschiedener Methoden als passendste Methode ausgewählt und die Fragen wurden gemeinsam entwickelt.

[3] Wir danken allen Beteiligten für ihr Vertrauen sowie ihr Engagement, durch das das Projekt möglich und getragen wurde bis hin zu dieser Publikation. Die Autorinnen waren wie folgt im Verlauf beteiligt: Rossana Berge engagierte sich in der ersten Phase, Rebekka Kuf gestaltete Phase zwei, beide als Studentinnen bzw. zwischenzeitlich als Absolventinnen des MA Praxisforschung in Sozialer Arbeit und Pädagogik an der Alice-Salomon-Hochschule (ASH) Berlin, und Ulrike Eichinger war beteiligt von Anfang bis Ende als (informelle) Projektleitung und Hochschullehrerin der ASH Berlin.

## 2 Institutionell-organisationale Voraussetzungen für Partizipation: Gestaltungsspielräume zwischen wollen (sollen) und tun (können)

Im Rahmen des Projekts wurden institutionell-organisationale Konfliktkonstellationen sowohl sichtbar als auch (teils unbewusst) reinszeniert, die nun beschrieben werden.

Der Kooperationsträger bietet den Nutzer*innen betreutes Einzelwohnen im Rahmen der regionalen gemeindepsychiatrischen Pflichtversorgung an, der Kostenträger im Bedarfsfall ist die Eingliederungshilfe (SGB IX [§ 8, § 19] § 78, § 113; SGB IX). Mittels eines akzeptierenden Ansatzes werden Menschen in Substitution mit weiteren psychischen und sozialen Problemlagen adressiert. Konkret leistet der Träger somit aus einer Hand Betreutes Wohnen und psychosoziale (Pflicht-)Betreuung im Kontext der Substitutionsbehandlung. Er erbringt dadurch ein besonderes Dienstleistungsangebot im Arbeitsbereich Soziale Arbeit und (Sozial-)Psychiatrie. Besonders ist das Angebot insofern, als im Kontext der Zielgruppe eine „Fragmentierung der Versorgungsverantwortung" festzustellen ist, die aufgrund eines „Zuständigkeitsgerangels" zwischen den Arbeitsbereichen zu einer Mangelversorgung und „Ausgrenzung von wohnungslosen, psychisch- und/oder suchterkrankten Menschen" (Wessel, 2015, S. 156) führt. Substanzabhängige Nutzer*innen im Bereich der Sozialpsychiatrie wurden in der Sozialgeschichte lange als unwürdige und nicht entwicklungsfähige Arme markiert. Brückner sieht im Arbeitsbereich Soziale Arbeit und (Sozial-)Psychiatrie „typische Konstellationen" (Brückner, 2015, S. 29 f.), die die gesamte Sozialgeschichte Deutschlands widerspiegeln: Angefangen mit der „Verknüpfung der ‚Irrenfrage' mit der sozialen Frage" (ebd.) bis hin zu der sogenannten Psychiatrie Enquete, die in der Sozialen Arbeit Anerkennung findet in einem multiprofessionellen Ansatz für eine stärker nutzer*innenorientierte sozialpsychiatrische Versorgung. Wolff (2020, S. 52 ff.) schildert unter anderem aus seiner Sicht als professioneller Akteur in einschlägigen sozialen Bewegungen detailliert die Ambivalenzen in den (De-)Institutionalisierungsprozessen in der (sozial)psychiatrischen Versorgung. Deutlich wird hier, dass es historisch betrachtet (lokale) Bündnisse, insbesondere mit der Betroffenenbewegung bzw. mit Selbstvertretungen braucht, um eine angemessene Vielstimmigkeit zu erreichen. Insgesamt blicken die Sozialpsychiatrie und die soziale (unter anderem antipsychiatrische) Bewegung auf Erfahrungen zurück, die es zu beachten gilt.[4]

---

[4] Wir hatten mit Blick auf die Suchthilfe versucht, lokal Nutzer*innenvertretungen ausfindig zu machen und Kontakte herzustellen. Wir nahmen an, dass es dort Erfahrungen mit

Dieser weite Blick auf die institutionelle Vorgeschichte verdeutlicht, dass die Projekterfahrungen der Nutzer*innen und Professionellen im (Spät-)Mittelalter gerahmt gewesen wären durch die Frage nach den (un)würdigen Armen, hingegen in der Neuzeit durch die Frage nach der Entwicklungsfähigkeit und den hierzu nötigen disziplinierenden Maßnahmen. Heute werden die Projekterfahrungen im Kontext der sozialstaatlichen Programmatik gemacht, wo diejenigen Förderung erhalten, die sich fordern lassen im Sinne der geltenden Normen. Die Nutzer*innen müssen diese sie gegebenenfalls ausgrenzenden (gesellschaftlichen) Beeinträchtigungen bewältigen. Dies tun sie häufig als Einzelne und im Rahmen von asymmetrischen institutionell gerahmten Beziehungen. In diesen werden ihre Fähigkeiten leicht unterschätzt oder selektiv aufgegriffen.

Die Professionellen markieren im Projekt zwei zentrale Bedeutungsstrukturen, die für Partizipationsmöglichkeiten relevant sind:

Das Angebot ist erstens in eine prinzipiell abstinenzorientierte Drogenpolitik bzw. -gesetzgebung eingebettet. Die Professionellen machen deutlich, dass sie ihre akzeptierende Drogenarbeit rechtlich in der Grauzone wahrnehmen, die, so der Fachdiskurs, institutionell lediglich toleriert werde. So lässt sich von einer „exkludierenden Toleranz" (Schmidt-Semisch & Wehrheim, 2007, S. 84; vgl. auch Schlösser, 2011) sprechen, da zwar die Sucht mit diesem Ansatz legal reguliert, eine umfängliche gesellschaftliche Teilhabe hierdurch allein jedoch nicht erreicht werde.

Als zweite wesentliche Bedeutungsstruktur wurde die Einbettung in einen regulierten „Quasi-Markt" der psychiatrischen Pflichtversorgung deutlich. Kennzeichnend hierfür sind die Vermittlung zwischen Dienstleistungsanbietenden und Nutzer*innen durch ein kommunales suchtspezifisches Steuerungsgremium sowie die regulierte Aushandlung der Hilfeerbringung (z. B. im Rahmen der Hilfeplanung). Partizipationsoptionen von Nutzer*innen sind vorgesehen und teils sozialrechtlich verankert (s. o.). Die Möglichkeiten des Mitentscheidens dienen trotz ihres emanzipatorischen Potenzials hier maßgeblich sozialstaatlichen Steuerungs- und Kontrollbestrebungen und markieren daher teils nicht nur ein Recht, sondern auch eine (Mitwirkungs-)Pflicht. Die Professionellen formulierten bereits eingangs ihre Sorge, dass auch das Forschungsprojekt für einen aktuellen, als ambivalent angesehenen sozialrechtlichen Reformprozess „vereinnahmt" werden könne, indem der Träger sich mit dem Projekt als Vorreiter auf dem (Quasi-)

---

der Organisation von Selbstvertretungen gibt, von denen wir lernen können. Allerdings führten die unsystematischen lokalen Erkundigungen nicht zu Ergebnissen. Dies verdeutlicht die Relevanz einer überregionalen Vernetzung und der Ausweitung der Suche auf die Suchthilfe allgemein bzw. auf die (Sozial-)Psychiatrie.

Markt positioniere.[5] Die Sorge der Professionellen vor Vereinnahmung für diesen Reformprozess, um dessen Konturen noch gerungen wird, ist nachvollziehbar. Im Rahmen der Einführung des BTHG entstehen höhere wirtschaftliche Risiken für die Träger, die weder Motor für verlässliche Beschäftigungskonditionen von Professionellen sind noch einen Beitrag zur Senkung von Selektionsrisiken für Nutzer*innen mit geringem Passungsverhältnis darstellen. Der Reformprozess des BTHG birgt neben Herausforderungen sicherlich auch ein Potenzial für professionspolitische Aktivitäten sowie für die Selbstvertretung der Nutzer*innen. Letztlich war dies für das Praxisforschungsprojekt vermutlich ein Türöffner, der sowohl die Zustimmung der Geschäftsführung zur Kooperation begünstigte als auch die Bereitstellung von zeitlichen Ressourcen für zwei Teammitglieder ermöglichte.[6]

Von den Nutzer*innen erfuhren wir, dass sie die Partizipationsoptionen mit positiven Erfahrungen verknüpfen, wenn ihre Entwicklungsziele in einem gewissen Passungsverhältnis zu den institutionellen Normen stehen. Wenn dies nicht der Fall ist, da beispielsweise keine Beikonsumfreiheit etc. angestrebt wird, kann das Interesse an einer Mitwirkung an der Hilfeplanung eher strategisch orientiert sein bzw. als halbherzig wahrgenommen werden. Dann müssen die eigenen Entwicklungsziele verdeckt und andere zur Sicherung des Status quo benannt werden. Aufgrund des Angebotsspektrums kann eine Mitwirkung auch maßgeblich dadurch motiviert sein, den eigenen Wohnraum in Zeiten von Wohnraumverknappung sichern zu wollen. Vor dem Hintergrund der institutionell-organisationalen

---

[5] Es handelt sich um einen umkämpften Reformprozess rund um das neue Bundesteilhabegesetz (BTHG) (SGB IX) unter den Maßgaben der UN-Behindertenrechtskonvention. Die Reform soll die Qualität der Angebote verbessern, die Kosten steuern und die Konkurrenz zwischen den Leistungserbringenden beleben. Kostensteuerung soll ermöglicht werden durch die Bedarfserhebung durch den Kostenträger (Teilhabeämter) vor der Vermittlung in eine Erbringungseinrichtung. Durch eine Personenzentrierung sollen Bedarfe besser erhoben werden. Ob es jedoch zu einer Entwicklung entsprechender beigeordneter Maßnahmen kommen wird, die die Ausbildung und Artikulation von Teilhabewünschen ermöglichen und die Selbstbestimmung unterstützen, ist ungewiss. Eine verstärkte Wirkungsorientierung soll die Kontrollmöglichkeiten des Kostenträgers erleichtern. Was jedoch im Fokus der Wirkungskontrollen stehen wird – die individuelle Teilhabe oder der Zugang zu sozialräumlicher Infrastruktur, zum Wohnungs- und Arbeitsmarkt etc. –, ist offen. Ob es am Ende ein eher fachliches Controlling zur Stärkung der Nutzer*innen-Interessen gibt oder ein eher fiskalisches Controlling bis hin zu Rückforderungen, ist nicht entschieden (vgl. u. a. Boecker & Weber, 2018; Kahl, 2019; Klauß, 2018).

[6] Den Aushandlungsprozess ums BTHG aktiv zu verfolgen und zu begleiten, ist möglich: Hochschule kann als Plattform genutzt werden, um Mitverantwortung in arbeitsteiligen transversalen Bündnissen auszuloten und wahrzunehmen (vgl. Arbeitskreis Kritische Soziale Arbeit Berlin, 2020).

Voraussetzungen formulierten Nutzer*innen mit Blick auf ihre Peers zudem die herausfordernde Gemeinsamkeit, dass sie sich bisher als Einzelne im Hilfesetting bewegt haben und andere Nutzer*innen des Trägers kaum oder gar nicht kannten bzw. dies auch nicht wollten. Als Gründe wurden Vorbehalte gegenüber anderen Nutzer*innen sowie die mangelnde Gemeinschaft aufgrund der dezentralen Unterbringungen von ihnen genannt.

Weiter formulierten Nutzer*innen gleich zu Anfang des Projekts deutlich ihre Ausgangsposition: Aus Angst, den Status quo zu gefährden, fragten sie sich: „Kann ich wirklich etwas sagen?" Insbesondere im Vergleich zu der Qualität bei anderen Trägern schätzen sie diesen, weshalb sie keine Verschlechterung ihrer Lebenssituation riskieren wollten. Manche praktizierten daher die Möglichkeiten der Nicht-Nutzung (z. B. durch widerständige Zwischentöne) sowie das vereinzelte Abgeben unausgefüllter Fragebögen (vgl. Wagner, 2017b, S. 237 f.). Weiter teilten sie uns ihre Erfahrung mit, dass sie sich auch bei diesem Träger teils von Professionellen „totgequatscht" fühlten und somit ihre eigenen Ideen verlören. Zudem begrenzten ihre physisch wie psychisch prekären Lebenssituationen die Möglichkeiten, ihre Ressourcen einzubringen. Neben der Bewältigung der Suchtmittelabhängigkeit gehören weitere physische wie psychische Leiden zur Lebensrealität einiger Nutzer*innen, die auch im Projektverlauf beispielsweise bei Teilnehmer*innen zu Krankenhausaufenthalten führten. Die instabilen Lebensrealitäten erschweren die Kooperation im Forschungsprojekt.[7]

Bereits zu Beginn teilten die Professionellen ihre Einschätzung, dass es eines großen Maßes an Emanzipation bedürfe, damit Nutzer*innen ihre Wünsche und Bedürfnisse formulierten und sie in diesem Arbeitsbereich durchsetzen könnten. Dies kann sowohl als empathisch interpretiert werden als auch allgemein als (unbewusst) konfliktverdeckend, da die Passung der Nutzer*innen zu normkonformen Partizipationsangeboten nicht deutlich thematisiert wird. Die Professionellen wollten daher vor allem die ihrer Einschätzung nach stabilen Nutzer*innen zu einer Teilnahme am Projekt ermutigen, denen sie einen solchen Prozess zutrauten bzw. für die sie die Teilnahme zumutbar hielten. Es lässt sich nicht sagen, welche (schmerzhaften, empowernden) Erfahrungen die nicht beteiligten Nutzer*innen gemacht hätten. Allerdings kann die (paternalistische) Auswahl auch als Praxis der Fortschreibung von Marginalisierung und Ausschluss gelesen werden. Im Prozess wurde die Gatekeeper-Position des Teams zwischen den Hochschulangehörigen und den Nutzer*innen erfahrbar, indem sie nicht nur den Zugang, sondern auch den Informationsfluss regulieren (mussten), z. B. beim

---

[7] Wir Forscher*innen versuchten daher immer wieder, alle Nutzer*innen und die Professionellen über den Prozessverlauf zu informieren, um einen (Wieder-)Einstieg zu ermöglichen.

Weiterleiten von Briefen mit (Zwischen-)Ergebnissen von den hochschulischen Praxisforscher*innen an die Nutzer*innen.[8]

Die institutionellen Voraussetzungen lassen sich insgesamt als limitierten, aber nutzbaren Raum für partizipative Prozesse interpretieren. Dies gilt im Hinblick auf die arbeitsbereichsspezifischen Voraussetzungen unserer Praxispartner*innen, aber auch für unsere eigenen begrenzten hochschulischen Lehr- und Forschungsbedingungen (vgl. Abschn. 3.1). Partizipation stellt somit ein produktives Recht dar für die, die prinzipiell bereit sind, sich an den (mehrheitsfähigen) gültigen Normen zu orientieren, aber auch teilweise eine Pflicht. Durch die im Projekt zunächst vorgenommene Analyse der Voraussetzungen partizipativer Prozesse wurde zwar noch nicht klar, woran Nutzer*innen wie partizipieren wollen, aber es entstand etwas Klarheit darüber, woran sie partizipieren können (bzw. wollen sollen). Der Entscheidungsspielraum konnte somit verdeutlicht und ein erster Schritt zu (mehr) Partizipation gegangen werden. Die institutionellen Nahelegungen, deren Übernahme durch Professionelle unter anderem eine Anerkennung des Trägers versprechen, wurden erkennbar sowie die Notwendigkeit der Absicherung bestehender Unterstützungsangebote. Ein Infragestellen dieses Status quo stellt, so wurde deutlich, für Nutzer*innen und auch Professionelle eine potenzielle Verunsicherung bzw. ein Risiko dar, was einen sensiblen Aushandlungsprozess erfordert.

Im gemeinsamen Prozess wurden konkrete Entwicklungsbedarfe sowie Gestaltungsoptionen deutlich. Im Team wurde zum einen das („Reiz"-)Thema Betreuer*innen-Wechsel bearbeitet. Dies tauchte bereits beim ersten Kennenlernen als wichtiges Thema seitens der Nutzer*innen auf. Vertraglich ist es ihr Recht, hinsichtlich der Umsetzung wurden jedoch Unsicherheiten und die fehlende Transparenz einer Wechseloption deutlich. Das Team entschied sich, das (Konflikt-)Thema in einer Supervision aufzuarbeiten und eine Handlungsorientierung zu verschriftlichen. Somit wurde nicht nur ein Konfliktthema deutlich, sondern auch eine Bearbeitung angeregt.

Zudem wurde klar, wie voraussetzungsvoll eine derartige Verantwortungsübernahme ist: Bis solche Veränderungsprozesse angestoßen werden können, müssen konkrete Mängel, Bedürfnisse, Wünsche und Ideen zumindest von

---

[8] Innerhalb der Hochschulgruppe thematisierten wir bereits im Prozess ein Unbehagen mit dieser Praxis, aber sehen vor allem im Nachhinein die Möglichkeit, einen Konflikt aufzudecken und zu bearbeiten, als verschenkt an. Der Versuch, weitere Nutzer*innen mit einzubeziehen, hätte in dem Anfangsstadium des Projekts nicht absehbare Folgen haben können. Eine Verständigung über ein Schutzkonzept für Nutzer*innen (aber auch für Professionelle), die im Kontext des Projekts in Krisen geraten, könnte eine Praxis kooperativen Umgangs mit solchen Risiken sein.

Einzelnen erarbeitet sein und eingebracht werden können. Hierfür braucht es
– ein weiteres Zwischenergebnis – einen offenen Raum. Die Professionellen
und Nutzer*innen entwickelten dazu ein Verständigungsformat für Nutzer*innen
(„Klient*innen-Café"). Der Anstoß war eine Antwort auf eine offene Frage im
Fragebogen zu Verbesserungsvorschlägen zur Mitbestimmung der Nutzer*innen.
In einem Abschlussgespräch der ersten Projektphase mit Nutzer*innen, Mitarbeiter*innen und Praxisforscher*innen wurde die Idee diskutiert, einen solchen
Raum einzurichten. Das Gespräch markiert zugleich den Auftakt zur zweiten
Phase des Projekts, die durch teilnehmende Beobachtungen wissenschaftlich
begleitet wurde. Dieser Raum erscheint zum Austausch und Informationsfluss
sinnvoll, da ein lückenhafter Informationsstand bei interessierten Nutzer*innen
deutlich wurde, z. B. durch Nachfragen zum „alten Projekt" wie „Gibt es schon
Klient*innensprecher?" (vgl. Fußnote 1).

## 3 Ausgewählte Konfliktlinien

Nachfolgend werden die für uns Autorinnen dieses Beitrags relevantesten Konfliktlinien dargestellt, die uns im Prozess teilweise oder durchgängig begleiteten.

### 3.1 Vielfalt der Standpunkte: Interessenkonflikte und Unsicherheiten

Wie konkretisieren sich die institutionell-organisationalen (Interessen-)Konflikte
aufgrund der verschiedenen Lagen/Positionen[9] im Verlauf des Projekts? Welche
sozialen Impulse haben die Konfliktbearbeitungsweisen für den Verständigungsprozess?
  An dem Projekt waren eine Vielzahl unterschiedlicher Akteur*innen beteiligt,
die gemeinsame, aber auch eigene Intentionen hinsichtlich des Projekts verfolgten: die Nutzer*innen des Betreuten Wohnens, die Mitarbeiter*innen des Teams
und dessen Leitung, der Träger des Angebots, das Praxisforschungsseminar

---

[9] Die jeweilige Position ist vermittelt über gesellschaftliche Arbeitsteilung inklusive ihrer
Widersprüche und ihrer Anforderungen; die (gesamtheitliche) Lebenslage wird verstanden
als alle unmittelbar erfahrbaren sozialen gegenständlichen Prozesse, mit denen „jeweils" ich
an meinem „wirklichen" Standort konfrontiert bin (vgl. u. a. Bader, 1990, S. 90 f., Zander,
2020, S. 156 f.).

der Hochschule aus Studierenden und Lehrenden, eine Lehrende als (informelle) Projektleitung sowie eine Studentin, die ihre Masterarbeit verfasste.[10] Es gab Beteiligte, die mehrere Rollen innehatten.[11] Bei Mehrfachrollen kann ein Abwägen zwischen den Interessenlagen und der (mehrheitlichen) Gruppenhaltung notwendig sein: In der Gruppe muss, um etwas kooperativ zu bewegen, ein gemeinsames Anliegen geteilt werden (vgl. Kunstreich, 2013, S. 85). Die Nutzer*innen sahen sich meist als Individuen und nicht als Gruppe von Nutzer*innen, als die sie teilweise wahrgenommen wurden. Das Team setzte sich ebenfalls aus einzelnen Professionellen zusammen, braucht jedoch nach außen ein gemeinsames, in einem Verständigungsprozess ausgehandeltes professionelles Auftreten, das nicht vorausgesetzt werden kann. Dieser Verständigungsprozess wurde in der Gruppendiskussion der Professionellen in Gang gesetzt, jedoch nicht abschließend bearbeitet.

Rückblickend ist anzunehmen, dass alte, verdeckte Konflikte und Anpassungsleistungen im Team durch das Praxisforschungsprojekt berührt wurden. In der ersten Phase zeigten sich Konflikte zwischen Professionellen entlang von unterschiedlichen Verständnissen und Haltungen zur Partizipation. Zudem zeichnete sich unter Lehrenden sowie Studierenden Uneinigkeit darüber ab, wie mit diesen unterschiedlichen Partizipationsverständnissen umgegangen werden sollte. Gilt es angesichts des partizipativen Anspruchs an den Prozess selbst, zunächst die diversen Professionsverständnisse der Professionellen in Bezug auf Partizipation zu bearbeiten? Oder gilt es angesichts der sehr begrenzten Ressourcen, sich ergebnisorientiert am Projektziel auszurichten und mit den Nutzer*innen nach dem „Woran und wie partizipieren?" zu suchen? Vereinzelt wurde der Wunsch von

---

[10] Beteiligte: (Mit-)Forscher*innen: 14 Professionelle, 15 (von 63) Nutzer*innen, 4 (+1) Studierende, 2 Lehrende.

[11] Mehrfachzugehörigkeiten können für partizipative Prozesse gewinnbringend sein, bergen jedoch auch Herausforderungen (vgl. Unger, 2014, S. 37). Wenn wie im Projekt teilweise widersprüchliche Interessen und Erwartungen aufgrund verschiedener Rollen schwer abzugrenzen sind, ist es von Bedeutung, sich selbst dies bewusst zu machen und für andere Beteiligte transparent zu halten bzw. die Machtverhältnisse offenzulegen. Beispielsweise hatten Mitarbeiter*innen, die sowohl Teil des Teams waren und Teaminteressen vertraten, auch eine Position im Partizipationsprojekt als Vertreter*in des Projektziels. Zugleich waren manche Bezugsbetreuer*in von am Projekt gleichberechtigt teilnehmenden Nutzer*innen. Die Verstrickungen der Professionellen wurden beeinflusst von Abhängigkeitsverhältnissen, politischen Handlungsgründen und vorherrschenden Vorstellungen über Partizipationsprozesse. Auch die Forschenden müssen sich diesen (Interessen-)Konflikten stellen. Dies wurde in der zweiten Phase des Projekts deutlich, in der eine Studentin sowohl die Rolle der Forschenden als auch die Rolle einer Teilnehmer*in des „Klient*innen-Cafés" eingenommen hat.

Professionellen geäußert, sich hier zunächst einen Konsens zu erarbeiten. Die zweite Frage sahen andere als Hauptanliegen der Forschung an.

Die Studierenden und Lehrenden stellten ebenfalls eine heterogene Gruppe dar und erlebten spezifische Interessenkonflikte im Kontext des Hochschulsettings des Lehrforschungsprojekts (weshalb diese Ausführungen auch eine Ergänzung zu 2. sind). Denn auch das (Hochschul-)Seminar selbst wollte (mit)gestaltet und bestanden werden, die Masterthesis fertiggestellt und dadurch das Studium abgeschlossen werden. Interessenschwerpunkte der Studierenden bewegten sich zwischen den partizipativen Forschungsprozessen, dem Empowerment von Nutzer\*innen bzw. zwischen dem Ausprobieren bestimmter Forschungsmethoden und dem Arbeitsfeld. Die Unsicherheiten durch die Aushandlungsprozesse führten bei mindestens einer Studentin dazu, sich gegen eine benotete Prüfungsleistung in diesem Forschungsprojekt zu entscheiden. Auch wurde (beispielsweise in der Masterarbeit) zwischen eigenen Partizipationsvorstellungen bzw. -vorhaben und den verschiedenen Interessen der Mitarbeiter\*innen und Nutzer\*innen abgewägt. Dabei wurden teilweise Gestaltungsmöglichkeiten von Praxisforschung nicht genutzt: Konkret wurde der Prozess begleitet, ohne angesichts des knappen zeitlichen Rahmens auch moderierend zu intervenieren. Bei Studierenden und Lehrenden führte das teils unbewusste, teils bewusste pragmatische Übergehen von Anliegen zu sozialen wie inneren Konflikten, wie wir später darstellen werden.

## 3.2 Verständigung über Partizipationsverständnisse (un)möglich

Eine Verständigung mit den Nutzer\*innen über die Ziele des Projekts und den zunächst abstrakten Begriff Partizipation wurde anfangs von den Hochschulangehörigen und dem Team als Herausforderung markiert.[12] Die Nutzer\*innen machten sich den Begriff der Mitbestimmung zu eigen und gingen teils zügig in das Abstecken ihres Möglichkeitsraumes über, indem sie produktiv das jeweilige Verständnis von Mitbestimmung untereinander diskutierten. Dennoch blieb

---

[12] Wir brachten für die Kooperation einen knappen Vorschlag für ein gemeinsames Partizipationsverständnis analog zu Straßburger und Rieger (2014) ein. Sie verstehen unter Partizipation, „an Entscheidungen mitwirken und damit Einfluss auf das Ergebnis nehmen zu können" (ebd., S. 230). Zudem nutzten wir ihr anschaulich aufbereitetes Modell „Pyramide der Partizipation" (ebd.), um in den Austausch über verschiedene Perspektiven auf sowie Stufen von Partizipation zu kommen und Handlungsspielräume auszuloten. Diese Arbeitsgrundlage wurde nicht offen infrage gestellt bzw. näher diskutiert.

es bei Unklarheiten, und es zeigten sich auch, wie eben erwähnt, bei den Professionellen Unsicherheiten hinsichtlich der Frage, was Partizipation meint, was für sie denkbar ist und was konkret verändert werden kann und soll. Zwar wurde vom Team eine interessierte Offenheit für die Stärkung von Teilhabe markiert, es zeigte sich aber auch Zurückhaltung bei der Festlegung weiterer Prozesse der Beteiligung. Anfangs wurde von den Professionellen Offenheit gegenüber dem emanzipatorischen Potenzial von Partizipation zur Stärkung von Teilhabe signalisiert. Die Stärkung von Partizipation wurde als erstrebenswertes Ziel eingeschätzt, sodass die Bereitschaft bestand, Ressourcen für das Projekt einzusetzen. Zugleich wurden bereits in der ersten Phase, in der von einem Studierenden moderierten Gruppendiskussion des Teams, Unterschiede bezüglich des gewünschten Ausmaßes von Nutzer*innenpartizipation deutlich. Konkret ging es darum, bis zu welchen Stufen der Partizipationspyramide (Straßburger & Rieger, 2014) Mitentscheidungen in diesem spezifischen Arbeitsfeld stattfinden könnten (z. B. mit Blick auf die Hausordnung für die Wohnungen) und was unter den gegebenen Arbeitsbedingungen als realisierbar eingeschätzt wird. Es wurde die Befürchtung geäußert, dass eine Erhöhung der Partizipationsmöglichkeiten zulasten der Mitarbeitenden ausgehen könnte. Unklarheit herrschte darüber, ob die einzusetzenden Ressourcen in einem angemessenen Verhältnis zu den erreichbaren Partizipationsmöglichkeiten stehen. Durch diesen Austausch wurden die institutionellen sowie die persönlichen Grenzen sichtbarer (vgl. Kessl & Maurer, 2010, S. 165).

Im Verlauf des Forschungsprozesses sind die Herausforderungen rund um die Verständigung über Partizipationsverständnisse und -ansprüche, so vermuten wir in unserer nachbereitenden Reflexion, deutlicher geworden, was bei einigen Beteiligten zu einer neuen Einschätzung geführt hat. Zu Beginn war der Aufwand für das Praxisforschungsprojekt überschaubar und ein Nutzen möglich. Der Forschungsprozess ermöglichte eine tiefergehende Auseinandersetzung und einen arbeitsfeldbezogenen Aushandlungsprozess von Partizipation. Das Projektziel, die Stärkung von Partizipation, war unter den Initiator*innen (zumindest implizit) Konsens und durch sie die Diskussionsrichtung gerahmt. Weniger oder gleichbleibende Partizipation war nicht im Fokus. Im Prozess blieb offen, wer angesichts des konkreten Möglichkeitsraums bzw. der Besonderheiten des Trägers diese Orientierung teilte. Zwar wurde das fehlende gemeinsame Partizipationsverständnis im Sinne einer geteilten positiven Bewertung des Potenzials von Partizipation im Prozess auch als ein Grund dafür thematisiert, dass sich passiver bis hin zu offenem Widerstand aufseiten von Mitarbeitenden entwickelte. Die festgestellte ungerichtete Offenheit hemmte sicherlich das Einlassen auf weitergehende konkrete Entwicklungsperspektiven (inkl. ihrer Risiken, s. o.) über die erste Phase des Projekts hinaus. Dieses Phänomen lediglich als eine ideologische Frage nach dem gemeinsamen oder „richtigen" professionellen Partizipationsverständnis zu interpretieren, erscheint jedoch zu kurz gegriffen. Die ungerichtete Offenheit steht vermutlich stärker für die Diskrepanzen zwischen einem prinzipiellen Wollen und einem gehemmten Können vor dem Hintergrund des latenten professionstypischen Konflikts, der hier manifest zu werden drohte, wenn sowohl dem Einrichtungserhalt, der persönlichen Existenzsicherung als auch der fachlich-ethischen Verantwortung Rechnung getragen werden soll (vgl. Eichinger, 2018).

### 3.3 Partizipation als Weg und als Ziel. Von Hoffen und Scheitern

Die Studierenden und Lehrenden stellten – wie oben ausgeführt – keine homogene Gruppe dar und erlebten und bearbeiteten Konflikte unterschiedlich. Durch das Projektziel der Stärkung von Partizipation entstand bei Studierenden und Lehrenden der Anspruch, ein Ergebnis im Sinne von konkreten Entwicklungsperspektiven aufzuzeigen, wie es mit dem Kooperationsträger vereinbart war. Dieses Ziel partizipativ erreichen zu wollen, stellt aufgrund der institutionell-organisationalen Voraussetzungen (vgl. oben Teil 2) eine kaum erreichbare Vorstellung dar. Die (anthropologisch) begründete Hoffnung auf Entwicklung kann sich im Prozess zu einer konkreten Erwartungshaltung verselbstständigen. Einerseits kann dies die Konfliktwahrnehmung (das heißt den praktischen Widerspruch) schärfen, da das emanzipatorische Potenzial von Partizipation in einem Setting wie diesem nicht umfänglich zu entfalten ist. Andererseits kann eine Ideologisierung von (widerspruchsfreier) Partizipation dazu nötigen, kleinere Prozessziele einschließlich deren Anerkennung zu hemmen bzw. zu verdecken. Durch den Fokus auf die großen Partizipationsziele blieben die kleinen Errungenschaften im Aushandlungsprozess um Partizipation wenig beachtet.

Hoffnung hingegen, verstanden als Forschungsregulativ, hilft die Aufmerksamkeit auf das Ausloten realer Möglichkeitsräume zu richten. Fehlt es an Aufmerksamkeit für die kleinen Schritte, bevor man an praktische Grenzen stößt, droht auch auf diese Weise eine Ideologisierung im Sinne von „Es gibt ohnehin keine Spielräume" (vgl. Markard, 2009, S. 158 ff., 278). Denn auch im Scheitern steckt ein Lern- und Entwicklungspotenzial. Samuel Beckett (1983, S. 7 zit. n. Samuel Beckett Gesellschaft, 2021) formulierte: „Immer gescheitert. Einerlei. Wieder versuchen. Wieder scheitern. Besser scheitern." Konkret konzentrierten wir uns (Phase 1) – wie zuvor mit dem Team vereinbart – auf bereits etablierte (bzw. auf zumindest für einzelne vorstellbare) konkrete Gegenstände sowie Prozesse von Partizipation. Die Konfliktlinie zwischen (differenten) professionellen Ansprüchen im Hinblick auf Partizipation und (begrenzten) Realisierungsbedingungen wurde nicht vertiefend bearbeitet (vgl. oben). Dies begünstigte wohl, dass vereinzelt die vorgeschlagenen Entwicklungsperspektiven ignoriert oder abgelehnt wurden. Bei Studierenden und Lehrenden führte dieses teils unbewusste, teils bewusste Übergehen zu sozialen wie inneren Konflikten. So war es für einige Beteiligte in manchen Situationen wichtig, eher ergebnisorientiert konkrete Maßnahmen zur Stärkung von Partizipation den Professionellen bzw. den Nutzer*innen zu präsentieren, und in anderen Situationen schien ein stärkerer bedürfnisorientierter partizipativer Prozess wesentlicher, der einer Verständigung über das Potenzial und die Risiken von Partizipation hätte dienen können. Dies führte immer wieder zu Unklarheiten bezüglich der Zielstellung des Projekts, die fortlaufende Verständigungsprozesse hinsichtlich des Aufmerksamkeitsfokus notwendig machten, der auch als „ungerichtete Offenheit" interpretiert werden kann. Im Kern ging es um die (konflikthafte) Bestimmung des Verhältnisses zwischen dem partizipativen Vorgehen innerhalb des Projekts (Weg) und dem Ziel der Stärkung der Partizipation im organisationalen Setting. Um diesen Kern ranken sich folgende weiterführende Fragen:

- Wie kann das Selbstverständnis von (partizipativer) Praxisforschung zwischen (moderierender bzw. parteilicher) Intervention und („objektiver") Begleitung verhandelt werden?
- Welche impliziten Erwartungen und Vorurteile an bzw. in Bezug auf Wissenschaft müssen berücksichtigt werden?
- Kann in kooperativer Lehrforschung subjektwissenschaftliches Forschen realisiert werden?
- Welche (impliziten) normativen Vorstellungen gilt es zu Beginn offenzulegen und als Voraussetzung für eine Kooperation zu verhandeln?

## 3.4 Fremd- und selbstbeschränkende Tendenzen im Umgang mit Bedürfnissen

Im Zuge des „Klient*innen-Cafés" innerhalb der Einrichtung wurden weitere Konflikte sichtbarer: Die Schwierigkeiten, eigene Bedürfnisse zu äußern, können Nutzer*innen der Sozialen Arbeit in verschiedenen Kontexten erleben. In diesem Projekt fehlte es an offensivem Umgang mit den jeweils eigenen Bedürfnissen, was nun als selbstbeschränkende Tendenz vertiefend beschrieben wird. Hierbei geht es nicht um eine Bewertung individuellen Handelns, sondern darum, den beobachteten (nötigen und möglichen) Umgang mit Erwartungshaltungen, bezogen auf den geschaffenen Raum für Nutzer\*innen in seinem institutionell-organisationalen Kontext, zu begreifen. Die Nutzung des Möglichkeitsraumes war herausfordernd, da differente Erwartungen sichtbar wurden. Einige Nutzer\*innen versprachen sich einen Raum für Diskussionen und den Austausch über Problemlagen, um gemeinsame Schnittstellen zu erkennen. Andere wiederum erwarteten einen Ort zum Abschalten, Spielen und erst einmal Kennenlernen. Der Spagat schien (zu) groß, wodurch bei den Teilnehmer\*innen teilweise Frustration und Langeweile entstanden, da sich keine Annäherung an etwas Gemeinsames ergab. So verließen einige Nutzer\*innen das „Klient\*innen-Café", nachdem eigene Vorstellungen geäußert wurden oder nachdem getestet wurde, ob dieser Raum ihren jeweiligen Bedürfnissen und Erwartungen entsprach. Offen bleibt, inwiefern das Format zur kleinschrittigen Partizipationssteigerung nützlich war: z. B. zur Auseinandersetzung mit ihren Themen, zur Schaffung von Transparenz in Bezug auf einen möglichen Betreuer\*innenwechsel, zum Kennenlernen der Nutzer\*innen untereinander und damit zur Schaffung von Möglichkeitsräumen als Grenzbearbeitung (vgl. Kessl & Maurer, 2010, S. 167).

Gekoppelt mit einer Orientierungslosigkeit seitens aller Teilnehmer\*innengruppen hinsichtlich der Frage, wie Partizipation gestärkt werden kann bzw. soll, verfestigte sich diese als Hemmnis des „Klient\*innen-Cafés". Die jeweiligen Handlungspraxen der Teilnehmer\*innen beschränkten sich gegenseitig oder aber sich selbst.

Die institutionellen Voraussetzungen (vgl. oben Teil 2) sind der Kontext, in dem Professionelle um die Klärung ihrer Vorstellungen über Partizipation bzw. um ein entsprechendes Vorgehen ringen. Ihre (ungerichteten bzw. verdeckenden) Verarbeitungspraxen können das Aufgreifen durch die Nutzer\*innen hemmen, was zur Ablehnung von Partizipationsangeboten führen kann (vgl. Fußnote 2). Im Projekt zeigte sich, wie sich fremd- und zugleich selbstbeschränkende Tendenzen der Professionellen sozial bei den Nutzer\*innen spiegelten: Die Formulierung von Anliegen ist nach Streck (2016) bedingt durch die Varianz an Nutzungsmöglichkeiten und die Zurückhaltung der Professionellen (vgl. ebd., S. 399 f.). Offensiv eingebrachte Vorschläge der Professionellen, z. B. Verschönerung der Räumlichkeiten, wurden von den Nutzer\*innen diskutiert und begründet abgewehrt durch das Wissen über zu hohen Aufwand und Kosten, sodass durch die Bearbeitung wohl eigene Formulierungen von Anliegen gehemmt wurden. Aus den widersprüchlich erscheinenden Erwartungen an Professionelle, ihre Positionierung zur

Partizipation offensiv zu kommunizieren und gleichzeitig den Prozess um die Gestaltung von Partizipation den Nutzer*innen zu öffnen, ergeben sich die Erwartungen nach strukturierender Offenheit und Zurückhaltung. Einige Nutzer*innen sahen im Café keine Erweiterung ihrer Handlungsmöglichkeiten und entschieden sich durch eine (Selbst-)Positionierung als „nur Klient*innen" gegenüber den machtvolleren Professionellen und nahmen dieses Angebot zur Erweiterung ihrer Handlungsmöglichkeiten nicht an.

## 3.5 Nicht-Beteiligung an Angeboten und Nicht-Anerkennung von dem, „was ist"

Neben den selbst- und fremdbeschränkenden Tendenzen wurden im Forschungsprozess die politischen Dimensionen der Nicht-Beteiligung sowie der Nicht-Anerkennung des vorhandenen Potenzials deutlich.

An dem „Klient*innen-Café" beteiligten sich zwischen zwei und vier Nutzer*innen, bei einer Gesamtzahl von ca. 60 Klient*innen der Einrichtung. Die Auseinandersetzung mit der geringen Resonanz wurde auf die Frage „Wie kann das ,Café' für weitere Nutzer*innen zugänglicher gemacht werden?" von dem Professionellen begrenzt. Es wurden verschiedene Möglichkeiten besprochen und versucht, weitere Teilnehmer*innen zu rekrutieren, anstatt zumindest ergänzend mit den Teilnehmer*innen andere Situationsdeutungen und Umgangsweisen zu erarbeiten. Dabei blieben kleine Entwicklungen (Aushandeln vorhandener Spielräume) im Schatten von großen Veränderungsvorhaben (Veränderungen vorhandener Strukturen) stehen. Hierbei rutschte das Ziel, die (Neu-)Gestaltung partizipativer Möglichkeitsräume durch einen offenen Raum, in den Hintergrund. Aus der vermeintlich geringen Anzahl von Teilnehmer*innen wurde (implizit) geschlossen bzw. kommuniziert, Partizipation gelinge nur mit einer Vielzahl von Personen. Die Reproduktion des Zustands wirkte blockierend auf den gesamten Prozess. Das Spannungsfeld zwischen „Partizipation ermöglichen" (Raum bereithalten) und „Partizipation aktiv gestalten" (Raum gestalten) erschwerte das Erkennen weiterer Partizipationsmöglichkeiten.

Im Verlauf wurde den Nutzer*innen die Verantwortung übertragen, Ideen beizutragen, um das „Café" attraktiver zu machen. Der teilnehmende Professionelle verstand sich als leitende, aber nicht teilnehmende Person, weshalb das kollektive Wissen nicht um sein Wissen erweitert werden konnte. Durch die teilnehmende Beobachtung konnte das Wissen der studentischen Forscherin ebenfalls nicht produktiv ins kollektive Wissen einfließen, obgleich beides vorhanden war. Im Rahmen eines partizipativen Settings gleichermaßen Verantwortung zu übernehmen, ist voraussetzungsvoll bzw. erfordert, das Wissen einzubringen, und die Bereitschaft, es bzw. sich gegebenenfalls auch kritisieren zu lassen. Dies hätte gemeinsames Lernen ermöglichen können. Die Asymmetrien zwischen Professionellen und Nutzer*innen bremsten diesen Prozess. Bestehende Beteiligungschancen wurden aufgrund der herrschenden Machtverhältnisse als zu gering wahrgenommen (vgl. Wagner, 2017b, S. 234). Die Nicht-Beteiligung ist daher aus verschiedenen Perspektiven zu betrachten und muss gerade im Rahmen der Sozialen Arbeit kritisch gesehen werden, um mögliche Ausschlüsse (auf gesellschaftlicher, institutioneller sowie individueller Ebene) aufzudecken: „Because they can't; because they don't want to; because nobody asked." (Verba et al., 1995, S. 269, zit. n. Wagner, 2017b, S. 31) Gerade in partizipativen Prozessen stellt sich die Frage nach fehlender Macht. Selbst wenn ein formales Angebot der Partizipation besteht, bestimmen die Machtverhältnisse, wer sich wie beteiligen kann und/oder darf (vgl. ebd., S. 235 f.). Um in den Strukturen zu wirken, braucht es eine individuelle Prämissensetzung (Wollen) und soziale Möglichkeiten (situativer Spielraum). Eine Nicht-Beteiligung kann somit auch eine Protestaktion gegenüber den herrschenden Verhältnissen darstellen (vgl. ebd., S. 239). Diese Möglichkeit wurde innerhalb des „Cafés" nicht thematisiert. Ein Fernbleiben vom Treffen wurde ausschließlich interpretiert als fehlendes Interesse und fehlende Zugangsmöglichkeiten, durch nicht erhaltene Einladungen, generell nicht ausreichenden Informationsfluss über Ziele des „Cafés" oder schlichtweg als keine Zeit, um die Termine wahrzunehmen.

Im Forschungsprojekt, so lässt sich zusammenfassend sagen, sind sowohl arbeitsfeldspezifische institutionell-organisationale Konfliktlinien deutlich geworden als auch solche, die sich aufgrund der hochschulischen Voraussetzungen bzw. des methodischen Zuschnitts des Lehrforschungsprojekts zeigten. Insbesondere in der Nachbereitung des Projekts wurde jedoch zunehmend deutlich, wie herausfordernd es ist, Konflikte nicht nur freizulegen und zu verstehen, sondern sie vor allem auch zu bearbeiten. Hier wurden Grenzen sowohl auf individueller als auch auf kollektiver Ebene sichtbar. Das Erfahren von Wirkmächtigkeit der Grenzen entsteht erst in der Interaktion (vgl. Kessl & Maurer, 2010, S. 165). Die Untersuchung zeigte Grenzerfahrungen hinsichtlich persönlicher Ressourcen und fehlender Gestaltungsmacht in Interaktion und Kommunikation sowie Grenzen aufgrund von herrschenden Verhältnissen.

## 4  Resümee und Ausblick

Die Bewertung des Nutzens des Projekts bewegt sich für Nutzer*innen und Professionelle zwischen

- Enttäuschung, da „nicht wirklich" (im Sinne von etwas Größerem) gemeinsam verändert wurde,
- verhaltener Zufriedenheit durch gewonnene Transparenz, z. B. bezüglich eines Betreuer*innenwechsels, und
- einer positiven Bilanz, da bei manchen Kolleg*innen ein „anderes Bewusstsein" entstanden sei, sowie dem begründeten Gefühl von Professionellen, ernster genommen zu werden (z. B. weniger argumentieren zu müssen, um immer wieder nahegelegte Entgiftungen zu vermeiden), sowie neu geschaffenen Räumen wie dem „Klient*innen-Café".

Es kann also festgehalten werden, dass die durch den Forschungsprozess angeregte Auseinandersetzung der Nutzer*innen und des Teams mit dem Thema Partizipation erste Veränderungen angestoßen hat. Zudem wurden durch das Projekt institutionell-organisationale Spielräume, (verdeckte) Konflikte und Grenzen sowie (konflikthafte) Bearbeitungsweisen rund um Partizipation sichtbar. Die skizzierten Ergebnisse konkretisieren historisch-strukturelle (typische) Möglichkeitsräume um Partizipation im Feld der Sozialen Arbeit im Allgemeinen und der Sozialpsychiatrie im Besonderen. Die institutionalisierten Partizipationsoptionen sind sowohl ein emanzipatorisches Potenzial (unter anderem durch vorhandene Nischen für akzeptierende Drogenarbeit, durch teils noch offene Aushandlungsprozesse im Kontext des BTHG) als auch ein sozialstaatliches Steuerungs- bzw. Kontrollinstrument (unter anderem durch Zugangsregulierung, Norm der Abstinenz, Hilfeplanung). Im Ergebnis bleibt die Praxis der Nutzung dieser Voraussetzungen somit ambivalent, da die genannten Widersprüche nicht gelöst werden können. Für zukünftige ähnliche Vorhaben unterstreichen diese Erkenntnisse, wie wichtig eine konkrete Aushandlung dieses Möglichkeitsraums ist.[13]

---

[13] Hierfür kann zunächst zur Vermeidung von Frustration eine Klärung mit den Professionellen bzw. Entscheidungsträger*innen sinnvoll sein, woran Nutzer*innen sich beteiligen können, um dann in einem weiteren Schritt mit den Nutzer*innen zu klären, woran sie sich beteiligen wollen. Bei einer Kooperation mit Einrichtungen, die hingegen z. B. einen betroffenenkontrollierten Ansatz verfolgen, wäre es eventuell naheliegender, zunächst mit den Nutzer*innen in einen Selbstverständigungsprozess zu starten. Die institutionellen

Diese Erkenntnisse können die Begrenzungen sozialarbeiterischer Praxis im Sinne von Voraussetzungen für deren Bearbeitung sichtbarer machen. Auf der Basis der hier dargelegten Analyse der Arbeitsbereichsspezifik kann fragend geprüft werden, welche organisationalen und individuellen Voraussetzungen ähnliche, weitere oder engere Gestaltungsspielräume bergen.

Die konfliktanalytische Perspektive trug dazu bei, (ungenutzte) organisationale bzw. situationale Handlungsmöglichkeiten ins Bewusstsein zu rücken bzw. darin zu halten. Die unternommenen Schritte hin zu sozialer Selbstverständigung über die (eigenen) widersprüchlichen Bearbeitungsweisen von institutionellen Konfliktkonstellationen sowie die Thematisierung von (blockierenden) Emotionen wie Ängsten waren ein produktiver Zugang. Sie ermöglichten, (individuelle) Risiken zu sehen und in Bündnissen bzw. „transversalen Sozialitäten" Grenzen zu thematisieren (vgl. unter anderem Kunstreich & May, 2020). Der konfliktanalytische Fokus erleichterte es uns, die Projekterfahrungen hinsichtlich ihrer Vermitteltheit mit den institutionellen Voraussetzungen des Arbeitsbereichs zu vertiefen. Durch das Ausleuchten der Bearbeitungsweisen konnten Dilemmata, Paradoxien sowie eigene ungenutzte Möglichkeitsräume freigelegt werden, was unserer Selbstklärung diente. Wir konnten im Rahmen dieses Beitrags vertieft entlang von Konfliktkonstellationen begreifen, dass und warum es nicht naheliegend ist, in (komfortablen wie prekären) Kooperationsprojekten normative Ansprüche bezüglich der Erweiterung von Handlungsmöglichkeiten zu verteidigen. Wir umschifften latente Konflikte,

- indem wir notwendige Debatten um Partizipation und den institutionellen Rahmen nicht den notwendigen Raum gaben, da es das Programm, der Zeitrahmen und die Ressourcen nicht nahelegten. Hierzu gehört auch der Aspekt, dass wir nicht offensiver versuchten, noch mehr alle Nutzer*innen zumindest am Projekt zu beteiligen, da es einer potenziell konflikthaften Verständigung mit den Professionellen (z. B. über die Auswahl geeigneter Nutzer*innen) sowie mit den Nutzer*innen (z. B. jenen, die sich nicht beteiligen wollen) bedurft hätte.
- indem nicht „offene Räume" im Sinne moderierender (Mit-)Forschung stärker begleitet wurden, eine deutlichere Positionierung stattfand, die (in der) Wissenschaft auch angreifbarer macht.

Im Prozess ist es notwendig, die jeweiligen begrenzenden Voraussetzungen transparent zu halten, sich zu sensibilisieren für (Selbst-)Beschränkungen sowie an

---

Konfliktkonstellationen sind jedoch auch hierbei nicht ausgehebelt (vgl. Küpper in diesem Band).

konkreten Themen der Professionellen mit wissenssuchenden Nachfragen anzusetzen.[14] Metaphorisch gesprochen, können Fragen zu Schlüsseln werden, die kreative Lösungen (vgl. Ulmann, 2017) sowie gemeinsame Lernprozesse unterstützen (vgl. Marvakis & Schraube 2016; vgl. auch Bader, 2016, S. 112), um (Selbst-)Entwicklung im Kontext professionspolitischer Aushandlungen ebenso im Blick zu haben wie (Selbst-)Empowerment von Nutzer*innen.

## Literatur

Arbeitskreis Kritische Soziale Arbeit (2020). Aktuelle Entwicklungen im BTHG-Prozess. Eine Stellungnahme auf wackeligem Boden. *Widersprüche, H., 156*, 123–127.

Bader, K. (1990): *Viel Frust wenig Hilfe. Bd. 2: Methoden der Analyse Sozialer Arbeit.* Edition Sozial/Beltz.

Bader, K. (2016): Alltägliche Lebensführung und Handlungsfähigkeit. Ein Beitrag zur Weiterentwicklung gemeinwesenorientierten Handelns. In K. Bader & K. Weber (Hrsg.), *Alltägliche Lebensführung* (Reihe: Texte Kritische Psychologie, Bd. 6, S. 74–116). Argument.

Beckett, S. (1983). Worstward Ho. http://www.beckett-gesellschaft.de/zitate-aus-dem-werk". Zugegriffen: 4. Dez. 2020.

Boecker, M., & Weber, M. (2018). Bedarf, Steuerung, Wirkung – zur Gestaltbarkeit sozialer Leistungserbringung im Dreiecksverhältnis. *Archiv für Wissenschaft und Praxis sozialen Arbeit, 3,* 4–17 (Wirkungsorientierung in der Sozialen Arbeit).

Bröse, J., & Held, J. (2015). Partizipation. In M. Allespach & J. Held (Hrsg.), *Handbuch Subjektwissenschaft. Ein emanzipatorischer Ansatz in Forschung und Praxis* (S. 136–149). Bund.

Brückner, B. (2015). Geschichte der psychiatrischen Sozialarbeit in Deutschland im 20. Jahrhundert – ein Überblick. In M. Dörr (Hrsg.), *Sozialpsychiatrie im Fokus Sozialer Arbeit.* Psychosozial (S. 21–32). Schneider.

Eichinger, U. (2018). „Was ging, was geht, was ist möglich?" Praktische und konzeptionelle Herausforderungen im Kontext Sozialer (Lohn-)Arbeit. In R. Anhorn, E. Schimpf, J. Stehr, K. Rathgeb, S. Spindler, & R. Keim (Hrsg.), *Politik der Verhältnisse – Politik des Verhaltens. Widersprüche der Gestaltung Sozialer Arbeit. Dokumentation Bundeskongress Soziale Arbeit in Darmstadt 2015* (Reihe: Perspektiven kritischer Sozialer Arbeit, Bd. 29, S. 345–354). Springer VS.

Kahl, Y. (2019). ICF-Orientierung in der Eingliederungshilfe. Risiken und Nebenwirkungen bei künftiger Bedarfsermittlung und Hilfeerbringung. *FORUM sozialarbeit + gesundheit, 3,* 11–13.

---

[14] Auf das Projekt bezogen: Warum ist es für die Professionellen so brisant, Nutzer*innen mehr an der Betreuer*innenzuteilung bzw. am Betreuer*innenwechsel zu beteiligen? Welche Veränderungen könnten dies erleichtern? Was kann, soll, muss eine moderierende (wissenschaftliche) Begleitung (anders) tun, um eine Verständigung unter den Nutzer*innen in Sachen Selbstvertretung zu flankieren?

Kessl, F., & Maurer, S. (2010). Praktiken der Differenzierung als Praktiken der Grenzbearbeitung. Überlegungen zur Bestimmung Sozialer Arbeit als Grenzbearbeiterin. In F. Kessl & M. Plößer (Hrsg.), *Differenzierung, Normalisierung, Andersheit. Soziale Arbeit als Arbeit mit den Anderen* (S. 154–169). VS Verlag.

Klauß, T. (2018). Wirkungsorientierung bei der Umsetzung des BTHG. *Archiv für Wissenschaft und Praxis der sozialen Arbeit, 49*(3), 52–62.

Kunstreich, T., & May, M. (2020). Partizipation als Arbeitsprinzip. Zur Praxis gemeinsamer Aufgabenbewältigung. *Widersprüche, H., 155*, 49–60.

Kunstreich, T. (2013). Was ist heute kritische Soziale Arbeit? In W. Stender & D. Kröger (Hrsg.), *Soziale Arbeit als kritische Handlungswissenschaft. Beiträge zur (Re-)Politisierung Sozialer Arbeit* (S. 81–93). Blumhardt. https://serwiss.bib.hs-hannover.de/frontdoor/deliver/index/docId/490/file/978-3-932011-87-0.pdf. Zugegriffen: 13. Okt. 2020.

Lütke, A. (2015). *Eigen-Sinn. Fabrikalltag, Arbeitserfahrungen und Politik vom Kaiserreich bis in den Faschismus*. Westfälisches Dampfboot.

Markard, M. (2009). *Einführung in die Kritische Psychologie*. Argument.

Marvakis, A., & Schraube, E. (2016). Lebensführung statt Lebensvollzug – Technik und die Fluidität von Lernen und Lehren. In K. Bader & K. Weber (Hrsg.), *Alltägliche Lebensführung* (Reihe: Texte Kritische Psychologie, Bd. 6, S. 194–233). Argument.

May, M. (2017). Ansätze migrantischer Sozialpolitik der Produzierenden und Dilemmata sie unterstützender Sozialer Arbeit. In R. Braches-Chyrek & H. Sünker (Hrsg.), *Soziale Arbeit in gesellschaftlichen Konflikten und Kämpfen* (S. 139–158). VS.

Oelerich, G., & Schaarschuch, A. (2013). Sozialpädagogische Nutzerforschung. In G. Graßhoff (Hrsg.), *Adressaten, Nutzer, Agency. Akteursbezogene Forschungsperspektiven in der Sozialen Arbeit* (S. 85–98). Springer VS.

Rießen, A., & van; Jepkens, K. (Hrsg.). (2020). *Nutzen, Nicht-Nutzen und Nutzung Sozialer Arbeit. Theoretische Perspektiven und empirische Erkenntnisse subjektorientierter Forschungsperspektiven*. VS.

Scheu, B., & Autrata, O. (2011). *Theorie Sozialer Arbeit. Gestaltung des Sozialen als Grundlage* (Reihe: Forschung, Innovation und Soziale Arbeit). Springer VS.

Schlösser, A. (2011). Das Zweiklassensystem der Abhängigenversorgung. In K. Weber (Hrsg.), *Sucht. Texte Kritische Psychologie 2* (S. 19–33). Argument.

Schmidt-Semisch, H., & Wehrheim, J. (2007). Exkludierende Toleranz oder: Der halbierte Erfolg „akzeptierenden Drogenarbeit". *Widersprüche, H., 103*, 73–91.

Straßburger, G., & Rieger, J. (2014). *Partizipation kompakt. Für Studium, Lehre und Praxis sozialer Berufe*. Beltz Juventa.

Streck, R. (2016). *Nutzung als situatives Ereignis. Eine ethnografische Studie zu Nutzungsstrategien und Aneignung offener Drogenarbeit*. Beltz Juventa.

Ulmann, G. (2017). Kreatives Problemlösen. *Forum Kritische Psychologie, H., 59*, 48–61.

Unger, von H. (2014). *Partizipative Forschung. Einführung in die Forschungspraxis*. Springer, VS.

Verba, S., Schlozmann, K. L., & Brady, H. E. (1995). *Voice and Equality. Civic Voluntarism in American Politics*. Harvard Univ. Press.

Wagner, T. (2017a). Partizipation. In F. Kessl, E. Kruse, S. Stövestand, & W. Thole (Hrsg), *Soziale Arbeit – Kernthemen und Problemfelder* (S. 43–51). Budrich & UTB.

Wagner, T. (2017b). Dabei sein ist nicht Alles! Gründe der Nicht-Nutzung von Beteiligungsverfahren in der Sozialen Arbeit aus demokratie- und ungleichheitstheoretischer Perspektive. In B. Schäuble & L. Wagner (Hrsg.), *Partizipative Hilfeplanung* (S. 230–244). Beltz Juventa.

Wessel, T. (2015). Wohnungslose, psychisch und suchterkrankte Männer und Frauen. In M. Dörr. (Hrsg.), *Sozialpsychiatrie im Fokus sozialer Arbeit. Psychosozial* (S. 154–161). Schneider.

Wolff, S. (2020). Die Ambivalenz von Institutionalisierung und Deinstitutionalisierung in der sozialen Arbeit in Geschichte und Gegenwart. *Widersprüche, H., 157*, 47–70.

Zander, M. (2020). Was heißt „Arrangement mit den Herrschenden" und woher kommt die Rede von den „Nebenwidersprüchen"? Antwort auf die Gegenkritik. In D. Neumüller et al. (Hrsg.), *Forum Kritische Psychologie. Spezial. Ausgewählte Beiträge der Ferienuni Kritische Psychologie 2018* (S. 152–160). Argument (Meretz & Sutterlütti).

# Transversale Kollektivierung von Konflikterfahrungen. Zur Arbeit an urbanen und institutionalisierten Konflikten

Thomas Wagner

### Zusammenfassung

Der Beitrag rekonstruiert und analysiert die Entstehungsgeschichte einer auf Transversalität basierenden Strategie der Auseinandersetzung mit einem urbanen Konflikt, in dessen Zentrum sowohl die kommunalen Umgangsweisen mit Wohnungslosigkeit stehen als auch die Erfahrungen, im beruflichen Alltag Sozialer Arbeit an institutionalisierte Grenzen zu stoßen. Er nutzt dafür konflikttheoretische Perspektiven, die sich aus dem Demokratieverständnis Jacques Rancières sowie aus konflikttheoretischen Ansätzen der Gemeinwesenarbeit gewinnen lassen, und lotet Möglichkeiten und Grenzen von Bündnissen aus, um Konflikte im Kontext Sozialer Arbeit zu politisieren.

### Schlüsselwörter

Transversale Bündnisse · Politisierung von Konflikten · Urbane Konflikte · Wohnungslosigkeit

„Dann ein ganz wichtiges Thema ist Wohnungssuche. Das ist für uns auch ein ziemlich schwieriges Thema. Das ist sehr oft so, also manchmal schon fast jedes zweite Gespräch, oder vielleicht sogar mehr, dreht sich da drum, also täglich! […] Da können wir eigentlich auch nicht wirklich viel helfen. Wir haben Informationen, die wir den Menschen an die Hand geben. Wir haben so'ne Liste mit Wohnbaugesellschaften,

---

T. Wagner (✉)
Hochschule Mannheim Fakultät für Sozialwesen, Mannheim, Deutschland
E-Mail: t.wagner@hs-mannheim.de

wo man sich bewerben kann. Wir können auch noch mal fragen, wie wurde die Wohnungssuche bisher gemacht, was fällt uns da noch ein an Möglichkeiten. Aber oft ist es einfach so, dass, obwohl man alles macht, obwohl man sich überall beworben hat, obwohl die Menschen dann im Internet suchen, auch so informelle Wege wählen [...], trotzdem ist es nicht einfach, dann'ne Wohnung zu finden, die dann auch bezahlbar ist. [...] das war auch für uns ein Grund zu sagen, das können wir gar nicht bewältigen, also da muss auch strukturell was passieren, [...] und das war auch für mich so ein Impuls zu sagen, ich arbeite mit da dran, dass wir ein Aktionsbündnis Wohnen gründen, dass wir uns einfach besser vernetzen mit anderen, weil alle sozialen Beratungsstellen oder Dienste haben im Prinzip das gleiche Problem, dass wir an der Stelle nicht weiterkommen, also mit sozialer Beratung kommen wir da einfach nicht weiter."

Fragt man nach der Bedeutung von Konfliktanalysen für die Soziale Arbeit, so lässt sich eine Antwort darauf in dieser Schilderung einer Konflikterfahrung aus dem beruflichen Alltag einer Sozialberatungsstelle ausmachen.[1] Diese Schilderung verweist auf einen Konflikt, welcher der Sozialen Arbeit strukturell eingeschrieben ist: Sozialarbeiter*innen sind in ihrem beruflichen Alltag vielfach mit gesellschaftlichen Konflikten konfrontiert, im vorliegenden Fall mit dem sich global zuspitzenden urbanen Konflikt um die Ressource Wohnraum. Gleichzeitig stehen ihnen zur Bearbeitung der Konsequenzen, die diese Konflikte in der Lebenssituation davon betroffener Menschen hervorbringen, institutionell meist nur auf den „Einzelfall" zugeschnittene Mittel zur Verfügung, wie z. B. Beratung. Dass die Soziale Arbeit in der Folge oftmals gesellschaftliche Konflikte mit individualisierenden, pädagogisierenden und damit in der Tendenz entpolitisierenden Mitteln bearbeitet, ist als Kritik bekannt und hat sich gerade vor dem Hintergrund einer auf Eigenverantwortung ausgerichteten Aktivierungsprogrammatik aktualisiert (vgl. u. a. Böhnisch, 1982; Bitzan & Klöck, 1993; Anhorn et al., 2018). Dieser „institutionalisierte Konflikt" (Kunstreich, 1975) ist im beruflichen Alltag aber bei Weitem nicht immer so sichtbar wie in der hier gewählten Schilderung. Er wird bei Weitem nicht von der Mehrheit der beruflich Tätigen als solcher wahrgenommen (vgl. u. a. Eichinger, 2009). Ein Bewusstsein für die der Sozialen Arbeit eingeschriebenen Widersprüche zu entwickeln, bildet ein wichtiges konfliktanalytisches Ziel. Da ein kritisches Bewusstsein einzelner Sozialarbeiter*innen allein jedoch die institutionell hergestellte Schwerkraft des beruflichen Alltags noch nicht außer Kraft setzen kann (vgl. Kunstreich, 1975, S. 19) – auch mit einem kritischen Bewusstsein betrieben, bleibt Beratung eben nur Beratung –, sollte es darum gehen auszuloten, inwiefern über Konfliktanalysen Spielräume für

---

[1] Die Passage stammt aus einem (unveröffentlichten) Interview, geführt von Swenja Thaumüller im Rahmen des Seminars „Armut und Wohnungslosigkeit" im BA-Studiengang Soziale Arbeit an der Hochschule Mannheim (Sommersemester, 2020).

eine Bearbeitung institutionell gegebener Grenzen gefunden werden können, um Umgangsformen mit Konflikten zu ermöglichen, die über eine personalisierende Konfliktbearbeitung bzw. -verwaltung hinausgehen.

Denn je mehr es darum geht, Konflikte an der Wurzel zu packen, das heißt, sich nicht mit der Betreuung von Einzelfällen zufriedenzugeben, sondern strukturell angelegte Widersprüche zu adressieren, desto wahrscheinlicher wird es, dass die von einzelnen Sozialarbeiter*innen durchaus aufgeworfene Frage des Umgangs mit gesellschaftlichen Konflikten selbst zum Konflikt um das „Handlungsverständnis" (vgl. Böhnisch & Lösch, 1973) Sozialer Arbeit wird. Versuche, das Erfahren sozialer Konflikte im beruflichen Alltag zu politisieren, werden in den Institutionen der Sozialen Arbeit nicht selten mit dem Verweis auf „Nichtzuständigkeit" pariert oder damit, dass man „heiße Eisen" besser nicht anfasst, insbesondere, um die eigene Finanzierung nicht zu gefährden.

Welche Handlungsstrategien sich in dieser Konstellation Sozialarbeiter*innen bieten können, die Konflikte, die ihren beruflichen Alltag prägen, dennoch „politisch produktiv" werden zu lassen, steht im Mittelpunkt meiner folgenden konfliktanalytischen Auseinandersetzung. Im Fokus steht eine Auseinandersetzung in Ludwigshafen, einer südwestdeutschen Großstadt, in deren Kern sowohl ein Konflikt um den Zugang zur Ressource Wohnraum bzw. um den Umgang mit dem Thema Wohnungslosigkeit durch die Stadtverwaltung steht als auch die Frage nach kollektiven Handlungsstrategien damit, dass dieser Konflikt eigentlich gar nicht öffentlich thematisiert werden soll. Über die Rekonstruktion der öffentlichen Thematisierung dethematisierter Konflikte möchte ich die Möglichkeiten und Grenzen kollektiver Strategien diskutieren, die transversal (vgl. Kunstreich, 2013), das heißt quer zu den institutionellen Grenzen zwischen professioneller Tätigkeit, zivilgesellschaftlich-politischem Aktivismus sowie Forschung und Lehre verlaufen und die sich somit auch einer klaren Einordnung in diese Grenzen entziehen. Zum Verständnis meiner Analyse ist es wichtig zu wissen, dass ich diese nicht aus der Position eines unbeteiligten Beobachters verfasst habe, sondern auf Basis einer parteilichen Position: Als Akteur war und bin ich in die beschriebene Situation verstrickt, sowohl durch meine ehemalige Tätigkeit an der Hochschule Ludwigshafen wie auch durch meine früheren politischen Aktivitäten im Rahmen des örtlichen AKS und meiner bis heute fortbestehenden Mitarbeit im Aktionsbündnis Wohnen. Sie versteht sich insofern als Versuch, über eine konflikttheoretische Rekonstruktion und Analyse reflexive Spielräume zu gewinnen, um mit etwas Abstand auf die Geschehnisse zu schauen und daraus etwas zu lernen.

**Konflikttheoretische Grundlagen**
Ich möchte in meiner Konfliktanalyse von einem Konfliktverständnis ausgehen, wie es sich aus der politischen Philosophie Jacque Rancières gewinnen lässt. Wie er schreibt, gibt es Politik, wenn „diejenigen, die kein Recht dazu haben, als sprechende Wesen gezählt zu werden, sich dazuzählen und eine Gemeinschaft dadurch einrichten, dass sie das Unrecht vergemeinschaften, das nichts anderes ist als der Zusammenprall selbst […]" (Rancière, 2002, S. 38). Aus dieser Perspektive werden die Begriffe Politik und Demokratie nicht ordnungstheoretisch gefasst, sondern der Konflikt um das gesellschaftliche Zusammenleben und die darin vorgesehenen Plätze zum Kern beider Begriffe erklärt. Es gibt Politik und Demokratie nur als Konflikt oder gar nicht (vgl. Balibar, 2012). Eine politische Regulation des Zusammenlebens von Menschen, in der Konflikte über die Gestaltung dieses Zusammenlebens nicht (mehr) vorgesehen sind, die für alternativlos erklärt und unter Verweisen auf die Notwendigkeit eines Konsenses aufrechterhalten werden soll, wird als Post-Demokratie beschrieben (vgl. ebd., S. 111). Auch wenn sich aus dieser Perspektive bei Weitem nicht alle demokratietheoretischen Fragen hinreichend klären lassen, so hat Rancière doch gerade Sozialarbeiter*innen, die an emanzipatorischen Zielen wie einer grundlegenden Demokratisierung von Gesellschaft interessiert sind, einiges zu bieten, und dies gerade unter konfliktanalytischen Gesichtspunkten: Erstens lädt diese Perspektive dazu ein, politische Praxis unter demokratietheoretischen Gesichtspunkten nicht in formalisierten und meist viel zu schnell auf einen vorbestimmten Konsens ausgerichteten Beteiligungsmethoden zu suchen, mittels deren Konflikte häufig gemäß den Interessen mächtiger Akteure in die „richtige Richtung" gesteuert werden sollen (vgl. Wagner, 2017a). Die Suche nach Demokratie gilt es demgegenüber in den „Löchern im konsensualen Gewebe" (vgl. Bareis, 2013) aufzunehmen, wie sie beispielsweise in den von Haj Ahmad (2020) rekonstruierten Praktiken eines jungen wohnungslosen EU-Bürgers deutlich werden, der in der geltenden Ordnung von Ein- und Ausschlüssen der Berliner Wohnungslosenhilfe versucht, für sich einen Platz als „zu zählender Teil" auszuhandeln. Zweitens geht diese Perspektive mit einem Konfliktverständnis einher, das Konflikte als eine notwendige Voraussetzung demokratischer Vergesellschaftung versteht, als etwas, was es unter demokratietheoretischen Gesichtspunkten nicht zu unterbinden, sondern reflexiv und politisch produktiv zu entfalten gilt. Als Konsequenz ergibt sich daraus vor allem die Notwendigkeit einer gesteigerten Sensibilität für Konfliktartikulationen der Nutzer*innen Sozialer Arbeit als demokratische Akte, und dies gerade in Bezug auf Praxen, die häufig als „Lärm" (Rancière, 2002, S. 109) oder „Störung im Betriebsablauf" abgeurteilt werden. Unter dem Gesichtspunkt einer Demokratisierung Sozialer Arbeit geht es aber auch um die Konfliktbereitschaft

und -fähigkeit von Sozialarbeitenden selbst. Dies gilt vor allem im Zusammenhang mit den institutionalisierten Konflikten, die Soziale Arbeit prägen.

Diese demokratietheoretische Perspektive zeigt sich auch als anschlussfähig an konflikttheoretische Positionen, wie sie im Kontext einer konfliktorientierten Gemeinwesenarbeit entwickelt wurden. So entfalteten Maria Bitzan und Tilo Klöck in „Wer streitet denn mit Aschenputtel?" ein Verständnis sozialer Konflikte, welches die Konfliktanalytik zu einem entscheidenden Moment der Suche nach der Erweiterung von als begrenzt wahrgenommenen Handlungsspielräumen im Alltag Sozialer Arbeit erklärt (vgl. Bitzan & Klöck, 1993, S. 11). Dabei geht es den Autor*innen vor allem darum, die oftmals übersehenen oder ausgeblendeten gesellschaftlichen Wurzeln sozialer Konflikte in den Mittelpunkt der Betrachtung zu rücken. Konflikte verweisen demnach „immer auf gegensätzliche Interessen, auf unerfüllte Versprechungen, Ansprüche oder ungewollte Zumutungen, welche meistens nicht direkt zur Sprache kommen" (Bitzan, 2018, S. 52). Die Wahrnehmung des „Verdeckungszusammenhangs" ist somit entscheidend. Anders gesagt geht es darum, die in sozialen Konflikten sich ausdrückenden gesellschaftlichen Widersprüche sichtbar zu machen und diese zugleich selbst als Konfliktthemen zu denken, „interpretiert als historische und damit veränderbare Konstellationen, die aus den je gegebenen Macht- und Herrschaftsverhältnissen resultieren und den Blick auf das Wirken unterschiedlicher gesellschaftlicher Kräfte frei machen" (ebd, S. 53). Insofern betont dieses Konfliktverständnis die kreative Kraft von Konflikten (vgl. Bitzan & Klöck, 1993, S. 77 ff.), sowohl hinsichtlich ihrer Bedeutung für die gesellschaftliche Entwicklung und darauf ausgerichtete emanzipatorische Bestrebungen sowie als Lernfeld für Prozesse der Selbstorganisation und -bemächtigung. Damit wird ein wichtiges Element deutlich: Soziale Konflikte zeichnen sich dadurch aus, dass sie kollektivierbar sind (vgl. Bitzan, 2018, S. 53). Sie betreffen bei genauerer Betrachtung nicht Einzelne, sondern Viele, die sich in ähnlichen sozialen Positionen befinden, ähnliche Konflikterfahrungen machen und insofern auch Interessen teilen können.

Den hier skizzierten konflikttheoretischen Positionen folgend, geht es also keineswegs darum, „aus Konflikten Probleme [zu] machen" (vgl. Effinger, 2015), sie zu verfachlichen und entsprechend professionell zu „managen". Für eine „Politisierung sozialer Probleme" (Bitzan & Klöck, 1993, S. 22) gilt es vielmehr, den umgekehrten Weg einzuschlagen und die hinter den Problemen liegenden gesellschaftlichen Konfliktkonstellationen aufzudecken und die geltenden Deutungen und präsentierten Lösungen infrage zu stellen (vgl. Bitzan, 2018, S. 53). Mit Blick auf die die Soziale Arbeit institutionell prägenden Interessenskonflikte bedeutet dies auch eine „Rückbeziehung der in konkreten Einzelschicksalen erfahrenen allgemeinen Widersprüche und Konfliktsyndrome auf die institutionellen Handlungsbedingungen der Sozialarbeit und deren mögliche praktische Veränderung" (Böhnisch &

Lösch, 1973, S. 25). Dies gilt gerade unter den aktuellen Bedingungen eines politisch inszenierten „pseudomarktlichen Wettbewerbs" (vgl. Nagel, 2019, S. 121 ff.), unter denen die Konfliktfähigkeit einzelner Träger Sozialer Arbeit erheblich nachgelassen hat, gerade mit Blick auf ihre Bereitschaft und Fähigkeit, die Interessen ihrer Adressat*innen stellvertretend in der Öffentlichkeit zu vertreten (vgl. ebd.).

Hinsichtlich der Frage, wie sich unter den gegebenen Bedingungen Handlungsspielräume gewinnen lassen, spielt die grundsätzliche Kollektivierbarkeit sozialer Konflikte eine wichtige Rolle. Dabei wird seit den 1970er-Jahren wiederholt eine Strategie diskutiert, die auch unter den heutigen Bedingungen weiterhin vielversprechend erscheint: Das Eingehen von Bündnissen mit Akteursgruppen und Initiativen außerhalb der gegebenen institutionellen Grenzen Sozialer Arbeit, um auf diese Weise die Grenzen der eigenen politischen Handlungsfähigkeit zu erweitern (vgl. Böhnisch & Lösch, 1973, S. 33; Bitzan & Klöck, 1993, S. 40; Stövesand, 2015, S. 38 ff.; Nagel, 2019, S. 127 ff.). Hinsichtlich der Frage nach der Kollektivierbarkeit von Konflikterfahrungen im beruflichen Alltag Sozialer Arbeit erhält in der Folge der Begriff der „Transversalität" (vgl. Kunstreich, 2013) besondere Bedeutung. Damit geraten Strategien in den Fokus, die quer verlaufen zu offiziellen und institutionellen Kategorien, Zuständigkeiten, Strukturen und Grenzen (vgl. Bareis & Wagner, 2016), mittels deren die Akteur*innen über diese Grenzen hinweg kollektiv handeln. Dies schließt auch die institutionellen Status- und Zuständigkeitsgrenzen professioneller Sozialer Arbeit gegenüber anderen Berufsgruppen und zivilgesellschaftlichen Akteur*innen – und nicht zuletzt gegenüber den Nutzer*innen Sozialer Arbeit selbst als politischen Akteur*innen mit eigener Stimme – mit ein. Die Auseinandersetzung mit den Möglichkeiten (und Grenzen) transversaler Strategien, um Konflikte aufzudecken und politisch produktiv werden zu lassen, wird im Fokus der folgenden exemplarischen Konfliktanalyse stehen.

**Konfliktanalyse I: Urbane Konflikte im lokalpolitischen Kontext Ludwigshafens am Rhein**

> „Die Stadt war gezwungen zu handeln. […] Wenn ich als Bürger meine Stimme abgebe, dann lege ich die Verantwortung in andere Hände. Und muss dann mit den Entscheidungen derer leben, die ich gewählt habe. Und wenn ich damit nicht einverstanden bin, muss ich beim nächsten Mal jemand anderes wählen. […] Ich kann den Bürger nicht mit einbeziehen, der Bürger kann nicht entscheiden – ich kann ihn nur informieren." (Jurk et al., 2019, S. 101)

Die im folgenden diskutierte Konfliktsituation entwickelte sich in der südwestdeutschen Großstadt Ludwigshafen am Rhein. Für die lokalpolitischen Verhältnisse ist kennzeichnend, dass Ludwigshafen, wie die meisten Städte rund um den Globus, von den Dynamiken eines neoliberalen Urbanismus (vgl. Mayer, 2019, S. 2 ff.) erfasst worden ist. In der Folge ist Stadtpolitik gekennzeichnet durch eine verschärfte interurbane Standortkonkurrenz um Investitionen. Diesen urbanen Wettbewerb um knappe Ressourcen können nicht alle Kommunen gewinnen, und Ludwigshafen gehört eindeutig nicht zu den „Global Cities", die davon profitieren, sondern eher zu den vielen „normalen" Städten, die in dieser Situation mit schrumpfenden Haushalten zu kämpfen haben. Zu Zeiten des Fordismus – aufgrund ihrer Verflechtung mit der Chemieindustrie – eine durchaus wohlhabende Stadt, hat sich das Blatt infolge der ökonomischen und politischen Transformationsprozesse der letzten Jahrzehnte dramatisch gewandelt: Ludwigshafen gehört heute zu den meistverschuldeten Kommunen Deutschlands. Die Reaktionen der Stadtverwaltung auf diesen durch neoliberale Politiken des „Wettbewerbsstaats" (vgl. Hirsch, 2005) forcierten urbanen Konflikt ähneln den gängigen Techniken einer unternehmerischen Stadtentwicklung: Neben der unlängst vollzogenen Umgestaltung der öffentlichen Verwaltung anhand betriebswirtschaftlicher Modelle sind die städtebaulichen Entwicklungsprojekte der letzten beiden Jahrzehnte davon beseelt, „gewünschte" und ressourcenstarke Akteur*innen in die Stadt zu locken bzw. dort zu halten; sei es als Investor*innen, als Kund*innen oder als Einwohner*innen. Dies zeigt sich überdeutlich in der lokalen Wohnpolitik, die seit Jahren primär auf den Bau hochpreisiger (Eigentums-)Wohnungen ausgerichtet ist – und damit eben auf die Interessen eines zahlungskräftigen Publikums sowie die Interessen der Finanz- und Immobilienbranche. Dies gilt auch für die Bauprojekte der in Form einer Aktiengesellschaft betriebenen, sich jedoch mehrheitlich weiterhin im Besitz der Stadt befindlichen Wohnungsbaugesellschaft. Sozialer Mietwohnungsbau hat demgegenüber in Ludwigshafen seit dem Jahr 2000 praktisch nicht stattgefunden (vgl. AKS Ludwigshafen, 2018, S. 114). Auch die aus anderen Städten bekannten Folgen einer solchen Politik machen sich bemerkbar: Sowohl die Bodenpreise sind stark gestiegen (vgl. Heinz & Belina, 2019, S. 51) als auch die Mieten.[2]

Was das lokalpolitische Feld Ludwigshafens nun gegenüber anderen Städten auszeichnet, ist, dass sich hier in vielen politischen Feldern ein korporatistisch-technokratischer Regierungs- und Verwaltungsstil bis heute konservieren ließ, wie er eigentlich eher typisch für das fordistische Modell der „keynesianischen Stadt" war. Eine Beteiligung der Bevölkerung sowie eines erweiterten Kreises zivilgesellschaftlicher Kräfte an kommunalen Entscheidungs- und Planungsprozessen – wie sie andernorts unlängst vermehrt und durchaus instrumentell kultiviert wurde, um

---

[2] Ab Oktober 2020 wird Ludwigshafen in die Mietpreisbegrenzungsordnung des Landes Rheinland-Pfalz aufgenommen (vgl. Rheinpfalz, 24.06.2020).

lokale Hegemonie punktuell und flexibel herzustellen (vgl. Mayer, 2019, S. 3) – findet in Ludwigshafen jenseits der formalisierten Kanäle kaum statt. Das damit korrelierende Politik- bzw. Demokratieverständnis lässt sich der zu Beginn dieses Abschnitts zitierten Aussage sehr deutlich entnehmen, das aus einem ähnlichen Konfliktkontext stammt wie dem hier analysierten (vgl. Jurk et al., 2019). Jenseits der periodischen Stimmabgabe bleibt das politische Feld in konkreten Entscheidungsfragen für professionelle Expert*innen geschlossen, Bürger*innen werden zu „Laien" degradiert (vgl. Bourdieu, 2001). Politik wird jenseits der Wahl zu einer Angelegenheit der Verwaltung. Warum sich diese Form der Stadtpolitik – trotz offensichtlicher Erosion ihrer gesellschaftlichen Grundlagen – in Ludwigshafen erhalten konnte, kann hier nicht weiterverfolgt werden. Für die angestrebte konfliktanalytische Betrachtung ist wichtig, dass diese Praxis im Anschluss an Rancière als eine post-demokratische Form der Stadtverwaltung verstehbar ist, da sie praktisch keine Optionen zum Dissens vorsieht und somit konsequent Interessen ausblendet, die nicht in das offizielle Stadtbild passen, wodurch letztlich die urbanen Konflikte entnannt werden, die die Situation eines durch neoliberale Politiken induzierten urbanen Wettbewerbs prägen.

Einen solchen entnannten Konflikt bildet Wohnungslosigkeit; ein Feld, auf dem sich in paradigmatischer Weise die punitive Seite neoliberaler Stadtpolitik sehr deutlich zeigt (vgl. Mayer, 2019). Die soziale Ausschließung Wohnungsloser, insbesondere in Form der Vertreibung aus den „aufzuwertenden" Innenstadtbereichen, findet sich in vielen Städten (vgl. Gerull, 2018). Unter den Bedingungen postdemokratischer Stadtverwaltung entwickelte sich in Ludwigshafen jedoch eine besonders hartnäckige Variante der Konfliktleugnung. Diese vollständige Verweigerung jeglicher öffentlicher Debatte zeigte sich nicht nur in der Weigerung, eine dringend benötigte Einrichtung für wohnungslose Jugendliche zu eröffnen, was seitens des Jugendamts schlichtweg damit begründet wurde, dass es in Ludwigshafen keine obdachlosen Jugendlichen – „im Sinne des Gesetzes" – gäbe (vgl. Herzhauser, 2019).[3]

Noch deutlicher zeigt sich dies in der fortwährenden Existenz sogenannter Einweisungsgebiete (vgl. AKS Ludwigshafen, 2018, S. 110f.), in denen Menschen ohne Wohnung seitens der Stadtverwaltung untergebracht werden. Auf solche Erscheinungen trifft man für gewöhnlich nur noch in historiografischen Zeugnissen, da „Obdachlosensiedlungen", wie man sie im zeitgenössischen Jargon nannte (vgl. z. B. Info Sozialarbeit, 1974, S. 53 ff.), in den allermeisten deutschen Großstädten im

---

[3] Für all diejenigen, die dies nicht direkt durchschauen: Minderjährige besitzen in Deutschland melderechtlich immer eine Wohnadresse, also auch diejenigen, die sich tatsächlich mit „Couch-Hopping" oder anderen Praxen täglich eine neue Schlafgelegenheit suchen müssen.

Verlauf der 1970er-Jahre aufgelöst wurden. In Ludwigshafen bestehen diese Gebiete bis heute. In den vergangenen Jahren lebten dort offiziell etwa 500 Personen, in den 1990er-Jahren waren es sogar weit über 1000.[4] Menschen leben dort unter „Polizei- und Ordnungsrecht", was mit erheblichen Eingriffen in ihre Persönlichkeitsrechte verbunden ist. Die üblichen Rechte, die sich aus einem normalen Mietvertrag ableiten, gelten hier nicht. Die Gebäude und Wohnungen entsprechen meist nicht einmal rudimentären Mindeststandards, sie sind baulich wie unter gesundheitlichen Aspekten in einem mehr als bedenklichen Zustand. Von den umgebenden Nachbarschaften sind die „Gebiete" räumlich bzw. architektonisch abgeschnitten. Ebenso ist der Zugang zur städtischen Infrastruktur stark eingeschränkt, was auch den Zugang zu medizinischer Versorgung betrifft. Zwar ist eine solche Unterbringung rechtlich eigentlich nur als zeitlich begrenzte Maßnahme vorgesehen,[5] jedoch leben nicht wenige Menschen in den Ludwigshafener Einweisungsgebieten schon seit Jahren bzw. Jahrzehnten. Manche sind dort sogar geboren worden. Die Notunterkünfte sind somit de facto Wohngebiete. Dies liegt bei Weitem nicht daran, dass für manche Bewohner*innen diese Orte zu einem „Zuhause" geworden sind, das sie mit den ihnen verbleibenden Mitteln zu gestalten versuchen und sich für sie vor allem durch ihre sozialen Netzwerke auszeichnet. Der Hauptgrund liegt im Mangel an bezahlbarem Wohnraum. Dieser ist für die Bewohner*innen der Einweisungsgebiete auch deshalb kaum zugänglich, weil die Adresse der „Gebiete" stadtbekannt und mit einem starken Stigma behaftet ist. Wer sich mit einer entsprechenden Postanschrift um eine Wohnung, einen Job oder Ausbildungsplatz bewirbt, hat meist keine Chance auf Erfolg. Selbst der Zugang zu Sozialwohnungen der städtischen Wohnungsbaugesellschaft gestaltet sich schwierig, da die Bewohner*innen der Einweisungsgebiete – z. B. aufgrund bestehender Mietschulden – als Mieter*innen meist abgelehnt werden.

In der Vergangenheit ist es der Stadtverwaltung weitestgehend gelungen, sich einer Debatte über die Einweisungsgebiete konsequent zu verweigern. Wenn Verlautbarungen dazu getätigt wurden, dann in Form von „Erfolgsmeldungen" wie z. B.

---

[4] Ich beziehe mich hier auf Angaben der Stadtverwaltung aus dem Jahr 2016 (vgl. dazu AKS 2018 Ludwigshafen, S. 108), demnach lebten in den Einweisungsgebieten zu diesem Zeitpunkt 478 Personen, wobei die zu diesem Zeitpunkt in mindestens einem der beiden Gebiete untergebrachten Geflüchteten nicht mitgezählt sind. Im Jahr 1998 lag die Zahl der „Eingewiesenen" bei 1123. Wird diese Reduktion seitens der Verwaltung gerne als Erfolg gedeutet, so wird die Reduktion von Kritiker*innen vielmehr als Ausdruck der menschenunwürdigen Bedingungen in den Gebieten gelesen, denen nicht wenige die Straße oder andere Alternativen (wie z. B. Gartenlauben) vorziehen.

[5] So auch laut § 2 der „Satzung städtische Obdachlosenunterkünfte" der Stadt Ludwigshafen (03.04.2017). https://www.ludwigshafen.de/fileadmin/Websites/Stadt_Ludwigshafen/ Buergernah/Rathaus/Ortsrecht/4-06_neu.pdf.

Verweisen der Wohnraumsicherung auf die Reduktion der Unterbringungen in den Notunterkünften. Ein im Stadtrat gestellter Prüfantrag auf mögliche Verbesserungen vor Ort wurde demgegenüber über Jahre hinweg verschleppt und hat bis heute zu keinen praktischen Veränderungen geführt.[6] Gerade auf diesem Feld tritt der post-demokratische Umgang mit Konflikten in Ludwigshafen sehr deutlich zutage: Über die Verhinderung von Debatten soll der Konflikt um die Einweisungsgebiete – zumindest für die Stadtverwaltung – dadurch gelöst werden, dass das Thema in der Öffentlichkeit möglichst unsichtbar bleibt. Dass die Einweisungsgebiete Orte der sozialen Ausschließung sind und die Interessen der Menschen, die dort leben müssen, in den stadtpolitischen Arenen nicht zählen, zeigte sich zugleich überdeutlich an einer bereits „vor dem langen Sommer der Migration" (vgl. Hess et al., 2017) einsetzenden Praxis: In den Einweisungsgebieten wurden Geflüchtete untergebracht – unter Inkaufnahme der damit verbundenen Gefahr, dass der verdeckt gehaltene Konflikt um knappen Wohnraum als (politisch inszenierte) Konkurrenz zwischen (deutschen) Wohnungslosen und Geflüchteten darstellt und ausagiert wird – nur eben an einem Ort, der für den größten Teil der Stadtgesellschaft unsichtbar bleibt.

**Konfliktanalyse II: Von der post-demokratischen „Maulkorbpolitik" zur transversalen Kollektivierung von Konflikterfahrungen**
Dass die sozialen Konflikte durch ihr Verschweigen und ihre Auslagerung an periphere Orte nicht wirklich gelöst werden, gehört auch zu den Erfahrungen derjenigen Fachkräfte Sozialer Arbeit, die mit dieser Situation in ihrem beruflichen Alltag konfrontiert sind. Den „Erfolgsmeldungen" der Wohnraumsicherung stehen die Berichte betroffener Nutzer*innen örtlicher Beratungsstellen gegenüber, die darauf verweisen, dass es viele Menschen aufgrund der katastrophalen Umstände in den Einweisungsgebieten vorziehen, sich ohne städtische Hilfe – wenn nötig auf der Straße – durchzuschlagen. Versuche, auf alternativen Wegen Wohnraum zu vermitteln, gestalten sich angesichts der angespannten Lage auf dem Wohnungsmarkt ebenso schwierig wie Versuche, durch Streetwork und Gemeinwesenarbeit die Situation in den Einweisungsgebieten etwas erträglicher zu gestalten. Vor dem Hintergrund dieser Erfahrungen bei den Bemühungen, mit konventionellen Mitteln

---

[6] Kurz nachdem dieser Beitrag geschrieben wurde, hat die Stadtverwaltung ein „Sozialkonzept" für die Einweisungsgebiete vorgelegt (vgl. Rheinpfalz 18.08.2020). Da das Konzept viele Frage offenlässt und zudem die reale Umsetzung teilweise erst in mehreren Jahren erfolgen soll, ist es noch zu früh für eine eingehende Bewertung und erst recht für Euphorie. Denn trotz angekündigter Verbesserungen steht der eigentliche Kern des Problems auch in diesem Konzept weiterhin nicht zur Debatte: nämlich die Verwaltungspraxis, von Wohnungslosigkeit bedrohte Menschen in einem Einweisungsgebiet unterzubringen.

Sozialer Arbeit Abhilfe zu schaffen, an deutliche Grenzen zu stoßen, ist es nicht verwunderlich, dass es in der Vergangenheit wiederholt Versuche gab, Konflikte um Wohnungslosigkeit insbesondere mit Blick auf die Situation in den Einweisungsgebieten in die Öffentlichkeit zu tragen, und zwar sowohl seitens einzelner Sozialarbeiter*innen bzw. Träger Sozialer Arbeit als auch seitens der Angehörigen des Fachbereiches Sozial- und Gesundheitsweisen der Hochschule Ludwigshafen, die das Thema in der Lehre und in Veranstaltungen aufgegriffen haben (vgl. Wagner, 2017b). Für die daran beteiligten Akteur*innen der professionellen Sozialen Arbeit zeigten sich dabei jedoch regelmäßig die strukturellen Grenzen der Konfliktfähigkeit. Nicht zuletzt aus – durchaus nicht völlig unbegründeter – Furcht davor, infolge zu deutlicher Kritik an der Stadtverwaltung finanziell sanktioniert zu werden, blieben selbst in der Sache sehr engagierte freie Träger Sozialer Arbeit bei ihren Versuchen einer öffentlichen Thematisierung oft zurückhaltend. Die Mechanismen des Quasi-Marktes – und die darüber jederzeit demonstrierbare finanzielle Abhängigkeit gegenüber staatlichen Institutionen – bildete insofern eine sehr wirkungsvolle Trumpfkarte zur Etablierung einer „Maulkorbpolitik", die nicht nur in den Reihen öffentlicher sozialer Dienste Wirkung zeigte, sondern sich auch auf finanziell von der Stadtverwaltung abhängige freie Träger Sozialer Arbeit ausweiten ließ.

Angesichts dieser Situation entwickelten verschiedene Akteur*innen eine kooperative und zugleich transversale Konfliktstrategie, basierend auf einer Kollektivierung der Konflikterfahrung und Koalitionsbildung, quer verlaufend zu den institutionellen Grenzen, innerhalb deren an ein Fortkommen nicht mehr zu denken war. Den Anstoß dazu bildete ein offener Brief, den Sozialarbeiter*innen aus verschiedenen Einrichtungen 2017 gemeinsam verfasst hatten und mit dem sie den Fraktionen im Ludwigshafener Stadtrat ihre Erfahrungen und ihre Kritik zum Thema Wohnungslosigkeit und den Einweisungsgebieten mitteilen wollten. Eine Freigabe seitens ihrer Vorgesetzten erhielten sie dafür jedoch nicht, versehen mit dem Hinweis, ein solcher Brief wirke in der gegenwärtigen Lage eher kontraproduktiv. Der auf diese Weise „zensierte" Brief landete über bis dato eher lose bestehende Kontakte beim Arbeitskreis Kritische Soziale Arbeit Ludwigshafen, der sich zwei Jahre zuvor als Zusammenschluss von Lehrenden, Studierenden und Praktiker*innen Sozialer Arbeit an der Hochschule Ludwigshafen mit dem Ziel gegründet hatte, einen Ort zur Reflexion der Widersprüche des beruflichen Alltags Sozialer Arbeit zu schaffen und dessen politische Dimensionen herauszuarbeiten. Auch in diesem Kreis waren die städtischen Einweisungsgebiete bereits zum Thema geworden. Hinsichtlich des Austausches mit den Verfasser*innen des Briefes über ihre konflikthaften Erfahrungen des beruflichen Alltags und die Erfahrung einer deutlichen Grenze, darüber öffentlich sprechen zu dürfen, wurde beschlossen, den offenen Brief – nach einer abgesprochenen Überarbeitung – unter dem Titel „Ludwigshafen gehört allen!" im

Namen des AKS zu veröffentlichen. Dies erfolgte unter Ausnutzung der Tatsache, dass es sich beim AKS um eine „Aktionsgruppe außerhalb der Sozialadministration" (Böhnisch & Lösch, 1973, S. 33) handelte, die in ihrem Handeln folglich auch nicht von der Verwaltung sanktioniert werden konnte. Die ursprünglichen Autor*innen und ihre Trägereinrichtungen konnten ungenannt bleiben; ein Vorgehen, mit dem sich auch ihre Vorgesetzten einverstanden zeigten. Das Papier rahmte das Thema Wohnungslosigkeit und den kritisierten Umgang der Stadtverwaltung damit als Teil eines generellen urbanen Konflikts um knapper werdenden Wohnraum und eine verfehlte Wohnraumpolitik und machte ihn damit über die Grenzen klarer „Betroffenengruppen" hinaus thematisierbar. Der offene Brief wurde breit gestreut, an die Stadtratsfraktionen, die lokale Presse, über diverse (institutionelle wie persönliche) E-Mail-Verteiler, eine eigens dafür geschaffene Homepage des AKS sowie über einen Abdruck in der Zeitschrift „Widersprüche" (vgl. AKS Ludwigshafen, 2018). Die Resonanz auf das Papier fiel unterschiedlich aus; aufseiten der eigentlichen Adressat*innen, der Fraktionen, blieben die Reaktionen weitgehend aus, die lokale Presse berichtete (vgl. Rheinpfalz, 04.10.2017).

Die entscheidendste Auswirkung des Papiers zeigte sich zugleich an einer zunächst unvermuteten Stelle. Aufmerksam geworden auf die Aktivitäten des AKS zum Thema Wohnen, meldete sich eine Vertreter*in einer lokalen Gruppe, die sich ehrenamtlich für Geflüchtete einsetzte. Der gemeinsame Austausch zeigte, dass diese Freiwilligengruppe mit Blick auf die sich äußerst schwierig gestaltende Vermittlung von Wohnraum an Geflüchtete sehr ähnliche Erfahrungen gemacht hatte wie die professionellen Kräfte in der Auseinandersetzung mit Wohnungslosigkeit; gerade auch im Kontakt mit der Stadtverwaltung. Auf Basis dieser geteilten Erfahrung beschloss man, Möglichkeiten einer gruppenübergreifenden Zusammenarbeit in Form eines Aktionsbündnisses zum Thema „Wohnen" auszuloten. Damit begann der bereits eingeschlagene Weg einer Kollektivierung der Konflikterfahrung innerhalb bestehender Netzwerke professioneller Akteur*innen Sozialer Arbeit zu einer wirklich transversalen Strategie zu werden, die den Konflikt von einer Bindung an institutionalisierte Zielgruppen – „Wohnungslose" versus „Geflüchtete" – abkoppelte und als generellen Konflikt um die verknappte Ressource Wohnraum thematisierte. Denn zugleich begannen an diesem Punkt der Suche nach einer tragfähigen Konfliktstrategie die Grenzen zwischen professioneller Sozialer Arbeit und anderen zivilgesellschaftlichen Akteursgruppen sich zu verflüssigen. Zur Gründung eines solchen Aktionsbündnisses Wohnen kam es im Anschluss an einen bereits geplanten „Lehre-Praxis-Dialog" zum Thema „Wohnungslosigkeit und Wohnraumnot" (05.06.2018) an der Hochschule Ludwigshafen, an dessen Ende die Idee zur Gründung eines Bündnisses in die Diskussion getragen und erste Interessierte gesucht wurden. In diesem Rahmen kam auch der Kontakt zu den Gründer*innen eines ähnlichen lokalen Netzwerkes, des Heidelberger Bündnisses gegen Armut und Ausgrenzung, zustande. Der Austausch über die Erfahrungen aus mehrjähriger Bündnisarbeit bildete dann auch den Input für das im September 2018 stattfindende Treffen Interessierter, auf dem die eigentliche Gründung des Aktionsbündnisses Wohnen erfolgte.

**Konfliktanalyse III: Möglichkeiten, Voraussetzungen und Grenzen transversaler Konfliktstrategien**
Das auf diesem Wege entstandene Aktionsbündnis Wohnen Ludwigshafen besteht bis auf den heutigen Tag und damit seit mehreren Jahren. In diesem Format eines Bündnisses ist es – trotz Fluktuationen – gelungen, ein recht stabiles Netzwerk aufzubauen, in dem sowohl am Thema interessierte Einzelpersonen wie auch zahlreiche zivilgesellschaftliche Organisationen und Initiativen über gemeinsamen Aktionen versuchen, für die mit dem Thema Wohnraum verbundenen (verdeckten) Konflikte in Ludwigshafen Öffentlichkeit herzustellen. Neben freien Trägern und Einrichtungen aus unterschiedlichen Feldern des Sozial- und Gesundheitswesens sind Organisationen aus dem Kontext der Kirchen, der Gewerkschaften und politischer NGOs (Attac) ebenso beteiligt wie zahlreiche ehrenamtliche Asyl-Gruppen, darunter eine Migrant*innenselbstorganisation, die Hochschule Ludwigshafen und auch der örtliche Mieter*innenverein. Das Aktionsbündnis basiert somit in entscheidendem Maße auf Transversalität als zentraler Ressource für die seitens des Bündnisses angestrebte Position, im Kontakt mit der Stadtverwaltung und anderen Vertreter*innen der Ludwigshafener Kommunalpolitik als ein „unabhängiger Dialogpartner" aufzutreten und den kommunalen Umgang mit dem Thema Wohnungsnot „streitbar" zu begleiten. Die auf diese Weise gewonnenen Spielräume für eine solche konfliktstrategische Praxis markieren einen Bruch mit festen institutionellen Grenzen und den darin eingeschriebenen Fraktionierungen von Funktionen und Zielgruppen. Das Bündnis kann insofern auch nicht mehr als ein*e Akteur*in der Sozialen Arbeit verstanden werden, auch wenn Sozialarbeiter*innen nach wie vor darin eine gewichtige Rolle spielen. Dadurch wurde es vielmehr möglich, dass die Beteiligten bei der Suche nach Bündnispartner*innen bewusst die Grenzen professioneller Sozialer Arbeit überschritten und damit nicht eine Verfachlichung, sondern eine Politisierung des Konflikts vorantrieben.

Solche transversalen Beziehungen, wie sie über das Aktionsbündnis aufgebaut werden konnten, setzen Kunstreich zufolge stets ein „gemeinsames Drittes" voraus; etwas, was die Beteiligten trotz bestehender Unterschiede teilen (vgl. Kunstreich, 2013). Wie sich herausstellte, bildeten die Erfahrungen mit Konflikten um die knappe Ressource Wohnraum ein solches „Drittes", das sich sehr gut über diverse soziale und institutionelle Grenzen hinweg teilen und damit kollektivieren ließ.

Die geteilte Erfahrung in diesen Konflikten, als Einzelne an Grenzen zu stoßen, schuf somit die Option auf einen „Ort der Begegnung" (Kessl & Maurer, 2009, S. 94) und damit eine Basis für einen kollektiven Umgang mit diesem Konflikt. Wie überraschend gut sich das Thema „Wohnraumnot" eignete, um interessierte Personen zur Gründung und auch Mitarbeit an einem darauf fokussierten Bündnis zu finden, zeigte sich gerade auch an der großen Resonanz innerhalb der Sozialen Arbeit selbst, und zwar über nahezu alle Arbeitsfelder hinweg. Dies involvierte auch Kolleg*innen, die in der Vergangenheit gegenüber Politisierungsversuchen eher zurückhaltend reagierten. Wichtig war in diesem Zusammenhang auch die grundsätzliche Verständigung auf ein Framing des Konflikts (vgl. dazu auch Nagel, 2019), das nicht einzelne und gegeneinander ausspielbare „Betroffenengruppen" in den Mittelpunkt rückte, sondern die „Wohnraumnot" als einen zentralen Konflikt der aktuellen politischen Auseinandersetzung rahmte, von dem sehr viele und unterschiedliche Gruppen betroffen sein können. Auch wenn das Bündnis sich gerade für Menschen engagiert, deren Zugang zu (bezahlbarem) Wohnraum besonders schwierig ist, bleibt die dahinter liegende Forderung letztlich allgemeiner: „Bezahlbarer Wohnraum für alle!"

Vor diesem Hintergrund konnte über das Bündnis tatsächlich eine Ressource geschaffen werden, mittels deren in den vergangenen Jahren wiederholt Öffentlichkeit für Konflikte um Wohnraum in Ludwigshafen hergestellt werden konnte. In einer ersten Aktion wurden in der Vorweihnachtszeit vor dem Ludwigshafener Rathaus durch Mitglieder des Bündnisses Plätzchen in Häuserform verteilt, versehen mit dem Schriftzug „Wohnraum für alle" und einigen Informationen zum Bündnis und dessen Anliegen (vgl. Rheinpfalz, 18.12.2018). Ein halbes Jahr später veranstaltete das Bündnis – unter bewusster Ausnutzung der besonderen Möglichkeiten zur Herstellung von Öffentlichkeit in der „heißen Phase" des Kommunalwahlkampfes – unter dem Titel „Bezahlbar wohnen in LU – wie geht's?" eine Podiumsdiskussion mit Vertreter*innen der Stadtratsfraktionen, die dort zu ihren Positionen zum Thema Wohnraum kritisch befragt wurden und die sich dort – im Beisein der Presse – auch öffentlich zur Situation in den Einweisungsgebieten äußern mussten (vgl. Rheinpfalz, 13.05.2019). Weitere Aktionen führten – gemeinsam mit dem Kunstverein Ludwigshafen – zur Bildung eines „Beschwerdechors der Wohnungssuchenden" sowie zu einem Filmabend mit Diskussion zu den globalen Konflikten um Wohnraum und den Kämpfen um ein Grundrecht auf Wohnen („The Push"). Eine geplante Beteiligung am europaweiten „Housing Action Day" im März 2020 wurde infolge der Coronapandemie auf Eis gelegt. Während des Lockdowns blieb das Bündnis (wenn auch nur eingeschränkt) aktiv und übte öffentlich Kritik am letztlich ausbleibenden Schutz wohnungsloser Menschen durch die Stadtverwaltung und an deren Umgang mit einer wochenlang unter Quarantäne stehenden Sammelunterkunft für

Geflüchtete. Dabei richtete das Bündnis an die Ludwigshafener Stadtpolitik Forderungen, mit denen es auch schon im Vorfeld wiederholt an die Öffentlichkeit herangetreten war (vgl. Rheinpfalz, 18.11.2019) – in Form einer an die Fraktionen des Stadtrats gerichteten „Hausaufgabenkontrolle". Zu diesen Forderungen gehören: die Abschaffung der Einweisungsgebiete unter Partizipation der dort lebenden Menschen, die dezentrale Unterbringung von Geflüchteten, eine Sozialquote von 25 % bei lokalen Bauprojekten sowie die Einführung einer unabhängigen Koordinierungsstelle, an die sich Wohnungssuchende richten können. Auch wenn bislang auf diesem Wege keine konkreten Zugeständnisse errungen werden konnten, wird das Bündnis durchaus in der Öffentlichkeit als politischer Akteur wahrgenommen, was sich sowohl durch die bisherige Medienresonanz belegen lässt als auch dadurch, dass Vertreter*innen des Stadtrats wie auch Akteur*innen der Stadtentwicklung den Dialog mit dem Bündnis suchen.

Die kollektive Strategie eines Bündnisses hat sich im kommunalen Kontext Ludwigshafens somit als fruchtbar erwiesen, um mit den Erfahrungen begrenzter Konfliktfähigkeit – im beruflichen Alltag Sozialer Arbeit und darüber hinaus – umzugehen. Auch wenn sich damit durch transversale Kooperation eine hilfreiche Ressource hervorbringen ließ, lassen sich zugleich exemplarisch Voraussetzungen, Grenzen und bislang lokal ungelöste Fragen hinsichtlich dieser Konfliktstrategie aufzeigen.

Als eine wichtige Voraussetzung für ein solches Bündnis kristallisiert sich die Beteiligung von Akteur*innen heraus, die gegenüber dem kommunalpolitischen Kräftefeld über eine hohe relative Autonomie verfügen. Im vorliegenden Falle waren dies vor allem Akteur*innen aus dem Umfeld der Hochschule Ludwigshafen, die über ihre Mitarbeit im AKS, die Bereitstellung von Infrastruktur und öffentliche Veranstaltungen wichtige Ressourcen beisteuerten. Hochschulen der Sozialen Arbeit gibt es nicht überall, und auch nicht überall, wo es sie gibt, findet sich eine solche Bereitschaft. Insofern unterstreicht die hier vorgestellte Konfliktanalyse sehr deutlich die Notwendigkeit, dass Hochschulen Sozialer Arbeit sich nicht allein als Bildungsstätten verstehen, sondern auch als lokalpolitische Akteur*innen, die sich in urbane Konflikte einmischen.

Ein weiterer wichtiger Punkt betrifft die Frage nach den besonderen Bedingungen, unter denen ein „gemeinsames Drittes" überhaupt gefunden werden kann, insbesondere im beruflichen Alltag Sozialer Arbeit. Zum einen gestaltet sich das Verhältnis professioneller Sozialarbeiter*innen zu ehrenamtlichen Helfer*innen traditionell und gerade im Kontext der aktuellen neoliberalen Sozialpolitik selbst als ein Konfliktverhältnis, in dem „bürgerschaftliches Engagement" auch nicht völlig zu Unrecht als gewolltes Substitut für eine öffentlich finanzierte soziale Infrastruktur wahrgenommen wird (vgl. u. a. Bareis & Wagner, 2016). Das Verhältnis zwischen professionellen und freiwilligen Kräften einseitig und berufspolitisch auf den Konkurrenzaspekt zu reduzieren, verschenkt jedoch die Spielräume, die unter dem Aspekt der Transversalität in der Dialektik dieses Verhältnisses stecken. Zugleich sind auch nicht alle sozialen Konflikte in einem solchen Maße kollektivierbar, wie es Wohnraum unter den Bedingungen der aktuellen urbanen Konflikte ist. Dass dies im vorliegenden Fall unter Einbeziehung der freien Wohlfahrtspflege gelang, hat sicherlich auch damit etwas zu tun, dass öffentliche Kampagnen zum Thema Wohnen durchaus gut zu dem Anspruch von Wohlfahrtsverbänden passen, als „Anwalt" für „schwache Interessen" zu agieren (vgl. Bode, 2009). Man muss sich zumindest die Frage stellen, wie viel Wohlwollen die beteiligten Sozialarbeiter*innen seitens ihrer Träger zu erwarten hätten, wenn sie versuchen würden, die gleiche kollektive Strategie mit Blick auf widrige Arbeitsbedingungen im Sorgebereich anzuwenden. Versuche des AKS Ludwigshafen, das an sich vielversprechende Thema der „Ökonomisierung" Sozialer Arbeit ebenfalls zu einem gemeinsamen Dritten für eine Kollektivierung von Konflikterfahrungen heranzuziehen, gestalteten sich zumindest deutlich schwieriger und blieben erfolglos.

Und auch mit Blick auf das Bündnis selbst lassen sich kritische Rückfragen hinsichtlich seines Anspruchs stellen, eine Lobby für von Wohnungsnot Betroffene sein zu wollen, insbesondere die Frage nach eröffneten Spielräumen für Betroffene, sich und ihre Interessen selbst zu repräsentieren. Die Partizipation der von Wohnungsnot betroffenen Menschen gehört zwar zu den zentralen Forderungen des Bündnisses. Ebenso waren gerade in der Anfangszeit auch einige von Wohnungslosigkeit betroffene Menschen an den Diskussionen und Aktivitäten des Bündnisses direkt beteiligt. Dies hat mit der Zeit jedoch deutlich nachgelassen, und andere auf dem Wohnungsmarkt benachteiligte Gruppen, in deren Namen das Bündnis spricht, wie z. B. Geflüchtete, tauchen dort als Aktive kaum auf, zumindest bislang. Insofern stellen sich hier Fragen nach den Möglichkeiten und Grenzen, die unterschiedlichen Formen der Selbstrepräsentation und -organisation von Betroffenen bei der Bildung transversaler Bündnisse mit aufzunehmen. Diese Fragen sollten ihre vorschnelle Antwort nicht darin finden, dass Formen der Selbstorganisation ausgeschlossener Gruppen wie z. B. Wohnungsloser aufgrund widriger Bedingungen nur äußerst selten sind bzw. nur äußerst selten als solche erkannt werden. Viel wichtiger scheint mir an dieser Stelle die Frage nach den Bedingungen zu sein, die hergestellt werden müssen, damit es Betroffenen auch wirklich ermöglicht wird, sich „dazuzuzählen", das heißt für sich selbst sprechen zu können. Eine ganz wichtige Voraussetzung dafür ist die Suche nach einer geteilten Sprache, um Konflikterfahrungen als solche auch artikulierbar zu machen. Dass dies selbst wiederum zu Konflikten führen kann, zeigte sich gerade in der Anfangsphase des Bündnisses, als beteiligte Wohnungslose ihre Ausschließungserfahrungen mittels des Narrativs „Flüchtlinge nehmen uns die Wohnungen weg" in die Diskussion einspeisten. Dies „störte" den angepeilten Versuch, Spaltungen zu überwinden und Konflikterfahrungen kollektivieren zu können, und sorgte entsprechend für Irritationen. Die Reaktionen darauf fielen in der Diskussion des Bündnisses unterschiedlich aus. Während einige versuchten darauf hinzuweisen, dass in dem Konflikt um Wohnraum Geflüchtete und „deutsche" Wohnungslose gegeneinander ausgespielt werden, markierten andere ihren Dissens hinsichtlich des vorgebrachten Erklärungsmusters („Flüchtlinge sind schuld an der Wohnraumknappheit"), machten aber gleichzeitig deutlich, dass sie die damit artikulierte Botschaft: „Ich bekomme keinen Wohnraum und eigentlich sollte er mir zustehen", klar teilten. In beiden Fällen gelang es zwar sehr wohl, die Diskussion mit den besagten Bündnismitgliedern fortzuführen. Der Kontakt brach jedoch kurz darauf ab. Auch wenn unklar bleibt, ob dies im Zusammenhang miteinander steht, so legt dieser Konflikt innerhalb des Bündnisses um die Deutung der Konfliktursachen von Wohnraumnot doch deutlich die Spannungen und Widersprüche offen, in denen sich transversale Ansätze eben auch bewegen. Natürlich ist es analytisch zutreffend, in diesen Äußerungen eine rassistisch verbrämte Kritik an der vorherrschenden Sozialpolitik zu erkennen, wie sie in urbanen Konflikten gerade auch von gut situierten Kreisen verwendet wird (vgl. Jurk et al., 2019, S. 109) und deren sich auch manche wohnungslosen Menschen bedienen, um ihre Konflikterfahrung artikulierbar zu gestalten. Doch wie geht man damit im Dialog gut um, als gut situierte*r Akademiker*in, noch dazu selbst auskömmlich mit Wohnraum versorgt? Wo hört die für jede Verständigung notwendige wechselseitige Kritik auf und wo beginnt die Enteignung subalterner Sprechpositionen durch ihre vermeintlichen Fürsprecher*innen? Im Umgang damit scheint es mir entscheidend zu sein, das Ringen um eine gemeinsame Sprache zur Deutung und Artikulation von Konflikten als eine wichtige konfliktanalytische Bedingung zu erkennen, um zu verhindern, dass die Äußerungen von Betroffenen vorschnell als „Lärm" abgetan werden. Ob das Bündnis dafür schon einen geeigneten Rahmen geschaffen hat, bleibt noch zu diskutieren.

**Fazit**
Diese konfliktanalytischen Schilderungen zur Kollektivierung von Konflikten in einem wohnungspolitischen Aktionsbündnis mögen aus dem Erfahrungskontext großer Metropolen mit einer ausgeprägten Geschichte aktivistischer Netzwerke und lokaler Stadtbewegungen (vgl. Hohenstatt, 2016), in denen aktuell auch Bündnisse gegen den Mietenwahnsinn keine Seltenheit darstellen, vielleicht banal erscheinen. Vor dem Hintergrund des besonderen lokalpolitischen Kontexts Ludwigshafens ist die Etablierung eines von der Stadtverwaltung unabhängigen transversalen Bündnisses zur Herstellung von Öffentlichkeit für Konflikte um Wohnraum keineswegs

banal. Berücksichtigt man zudem dessen Entstehungskontext – für nicht wenige der an der Gründung und dem Fortbestehen des Bündnisses beteiligten Akteur*innen ist dieses eng verbunden mit der Suche nach Möglichkeiten, mit den institutionellen Grenzen des beruflichen Alltags in der Sozialen Arbeit kritisch umzugehen –, dann zeigt sich in besonderer Weise die Notwendigkeit, solche Strategien in eine konfliktanalytische Auseinandersetzung mit Sozialer Arbeit miteinzubeziehen. Transversale Bündnisse werden in den Debatten um Soziale Arbeit durchaus häufiger gefordert, scheitern aber nicht selten an den institutionellen Grenzen, die sie zu überwinden suchen. Zwar mögen dies sicherlich nicht die einzigen Hindernisse sein, mit denen Versuche politischer Selbstorganisation sich im Kontext Sozialer Arbeit konfrontiert sehen. Dass die institutionelle Ausdifferenzierung sozialer Dienste und die damit einhergehende Aufspaltung und Zerlegung von sozialen Konflikten in einzelne „Problemdeutungen", „Zielgruppen" und spezialisierte Bearbeitungsweisen Sozialarbeiter*innen als politische Akteur*innengruppe grundsätzlich – mit Poulantzas (2002) gesprochen – desorganisiert ist, ist aber ein ernst zu nehmendes Problem. Insofern versteht sich dieser Beitrag auch als ein Plädoyer für die (Re-)Kultivierung einer „Didaktik des Konflikts" (Gronemeyer, 1974, S. 68). Anstelle Konflikte auszublenden und damit letztlich selbst den eigenen Beitrag zu einer Post-Demokratisierung unhinterfragt zu lassen, gäbe es auch für Sozialarbeiter*innen die Option, aus Konflikten ihres beruflichen Alltags zu lernen. Wie wir wissen, können Institutionen – weder der Sozialstaat noch die Soziale Arbeit – dies selbst leider nicht (vgl. Bareis et al., 2015). Dies kann weder im Modus „Best Practice" funktionieren noch im von vorneherein zum Scheitern verurteilten Versuch, „Blaupausen" für eine konfliktorientierte Soziale Arbeit zu entwerfen. Vielmehr muss es darum gehen, Sensibilität für die Besonderheiten der „politischen Grammatik" (vgl. Fraser, 2015) spezifischer (lokaler) Konfliktkonstellationen und damit verbundener Kräfteverhältnisse zu entwickeln. Transversalität bildet dabei ein wichtiges strategisches Element.

## Literatur

Anhorn, R., Schimpf, E., Stehr, J., Rathgeb, K., Spindler, S., & Keim, R. (Hrsg.). (2018). *Politik der Verhältnisse – Politik des Verhaltens. Widersprüche der Gestaltung Sozialer Arbeit.* Springer VS.
Arbeitskreis Kritische Soziale Arbeit [AKS] Ludwigshafen. (2018). Ludwigshafen gehört allen! *In: Widersprüche 38*(147), 107–115.
Balibar, É. (2012). *Gleichfreiheit. Politische Essays.* Suhrkamp.

Bareis, E. (2013). Die Löcher im konsensualen Gewebe der (Post-)Demokratie: Wie viel Unrepräsentiertheit erträgt die Soziale Arbeit? *Ein Essay. In: Widersprüche, 33*(130), 11–20.
Bareis, E., Klee, S., & Cremer-Schäfer, H. (2015). Arbeitsweisen am Sozialen. Die Perspektive der Nutzungsforschung und der Wohlfahrtsproduktion „von unten". In E. Bareis & T. Wagner (Hrsg.), *Politik mit der Armut. Europäische Sozialpolitik und Wohlfahrtsproduktion „von unten"* (S. 310–340).Westfälisches Dampfboot.
Bareis, E., & Wagner, T. (2016). Flucht als soziale Praxis – Situationen der Flucht und Soziale Arbeit. *Widersprüche, 36*(141), 29–46.
Bitzan, M. (2018). Das Soziale von den Lebenswelten her denken. Zur Produktivität der Konfliktorientierung in der Sozialen Arbeit. In R. Anhorn et al. (Hrsg.), *Politik der Verhältnisse – Politik des Verhaltens. Widersprüche der Gestaltung Sozialer Arbeit* (S. 51–69). Springer VS.
Bitzan, M., & Klöck, T. (1993). *„Wer streitet denn mit Aschenputtel?" Konfliktorientierung und Geschlechterdifferenz, eine Chance zur Politisierung sozialer Arbeit?* AG-SPAK.
Bode, I. (2009). Vermarktlichung der Zivilgesellschaft? Die advokatorische Funktion des Sozialsektors im desorganisierten Wohlfahrtskapitalismus. In M. Linden & W. Thaa (Hrsg.), *Die politische Repräsentation von Fremden und Armen* (S. 81–97). Nomos.
Böhnisch, L. (1982). *Der Sozialstaat und seine Pädagogik. Sozialpolitische Anleitungen zur Sozialarbeit*. Luchterhand.
Böhnisch, L., & Lösch, H. (1973). Das Handlungsverständnis des Sozialarbeiters und seine institutionelle Determination. In H.-U. Otto & S. Schneider (Hrsg.), *Gesellschaftliche Perspektiven der Sozialarbeit. Bd. 2* (S. 21–40). Luchterhand.
Bourdieu, P. (2001). *Das politische Feld. Zur Kritik der politischen Vernunft*. UVK.
Effinger, H. (2015). Aus Konflikten Probleme machen – theoretische und praktische Herausforderungen für die Soziale Arbeit. In S. Stövesand & D. Röh (Hrsg.), Konflikte – Theoretische und praktische Herausforderungen für die Soziale Arbeit (S. 18–31) Budrich.
Eichinger, U. (2009). *Zwischen Anpassung und Ausstieg. Perspektiven von Beschäftigten im Kontext der Neuordnung Sozialer Arbeit*. VS.
Fraser, N. (2015). Dreifachbewegung. Die politische Grammatik der Krise nach Polanyi. In M. Brie (Hrsg.), *Polanyi neu entdecken. Das hellblaue Bändchen zu einem möglichen Dialog von Nancy Fraser und Karl Polanyi* (S. 100–115). VSA.
Gerull, S. (2018). „Unangenehm", „Arbeitsscheu", „Asozial". Zur Ausgrenzung von wohnungslosen Menschen. *APuZ*, 25–26, 30–36.
Gronemeyer, R. (1974): Leerstellen in der Konfliktsoziologie: Zum konflikttheoretischen Bezugsrahmen für Gemeinwesenarbeit. In H.-E. Bahr & R. Gronemeyer (Hrsg.), *Konfliktorientierte Gemeinwesenarbeit. Niederlagen und Modelle* (S. 46–73). Luchterhand.
Haj Ahmad, M.-T. (2020). Kaspers Vienot's Schuhe. Aushandlung von Ein- und Ausschlüssen wohnungsloser Unionsbürger*innen. *Widersprüche, 40*(156), 27–39
Heinz, W., & Belina, B. (2019). *Die kommunale Bodenfrage. Hintergrund und Lösungsstrategien*. Rosa Luxemburg Stiftung. https://www.rosalux.de/fileadmin/rls_uploads/pdfs/Studien/Studien_2-19_Bodenpolitik.pdf. Zugegriffen: 15. Febr. 2020.
Herzhauser, E. (2019). Wohnungslosigkeit von Jugendlichen und jungen Erwachsenen und die Relevanz niedrigschwelliger Angebote. *Widersprüche, 39*(154), 119–129.
Hess, S., Kasparek, B., Kron, S., Rodatz, M., Schwertl, M., & Sontowski, S. (Hrsg.). (2017). *Der lange Sommer der Migration. Grenzregime III*. Assoziation A.

Hirsch, J. (2005). *Materialistische Staatstheorie. Transformationsprozesse des kapitalistischen Staatensystems*. VSA.

Hohenstatt, F. (2016). Recht auf Stadt. Über die Position Sozialer Arbeit im Konfliktfeld Stadtentwicklung. In M. Drilling & P. Oehler (Hrsg.), *Soziale Arbeit und Stadtentwicklung. Forschungsperspektiven, Handlungsfelder, Herausforderungen* (S. 203–219). Springer-VS.

Info Sozialarbeit (Hrsg.). (1974). *Heft 2 – Sozialarbeit in Institutionen*. Offenbach: Verlag 2000.

Jurk, C., Reincke, K., & Resch, C. (2019). Urbane Konflikte im Aufnahmeland und ihre vermeintliche Befriedung. Eine Fallstudie über politische Dynamiken in Kommunen. In C. Resch & T. Wagner (Hrsg.), *Migration als soziale Praxis: Kämpfe um Autonomie und repressive Erfahrungen* (S. 98–116). Westfälisches Dampfboot.

Kessl, F., & Maurer, S. (2009). Die „Sicherheit" der Oppositionsposition aufgeben. Kritische Soziale Arbeit als „Grenzbearbeitung". *Kurswechsel, 24*(3), 91–100.

Kunstreich, T. (1975). *Der institutionalisierte Konflikt. Eine exemplarische Untersuchung zur Rolle des Sozialarbeiters in der Klassengesellschaft am Beispiel der Jugend- und Familienfürsorge*. Verlag 2000.

Kunstreich, T. (2013). Was ist heute kritische Soziale Arbeit? In W. Stender & D. Kröger (Hrsg.), *Soziale Arbeit als kritische Handlungswissenschaft. Beiträge zur (Re-) Politisierung sozialer Arbeit* (S. 81–93). Blumhardt.

Mayer, M. (2019). Bewegung in der unternehmerischen Stadt. In: *LuXemburg – Gesellschaftsanalyse und linke Praxis* (02/2019). https://www.zeitschrift-luxemburg.de/bewegung-in-der-unternehmerischen-stadt. Zugegriffen: 15. Juli 2020.

Nagel, S. (2019). Impulse für eine Politik gegen Wohnungslosigkeit. In S. Gillich, R. Keicher, & S. Kirsch (Hrsg.), *Alternativen zu Entrechtung und Ausgrenzung* (S. 115–134). Lambertus.

Poulantzas, N. (2002). *Staatstheorie. Politischer Überbau, Ideologie, Autoritärer Etatismus*. VSA.

Rancière, J. (2002). *Das Unvernehmen. Politik und Philosophie*. Suhrkamp.

*Rheinpfalz*, 04.10.2017: Abriss in Mundenheim West.

*Rheinpfalz*, 18.12.2018: Mehr bezahlbarer Wohnraum gefordert.

*Rheinpfalz*, 13.05.2019: Günstige Wohnung – verzweifelt gesucht.

*Rheinpfalz*, 18.11.2019: Aktionsbündnis: Stadt soll Wohnen koordinieren.

Rheinpfalz, 18.08.2020: Zurück in die eigenen vier Wände.

*Rheinpfalz*, 24.06.2020: Neue Regeln für Mieten.

Stövesand, S. (2015). Konflikt macht Politik. In S. Stövesand & D. Röh (Hrsg.), *Konflikte – Theoretische und praktische Herausforderungen für die Soziale Arbeit* (S. 32–46). Budrich.

Wagner, T. (2017a). Dabei sein ist nicht Alles! – Gründe der Nicht-Nutzung von Beteiligungsverfahren in der Sozialen Arbeit aus demokratie- und ungleichheitstheoretischer Perspektive. In B. Schäuble & L. Wagner (Hrsg.), *Partizipative Hilfeplanung* (S. 230–244). Beltz Juventa.

Wagner, T. (2017b). Den Raum öffnen – Lehre im Einweisungsgebiet Mundenheim-West. In: *Spektrum. Zeitschrift der Hochschule Ludwigshafen am Rhein* (Juni 2017), S. 16 f.

# Arbeitsbereichsübergreifendes

# Konfliktkonstellationen als gesellschaftliche Verhältnisse begreifen – Welche Theorien und Methoden tragen dazu bei?

Ulrike Eichinger und Barbara Schäuble

### Zusammenfassung

Der Beitrag will in demokratisierungs-, emanzipations- und professionalisierungsorientierter Absicht dazu beitragen, Konfliktkonstellationen in der Sozialen Arbeit als gesellschaftliche Verhältnisse und umkämpfte Möglichkeitsräume zu verstehen. Hierfür zeichnet er nach, welche soziologischen, sozialpolitischen, sozialtheoretischen und psychologischen Theorien ein gegenhegemoniales, verständigungsorientiertes, gemeinwesenbildendes und subjektorientiertes Ausloten von Konflikten unterstützen. Er stellt zudem Fragen vor, mit denen das Freilegen von konkreten Konfliktzusammenhängen in der (Professionalisierungs-)Praxis unterstützt werden kann.

### Schlüsselwörter

Konfliktkonstellationen · Konflikttheorie · Konfliktbearbeitung · Methoden der Konfliktanalyse

Die Arbeit am Sozialen, als soziale (oder berufliche Soziale) Arbeit, ist elementar für das menschliche Leben. Wessen Lebensqualität dabei verbessert wird, was ein

---

U. Eichinger (✉) · B. Schäuble
Alice Salomon Hochschule Berlin, Berlin, Deutschland
E-Mail: eichinger@ash-berlin.eu

B. Schäuble
E-Mail: schaeuble@ash-berlin.eu

gutes Leben ist und wie ein gutes Leben (aller) befördert bzw. entwickelt werden kann, ist gesellschaftlich umstritten. Das führt uns und andere beim Streben nach einer Erweiterung von Handlungsmöglichkeiten oder bei der Abwehr von Zumutungen in Konflikte.

Als Hochschullehrerinnen für Soziale Arbeit wirken wir in Professionalisierungs- und Praxisforschungsprozessen an der (Re-)Produktion des Sozialen mit. Wir wollen uns bewusst dazu verhalten, sowohl fachlich als auch in einem weiteren gesellschaftlichen Sinn. Daher interessieren wir uns für Konflikte und das Ausloten von Möglichkeitsräumen aus Sicht von Professionellen und Nutzer*innen der Sozialen Arbeit. Wir verstehen recht unmittelbar erfahrbare (Handlungs-)Kontexte als Möglichkeitsräume: Sie enthalten Nahelegungen für angemessenes Verhalten, diese können jedoch auch verworfen und eigensinniges Verhalten an ihre Stelle gesetzt werden.

Vieles, was als psychisch und interaktiv konflikthaft erfahren wird, gründet aus unserer Sicht in gesellschaftlichen Konflikten bzw. (Grund-)Widersprüchen. Die Soziale Arbeit sehen wir dabei als eine Institutionalisierung sozialer Konflikte, die gesellschaftliche Konflikte zu einem gewissen Grad bearbeitet, dadurch aber zugleich verdeckt und nie gänzlich still stellt. Das zeigt sich unter anderem in der Kluft zwischen den Alltagsproblemen der Nutzer*innen und der Angebotsseite wohlfahrtsstaatlich organisierter Dienstleistungen (vgl. Dewe & Otto, 2012, S. 207; Beresford, 2016) und im Nicht-Einlösen rechtlicher Ansprüchen und lokaler Programmatiken, unter anderem aufgrund von Interessenwidersprüchen und Prozessen sozialer Schließung.

Dem sozialpolitischen Status quo werden stets Widerstände entgegengesetzt, diese werden aber auch vorausschauend eingehegt. Professionelle wirken an beidem und produzieren so die Erbringungskontexte mit. Wir schlagen vor, dies als eine Praxis der Konfliktverarbeitung bzw. -bearbeitung zu betrachten, dies auch um zu begreifen, wie von Einzelnen (Professions-)Geschichte *von unten* in transformativem wie bewahrendem Sinne gemacht wird, wenn auch „nicht aus freien Stücken" (Marx, 1852/1972, S. 115). Die dabei zum Ausdruck kommende Konfliktfähigkeit verstehen wir nicht allein als eine Kompetenz von Einzelnen, sondern sehen sie in Verbindung mit dem jeweiligen institutionellen Gefüge.[1]

Wir gehen davon aus, dass eine Verständigung über Konflikttheorien, über die Konfliktkonstellationen verschiedener Handlungsbereiche (vgl. Eichinger &

---

[1] Kritik- und Konfliktfähigkeit sehen wir zum einen in Relation zu den Zielen, Aufgaben und der Ausstattung eines Handlungsbereichs, also als verbunden mit organisationalen Spielräumen. Zum anderen verstehen wir sie als verknüpft mit konkreten Interaktionsbeziehungen und Bündnissen. Denn Konfliktfähigkeit erweitert sich in Bündnissen, beispielsweise solchen zwischen Professionellen sowie zwischen Professionellen und Adressat*innen.

Schäuble, 2018) sowie über Methoden der Konfliktanalyse dazu beitragen können, das Bewusstsein für Konflikte und ihre Bearbeitung zu schärfen, um sich bewusster dazu zu verhalten. Da wir die mittlere Ebene der Vergesellschaftung als noch vergleichsweise unmittelbar erfahrbare und erreichbare Gestaltungsebene Sozialer Arbeit ansehen, sind institutionelle Settings, Organisationen und Arbeitsbereiche als Konfliktorte von besonderem Interesse für uns. Wir betrachten die in diesem Buch analysierten Konflikte als arbeitsbereichstypische Konflikte, was jedoch weiter zu untersuchen ist.[2]

Konfliktanalytische Lesarten können sich auf soziologische, sozialpolitische und -theoretische, kritisch psychologische Bezüge sowie sozialarbeitswissenschaftliche Theorien beziehen. So entwickelte sich in der Fachdebatte der Sozialen Arbeit seit den 1990er-Jahren eine Konjunktur explizit konfliktorientierter Publikationen (vgl. u. a. Bitzan & Klöck, 1993; Braches-Chyrek & Sünker, 2017; Kunstreich & May, 1999, 2020; Kunstreich, 2016a; Stehr et al., 2018). Wir verstehen dies zum einen als Ausdruck der grundlegenden Konflikthaftigkeit der Sozialen Arbeit (vgl. u. a. Kunstreich, 1975; Scherr, 2017), zum anderen als Ausdruck aktueller Krisendiagnosen und als disziplinäre Bewältigungs- bzw. Aneignungsstrategie im Kontext gesellschaftlicher Transformationsprozesse. Im Folgenden gehen wir weiter auf theoretische wie methodische Bezugspunkte von Konfliktanalysen ein.

## 1   Von konsenskritischen Strukturanalysen zu dialogischen Handlungsansätzen in der Sozialen Arbeit

Im Feld der Soziologie markieren konfliktorientierte Perspektiven zunächst Distanz zu den bis in die 1960er-Jahre dominanten ordnungstheoretisch-funktionalistischen Angeboten. Diese tendierten zu einer Konfliktvermeidung und zu gemeinschafts- und ordnungsorientierten Lösungsvorschlägen. Die mit dieser Perspektive verbundene Homogenitätsorientierung erschien späteren soziologischen Konflikttheoretiker*innen (vgl. u. a. Dahrendorf, 1994) als vereinfachend,

---

[2] Wir gehen davon aus, dass sozialpolitische Konfliktkonstellationen (arbeits)bereichsspezifische institutionelle Settings (gesetzliche Rahmungen, soziale Bewegungen, Ausstattungen) hervorbringen, die die (objektiven bzw. subjektiven) Möglichkeitsräume (vgl. Holzkamp u. a., 1985) von Professionellen wie Nutzer*innen strukturieren. Zu diesen typischen Möglichkeitsräumen (vgl. ebd., S. 551, Holzkamp, 1993, S. 344) lassen sich „Bereichstheorien" (Bader, 1990) entwickeln, zu denen wir beitragen wollen.

autoritär-expertokratisch und hegemonial. Sie betonen demgegenüber das positive, innovative, demokratisierende und letztlich erst integrative Potenzial von Konflikten und kritisieren Prozesse sozialer Schließung durch Organisationen und Professionen (vgl. Freidson, 1975; Illich, 1979). Spätere Beiträge unterstreichen das interaktive Gestaltungspotenzial, tendieren aber zur Vernachlässigung gesellschaftlicher Strukturierungen sowie Macht- und Herrschaftsverhältnisse. Demgegenüber werden ab den 1980ern spezifischere Konflikte in den Blick gerückt (vgl. u. a. Bourdieu, 1987). So geht z. B. Collins (2012) unter Bezugnahme auf Marx davon aus, dass es soziale Ungleichheitsverhältnisse sind, darunter auch das Geschlechterverhältnis und die *race relations,* die zu Konflikten führen. Er meint, dass hinter Interessen- und Wertekonflikten oft sozio-strukturelle Differenzen stünden. Zudem betont er, dass die Selbstorganisation von Interessengruppen zur Zuspitzung sowie zur Dynamik von Konflikten beiträgt und schlägt dadurch eine Brücke zur politischen Soziologie sozialer Konflikte bzw. zu sozialpolitischen Debatten. Ähnlich argumentiert auch Fraser (1994). Sie betont die mobilisierende Wirkung von Bedürfnisartikulation als Formulierung sozialer Fragen und von Konflikten, worauf wir später zurückkommen werden.[3]

In der sozialarbeitswissenschaftlichen Fachdebatte finden sich ähnlich wie in konfliktsoziologischen Arbeiten positive und die Produktivität betonende Betrachtungsweisen von Konflikten und Aushandlungspraxen. So lässt sich bereits in den 1930er-Jahren in professionstheoretischen Beiträgen aus den USA ein Trend zu einer wachsenden Bewusstwerdung der interaktiven und koproduktiven Natur sozialer Unterstützung erkennen (vgl. Taft u. a. 1937 in Müller, 2012). Im Anschluss an ihre Sozialarbeitspraxis formuliert Mary Parker Follett (1924, 1926, zit. nach Althans, 2007) eine Konflikttheorie für ein am Menschen orientiertes Management. Sie sieht Interessenkonflikte in situationsübergreifenden institutionellen Zusammenhängen („total situation", Follett, 1924, zit. nach Althans, 2007, S. 221) bzw. in gesellschaftlichen Ungleichheiten begründet (vgl. Staub-Bernasconi, 2017, S. 113) und setzt darauf, dass eine demokratische und dialektische Integration – ohne Kompromiss und ohne Dominanz – verschiedener Interessen möglich ist (vgl. Follett 1926, zit. nach Althans, 2007, S. 224). In Konflikten sieht Follett ein Potenzial, insofern es gelingt, differente

---

[3] Eine Verbindung zwischen gesellschaftlichen Spannungen, Konfliktzurechnungen und ihrer Artikulation entsteht laut Collins (2012) erst im Zusammenhang mit kooperativen Deutungs- und Verständigungsprozessen. Auch Fraser (1994) geht nicht von einem kausalen Zusammenhang zwischen sozialer Lage und der Formierung von Interessensgruppen und -konflikten aus.

Begehren demokratisch und kreativ zu bearbeiten (vgl. Althans, 2007, S. 225, Staub-Bernasconi, 2017, S. 119).

Auch die Professionstheorien der 1980er-Jahre in Deutschland zeigen Offenheit für Konflikte. Sie setzen gegen eine „Kolonisierung der Lebenswelt" (vgl. Rauschenbach & Gängler, 1984) durch professionelles Handeln darauf, sich stärker am Alltag zu orientieren. Sie bemühen sich um die Kritik an Personalisierung und Objektivierung (bzw. Kriminalisierung und Therapeutisierung, vgl. Cremer-Schäfer & Steinert, 1998),[4] schlagen den „Abschied vom Experten" (Olk, 1986) vor, setzen auf die Entwicklung einer alternativen Professionalität (vgl. Dewe & Otto, 2012), auf die Steigerung von Reflexivität durch den „reflective practitioner" (Schön, 1983) sowie eine stärkere Orientierung auf Koproduktion bzw. die Nutzer*innen (vgl. Schaarschuch, 1999). Empirische Analysen nehmen im Anschluss an die Konfliktsoziologie die Ordnungs- und Aushandlungsprozesse sowie die kooperative Hervorbringung sozialer Dienstleistungen (vgl. Bergmann, 2018; Lipsky, 1980; Oelerich & Schaarschuch, 2013; Pfadenhauer, 2003) in den Blick. Neuere Ansätze setzen zudem verstärkt darauf, Vereinseitigungen durch eine professionelle Orientierung an Partizipation und die Schaffung von Möglichkeits- und Freiräumen für eine Demokratisierung von unten zu überwinden. Und aktuelle professionstheoretische Analysen nehmen Bezug auf die Bedrohung von Professionalität und Koproduktion durch neoliberale Entwicklungen (vgl. Freidson, 2013) bzw. eine in Diskurse verstrickte sowie komplizenhafte Regierungsmentalität von Professionellen (vgl. Kessl, 2007). Andere dagegen fokussieren in neoinstitutionalistischer Perspektive auf die Stärkung von Gestaltungsmacht über eine Orientierung am Wandel bzw. an einem Lernen aus Fehlern (vgl. Wolff et al., 2013). Mit solchen gestaltungsorientierten Ansätzen geht in der sozialarbeiterischen Theoriebildung eine (Wieder-)Besinnung auf praktische Widersprüche und Konflikte einher, wenn auch implizit. Welche als widersprüchlich erlebten Erfahrungen im Sinne kritischer Weiterentwicklungen der Sozialen Arbeit künftig besonders fokussiert werden, lässt sich derzeit noch nicht sagen. Deutlich sichtbar ist unseres Erachtens auf jeden Fall, dass Bemühungen um eine Verständigung über gesellschaftliche Ungleichheiten, Bedürfnisdivergenzen, Interessenwidersprüche und von Professionellen erfahrene ethische Dilemmata ebenso wie Fragen nach dem Politischen der Sozialen Arbeit.

---

[4] Stehr & Anhorn (2018) problematisieren, dass Institutionen und hier auch die Soziale Arbeit zur Verdeckung gesellschaftlicher Konflikte beitragen, z. B. durch Verdeckungen wie etwa das Umdeuten von Verhältnissen zu Verhalten bzw. durch Pathologisierung und Kriminalisierung. Im Anschluss an Adorno sehen sie Verdeckungen als Enteignung von Erfahrungen und in Anlehnung an Marx als Entfremdung.

## Von Bedürfnisinterpretationen über die Formulierung sozialer Fragen bis hin zu ihrer umkämpften sozialpolitischen Verbürgung

Konflikte bringen gesellschaftliche Verhältnisse wieder ins Gespräch. Dafür müssen Bedürfnisinterpretationen und Wünsche eine gewisse Hörbarkeit erreichen. Überlegungen, die dies betonen, verbinden konflikt- und demokratietheoretische Lesarten um (Selbst-)Bewusstsein, Bündnisse und Öffentlichkeit. Axel Pohl, Christian Reutlinger und Andreas Walther (vgl. Pohl et al., 2019) haben dies in einer Studie zum Ringen Jugendlicher um Sichtbarkeit und Anerkennung sowie Wertschätzung und Rechte herausgearbeitet. Ihnen zufolge sorgt eine „Ordnung des Sichtbaren und Sagbaren" dafür, dass manche „Tätigkeit sichtbar ist, und jene andere nicht, dass dieses Wort als Rede verstanden wird, und jenes andere als Lärm", so Schwanenflügel und Walther (2019, S. 93) unter Rekurs auf Rancière. Wesentlich sei, „aus welcher Position gesprochen wird, wer überhaupt spricht, wer für wen sprechen kann und worum es überhaupt geht – und vor allem: ob es überhaupt um etwas geht" (Ahrens & Wimmer, 2014, S. 194, zit. in Schwanenflügel & Walther, 2019, S. 216). Schwanenflügel und Walter sehen das jugendliche sich Zeigen als basale Praxis des Politischen an und als bereits hochgradig voraussetzungsvoll. Denn bereits das Vorhandensein einer gemeinsamen Bühne (vgl. Rancière, 2002, S. 38) sei erst in Konflikten zu erringen. Daher müssten schon die Versuche sichtbar werden, als „Ausdruck (…) von Ungerechtigkeit, als Einklagen von Recht, aber auch als Positionierung (…) im Horizont ‚von Recht und Gerechtigkeit [ge]lesen, bzw. als Teilhabeansprüche der Anteilslosen' verstanden werden" (Schwanenflügel & Walther, 2019, S. 110). Solange Jugendliche „zwar [als Lärm] gehört, aber nicht verstanden" und ihre in Praktiken „sich ausdrückenden Teilhabeansprüche (…) für die jeweiligen Gegenüber nicht als solche dekodierbar [sind], da die Art und Weise in der sie geäußert werden, nicht der Sprache der Normalität bzw. Teilhabe entspricht" (S. 111), würden auch ihre Praxen allein als abweichendes Verhalten gelesen.[5]

Ähnlich wie Schwanenflügel und Walther (2019) formuliert auch Nancy Fraser (1994) in ihren bedürfnistheoretischen Überlegungen die Beobachtung, dass Äußerungen Marginalisierter, beispielsweise von Klient*innen im Kontext asymmetrischer Arbeitsbündnisse, nur schwer den Grad der Öffentlichkeit erreichen, der ausreicht, um den eigenen Anliegen Bedeutung und Legitimität zu verleihen.

---

[5] Schwanenflügel und Walther (2019) notieren hierzu weiter: „Sie werden mit Hausverboten missachtet oder mit Strafverfahren kriminalisiert. Am meisten Anerkennung erfahren diejenigen, die sich auf die Interpretation und Umsetzung institutionell regulierter Beteiligung einlassen. Doch werden auch sie darüber, dass Konflikte über Regularien einer von Erwachsenen dominierten Rahmung ‚eingehegt' werden, mit den Grenzen der ‚polizeilich' geordneten Teilhabe konfrontiert und ihre Praktiken als unvernünftig bzw. als Lärm etikettiert, wo sie sie infrage stellen." (S. 111)

Denn divergente Erkenntnispositionen, asymmetrische Beziehungen, Interessen und Prozesse sozialer Schließung legen Dritten ein Übersehen und Relativieren der Bedürfnisse nahe. Fraser bezeichnet das Soziale daher als einen „Kampfplatz, auf dem Gruppen mit ungleichen diskursiven (und nicht-diskursiven) Ressourcen konkurrieren" (ebd., S. 242). Hegemoniale Akteur*innen bemühen sich dort, ihren Interessen widersprechende (noch) nicht institutionalisierte Bedürfnisse auszuschließen, zu entschärfen oder zu kooptieren. Marginalisierte Akteur*innen wiederum versuchen, herrschende Interpretationen anzufechten, zu modifizieren oder zu ersetzen. Wie Schwanenflügel und Walther sieht auch Fraser die laut werdenden Interpretationen nicht nur als bloße „Repräsentationen": „Sie sind vielmehr [...] Handlungen und Einmischungen, die auf strukturelle Ungleichheiten verweisen sowie auf Antworten aus sozialen Bewegungen" (Fraser, 1994, S. 256). Fraser arbeitet heraus, dass soziale Bewegungen Bedürfnisdifferenzen als soziale Ungleichheit politisieren, indem sie Konflikterfahrungen mit der Artikulation der eigenen Bewältigungslage als soziale Frage, also als öffentlich zu berücksichtigende grundlegende Frage formulieren. Indem sie ihre Bedürfnisse als legitime und gesellschaftlich zu berücksichtigende soziale Fragen behaupten, tragen Bewegungen dazu bei, die von ihnen erfahrene grundlegende Konfliktualität von Gesellschaften zu aktualisieren und als politischen und bewusst verhandelbaren Gegenstand zu konstituieren. Soziale Bewegungen setzten in strategischer Perspektive darauf, dass das Artikulieren von Konflikten dazu beiträgt, die Lebensverhältnisse zu verändern und in ihrem Sinne politische Innovationen hervorzubringen.

Die Kämpfe der Arbeiter*innenbewegung haben wesentlich zur heute bestehenden sozialen Infrastruktur beigetragen. Denn im Zuge des Kampfes um bessere Lebens- und Arbeitsbedingungen entstanden nicht nur Arbeitnehmer*innenrechte, sondern neben der Sozialversicherung für lohnabhängig Beschäftigte auch der Rechtsanspruch auf eine allgemeine soziale Daseinsfürsorge. Die Soziale Arbeit ist eine dieser Leistungen. Sie unterstützt Menschen beim Zugang zu den zentralen Systemebenen der Gesellschaft, das heißt beim Zugang zum Bildungs- und Gesundheitssystem, zum Wohnungs- und zum Arbeitsmarkt. Fraser (1994) zeichnet nach, dass Phasen der Politisierung von Bedürfnissen nach einiger Zeit in Institutionalisierungen münden. Sie verdeutlicht dies anhand der institutionalisierten Bearbeitung häuslicher Gewalt. Im Zuge der Institutionalisierung der Bedürfniserfüllung entsteht eine Teilung von sozialen Bewegungen in Professionelle und Klient*innen, professionelle Sichtweisen etablieren sich und Individuen werden in einen Klient*innenstatus eingeschlossen. So tritt z. B., indem Probleme in quasipsychiatrischer Perspektive gelesen werden, eine Psychiatrisierung an die Stelle einer Adressierung als potenzielle Aktivist*innen, sodass nach und nach „das Sprachspiel der Therapie dasjenige der Bewusstseinsbildung ersetzt" (ebd.,

S. 273). Zudem löst die Rede von individuellen Problemen (beispielsweise Missbrauchserfahrungen) die stärker politisch akzentuierte Rede struktureller Probleme (beispielsweise „Männergewalt gegen Frauen") ab. „Schließlich sind die Bedürfnisse misshandelter Frauen substantiell reinterpretiert worden. Die weitreichenden frühen Forderungen nach den sozialen und ökonomischen Grundvoraussetzungen der Unabhängigkeit sind tendenziell einem enger gefassten Schwerpunkt gewichen." (ebd., S. 273) Es gibt also eine „Tendenz, dass die Politik der Bedürfnisinterpretation in die Administration der Bedürfnisbefriedigung übergeht" (ebd. S. 274). Doch es gibt auch, so Fraser (ebd., S. 274), eine „Gegentendenz, die von der Verwaltung zum Widerstand der Klienten und von dort potentiell zurück zur Politik verläuft"[6]. Die historischen Konflikte werden also auch Fraser zufolge in den gegenwärtigen Bearbeitungsroutinen nie gänzlich zum Schweigen gebracht. Auch Paulus und Grubenmann (2020) sehen die Nutzer*innen und Professionellen unweigerlich in historische Konflikte verstrickt, da sie zumindest latent immer mit sich widersprechenden Bedürfnissen – nach der Sicherung des Status quo und dem Begehren nach einer anderen Zukunft – konfrontiert sind:

> „In allen Perioden lässt sich nicht nur ein Mangel an sozialer Gerechtigkeit feststellen, sondern auch ein Aufbegehren und Wünsche an eine andere künftige Lebensweise. […] Der permanente Konflikt […] sowie die Umdeutung der Sozialen Frage als Selbstschuld oder verursacht durch ‚Fremdarbeiter', ‚Asoziale', ‚Juden', ‚Muslime' usw., anderseits führt auch diejenigen, welche die Soziale Frage stellen, in Handlungswidersprüche und möglicherweise in eine Verletzung der eigenen Handlungsfähigkeit als Unterdrückung des Wunsches an eine andere Zukunft. […] Diese individuelle und soziale Positionsbestimmung stellt sich auch für die Soziale Arbeit. Die Geschichte der Sozialen Arbeit ist demnach auch gekennzeichnet von der inneren Zerrissenheit der Profession." (Paulus & Grubenmann, S. 165 f.)

Schwanenflügel und Walther (2019, S. 108) sehen solche Konflikte (beispielsweise Konflikte um die Teilhabe Jugendlicher) weniger als offene Machtkämpfe, sondern vor allem als Formen der Grenzbearbeitung in „der Auslegung, Infragestellung, Überschreitung, Aushandlung, Unterwanderung, Verschiebung, Reproduktion oder Neuschaffung von räumlichen Grenzen, von begrenzenden Normen und Regeln und von Grenzen durch die Zuschreibung legitimer Repräsentationsansprüche". Die Autor*innen verzeichnen zum einen, dass die Professionellen das Ausscheren der Jugendlichen in Praxen der Grenzbearbeitung aufgreifen. Zum anderen analysieren sie Begrenzungen der Jugendlichen in Form eines Übersehens von Lebensäußerungen durch die Individualisierung und Passivierung der politischen Interessen, durch

---

[6] Dies lässt sich u. a. an den Kämpfen um Deinstitutionalisierung im Kontext der Anti-Psychiatriebewegung nachvollziehen (vgl. Wolff, 2020; Küpper, in diesem Band).

ein Setzen auf gruppeninterne oder individuelle Bewältigung, durch Stigmatisierung und Ausschluss sowie durch Formen der Verbürgung, die zugleich Eingriffe darstellen, das heißt, die zwar das jugendliche Handeln aufgreifen, aber eben auch regulieren (vgl. May, 2005, S. 42, 2017, S. 87). Maurer (2018) hebt mit ihren Überlegungen zur Sozialen Arbeit vor allem auf erweiternd-kritische Formen von Grenzbearbeitung ab: Sie versteht kritische Soziale Arbeit wesentlich als Grenzbearbeitung und sieht das Sich-Reiben an Begrenzungen sowie die aktiven Beiträge von Adressat*innen und Professionellen als Formen der Reproduktion oder Ausweitung des Möglichen in der Sozialen Arbeit.

**Kooperative Selbstverständigung als Bildung am und Bildung des Sozialen**
Nachdem wir (Konflikt-)Verhältnisse bisher als gesellschaftliche und politisch umkämpfte betrachtet haben, möchte wir sie im Folgenden sozialtheoretisch betrachten: Sowohl die Formen der „gesamtgesellschaftliche[n] Kooperation" (Holzkamp, 1985, S. 325) als auch die der „Kooperation auf Handlungsebene als interpersonaler Prozess zwischen Individuen" (ebd.) entwickeln ihre Spezifik im Lauf ihrer Geschichte (vgl. ebd., S. 331).[7] Dabei institutionalisieren sich die sozialen menschlichen Wesenskräfte (vgl. auch Haug, 1994, S. 233 f.) in spezifischen wohlfahrtsstaatlichen Arrangements (vgl. Lessenich, 2008), die den Entwicklungsstand der stets umkämpften Gesellschaftsformation widerspiegeln. Die sozialen Wesenskräfte verstehen wir mit Bezug auf Negt und Kluge als ein sich selbst regulierendes „Soziales", das

> „somit etwas Eigenständiges, ja, Eigensinniges [ist], das sich weder auf psychische Prozesse in den Individuen reduzieren lässt, noch auf gesellschaftliche Strukturen. [...] ‚Die wirklichen Beziehungen' [...] bilden aus den einzelnen im Menschen praktisch arbeitenden Eigenschaften ein ‚innere[s] Gemeinwesen, also eine Gesellschaft unterhalb der Person, die mit der Gesellschaft außerhalb der Person verkehrt'" (Negt & Kluge, 1981, S. 78)

Die konkrete Institutionalisierung sozialer Wesenskräfte erweckt allerdings oft den Anschein versteinerter Verhältnisse, die sich nicht nur nicht unmittelbar, sondern gar nicht überschreiten bzw. verändern lassen (Entfremdung).[8]

---

[7] Scheu und Autrata (2011, S. 165 f.) zufolge lassen sich Sozialstrukturen wie die „kooperative Jugendaufzucht" nicht als Sozialbeziehungen auf menschlichem Niveau ansehen. Sie sind Ergebnisse von unabgeschlossenen Entwicklungsprozessen und haben sich erst durch die Wahrnehmung und Realisierung der Möglichkeit spezifiziert, das unmittelbar Gegebene durch freiheitliches bzw. strategisches Handeln zu gestalten.

[8] Die wohlfahrtsstaatliche Sozialstruktur versteht May (2005) als Produktionsmittel und -verhältnisse des Sozialen: Im Anschluss an Marx sieht er sie als „tote Beziehungsarbeit"

Doch wie lässt sich subjektorientiert eine solche Verfestigung oder ein kooperatives Infragestellen vorstellen? Kunstreich nähert sich dem Sozialen subjektorientiert an, indem er eine „relationale Individualität" (2016b, S. 36 f.) annimmt. Sie basiere auf spezifischen Erfahrungen durch das Mitglied-Sein in verschiedenen Gruppen und entwickle ihre Form stets im Kontext aktueller Beziehungen weiter. Durch die Mitgliedschaft von Individuen in „transversale[n] Sozialitäten"[9], die quer zu institutionellen Hierarchien entstehen können, ist so Kunstreich politische Produktivität möglich. Transversale Sozialitäten kommen zustande bzw. existieren so lange, wie Aktivitäten zur Realisierung eines geteilten „Gruppenwunsches" praktiziert werden. Doch wie lässt sich psychologisch verstehen, dass sich Individuen auf solche Kooperationsmöglichkeiten einlassen? Klaus Holzkamp (vgl. 1977, S. 67, 1985, S. 241) hebt im kritisch-psychologischen Verständnis von Handlungsfähigkeit hervor, dass die gesamtgesellschaftlichen Verhältnisse den Individuen als Bedeutungen begegnen. Handlungsfähigkeit kann dabei in zweifacher Art („„doppelte Möglichkeit", Holzkamp, 1985, S. 367 ff.) vollzogen werden: Zum einen, indem vorhandene Möglichkeiten realisiert werden, zum anderen können bestehende (jedoch für Nutzer*innen und Professionelle ungleiche) Freiheitsgrade genutzt werden, um den Status quo zu hinterfragen. Dieser zweite Modus von Handlungsfähigkeit zielt auf die Erweiterung bisheriger Handlungsmöglichkeiten. Eine solche Option ist nur in Kooperation mit anderen in Prozessen sozialer Selbstverständigung vorstellbar. Zu ihr gehört stets das Risiko des Scheiterns, da auch ein Zurückfallen hinter den erreichten Status quo möglich ist. Aufeinander bezogenes Handeln bzw. relational gestaltete Beziehungen sind möglich, aber keine Selbstverständlichkeit (ebd., S. 212). Erscheinen den Einzelnen beispielsweise Beziehungsangebote (im Kontext professioneller Sozialer Arbeit z. B. Beziehungen zwischen Professionellen oder zwischen Nutzer*innen und Professionellen) in ihrer spezifischen Organisationsform nützlich, können sie sowohl angeeignet als auch nicht angeeignet werden, je nachdem, ob sie als nützlich oder nicht nützlich wahrgenommen werden.[10] So wird auch beispielsweise das Potenzial, soziale Beziehungen einzugehen, nicht immer

---

(ebd., S. 39), die der „lebendige[n] Arbeit" (ebd.) (Produktivkräfte) bedürfe, um (erneut) wirksam zu werden (vgl. Negt & Kluge, 1981, S. 893). Die Dialektik von Beziehungsarbeit bewegt sich, so May (2005, S. 39 f.) zwischen diesem sozialen Kapital bzw. Sozialstrukturen als Voraussetzung und der Notwendigkeit lebendiger Arbeit für die Reproduktion. Die lebendige Arbeit (das Beziehungsarbeitsvermögen) benötigt die tote Arbeit, um Entwicklung, Kultur, Geschichte zu etablieren (ebd., S. 39 ff.).

[9] Kunstreich nimmt Bezug auf Falcks Membership-Theorie und Guattari und möchte hierdurch sowohl eine Alternative zum Funktionalismus/Strukturalismus als auch zum Interaktionismus formulieren (vgl. Kunstreich, 2013, S. 126).

[10] Um zwischen dem Nutzen von Unterwerfung und dem Nutzen von Selbstbestimmung differenzieren zu können, ist es wichtig, im Blick zu behalten, dass auch Bedürfnisse und

genutzt: Denkbar ist sowohl der Vorzug der Vereinzelung oder das Eingehen „bloß interaktiver" Beziehungen als auch ein Setzen auf kooperative Beziehungen. Durch soziale Selbstverständigung kann eine reflexive Distanz zur (eigenen) Praxis, zu sich aufdrängenden psychischen Verarbeitungsformen und den Begründungen[11] geschaffen werden, die für die Einzelnen ihr Handeln als sinnvoll nachvollziehbar machen. Das ist für die Verständigung bedeutsam. Soziale Selbstverständigung und ein Lernen voneinander sind immer dort möglich, „wo Motive und Konsequenzen des Handelns unklar und [...] potenziell selbst- und fremdschädigend sind", um „ideologiekritische Momente, die im common sense [...] verborgen sind, zur Sprache (und zur praktischen Geltung) zu bringen [...]" (Markard, 2019, S. 36).

Sich um einen Prozess sozialer Selbstverständigung zu bemühen, heißt zu versuchen, sich eine Situation miteinander zu vergegenwärtigen, zu interpretieren und zu bearbeiten. Bader (2016, S. 101) sieht das als erkenntnisreich: „Indem wir die Kontextgebundenheit anderer Menschen kennen lernen, lernen wir uns selbst besser kennen." Solche Prozesse sind selbstverständlich kein Ort herrschaftsfreier Kommunikation, aber eine Chance, zu einem reflexiveren Umgang zu kommen.

Auf das Potenzial sozialer Selbstverständigung setzen wir auch in der Forschungspraxis. Denn die Stärkung von Momenten sozialer Selbstverständigung durch Partizipationsangebote im Zuge der Datenerhebung und -auswertung unterstützt eine Dezentrierung von eigenen spontanen Sichtweisen bzw. Interpretationsvarianten, um Möglichkeitsräume zu explorieren. Dieser Prozess ermöglicht Lernen und Entwicklungen, die wir als individuelle „Bildung am Sozialen" (Kunstreich & May, 1999) (im Sinne eines inneren Gemeinwesens) sehen. Soziale Selbstverständigung befördert die „Bildung des Sozialen" als äußeres Gemeinwesen. Eine solche Bildung braucht unseres Erachtens in der Sozialen Arbeit auch einen Blick auf die institutionellen Voraussetzungen von Verständigungsprozessen, weshalb wir uns im Folgenden Institutionalisierungen zuwenden.

---

Emotionen gesellschaftlich vermittelt sind. Ängste, Wut, Traurigkeit (beispielsweise aufgrund von Enttäuschungen) genauso wie Freude (aufgrund von erfahrener Selbstwirksamkeit/Vertrauen) können auf ihre gesellschaftlich vermittelten Ursachen hin betrachtet werden (vgl. Oelerich & Schaarschuch, 2013; Osterkamp, 1999). Dies ist z. B. auch hinsichtlich von Organisationskulturen (vgl. Klatetzki, 2010) interessant, die Professionellen und Nutzer*innen „einen restriktiv-instrumentellen Umgang mit den eigenen Emotionen (mehr oder weniger herrschaftlich oder als Ausgang aus vorheriger Unterdrückung) nahelegen" (Kaindl, 2013, S. 227).

[11] Das Apriori der Kritischen Psychologie besagt, dass Menschen nicht bewusst gegen ihre eigenen Lebensinteressen handeln. Folglich können Begründungsmuster auf ihre subjektive Funktionalität hin entschlüsselt werden (vgl. Holzkamp, 1985, S. 353 f.).

## Institutionalisierungen als Konflikthemmnis und -basis

Wie dargelegt verstehen wir Sozialarbeiter*innen als (un-/bewusste) Akteur*innen in sozialpolitischen Konflikten (vgl. u. a. Kunstreich, 1975; Kunstreich & May, 1999, Kunstreich, 2016a). Es ist anzunehmen, dass Institutionen nicht stets als kompromisshafte Ergebnisse sozialer Konflikte wahrgenommen werden. Umso wichtiger scheint uns Kunstreichs und Mays Hinweis, dass die Soziale Arbeit gesellschaftliche Konflikte (z. B. über Reproduktionsbedingungen und Rechtsansprüche) institutionalisiert, sowohl in Form der Organisation der sozialen Dienste als auch der spezifischen Verfasstheit der Profession. Institutionen legen nahe, was denkbar und auch, was machbar erscheint. Sie produzieren Selbstverständlichkeiten durch institutionelle Regeln, Abläufe und Ressourcenverteilungen, die als unverrückbar erscheinen (vgl. Haug, 2004, S. 1221). Durch ihre scheinbare Selbstverständlichkeit verstellen Institutionen zudem die Sicht darauf, welche Konflikte zu ihrer Entstehung geführt haben, indem sie z. B. bestimmte Formen der Bedürfnisinterpretation als angemessen und andere als unbedeutend erscheinen lassen (vgl. Fraser, 1994). Die Institutionalisierung Sozialer Arbeit ist strukturell widersprüchlich, da sie Ansprüchen entspricht, sie aber auch einhegt, mit hegemonialen Ideologien verknüpft[12] oder auf eine Weise verbürgt, indem sie mit Eingriffen verknüpft (vgl. May, 2005, S. 42).[13] Dabei bilden sich lokal immer wieder neue Kompromisszustände und Regulationen der Konflikte in der Verfasstheit von Rechtsansprüchen, sozialen Systemen, Organisationen, Ressourcenausstattungen, Programmen und in Handlungsweisen einzelner Sozialarbeiter*innen. Ein solcher Kompromiss zeigt sich in der heutigen Verfasstheit des Sozialstaats. Das heißt, dass die Soziale Arbeit nicht nur eine wirtschaftssystem-funktionale Befriedung darstellt, sondern dass sie auch ein Regulationsmoment der gesellschaftlichen Reichweite kapitalistischer Prinzipien (vgl. Scherr, 2017) ist, sodass diese im Ergebnis sozialer Kämpfe nicht überall vollkommen unvermittelt auf die Menschen durchgreifen. Wie Kunstreich (2016a) sehen wir Herrschaft und Befreiung als Grundthema der Sozialen Arbeit.[14] Dieses begegnet einem, so Kunstreich, in der Praxis gegebenenfalls als Konflikt darüber, was das Problem ist, was die Lösung etc., bzw., wie man der praktischen

---

[12] Konsensuale Kontrolle bzw. Herrschaft auszuüben, bedeutet zu erreichen, dass Individuen Ideologien freiwillig annehmen und ihr Handeln entsprechend ausrichten (vgl. Gramsci, 1996).

[13] Organisationen transformieren alltägliche Bedürfnisse in verwaltbare Bedarfe (Fälle). Sie schließen dabei an etablierte Problemlösungstechniken sowie die eigene Institutionenbildung und die Berufsgruppenbildung an (vgl. Fraser, 1994, S. 265).

[14] Wobei, so Kunstreich (2016a), auch gute Herrschaft nicht aus dem Widerspruch herauskomme, durch ihre Vorgaben Begrenzungen zu erzeugen, und die Selbstständigkeit bzw. alternative Lösungen zum Status quo hemme.

Herausforderung gerecht wird, Menschen nicht zu Objekten von Maßnahmen zu machen, sondern sie als handlungsfähige Subjekte ernst zu nehmen und Freiheitsgrade (trotz struktureller Zwänge etc.) im Dialog auszuloten und zu nutzen. Uns interessiert daher, wie Sozialarbeiter*innen sich zu „institutionalisierten Konflikten" (Kunstreich, 1975) verhalten und wie sie Institutionen und ihre strukturellen Widersprüche nutzen. Sie können diese sowohl als Ermöglichung als auch als Hemmnis für ihre Versuche erleben, ihre fachlichen Vorstellungen zu realisieren. Wo werden Widersprüche praktisch erfahrbar? Zum Beispiel, wenn innerhalb des Status quo etwas nicht gelingt und durch Konsens gedeckte Interessenkonflikte erkennbar werden. Da Widersprüche sowohl gegeben, aber in gewisser Hinsicht auch gemacht sind, verspricht[15] eine Analyse von Konfliktsituationen und -erfahrungen, Handlungsmöglichkeiten auszuleuchten bzw. Fluchtpunkte für Entwicklungs- bzw. Lernprozesse zu eröffnen.

## 2 Konfliktanalyse als Methode

**Unbehagen als Spur**
Wir gehen davon aus, dass gesellschaftlich vermittelte Konflikte nicht durch Reflexion allein *gelöst* werden können, sondern dass es gilt, sie praktisch zu bearbeiten. Dies geht aber selbst dort, wo kreative Entwicklungen realisiert werden können, mit psychisch konflikthafter Ver- und -bearbeitung einher. Dieser psychischen Dimension wenden wir uns im Folgenden eingehender zu. Im Anschluss an Holzkamp (1985) sowie Zander und Pappritz (2008) gehen wir von einer grundlegenden Konflikthaftigkeit von Handlungsfähigkeit aus: Wird Handlungsfähigkeit restriktiv realisiert, z. B. durch „Umschiffen" von Konflikten mittels institutionell nahegelegter Kompromisse oder durch verdeckte Praxen auf Verfügungserweiterung verzichtet, muss dies psychisch abgewehrt (ausgeblendet) werden.[16] Zudem müssen gegebenenfalls zusätzlich psychische Kosten durch Vereinzelung bewältigt werden, wie im Fall von verdeckter doppelter Buchführung, über die, wenn illegal, sich nicht offen sprechen lässt. Die Realisierung von den Status quo verändernden Handlungsmöglichkeiten birgt individuelle Risiken, die z. B. in Bündnissen

---

[15] Sie „sind [...] Resultat praktischer Probleme, die zwar nicht interpretationsunabhängig sind, sich aber – wie das Symptom – doch irgendwie ‚melden', das heißt praktische Konsequenzen und Verwerfungen hervorbringen" (Jaeggi 2009, S. 292).
[16] Zumindest, wenn man annimmt, dass niemand bewusst gegen eigene Interessen verstößt.

handhabbarer zu machen sind, um Angst zu vermeiden (vgl. ebd., S. 371). Überall dort, wo es eine Alternative gibt, wird Holzkamp sowie Zander und Pappritz zufolge eine (unbewusste) Entscheidung getroffen und es werden – wenn auch diffus – spezifische psychische Konfliktpotenziale abgewägt. Dieses Abwägen erfordert ein Orientieren[17] bzw. Kennenlernen des Möglichkeitsraums, das heißt ein (1) Erkunden möglicher orientierungsrelevanter Bedeutungen aus Neugier oder aufgrund eines Handlungsproblems (Orientierungsnotwendigkeiten/-bedürfnisse), ein (2) (emotionales/kognitives) Bewerten der orientierungsrelevanten Bedeutungen hinsichtlich ihrer Gebrauchswerthaltigkeit, bevor es (3) zu einer Aneignung bzw. Nicht-Aneignung (vgl. die „doppelte Möglichkeit", Holzkamp, 1985) kommt (vgl. u. a. auch Marvakis, 1996). Die in „schwierigen" Situationen verbreiteten Emotionen wie Ohnmacht, Trauer und Verzweiflung bilden somit einen Ausgangspunkt für die Analyse praktischer Widersprüche im Alltag wie auch von als peinigend erfahrenen Organisationskulturen oder der „Emotionsarbeit" der Nutzer*innen sowie der Professionellen.[18]

*Sich verständigen – aber wie?*
Die Frage, wie ein konfliktorientiertes Fragen, Sich-Verständigen und Forschen aussehen kann, interessiert uns nicht nur in Forschungsprojekten und der Praxisentwicklung, sondern auch im Kontext eigener Konflikterfahrungen, da wir sowohl als Forschende, Professionelle und Nutzer*innen in und um die Soziale Arbeit in Konflikte geraten.

Soziale Selbstverständigung ist ein Potenzial, das in einem dialogischen Prozess möglich ist, aber streng genommen nicht methodisch erzeugt, sondern allenfalls unterstützt werden kann.[19] Wir dokumentieren hier im Folgenden den

---

[17] Orientierungsprozesse sind, (bewusst) gesteuert, eine Art von *intentionalen* Lernprozessen, z. B.: Ich sammle die Informationen XY um das Handlungsproblem Z lernend zu bewältigen), unbewusste Prozesse sind dementsprechend eine Form *inzidentellen* Lernens oder Mitlernens (vgl. Holzkamp, 1993).

[18] Eine Analyse von Sozialer Arbeit als Emotionsarbeit *(emotion work)* umfasst die Analyse der von Emotionsregulierung im professionellen Handeln und der institutionellen Hervorbringung von Emotionen *(emotional labour)* (vgl. Hochschild, 1990).

[19] Bader (2016, S. 212) verdeutlicht entsprechend, dass es die jeweils Beteiligten sind, die zu besprechen hätten, um wessen Klärungsprozess es gehen soll und welche Mittel hierfür genutzt werden können und sollen etc. Wo Dialoge in Forschungsprozessen bei der Auswertung nicht möglich sind, macht Markard (2018, S. 62) den Vorschlag, einen fiktiven Dialog für die Interpretation zu führen: „Wie kannst Du das gemeint haben? Was ist für Dich lebensgeschichtlich, bezogen auf Dein Weltbild, auf Deine Denk- und Erlebensweisen subjektiv funktional? Was kommt Dir dabei in die Quere? Was könntest Du gegen meine Interpretation einwenden?" Auch: „Werden (etwa bei Praxisforschungsfragen) *institutionelle* Gegebenheiten, Möglichkeiten und Behinderungen z. B. auf bloß interpersonale Beziehungen verkürzt?

methodischen und methodologischen Zwischenstand unseres konfliktorientierten Vorgehens. Wir tun dies weniger aus programmatischen Gründen, sondern als Angebot, unsere Überlegungen zur Entwicklung eigener Antworten auf die Frage zu nutzen, wie Praxisentwicklung und -forschung als eine kooperative, arbeitsteilige Konfliktanalyse/-bearbeitung angelegt werden kann.

Wir gehen davon aus, dass gesellschaftliche Konfliktkonstellationen nicht von Einzelnen, sondern zumeist arbeitsteilig freigelegt werden, da sowohl eigensinniges Handeln in Spannungsverhältnissen als auch Widersprüche Schildernde sowie weitere konfliktanalysierende Beteiligte dazu beitragen, Aufschlüsse über gesellschaftliche Widersprüche sowie die (Un-)Möglichkeiten ihrer Bearbeitung zu gewinnen.[20] Wir sehen die Konfliktforschung daher als einen nicht nur erkenntnisorientierten, sondern auch als einen praktischen und handlungswissenschaftlich ausgerichteten Prozess an.[21]

Praxisforschung ist aus unserer Sicht daher keineswegs nur eine einseitige Sammlung und Interpretation von Daten durch (uns) Wissenschaftler*innen. Mit unseren Überlegungen möchten wir zu einer Sozialen Arbeit beitragen, die sich auf die Bildung des Sozialen, das heißt, eine Verwirklichung menschlicher Fähigkeiten und Vermögen und eine Bearbeitung gesellschaftlicher Grenzen, Widersprüche und Konflikte, richtet. Hierfür sind wir auf vielstimmige Verständigungsprozesse angewiesen. Doch diese partizipativen und verständigungsorientierten Prozesse erfordern Transparenz, also das Offenlegen von Interessen und Zielen zu Anfang. Zudem braucht es die Bereitschaft, Interpretationen zu hinterfragen (bzw. hinterfragen zu lassen), was einen wertschätzenden, solidarischen Umgang und bei den

---

Werden, wenn Bezüge auf gesellschaftliche Verhältnisse hergestellt werden, diese so hergestellt, dass die Erzählenden sich bloß als deren Opfer sehen, oder werden sie (auch) unter dem Aspekt dargestellt, dass die Analyse Ansatzpunkte für Veränderung bietet [...]" (Markard, 2019, S. 40).

[20] Freire (1973) sieht Forschung als ein gemeinsames Unternehmen, das darauf zielt, die Welt und sich selbst darin wahrzunehmen. Er geht davon aus, dass sich in der Weltsicht von Menschen und insbesondere in Bezug auf Situationen, die als Grenzsituationen erfahren werden, generative Themen finden lassen, die weiter entfaltet werden können.

[21] May (2017, S. 159 f.) verweist hier auch auf das Konzept der *strategischen Hypothese* von Lefebvre, mit der Ideen gesammelt werden, wie ein aktuelles Problem (Konflikt) potenziell bearbeitet werden könnte, was aber durch die aktuellen Bedingungen verunmöglicht wird, um in einem nächsten Schritt den Blick dafür zu schärfen, welche konkreten (kleinen) Entwicklungsperspektiven es in den Handlungsfokus zu rücken gilt.

Professionellen ein Bemühen um das Aussteigen aus der institutionellen bzw. funktionalen (Macht-)Position als gesellschaftliche Platzanweiser*innen voraussetzt.[22] Das bedeutet zu versuchen, durch Reflexion und Dialog eine logische(re) Position in dem intersubjektiven Lernprozess einzunehmen (vgl. Marvakis & Schraube, 2016). Hierbei ist es nützlich zu wissen, was man tut und was man weiß bzw. nicht wissen kann (vgl. u. a. Müller, 2016, Oelerich & Schaarschuch, 2013, Kunstreich, 2016a), um auch logische Fragen zu stellen wie: Welche differenten Bedürfnisse werden in dem spezifischen Konflikt erkennbar? Wie werden sie bearbeitet (z. B. durch das spezifische professionelle Angebot)? Inwiefern wird hierdurch eine Entwicklung, Stagnation oder Verschärfung befördert? Worin könnten Alternativen bestehen? Damit weisen unsere Überlegungen eine gewisse Nähe zu Ansätzen partizipativer Forschung sowie der Nutzer*innenforschung auf. Zudem sehen wir Verbindungen zu einer subjektwissenschaftlichen und praxeologischen Professionsforschung. Wir teilen das Anliegen der subjektorientierten Forschung, den Stimmen (vgl. u. a. Rießen & Jepkens, 2020) von Nutzer*innen Aufmerksamkeit zu verschaffen und den Wunsch, „Bedingungen, die den Gebrauchswert professioneller Tätigkeit für die Nutzerinnen und Nutzer begrenzen […zu] identifizieren, [… um sie] zum Gegenstand der Veränderung [… zu] machen" (Schaarschuch, 2010, S. 159). Auch teilen wir die Veränderungsorientierung partizipativer Forschung bzw. deren dualen Imperativ: „soziale Wirklichkeit verstehen und verändern" (Unger, 2014, S. 46). Ebenso stimmen wir dem Verständnis der partizipativen Forschung zu, die partizipative Forschung als Teil einer Selbstorganisations- und Empowermentpraxis ansieht (vgl. Brensell & Lutz-Kluge, 2020; Russo, 2012). Neben der Perspektive der Nutzer*innen beschäftigen uns Ansätze einer subjektwissenschaftlichen Professionsforschung, um zu verstehen, welche Bedeutung wahrgenommene Situationen für Professionelle haben, wie sie ihr Handeln begründen sowie welche Beharrungs- und Veränderungskräfte sie entwickeln.

*„Waschzettel" – ein methodisches Geländer für Suchbewegungen sowie Verständigungs- und Handlungsschritte*

Die im Folgenden dargestellten Überlegungen haben wir im Rahmen von Lehrforschungsprojekten entwickelt. Sie vermitteln eine Vorstellung davon, was man tun kann, um sich dem Gegenstand *Konfliktkonstellationen, die praktisch zum Problem werden,* anzunähern. Die Sammlung bezeichnen wir als „Waschzettel". Die

---

[22] Zwar ist die potenzielle Bündnisperspektive ein starker Grund, sich auf Selbstverständigungsprozesse einzulassen (vgl. Bader, 2016, S. 103), dennoch zeigt die Praxis, dass Verständigung durch Abwehr- und Abbruchsprozesse gehemmt werden. Gemeinsam kann nach den Bedingungen gesucht werden, die dies nahelegen bzw. verständlich und bearbeitbar machen (vgl. Osterkamp, 2008, S. 24).

Metapher trägt der Tatsache Rechnung, dass explizierte Handlungsorientierungen und Erfahrungen ein reflektiertes und systematisches Bewältigen von alltäglichen (Forschungs-)Aufgaben unterstützen. Die Bezeichnung Waschzettel steht für ein Orientierungsangebot sowie für Vorläufigkeit und Offenheit für den jeweiligen Forschungsprozess.

*Ausgangspunkt/Datenerhebung*
Wir setzen bei der Erhebung und Auswertung an konkreten (Konflikt-) Erfahrungen bzw. (Selbst-)Klärungsbedürfnissen an (vgl. Bader, 2016, S. 106). Denn die Ebene der (Selbst-)Wahrnehmung und die Reflexion der (eigenen) Handlungspraxis sind Ausgangs- und Endpunkt von Praxen der Konfliktbearbeitung. Die Beschäftigung mit Emotionen wie beispielsweise Wut und Scham eröffnen hier weitere Zugänge.

Die Basis der Analyse bilden mündliche und gegebenenfalls schriftliche Situationsbeschreibungen. Sie werden selten allgemeiner Art sein und Beschreibungen einer gesellschaftlichen, institutionellen und vergleichsweise „totalen Situation" (Kunstreich, 1975) oder Lebenslage darstellen. Bisweilen knüpfen Analysen an die Darstellung von Konfliktlinien an, die als wiederkehrend angesehen werden. Am zugänglichsten und drängendsten erscheinen spezifische Geschichten im Sinne von Beschreibungen einer konkreten und anschaulichen Alltagssituation.

Ziel ist es, Beschreibungen für die weitere Verständigung und Analyse zu generieren, die das spezifische (soziale Konflikt-)Gefüge sowie subjektive Perspektiven und Begründungen sichtbar machen (vgl. Küchler, 2018, S. 193 f.). Gegebenenfalls gehören zu diesen Geschichten auch Darstellungen institutioneller Bedingungen,[23] und es ist aufschlussreich, neben Situationsanalysen auch weiteres Organisations- und feldanalytisches Wissen in die Analyse einzubeziehen, um Hinweise auf bereichsspezifische und gesellschaftliche Möglichkeitsräume zu gewinnen (vgl. Braun et al., 1989).

Als minimalen Leitfaden für Erhebungen sehen wir die folgenden beiden Fragen an: Welche Konflikte (Themen) gibt es? Wie kannst du sie be- und verarbeiten bzw. wie werden sie be- und verarbeitet?

---

[23] Wie Bader sehen wir Institutionen als ein „Verbindungsgelenk zwischen den allgemeinen gesellschaftlichen Anforderungen und Widersprüchen […] der psychischen Form des/der jeweils Einzelnen" (Bader, 1990, S. 55) und gehen davon aus, dass die Analyse von Institutionen eine „Entschlüsselungsfunktion" (ebd.) für allgemeine gesellschaftliche Anforderungen und Widersprüche spezifischer Versorgungsbereiche hat.

*Datenauswahl und -auswertung. („Codierender") Durchgang durch das gesamte Material*
Das Material wird gesichtet mit Blick auf die folgenden Ebenen:

- Darstellung von als objektiv gegebenen angesehenen bzw. als vorausgesetzt erscheinenden (Bedeutungs-)Strukturen (gesellschaftliche Möglichkeitsräume)
- Aussagen zu subjektiven Bedeutungen der Situation und des sozialen Gefüges (wahrgenommene Handlungsmöglichkeiten)
- Darstellung individueller/kooperativer Verarbeitungsweisen der Situation und deren Begründung (Handlungsprämissen)

Die zunächst vorgenommene erste Codierung ist ein vergleichsweise offener, aber theoretisch bzw. kategorial sensibilisierter Vorgang. Im Zuge der Codierung werden bereits (Selbst-)Beobachtungen zu den folgenden Fragen angestellt: Auf welcher Ebene (gesellschaftlicher, organisationaler, interaktionaler, individueller) Möglichkeitsräume ist der zentrale Fokus der Thematisierung des wahrgenommenen Konflikts? Welche weiteren Ebenen werden zur Kontextualisierung in die Darstellung einbezogen? Welche Bedingungen, das heißt lage- bzw. positionsspezifischen Zusammenhänge für den Konflikt bzw. welche Bedeutungen dokumentieren sich implizit in den Schilderungen? Auf welcher Ebene setzt die Darstellung der Konfliktbe- und -verarbeitung an? Inwiefern wird auch die Verbindung verschiedener (nur analytisch zu trennender) Konfliktebenen deutlich? Was bleibt implizit, aber wozu lassen sich Hypothesen z. B. zu Handlungsprämissen formulieren (vgl. Markard, 2010, S. 177) bzw. was ist nicht sagbar und gegebenenfalls warum (vgl. Clarke, 2012)?

*(„Sequenzielle") Analyse auf Basis inhaltlich dichter Stellen*
Auf Basis der ersten Codierung werden Transkriptpassagen ausgewählt, in denen Konflikte besonders deutlich zum Ausdruck kommen. Hierfür wird nach besonders dichten Erzählungen, das heißt zumeist nach Passagen gesucht, die emotionale und metaphorische Zuspitzungen enthalten. Auf diesem Weg soll eine differenzierte Rekonstruktion eines „Problems" (Themas) und der darauf bezogenen (auch situationsübergreifenden) Begründungsmuster (BGM) vom Standpunkt des Subjekts gelingen: Warum denke und handle *ich* vernünftigerweise angesichts meiner lage- und positionsspezifischen Lebensbedingungen, Interessen und Befindlichkeiten so, wie ich es tue?[24] Hierzu lässt sich auch Vorwissen (zum Forschungsstand

---

[24] Im Kontext subjektwissenschaftlicher Praxisforschung/-reflexion wird zudem eine Differenzierung der Datenfunktion/-modalität vorgeschlagen. Zur Datenfunktion u. a. Markard (2019, S. 41) und Zander (2019, S. 107): Primär fundierende Daten (die „Kern-[hypothese]"

und zu aktuellen gesellschaftlichen Entwicklungen) in die Analyse einbeziehen, indem Thesen formuliert werden, die idealerweise auch in direkter und transparenter Verständigung mit den Konflikteinbringer*innen verhandelt werden. Ziel ist es dabei, „typische" Konfliktkonstellationen anhand orientierender Bedeutungsstrukturen bzw. Bedeutungsanordnungen (vgl. Holzkamp, 1993, S. 339) (inkl. Sozial- und Kommunikationsstrukturen), deren Bedeutung sowie darauf bezogene (über)individuelle Ver- und Bearbeitungsoptionen zu analysieren. So werden fallbezogene Orientierungsprozesse als Sich-ins-Verhältnissetzen-zu[25] und Selbstverständigungsprozesse rekonstruiert (z. B. Abwägen und Bewertung dessen, „was geht", bezüglich des Anliegens, mehr Verfügung zu erhalten, bzw. im Hinblick auf Risiken bzw. das, was sozial nahegelegt oder verdeckt wird). „Der Prozess gewinnt an Tiefe, an Detailreichtum, an Widersprüchlichkeit." (Bader, 2016, S. 106) Das Ergebnis beschreibt Holzkamp (1996, S. 106) wie folgt: „Man redet am Schluss letzten Endes noch über das gleiche wie am Anfang, aber auf einem höheren Niveau der Selbstreflexion und des Gegenstandbezugs." Der Analyseprozess ähnelt der Arbeit Freires (Freire, 1973, 2016), die sich auf das Herausarbeiten generativer Themen[26] richtet, die zunächst in einer Sequenz codiert werden, sich dann aber weiter decodieren lassen (vgl. May, 2017). May schlägt im Anschluss an Freire das folgende analytische Vorgehen vor: Aspekte einer Situation (beispielsweise auf Basis von Bildern oder körperlichen Darstellungen von Reaktionen auf eine Situation) durch gemeinsame Decodierungen so zueinander zu bringen, dass mehr von einem blockierten Gesamtzusammenhang deutlich wird. Durch die gezielte

---

des Problems/Konflikts deutlich machen). Diese dienen dazu, „Schlüsselkonstellationen" (Markard, 2009b, S. 28) im Sinne von „unter theoretischen Gesichtspunkten herausragenden Datenkonstellationen" (ebd.) zu markieren, die rekonstruiert werden analog der Gesichtspunkte, „unter denen" die Daten gesammelt wurden. Weiter kann nach sekundär fundierenden Daten (wie hat das Problem/Konflikt sich ggf. verschoben), stützend-konkretisierende Daten (Daten, die nicht unmittelbar auf das Problem bezogen eingebracht wurden und dennoch einschlägig sind) und veranschaulichende Daten (wie weitere Beispiele, die einen aber keinen substanziellen neuen Erkenntnisgewinn bergen) unterschieden werden. Die Datenmodalität bezieht sich auf die Quellen: Wird Beobachtetes wiedergegeben, Klischees, Briefe etc.

[25] Ittner (2019) regt an, thematische Aspekte (Personen, Erwartungen, Ausstattung) zu untersuchen, zu denen sich die erzählende Person in Beziehung setzt, denn sie strukturieren die Situation und differenzieren Handlungsmöglichkeiten. Formen des sich (atheoretisch) Orientierens und können auch als konjunktive Erfahrung verstanden werden. In unserem Kontext kann das ein Bezug zur Versorgungslandschaft sein, zum Team etc.

[26] Hiermit ist für unseren Zusammenhang der „Grundkonflikt" gemeint, der sich als „roter Faden" durch die Erfahrungen eines Einzelfalls oder mehrere Fälle zieht.

Betrachtung von Grenzakten erhofft sich May, eine „Aussichts-Erforschung des In-Möglichkeit-Seienden" (Bloch, 1979/2013, S. 240) zu erreichen.

*Vergleiche und Verallgemeinerungen*
Im dritten Schritt suchen wir materialintern und -vergleichend, teils auch arbeitsbereichvergleichend nach ähnlichen und kontrastierenden Mustern des Sich-ins-Verhältnis-Setzens (bei Ittner, 2019 als potenzielle Positionierung verstanden) und diskutieren die Frage der Verallgemeinerbarkeit der Einzelerkenntnisse.

Die durch einen Prozess, wie er oben skizziert wurde, gewonnenen Daten sehen wir an als Aussagen über gesellschaftliche Möglichkeitsräume, die im konkreten „Fall" realisiert werden. Unser Ziel ist nicht, auf diese Weise spezifische Begründungsmuster oder Bearbeitungsweisen zu diskreditieren oder andere als „best Practice" zu markieren, sondern Handlungsmöglichkeiten zu erfassen. Ohnehin wollen wir „nicht die Menschen [...] bestimmten Typen [bzw. typischen Begründungsmustern, Positionierungsmöglichkeiten] zuordnen, sondern die Varianten der Verarbeitung einer bestimmten gesellschaftlichen Widerspruchssituation" (Bader, 1987, S. 150).[27]

Durch den Einbezug von ergänzendem Wissen, z. B. über (nicht) vorhandene Netzwerke, lokale Unterstützungsstrukturen etc., können Hypothesen dazu formuliert werden, welche Konfliktkonstellationen in einzelnen Arbeitsbereichen in quantitativer Hinsicht zu erwarten sind und welche Möglichkeitsräume der (über)individuellen Bearbeitung dort naheliegend bzw. überhaupt möglich erscheinen (vgl. Markard, 2009a, S. 297).

Arbeitsbereichsspezifische Möglichkeitsräume lassen sich im Fallvergleich vertiefend rekonstruieren. Der Fallvergleich bietet einen Blick auf die Bandbreite idealtypischer Begründungsmuster und das Spektrum realisierter Positionierungsmöglichkeiten in einem Arbeitsbereich (vgl. Ittner, 2019, S. 53).[28] Im arbeitsbereichsinternen Vergleich lassen sich so Positionen (thema- und situationsübergreifende Bedeutungs-Begründungs-Zusammenhänge) analysieren und herausarbeiten, dass es sich um eine Auswahl aus einem Spektrum realisierbarer Positionierungsmöglichkeiten handelt (vgl. ebd.).

Die Positionierungsmöglichkeiten lassen sich im Anschluss als Reflexionsfolien zur Selbstklärung nutzen (vgl. Eichinger, 2009) und es lässt sich situationsbezogen individuell ausloten, ob es analoge Handlungsmöglichkeiten gibt, die sich gegebenenfalls als Prämissen nutzen lassen. In diesem Sinn lassen sich auf der Basis

---

[27] Einzelfälle bearbeiten Konflikte zwar divers, aber nicht beliebig aufgrund der spezifischen Möglichkeitsräume.

[28] Ittner (2019, S. 53 f.) schlägt in Anschluss an Clarke (2012) zur Visualisierung des Spektrums von Positionierungsmöglichkeiten Positionierungsmaps vor.

von Konfliktanalysen ähnliche Konstellationen praktischen Handelns auch als weitere „Einzelfälle" freilegen, um konstellationsbezogene Optionen bzw. (Selbst-) Begrenzungen weiter auszuloten etc.

## Literatur

Ahrens, S., & Wimmer, M. (2014). Das Demokratieversprechen des Partizipationsdiskurses. Die Gleichsetzung von Demokratie und Partizipation. In A. Schäfer (Hrsg.), *Hegemonie und autorisierende Verführung* (S. 175–199). Schöningh.
Althans, B. (2007). *Das maskierte Begehren. Frauen zwischen Sozialarbeit und Management.* Campus.
Bader, K. (1987). *Viel Frust und wenig Hilfe. Band 1. Die Entmystifizierung sozialer Arbeit.* Beltz.
Bader, K. (1990). *Viel Frust und wenig Hilfe. Band 2. Methoden der Analyse Sozialer Arbeit.* Beltz.
Bader, K. (2016). Alltägliche Lebensführung und Handlungsfähigkeit. Ein Beitrag zur Weiterentwicklung gemeinwesenorientierten Handelns. In K. Bader & K. Weber (Hrsg.), *Alltägliche Lebensführung* (S. 74–116). Argument.
Beresford, P. (2016). *All our welfare. Towards participatory social policy.* Policy Press.
Bergmann, J. (2018). Studies of work. In F. Rauner, & P. Grollmann (Hrsg.), *Handbuch Berufsbildungsforschung* (S. 769–776). wbv G.
Bitzan, M., & Klöck, T. (1993). *Wer streitet denn mit Aschenputtel? Konfliktorientierung und Geschlechterdifferenz.* AG SPAK.
Bloch, E. (2013). *Das Prinzip Hoffnung.* Suhrkamp.
Bourdieu, P. (1987). *Die feinen Unterschiede. Kritik der gesellschaftlichen Urteilskraft.* Suhrkamp.
Braches-Chyrek, R., & Sünker, H. (Hrsg.). (2017). *Soziale Arbeit in gesellschaftlichen Konflikten und Kämpfen.* Springer VS.
Braun, K.-H., Gekeler, G., & Wetzel, K. (1989). *Subjekttheoretische Begründungen sozialarbeiterischen Handelns. Didaktische Bausteine und dialogische Interviews zur Praxisreflexion und Innovation.* Verl. Arbeiterbewegung u. Gesellschaftswissenschaften.
Brenssell, A., & Lutz-Kluge, A. (Hrsg.). (2020). *Partizipative Forschung und Gender. Emanzipatorische Forschungsansätze weiterdenken.* Budrich.
Collins, R. (2012). *Konflikttheorie. Ausgewählte Schriften.* Springer VS.
Clarke, A. (2012). *Situationsanalyse. Grounded Theory nach dem Postmodern Turn.* VS.
Cremer-Schäfer, H., & Steinert, H. (1998). *Straflust und Repression. Zur Kritik der populistischen Kriminologie.* Westfälisches Dampfboot.
Dahrendorf, R. (1994). *Der moderne soziale Konflikt. Essay zur Politik der Freiheit.* dtv.
Dewe, B., & Otto, H.-U. (2012). Reflexive Sozialpädagogik. In W. Thole (Hrsg.), *Grundriss Soziale Arbeit: Ein einführendes Handbuch* (S. 197–217). VS.
Eichinger, U. (2009). *Zwischen Anpassung und Ausstieg: Perspektiven von Beschäftigten im Kontext der Neuordnung Sozialer Arbeit.* VS.

Eichinger, U., & Schäuble, B. (2018). Konfliktanalyse als Verfahren für die Praxisforschung zu institutionellen Möglichkeitsräumen in der Sozialen Arbeit – Am Beispiel von Gemeinschaftsunterkünften für Geflüchtete. *FKP Neue Folge, 1,* 98–118.
Follett, M. P. (1924). *Creative Experience.* Longmanns/Green.
Follett, M. P. (1926). The Illusion of Final Authority must be functional and functional authority carries with it functional responsibility. *Bulletin of the Taylor Society, 11* (5), 243–256.
Fraser, N. (1994). *Widerspenstige Praktiken. Macht, Diskurs, Geschlecht.* Suhrkamp.
Freidson, E. (1975). *Dominanz der Experten. Zur sozialen Struktur medizinischer Versorgung.* Urban und Schwarzenberg.
Freidson, E. (2013). *Professionalism reborn. Theory, prophecy and policy.* Wiley.
Freire, P. (1973). *Pädagogik der Unterdrückten. Bildung als Praxis der Freiheit.* Rowohlt.
Freire, P. (2016). *Pedagogy in process. The letters to Guinea-Bissau.* Bloomsbury.
Gramsci, A. (1996). *Deutsches Gramsci-Projekt Gefängnishefte.* In K. Bochmann & W. F. Haug (Hrsg.), *Kritische Gesamtausgabe* (Bd. 7, S. 12–15). Argument.
Haug, W. F. (1994). Aneignung. In ebd. (Hrsg.), *Historisch Kritisches Wörterbuch des Marxismus* (Bd. 1, S. 233–249). Argument.
Haug, W. F. (2004). Institution. In ebd. (Hrsg.), *Historisch-kritisches Wörterbuch des Marxismus* (Bd. 6/II, S. 1221–1232). Argument.
Hochschild, A. R. (1990). *Das gekaufte Herz. Zur Kommerzialisierung der Gefühle.* Campus.
Holzkamp, K. (1985). *Grundlegung der Psychologie.* Campus.
Holzkamp, K. (1993). *Lernen. Subjektwissenschaftliche Grundlegung.* Campus.
Holzkamp, K. (1996). Psychologie: Selbstverständigung über Handlungsbegründungen alltäglicher Lebensführung. *Forum Kritische Psychologie, 37,* 7–110.
Illich, I. (1979). *Entmündigung durch Experten. Zur Kritik der Dienstleistungsberufe.* Rowohlt.
Ittner, H. (2019). Kritisch-psychologische Forschung in Anlehnung an Verfahren der Dokumentarischen Methode. *Forum Kritische Psychologie, Neue Folge, 2,* 45–65.
Jaeggi, R. (2009). Was ist Ideologiekritik? In R. Jaeggi & T. Wesche (Hrsg.), *Was ist Kritik?* (S. 266–292). Suhrkamp.
Kaindl, C. (2013). Gefühle im Neoliberalismus. Perspektiven der Kritischen Psychologie. In B. Hünersdorf & J. Hartmann (Hrsg.), *Was ist und wozu betreiben wir Kritik in der Sozialen Arbeit?* (S. 219–236). VS.
Kessl, F. (2007). Wozu Studien zur Gouvernementalität in der Sozialen Arbeit? Von der Etablierung einer Forschungsperspektive. In R. Anhorn, F. Bettinger, & J. Stehr (Hrsg.), *Foucaults Machtanalytik und Soziale Arbeit* (S. 203–225). VS.
Klatzeki, T. (2010). Soziale personenbezogenen Dienstleistungsorganisationen als emotionale Arenen – Ein theoretischer Vorschlag. *Neue Praxis, 5/201,* 475–493.
Küchler, S. (2018). *Partizipation als Arbeit am Sozialen. Eine qualitative Studie zu partizipativen Praktiken Professioneller in der Sozialen Arbeit.* Springer VS.
Kunstreich, T. (1975). *Der institutionalisierte Konflikt. Eine exemplarische Untersuchung zur Rolle des Sozialarbeiters in der Klassengesellschaft am Beispiel der Jugend- und Familienfürsorge.* Jugend und Politik.
Kunstreich, T. (2013). Transversale Bildung – Versuch einer Konkretisierung. In R. Braches-Chyrek, D. Nelles, G. Oelerich, & A. Schaarschuch (Hrsg.), *Bildung, Gesellschaftstheorie und Soziale Arbeit* (S. 121–131). Budrich.

Kunstreich, T. (2016a). Partizipation als Regulierung. Konflikte in der Sozialen Arbeit. *Forum Wissenschaft, 33*(1), 21–24.

Kunstreich, T. (2016b). Pädagogik des Sozialen als transversale Selbstregulierung: Ein Versuch, lebendige Arbeit und Transversalität zusammen zu denken. *Widersprüche, 36*(142), 35–44.

Kunstreich, T., & May, M. (1999). Soziale Arbeit als Bildung des Sozialen und Bildung am Sozialen. *Widersprüche, 73*, 35–52.

Kunstreich, T., & May, M. (2020). Partizipation als Arbeitsprinzip. Zur Praxis gemeinsamer Aufgabenbewältigung. *Widersprüche, 153*, 49–60.

Lessenich, S. (2008). *Die Neuerfindung des Sozialen. Der Sozialstaat im flexiblen Kapitalismus.* transcript.

Lipsky, M. (1980). *Street-level bureaucracy. Dilemmas of the individual in public services.* Russell Sage Foundation.

Markard, M. (2009a). *Einführung in die Kritische Psychologie.* Argument.

Markard, M. (2009b). Konzepte und Probleme kritisch-psychologischer Praxisforschung. Versuch einer Antwort auf Ute Osterkamps Kritik des „Ausbildungsprojekts Subjektwissenschaftliche Berufspraxis". *Forum Kritische Psychologie, 53*, 9–33.

Markard, M. (2010). Kritische Psychologie. Forschung vom Standpunkt des Subjekts. In G. Mey & K. Mruck (Hrsg.), *Handbuch Qualitative Forschung in der Psychologie* (S. 166–181). VS.

Markard, M. (2018). Ist die Auswertung verbaler Daten ohne die Beteiligung der Interviewten mit einer Psychologie vom Standpunkt des Subjekts zu vereinbaren? In K. Reimer-Gordinskaya & M. Zander (Hrsg.), *Krise und Kritik (in) der Psychologie* (S. 55–67). Argument.

Markard, M. (2019). Probleme und Möglichkeiten der Interpretation verbaler Daten in einer Psychologie vom Standpunkt des Subjekts. *Forum Kritische Psychologie Neue Folge, 2*, 26–44.

Marvakis, A. (1996). Orientierung im Handlungskontext. In J. Held (Hrsg.), *Jugend zwischen Ausgrenzung und Integration. Theorien und Methoden eines internationalen Projekts* (S. 67–74). Argument.

Marvakis, A., & Schraube, E. (2016). Lebensführung statt Lebensvollzug. Technik und die Fluidität von Lernen und Lehren. In K. Bader & K. Weber (Hrsg.), *Alltägliche Lebensführung* (S. 194–233). Argument.

Marx, K. (1972). *Der achtzehnte Brumaire des Louis Bonaparte, MEW* (Bd. 8, S. 115–123). Dietz.

Maurer, S. (2018). Grenzbearbeitung. Zum analytischen, methodologischen und kritischen Potenzial einer Denkfigur. In B. Bütow, J.-L. Patry, & H. Astleitner (Hrsg.), *Grenzanalysen – Erziehungswissenschaftliche Perspektiven zu einer aktuellen Denkfigur* (S. 20–33). Beltz.

May, M. (2005). Was ist Soziale Arbeit? Ansatz einer alternativen Begriffsbestimmung. *Widersprüche, 96*, 35–48.

May, M. (2017). *Soziale Arbeit als Arbeit am Gemeinwesen.* Budrich.

Müller, B. (2012). *Professionell helfen. Die Aktualität einer vergessenen Tradition Sozialer Arbeit.* Münstermann.

Müller, B., et al. (2016). Professionelle Handlungsungewissheit und professionelles Organisieren Sozialer Arbeit. In S. Busse (Hrsg.), *Professionalität und Organisation* (S. 187–205). Springer.

Negt, O., & Kluge, A. (1981). *Geschichte und Eigensinn. Geschichtliche Organisation des Arbeitsvermögens.* Zweitausendeins.

Oelerich, G., & Schaarschuch, A. (2013). Kontrolle als Nutzen. Zur Ambivalenz kontrollierender Zugriffe in der Sozialen Arbeit aus Nutzersicht. In E. Bareis, C. Kolbe, M. Ott, K. Rathgeb, & C. Schütte-Bäumner (Hrsg.), *Episoden sozialer Ausschließung* (S. 119–138). Westfälisches Dampfboot.

Olk, T. (1986). *Abschied vom Experten. Sozialarbeit auf dem Weg zu einer alternativen Professionalität.* Juventa.

Osterkamp, U. (1999). Gefühle, Emotionen. In W. Haug (Hrsg.), *Historisch-kritisches Wörterbuch des Marxismus* (Bd. 4, S. 1329–1347). Argument.

Osterkamp, U. (2008). Soziale Selbstverständigung als subjektwissenschaftliches Erkenntnisinteresse. *Forum Kritische Psychologie, 53*, 9–28.

Paulus, S., & Grubenmann, B. (2020). *Soziale Frage 4.0.* UTB

Pfadenhauer, M. (2003). *Professionalität. Eine wissenssoziologische Rekonstruktion institutionalisierter Kompetenzdarstellungskompetenz.* Leske + Budrich.

Pohl, A., Reutlinger, C., Walther, A., & Wigger, A. (2019). *Praktiken Jugendlicher im öffentlichen Raum – Zwischen Selbstdarstellung und Teilhabeansprüchen. Ein Beitrag zur Partizipationsdebatte.* Springer VS.

Rauschenbach, T., & Gängler, H. (1984). Halbierte Verständigung – Sozialpädagogik zwischen Kolonialisierung und Mediatisierung lebensweltlichen Eigensinns. In S. Müller & H.-U. Otto (Hrsg.), *Verstehen oder Kolonialisieren: Grundprobleme pädagogischen Handelns und Forschens* (S. 145–168). Kleine.

Rancière, J. (2002). *Das Unvernehmen. Politik und Philosophie.* Suhrkamp

Rießen, A. van, & Jepkens, K. (Hrsg.). (2020). *Nutzen, Nicht-Nutzen und Nutzung Sozialer Arbeit. Theoretische Perspektiven und empirische Erkenntnisse subjektorientierter Forschungsperspektiven.* VS.

Russo, J. (2012). Survivor-controlled research: A new foundation for thinking about psychiatry and mental health. http://www.qualitative-research.net/index.php/fqs/article/view/179. Zugegriffen: 16. Mai 2021.

Schaarschuch, A. (1999). Theoretische Grundelemente Sozialer Arbeit als Dienstleistung. Ein analytischer Zugang zur Neuorientierung Sozialer Arbeit. *Neue Praxis, 6*, 550–560.

Schaarschuch, A. (2010). Nutzenorientierung – der Weg zu Professionalisierung Sozialer Arbeit? In P. Hammerschidt & J. Sagebiel (Hrsg.), *Professionalität im Widerstreit. Zur Professionalisierungsdiskussion in der Sozialen Arbeit. Versuch einer Bilanz* (S. 149–160). AG SPAK.

Scheu, B., & Autrata, O. (2011). *Theorie Sozialer Arbeit. Gestaltung des Sozialen als Grundlage.* VS.

Scherr, A. (2017). Soziale Arbeit und gesellschaftliche Konflikte. In R. Braches-Chyrek & H. Sünker (Hrsg.), *Soziale Arbeit in gesellschaftlichen Konflikten und Kämpfen.* Springer.

Schön, D. (1983). *The reflective practitioner. How professionals think in action* Basic Books.

Schwanenflügel, L. von, & Walther, A. (2019). Partizipation zwischen Konflikt und Gerechtigkeit. In A. Pohl, C. Reutlinger, A. Walther, & A. Wigger (Hrsg.), *Praktiken Jugendlicher im öffentlichen Raum – Zwischen Selbstdarstellung und Teilhabeansprüchen* (S. 89–113). Springer Fachmedien.

Stehr, J., & Anhorn, R. (2018). Konflikt als Verhältnis – Konflikt als Verhalten – Konflikt als Widerstand. Widersprüche der Gestaltung der Sozialer Arbeit zwischen Alltag und Institutionen. In J., Stehr, R. Anhorn & K. Rathgeb (Hrsg.), *Konflikt als Verhältnis – Konflikt als Verhalten – Konflikt als Widerstand* (S. 1–40). Springer VS.

Staub-Bernasconi, S. (2017). „Bringing the Client Back In" – Die Relevanz von Mary Parker Folletts (1869–1933) Sozialmanagementkonzept für die heutige Soziale Arbeit unter neoliberalen Vorzeichen. In A. Wöhrle, A. Fritze, T. Prinz, & G. Schwarz (Hrsg.), *Sozialmanagement – Eine Zwischenbilanz* (S. 103–122). Springer VS.

Unger, H. (2014). *Partizipative Forschung. Einführung in die Forschungspraxis.* Springer

Wolff, R., Flick, U., Ackermann, T., Biesel, K., Brandhorst, F., Heinitz, S., & Patschke, M. (2013). *Aus Fehlern Lernen – Qualitätsmanagement im Kinderschutz.* Budrich.

Wolff, S. (2020). Die Ambivalenz von Institutionalisierung und Deinstitutionalisierung in der sozialen Arbeit in Geschichte und Gegenwart. *Widersprüche, 157,* 47–70.

Zander, M. (2019). Praxisforschung und Intervision. Erfahrungen von der Berliner Theorie-Praxis-Konferenz und aus Seminaren an der Hochschule Magdeburg-Stendal. *Forum Kritische Psychologie. Neue Folge, 2,* 99–115.

Zander, M., & Pappritz, T. (2008). Handlungsfähigkeit als psychischer Konflikt. Vorschlag eines Forschungs-Leitfadens. In L. Huck, C. Kaindl, & V. Lux (Hrsg.), *Abstrakt negiert ist halb kapiert. Beiträge zur marxistischen Subjektwissenschaft* (S. 369–383). BdWi.

# Das kritische Potenzial der Konfliktorientierung im Studium der Sozialen Arbeit

Elke Schimpf

## Zusammenfassung

Konflikte verweisen auf grundlegende gesellschaftliche Widersprüche und institutionelle Machtverhältnisse und gelten als ein bedeutsames Element einer kritischen Sozialen Arbeit. Wie Konfliktsituationen, die im beruflichen Alltag von Studierenden der Sozialen Arbeit während ihrer Praxisphasen erlebt werden, bereits im Studium rekonstruiert und bearbeitet werden können und welche (Handlungs-)Begrenzungen und (Handlungs-)Perspektiven durch Konfliktanalysen sichtbar gemacht werden können, wird exemplarisch dargestellt. Thematisiert wird auch die Frage, welche strukturellen Voraussetzungen und Ressourcen an Hochschulen erforderlich sind, um das kritische Potenzial der Konfliktorientierung erschließen zu können.

## Schlüsselwörter

Konflikt • Studium • Lehre • Praxisreflexion

Ausgehend davon, dass Konflikte auf grundlegende gesellschaftliche Widersprüche und institutionelle Machtverhältnisse verweisen und ein bedeutsames Element kritischer Sozialen Arbeit darstellen (vgl. Bitzan, 2018; Eichinger, 2020; Schäuble, 2020; Eichinger & Schäuble, 2018; Schäuble & Eichinger, 2019; Stehr & Anhorn, 2018; Schimpf & Stehr, 2017; Schimpf, 2015b; Stövesand & Röh, 2015), wird in dem Artikel gezeigt, welche Perspektiven eine Konfliktorientierung im

---

E. Schimpf (✉)
Evangelische Hochschule Darmstadt, Darmstadt, Deutschland
E-Mail: schimpf@eh-darmstadt.de

Studium der Sozialen Arbeit eröffnen kann. Dargestellt wird, wie Konfliktsituationen im beruflichen Alltag der Sozialen Arbeit, die von Studierenden während der integrierten Praxisphasen beobachtet und erfahren werden, in Seminaren der Hochschule rekonstruiert, bearbeitet und analysiert werden können.

In Abschn. 1 wird zunächst beschrieben, mit welchen Verunsicherungen das Einnehmen einer Konfliktperspektive sowie das konkrete Beschreiben und das schriftliche Dokumentieren einzelner Konfliktsituationen für Studierende einhergehen. Daran anknüpfend werden im Abschn. 2 auch die Herausforderungen von Lehrenden im Umgang mit Widerständen thematisiert, die bei der Suche nach einer geeigneten Benennung des Konfliktgegenstands wie den damit verbundenen Modulprüfungen zum Ausdruck kommen. Die Durchführung der Konfliktanalysen wird in Abschn. 3 exemplarisch anhand einer konkreten Konfliktsituation vorgestellt, dabei werden die dafür genutzten Analysedimensionen erläutert. Abschließend wird resümiert, welche Perspektiven Konfliktanalysen im Kontext von Seminaren und Modulprüfungen eröffnen können und welche institutionellen und personellen Ressourcen und auch curricularen Voraussetzungen erforderlich sind, um das kritische Potenzial der Konfliktorientierung für Bildungsprozesse an Hochschulen und der beruflichen Praxis erschließen zu können und darüber auch gesellschaftliche Veränderungsperspektiven entwickeln zu können.

## 1  Das Einnehmen einer Konfliktperspektive erzeugt Verunsicherung

Bezugnehmend auf meine langjährigen Erfahrungen als Lehrende an der Evangelischen Hochschule Darmstadt im Kontext eines viersemestrigen „Studienschwerpunkts", in dem Seminare zur Vorbereitung und Begleitung wie auch zur Reflexion der Praxisphasen in zwei aufeinander aufbauenden Modulen angeboten werden, zeige ich exemplarisch, wie Konfliktsituationen, die sich im institutionellen Alltag der Sozialen Arbeit ereignen, mit Studierenden thematisiert und analysiert werden können. Die Kooperation mit Lehrbeauftragten als sogenannte Praxisvertreter*innen in diesen Seminarkontexten eröffnet einen wechselseitigen Austausch zwischen Hochschule und beruflicher Praxis, wie auch die Möglichkeit, unterschiedliche Konfliktperspektiven zu thematisieren, darüber miteinander in Verständigungsprozesse zu kommen und Konfliktverhältnisse im Kontext der Sozialen Arbeit gemeinsam zu problematisieren. Der kontinuierliche Gruppenbezug der insgesamt 16 bis 20 Studierenden über zwei Jahre bietet sowohl für Studierende als auch für Lehrende die Gelegenheit zu einer intensiven fachlichen Verständigung und zum persönlichen Austausch. Die praxisbegleitenden

Seminare eignen sich, um Konflikterfahrungen von und mit Studierenden, die sie während der Praxisphasen[1] beobachtet oder auch selbst (mit)erlebt haben, zu thematisieren und in Form von Konfliktanalysen zu bearbeiten. Diese Konfliktanalysen sind zudem Gegenstand von zwei Modulprüfungen, die beide als Gruppenprüfung[2] stattfinden, in Kleingruppen vorbereitet und in der Regel von zwei Lehrenden begleitet werden. Eine Modulprüfung wird abschließend nach den beiden Praxisphasen als „Kolloquium" gemeinsam mit einer Fachkraft der Sozialen Arbeit durchgeführt, die in diesem Kontext als Praxisprüfende fungiert.[3]

Bereits im Ausschreibungstext für die Wahl eines Studienschwerpunktes wird angekündigt, dass Konfliktsituationen, die im Kontext der Praxisphasen – in Handlungsfeldern der Kinder- und Jugendhilfe – beobachtet oder erlebt wurden, den Ausgangspunkt für die Praxisreflexion bilden. Weiter wird genannt, dass anhand von Konfliktanalysen herausgearbeitet wird, welche Konfliktstrategien und institutionellen Ressourcen für eine Konfliktbearbeitung verwendet werden (können) und welche Anstrengungen von Fachkräften der Sozialen Arbeit und weiteren Institutionsvertreter*innen unternommen werden, dafür Ressourcen einzufordern und auch für Adressat*innen und Nutzer*innen der Sozialen Arbeit bereitzustellen. Für die Studierenden scheint es in erster Linie von Interesse zu sein, ob bestimmte Handlungsfelder für diese Studiengruppe passend und möglich

---

[1] Zwei der insgesamt vier curricularen integrierten Praxisphasen sind in einem viersemestrigen Studienschwerpunkt verortet und werden i. d. R. in derselben Praxisstelle absolviert.

[2] Eine der Modulprüfungen, die auch benotet wird, findet am Ende des vierten Semesters statt – nach einer ersten achtwöchigen Praxisphase – als mündliche Präsentation, i. d. R. als Gruppenprüfung (20 min Prüfungszeit pro Person). Die zweite Modulprüfung – das „Kolloquium" – findet nach dem praktischen Studiensemester, am Ende des sechsten Semesters, i. d. R. als Gruppenprüfung statt und wird von hauptamtlich Lehrenden und einer staatlich anerkannten Sozialarbeiter*in/Sozialpädagog*in mit mehrjähriger Berufserfahrung, die sich als Praxisprüfende bereit erklärt, durchgeführt. Gegenstände des „Kolloquiums" sind eine mündliche Prüfung (20 min Prüfungszeit pro Person) und eine vorab angefertigte schriftliche theoriegeleitete Analyse mit einem selbst gewählten Teilbereich der beruflichen Praxis und eine fachliche Reflexion des eigenen professionellen Handelns nach wissenschaftlichen Grundsätzen. Diese Modulprüfung muss bestanden werden und zählt als Voraussetzung für die Erlangung der staatlichen Anerkennung (vgl. Praktikumsordnung für den Bachelorstudiengang Soziale Arbeit an der Evangelischen Hochschule Darmstadt 2019).

[3] Die Konfliktanalysen werden von den Praxisvertreter*innen als anregend für die Professionalitätsentwicklung der Studierenden bewertet, und Konfliktfähigkeit wird von ihnen meist als bedeutsames Element einer fachlichen Positionierung im Kontext der Sozialen Arbeit wie auch als persönlicher Bildungsprozess verstanden. Allerdings können unterschiedliche Positionierungen und Einschätzungen in dieser Prüfungssituation nicht diskutiert werden und kommen nur in informellen Gesprächen zum Ausdruck.

sind, während die Konfliktorientierung als inhaltlicher Fokus kaum zu weiteren Nachfragen führt. In der Einführungsveranstaltung erhalten die Studierenden die Aufgabe, eine Konfliktsituation zu erinnern, die sie selbst in einem institutionellen Zusammenhang als aktiv Beteiligte*r oder auch als teilnehmende*r Beobachter*in erlebt haben. Diese soll ausführlich, detailliert und konkret in Form einer Erzählung aufgeschrieben und allen Gruppenmitgliedern im Seminar zur weiteren Bearbeitung zur Verfügung gestellt werden. Die Aufgabe irritiert zumeist, da das Schreiben einer konkreten Erzählung im Kontext des Studiums mit Bezug auf eigene Erfahrungen ungewohnt ist und die subjektive Perspektive mehrheitlich als „unwissenschaftlich" bewertet wird. Übungen zum kreativen Schreiben (vgl. von Werder, 2017) und literarische Beispiele werden zu Beginn als Anregung und Unterstützung für den Schreibprozess genutzt, um Verunsicherungen, Widerstände und Selbstblockierungen überwinden zu können. Weiter werden auch Diskussionen zum Zusammenhang und zur Relevanz von Theorie- und Erfahrungswissen und zur Bedeutung der Rekonstruktion von erfahrungsbasiertem Handlungswissen angeregt (vgl. Franz, 2014; Haug, 2003). Verunsichernd ist mehrheitlich für die Studierenden die Suche einer geeigneten Bezeichnung für den Konfliktgegenstand, der als Ausgangspunkt für ihre Konfliktanalyse genutzt werden kann. Dabei geht es darum, mit dieser Bezeichnung unterschiedliche Perspektiven in den Blick nehmen zu können: die alltags- und lebensweltlichen Perspektiven der Adressat*innen und Nutzer*innen, die Alltäglichkeit der Organisation, die institutionellen Ressourcen wie auch das eigene Handeln von Studierenden und Fachkräften der Sozialen Arbeit in der jeweiligen Konfliktsituation. Die Verunsicherung bei der Suche nach dem Konfliktgegenstand wird darüber zum Ausdruck gebracht, dass vor allem das „Verhalten der Adressat*innen" problematisiert und das eigene Handeln darüber legitimiert wird. Oder dass auch gefragt wird, ob das eigene Handeln in dieser Situation falsch war und was künftig besser gemacht werden könnte. Es scheint, als ob bislang gewohnte Sichtweisen, Konstruktionen, Haltungen und Positionierungen der Studierenden durch den geforderten Perspektivwechsel bei der Suche nach dem Konfliktgegenstand irritiert werden, was dadurch zum Ausdruck gebracht wird, dass das Finden eines Konfliktgegenstandes als sehr kompliziert, schwierig und anstrengend eingeschätzt wird. Ein Angebot, mit diesen Verunsicherungen umzugehen, wird den Studierenden dadurch eröffnet, dass sie als Autor*innen die Konfliktbeschreibungen in Form einer Lesung zu Beginn des Seminars vortragen können. Zudem liegen diese auch schriftlich vor und sind allen Studierenden zugänglich. Die Suche nach einem Konfliktgegenstand wird damit als kollektiver Lernprozess organisiert im Versuch einer gemeinsamen Bewältigung der Verunsicherung.

Bei der weiteren Bearbeitung in den Kleingruppen kann es zu unterschiedlichen Gegenstandsdeutungen in Bezug auf eine Konfliktsituation kommen, diese können von den Autor*innen der jeweiligen Konfliktsituation als weiterführende Anregung aufgegriffen oder aber bewusst abgelehnt werden. Wichtig ist es in diesem Gruppenprozess zunächst, einen Einstieg in die Konfliktanalyse zu finden und den gewählten Konfliktgegenstand für eine erste Konfliktanalyse beizubehalten.

Viele Studierende beschreiben Konfliktsituationen, die sie im sozialen Bereich im Rahmen eines Freiwilligen Sozialen Jahres (FSJ) oder eines Praktikums in sozialen Einrichtungen vor ihrem Studium erfahren und erlebt haben, und positionieren sich in ihrer Erzählung oftmals in einer moralisierenden Weise. Der Blick wird dabei vor allem auf das individuelle Verhalten der Adressat*innen und Nutzer*innen gerichtet, was als professionelle Herausforderung bewertet wird und in den Titeln ihrer Konflikterzählungen[4] erkennbar wird, z. B. „Beziehungsprobleme und ihre Tücken", „Unruhe in der Kita", „Streitsuchende Jugendliche", „Gewalt gegenüber Sozialarbeiterinnen" oder „Wer sagt die Wahrheit?". Implizit werden mit den Konfliktgeschichten Konfliktpotenziale angedeutet oder umschrieben, wie unzureichende Arbeitsbedingungen, mangelnde institutionelle Ressourcen (vor allem Personalmangel) sowie hierarchische Zuständigkeiten und die Bewertung bestimmter Tätigkeiten, die jedoch meist (noch) nicht als solche benannt und erkannt werden (können). So beginnt eine Erzählung mit dem Satz „Im Grunde war mein ganzes FSJ ein Konflikt"; in ihr wird massiv beklagt, dass besonders reproduktive Alltagstätigkeiten, vor allem „Care-Aufgaben", immer wieder ausgeführt werden mussten, wie „aufräumen, kopieren, kehren, Brote zubereiten, einkaufen, Toilettenpapier und Seife nachfüllen".

Eine andere Studierende betitelt ihre Konfliktgeschichte mit „völlig alleingelassen" und schildert ihren „Unmut" darüber, dass sie häufig allein – höchstens noch mit einer weiteren Praktikantin – die Verantwortung für eine Gruppe von 15 Kindern im Alter von drei bis sechs Jahren in einem „weitläufigen" Außengelände einer Kindertagesstätte übernehmen „musste". Sie kritisiert, dass sie „keinerlei fachliche Anleitung" erhalten habe und „in Konfliktsituationen nicht wusste, wie sie eingreifen sollte, und die vielen Streitigkeiten der Kinder untereinander nur so regeln konnte, wie es ihr gerade in den Sinn kam". Verzweifelt ist sie allerdings in dem Moment, als sich ein dreijähriger Junge im Außengelände verletzt hat, dessen Vater daraufhin geholt wird, der sowohl sie als auch

---

[4] Bei den im Folgenden in Anführungszeichen gesetzten Aussagen wie auch Begriffen handelt es sich um wörtliche Redeanteile von Studierenden, die protokollarisch von mir festgehalten wurden.

die Fachkräfte beschimpft, was sie wortwörtlich wiedergibt: „In diesem Schuppen sind doch alle unfähig, und so was passt auf mein Kind auf. Wenn noch mal so was passiert, dann bekommt ihr alle richtig Ärger." Entsetzt ist sie jedoch vor allem über den darauffolgenden Kommentar einer Fachkraft: „Mach dir keine Gedanken, es ist ja nichts passiert, die drehen immer so durch." Sie stellt grundsätzlich infrage, ob sie jemals in diesem Handlungsfeld arbeiten könnte. In der gemeinsamen Diskussion dieser Konfliktgeschichte mit den Studierenden werden zunächst nur die Fachkräfte und deren Konfliktstrategien kritisiert, die als „unverantwortlich" benannt werden. Die Perspektiven des Jungen und seines Vaters wie auch die mangelnden institutionellen Ressourcen und die gesellschaftlichen Erziehungsverhältnisse können erst durch gezieltes Nachfragen und eine gemeinsame Verständigung mit den Studierenden über die unterschiedlichen Konfliktbearbeitungsweisen der Beteiligten in den Blick genommen werden. Viele Konflikterfahrungen der Studierenden, die bereits vor dem Studium im Kontext sozialer Einrichtungen (mit)erlebt wurden, wurden bislang nicht mit ihnen bearbeitet, sie wirken nach und werden als Verunsicherung beschrieben, was in der Art und Weise der Erzählung, der Infragestellung einzelner Fachkräfte und auch bestimmter Einrichtungen oder Handlungsfelder zum Ausdruck kommt. Auffällig ist dabei, dass die Nachfrage nach institutionellen Ressourcen und den damit zusammenhängenden möglichen Konfliktstrategien und -bearbeitungsweisen von den Studierenden mehrheitlich als ungewohnt und eher irritierend erlebt wird. Um die institutionellen Bedingungen und Begrenzungen, wie auch die Möglichkeiten in den Blick nehmen zu können und die (begrenzten) Ressourcen für ein professionelles Handeln in Konfliktsituationen im Kontext der Sozialen Arbeit sichtbar zu machen, bedarf es weiterer fachlicher Impulse und Anregungen. So wurden z. B. die Entwicklungsgeschichten der sozialen Einrichtungen, in welchen die Praxisphasen abgeleistet wurden, die Arbeitsbedingungen von Fachkräften und die Möglichkeiten einer Interessenvertretung recherchiert und als Kontext und Rahmung vor der Beschreibung der Konfliktsituation eingefügt. Durch die Bearbeitung der Frage, welche Konfliktpotenziale sich darin zeigen, wurde der Versuch einer Perspektiverweiterung unternommen, mit der in der Regel weniger Verunsicherung einherging.

## 2 Die Benennung des Konfliktgegenstands erfordert einen Perspektivwechsel, der auch Widerstand erzeugt

Vor der ersten achtwöchigen Praxisphase erhalten die Studierenden den Auftrag, Konfliktsituationen, die sie selbst beobachten können oder auch miterleben, direkt zu notieren, um diese für eine erste Konfliktanalyse nutzen zu können. In einem ersten gemeinsamen Erfahrungsaustausch werden folgende Themen von den Studierenden als konflikthaft benannt: Unterschiedliche Vorstellungen und Positionierungen der Professionellen in Bezug auf die Gestaltung und Umsetzung von Angeboten, z. B. in der Kinder- und Jugendarbeit die Selbstbestimmung versus Programmvorgaben; die Aufgabenvielfalt in Verbindung mit Fragen der Prioritätssetzungen im Alltag und der Frage nach der Entstehung von Zuschnitten bestimmter Arbeitsbereiche, wie z. B. des Allgemeinen Sozialdienstes, des Jugendamtes oder auch der Frühförderung; diffuse Zuständigkeiten und Care-Aufgaben, vor allem in stationären Einrichtungen; der Umgang mit verfestigten Team-Konflikten, die als große Belastung und Loyalitätskonflikt erlebt werden; Raufereien und eskalierende Konfliktsituationen im Kontext der Kinder- und Jugendhilfe, die als Herausforderungen für das gesamte Team genannt werden, dabei wird ein „Expert*innenmangel" beklagt, vor allem das Fehlen von Integrationskräften und Therapeut*innen; nicht altersgerechte Angebote und Zuordnungen von Jugendlichen mit Fluchterfahrungen zu Kindergruppen im schulischen Bereich, aber auch in der Kinder- und Jugendarbeit; Irritation und Verunsicherung durch direkte Fragen der Adressat*innen und Nutzer*innen, vor allem von Kindern an Studierende, z. B., ob sie verheiratet sind, wo sie wohnen und einkaufen, was sie in ihrer Freizeit machen, wann sie Geburtstag haben und ob sie auch außerhalb der Dienstzeit erreichbar sind.

Der Erfahrungsaustausch während der ersten Praxisphase mit und unter den Studierenden erweist sich als sehr produktiv und wechselseitig anregend, die Konfliktbeobachtungen werden hier unmittelbar in ihrer Komplexität benannt und ermöglichen ein erstes gegenseitiges Aufeinander-Bezug-Nehmen und damit eine gemeinsame Verständigung über die Konflikthaftigkeit der Sozialen Arbeit.

In den Seminaren bzw. Lehrveranstaltungen – nach der ersten Praxisphase – werden die unterschiedlichen Konfliktsituationen gesammelt und unter folgenden Kategorien, die induktiv entwickelt wurden und einer ersten Gruppenfindung dienen, stichpunktartig benannt:[5] 1) Konflikte zwischen Fachkräften der Sozialen

---

[5] Die Einteilung und die Benennung der Kategorien ermöglichen eine Gruppenfindung der Studierenden, können jedoch aufgrund der auf Personengruppen bezogenen Namen den

Arbeit und Adressat*innen und Nutzer*innen; hier werden zunächst benannt: Ablehnung von Angeboten, Ausspielen der Betreuer*innen, permanentes Nichteinhalten von Regeln, destruktives Gruppenverhalten. 2) Konflikte zwischen Adressat*innen und Studierenden; hier werden benannt: Hilflosigkeit, fehlende Unterstützung, unklare Verantwortlichkeit, ambivalente Positionierung. 3) Konflikte zwischen Fachkräften der Sozialen Arbeit und Studierenden; hier werden benannt: Umgang mit Regeln, Ausführung von Anweisungen, mangelnde Absprachen und mangelnde Transparenz, Ausschluss von der Supervision, unklare Zuständigkeiten. Mit diesen Kategorien sollen sowohl die Adressat*innen und Nutzer*innen als Konfliktsubjekte in den Blick genommen werden, die sich mit institutionellen Normalitätsanforderungen und (Abweichungs-)Zuschreibungen sowie mit unterschiedlichen Selektions- und Ausschließungsprozessen auseinandersetzen müssen (Schimpf & Stehr, 2017, S. 16), aber auch die Arbeitsbündnisse von Fachkräften der Sozialen Arbeit und Studierenden, die mit Adressat*innen und Nutzer*innen hergestellt werden. Der Begriff des Arbeitsbündnisses wurde in der Sozialen Arbeit in erster Linie zur Klärung des Gegenstands sozialarbeiterischen Handelns, vor allem der Arbeitsbeziehungen, genutzt, aber auch in Richtung Gestaltung organisatorischer Settings und der Nutzung von Gelegenheitsstrukturen und institutionellen Ressourcen erweitert (vgl. Müller, 2011). Im Kontext der Konfliktanalysen wird der Begriff Arbeitsbündnis als Analysekategorie von Macht- und Konfliktverhältnissen vor allem zur Analyse von Forschungsprozessen der Sozialen Arbeit genutzt (vgl. Schimpf & Stehr, 2012, S. 110 f.). Übertragen auf den Seminarkontext geht es darum, der Frage nachzugehen, welche Arbeitsbündnisse in Konfliktsituationen hergestellt werden. Sichtbar werden diese an den Selbstverständlichkeiten, von denen Fachkräfte und Studierende in Praxisphasen ausgehen, an ihren Positionierungen gegenüber den Adressat*innen und Nutzer*innen und den Möglichkeiten, den Adressat*innen und Nutzer*innen Artikulations- und (Selbst-)Darstellungsräume wie auch Zugang zur Nutzung institutioneller Ressourcen in Konfliktsituationen bzw. zu deren Bearbeitung zu eröffnen (ebd.).

Zunächst werden die Studierenden aufgefordert, sich die Konfliktgeschichten gegenseitig in Kleingruppen zu erzählen und dabei die Fragen und Irritationen der Gruppenmitglieder zu notieren und als Ideen gegebenenfalls für die Benennung des Konfliktgegenstands zu nutzen. Das Finden einer geeigneten Bezeichnung für den Konfliktgegenstand erweist sich erneut als Herausforderung und erzeugt

---

Blick auf die Konfliktsituation und auch die Gegenstandsbestimmung verengen. Diesbezüglich sind weitere Überlegungen anzustellen, welche Kategorien oder auch Begrifflichkeiten genutzt werden können, um die erzählten Konfliktsituationen einzuordnen, und ob darüber auch ein Gruppenfindungsprozess stattfinden soll.

mehrfach Widerstand, indem z. B. ausschließlich das individuelle Verhalten der Adressat*innen und Nutzer*innen und deren „Auffälligkeiten" als bedeutsam erklärt werden und betont wird, dass diese den institutionellen Alltag bestimmen. Auch die Perspektive der Adressat*innen und Nutzer*innen einzunehmen, wird zurückgewiesen mit der Begründung, dass ein alltags- und lebensweltliches Wissen in der ersten kurzen, achtwöchigen Praxisphase nicht erschlossen werden konnte. Ebenso könne über die institutionelle Ressourcenausstattung, die Arbeitsbündnisse und die organisationalen Spielräume keine Aussage gemacht werden, da noch zu wenig Einblick in die Organisation und die internen Entscheidungsprozesse gewährt worden sei. Darüber hinaus wird eingebracht, dass sich in der ersten Praxisphase kein Konflikt ereignet hat und auch die im Berufsfeld tätigen Fachkräfte der Sozialen Arbeit die Sinnhaftigkeit, Konfliktsituationen zu suchen und zu protokollieren, infrage gestellt haben, was von Studierenden aufgegriffen und als Infragestellung der Arbeitsaufgabe eingebracht wird. Die einzelnen Abwehrprozesse verlieren erst durch die (Selbst-)Thematisierung in Kleingruppen und die Auseinandersetzung mit den einzelnen Konfliktsituationen im Gruppenkontext an Relevanz. Den Studierenden werden in dieser Phase verstärkt Einzel- und Kleingruppenberatungen von den Lehrenden angeboten, um die Suche nach einer Konfliktsituation, an der sie aktiv oder als teilnehmende Beobachter*innen beteiligt waren und nach dem Konfliktgegenstand zu unterstützen und vor allem den Schreibprozess und die Erarbeitung einer detaillierten und konkreten Beschreibung einer Konfliktsituation anzuregen und zu vertiefen (vgl. Schimpf, 2015a). Meist werden von den Studierenden mindestens zwei oder drei Versionen einer Konflikterzählung erarbeitet, dabei zeigt sich, dass die Konfliktsituationen, die bereits während der Praxisphasen protokolliert wurden, detailreicher beschrieben werden können.

Organisiert wird in diesem Zeitraum auch ein erstes Treffen mit den anleitenden Fachkräften der Studierenden, in dem die Konfliktperspektive vorgestellt und Fragen diesbezüglich aufgegriffen und diskutiert werden. Als produktiv erweist sich in diesem Zusammenhang die Kooperation mit Lehrbeauftragten, die die Konfliktanalysen im Rahmen von Praxisreflexionsseminaren gemeinsam mit mir als Lehrende begleiten und die Relevanz eines Perspektivwechsels aus ihrer Sicht erläutern können. Dadurch wird deutlich, dass Verständigungsräume und -formen für eine wechselseitige Wissensvermittlung zwischen Hochschule und professioneller Praxis gerade im Kontext der Begleitung der Praxisphasen bedeutsam ist und die Vermittlung und die Verknüpfung unterschiedlicher Diskurse und Wissensformen nicht nur an die Studierenden delegiert werden können (vgl. Roth & Schimpf, 2020). In diesem Zusammenhang wurden auch Treffen gemeinsam mit Studierenden und anleitenden Fachkräften organisiert, in denen die fachliche Begleitung in der beruflichen Praxis und der Hochschule wie auch die dafür erforderlichen Bedingungen thematisiert und teilweise auch problematisiert wurden.

Das Einlassen auf das konkrete Bearbeiten von Konfliktsituationen erfordert eine Bezugnahme der Studierenden untereinander in Kleingruppen von nicht mehr als drei Personen, in denen ein wechselseitiger Austausch stattfinden kann, was allerdings nicht so einfach gelingt und auch Konfliktpotenzial beinhaltet, zumal der Prozess in einer Gruppenprüfung mündet. Wie und wodurch Gruppenprozesse und Gruppenprüfungen in Kleingruppen als Möglichkeit des Austauschs und der Auseinandersetzung unterstützt werden können und welche gemeinsamen Regeln dafür aufgestellt werden, ist nicht nur eine didaktische Frage, sondern auch eine Frage der strukturellen Gestaltung und Organisation des gesamten Curriculums, was an den Hochschulen noch zu wenig thematisiert und gemeinsam mit den Studierenden reflektiert wird. Die Widerstände in Bezug auf die Benennung des Konfliktgegenstands sind insofern auch in Zusammenhang mit den bevorstehenden Modulprüfungen zu verstehen, deren Anforderungen und deren Ablauf zu konkretisieren, von den Studierenden immer wieder eingefordert wird. Dennoch konnte durch die kontinuierliche und intensive Auseinandersetzung mit einzelnen Konfliktsituationen in den Kleingruppen, durch die gemeinsame Suche nach der Benennung des Konfliktgegenstands wie auch durch eine intensive Einzel- und Gruppenberatung und Kommentierung der Konfliktbeschreibungen durch die Lehrenden mehrheitlich ein Perspektivwechsel angestoßen werden.

## 3 Konfliktanalysen als mögliche Erweiterung von Handlungsspielräumen

Wichtig für die Durchführung einer Konfliktanalyse ist, dass ganz alltägliche konflikthafte Situationen konkret und detailliert beschrieben werden, um eine Grundlage zu bilden für die Deutung der jeweiligen Konfliktverhältnisse, in die Studierende in den Praxisphasen verstrickt werden. Eine Rekonstruktion des Konflikthaften der Sozialen Arbeit ist von hoher Relevanz, um „konkrete Praktiken in all ihrer Widersprüchlichkeit, Mehrdeutigkeit und Widerspenstigkeit" (Maurer, 2018b, S. 120) in den Blick nehmen und analysieren zu können. Darüber können Reflexionsfähigkeit, aber auch Konfliktbewältigung und -bearbeitung gefördert werden wie auch Konfliktverdeckungen wahrgenommen und thematisiert werden (vgl. Bitzan, 2000, 2020; Stehr & Anhorn, 2018; Kunstreich & May, 1999) und im Sinne der Begrenztheit und Ausweitung des Möglichen in der Sozialen Arbeit analysiert werden (vgl. Maurer, 2018a). Lehrende an Hochschulen können dafür (Seminar-)Räume bereitstellen und gerade im Kontext der Praxisreflexion Gelegenheiten eröffnen, die Konflikthaftigkeit der Sozialen Arbeit zu thematisieren und Konfliktsituationen als Ausgangspunkt einer Analyse zu nutzen. Dafür sind allerdings auch entsprechende institutionelle, curriculare und personelle Ressourcen wie auch überschaubare Gruppengrößen (12 bis 15 Studierende) erforderlich, da eine vertiefende Auseinandersetzung und Analyse ansonsten nicht möglich ist.

Die schriftliche Ausarbeitung der Konfliktanalysen, die in einzelnen Schritten vorgenommen wird, erfordert einen kontinuierlichen Arbeitsprozess, in dem Fragen gestellt, wie auch Hinweise und Anregungen gegeben werden, die ein mehrfaches Überarbeiten der jeweiligen Texte erfordern. Die Bearbeitung in Arbeitsgruppen ist bedeutsam, um Denk- und Lernprozesse anzuregen, wechselseitig zu unterstützen und eine Bezugnahme untereinander zu ermöglichen.

Die Durchführung der Konfliktanalyse wird im Folgenden exemplarisch[6] beschrieben. Zentrale Analysedimensionen, die für eine Konfliktanalyse genutzt werden, sind dabei: 1) institutionelle Kontexte, 2) Konfliktkonstellation(en), 3) Konfliktgegenstand, 4) Konfliktperspektiven, 5) Konfliktorientierungen, 6) Konfliktstrategien, 7) Nutzung von (institutionellen) Ressourcen, 8) Konfliktbearbeitungsformen, 9) Konfliktbewältigung und 10) Entwicklung alternativer Formen der Konfliktbearbeitung.

Mit der Analysedimension *institutioneller Kontext* wird zu Beginn der Konfliktanalyse beschrieben, in welchem institutionellen und gesetzlichen Rahmen sich die Konfliktsituation ereignet hat. Dabei sollen auch die Einrichtung selbst, die räumliche und personelle Ausstattung, das Arbeitssetting, der Arbeitsauftrag, die konzeptionellen Leitlinien und der sozialräumliche Kontext dargestellt werden. Die Konfliktsituation, die nachfolgend vorgestellt wird, ereignete sich in einer „Vorklasse", die im Hessischen Schulgesetz (HSG) als Ort bezeichnet wird, an dem „Kinder aufgenommen werden, die bei Beginn der Schulpflicht körperlich, geistig oder seelisch noch nicht so weit entwickelt sind, um am Unterricht mit Erfolg teilnehmen zu können, und deshalb zurückgestellt worden sind" (§ 18, 2). Das Hessische Kultusministerium informiert auf seiner Homepage darüber wie folgt:

„Wird das Kind ein Jahr zurückgestellt, kann ihm von der Schule der Besuch einer Vorklasse empfohlen werden. Die Eltern erhalten in diesem Fall eine schriftliche

---

[6] Bei den folgenden in Anführungszeichen gesetzten Beschreibungen handelt es sich um Auszüge aus einer schriftlich unveröffentlichten Ausführung der Konfliktanalyse einer Studierenden. Die Beteiligten an der Konfliktsituation werden in dieser Ausführung mit anonymisierten Vornamen gekennzeichnet.

Nachricht und werden gebeten, dem Besuch des Kindes in der Vorklasse zuzustimmen. Sind die Eltern mit der Empfehlung einverstanden, bedeutet dies für das Kind eine verpflichtende Teilnahme am Unterricht der Vorklasse. In der Vorklasse hat das Kind in einer etwas kleineren Lerngruppe unter Anleitung einer Sozialpädagogin oder eines Sozialpädagogen die Möglichkeit, sich über den Zeitraum eines Jahres auf den Schulanfang vorzubereiten. Es werden ihm viele spielerische Lernangebote gemacht, um in der Schule gut anzukommen." (Ebd.)[7]

Die Räumlichkeiten, die Nutzer*innen und das Fachpersonal der Vorklasse werden von der Studierenden (vgl. FN 6) in der Konfliktanalyse wie folgt beschrieben:

„Für die Lernangebote der Kinder stehen zwei Räume zur Verfügung, die allerdings sehr knapp bemessen sind. Ein kleinerer Raum wird als Rückzugsraum für Kleingruppen, zur Einzelförderung und als Materiallager genutzt. Insgesamt besuchen 15 Kinder – elf Jungen und vier Mädchen – im Alter zwischen sechs und sieben Jahren täglich am Vormittag die Vorklasse, die von einer Sozialpädagogin, die dort seit sechs Jahren eine Vollzeitstelle innehat, geleitet wird."

Der institutionelle Kontext wird von ihr folgendermaßen beschrieben:

„Den Kindern fehlen wichtige Kompetenzen, um die Grundschule mit Erfolg zu durchlaufen, ihnen werden Angebote gemacht, ihre Kompetenzen zu erweitern, Schwerpunkte sind unter anderem die Sprachentwicklung und feinmotorische Fähigkeiten, die meisten Kinder haben jedoch Förderbedarf im sozial-emotionalen Bereich."

Die Adressat*innen und die Nutzer*innen werden hier aus einer rein institutionellen Sicht beschrieben und vor allem als „sozial-emotional förderbedürftig" adressiert, ihnen würden zentrale Voraussetzungen bzw. Kompetenzen für einen „erfolgreichen" Schulbesuch fehlen. Gesetzliche und institutionelle Macht- und Diskriminierungsstrategien werden in die Analyse nicht einbezogen bzw. bleiben verdeckt. Die Vorbereitung auf die Schule wird zum zentralen Auftrag der Sozialen Arbeit erklärt, was auf ein Arbeitsbündnis zwischen Sozialer Arbeit und Schule auf der institutionellen Ebene verweist. Damit bleiben der strukturelle Konflikt und die Konfliktlagen sowie die alltags- und lebensweltlichen Perspektiven der Eltern wie auch der Kinder verdeckt. Dieses Arbeitsbündnis wird auch aus der Bezeichnung „Vorklassenlehrerin" deutlich, mit der die Sozialpädagogin in der Schule adressiert wird und sich auch selbst so darstellt. Die Studierende erläutert, dass die Schulleitung diesen Vorschlag eingebracht habe mit der

---

[7] https://kultusministerium.hessen.de/schulsystem/schulformen/grundschule/haeufig-gestel lte-fragen-faq-zum-schulanfang.

Begründung, dass diese Berufsbezeichnung für die Eltern einfacher zu verstehen sei. Über diese Konstruktion und über die Positionierung der Eltern wird das institutionelle Machtverhältnis zwischen Schulleitung und Sozialpädagogin gegenüber den Eltern und Kindern verfestigt.

Bevor die konkrete Konfliktsituation beschrieben wird, wird mit der zweiten Analysedimension, mit den *Konfliktkonstellation(en),* aufgezeigt, welche Personen bzw. Personengruppen an der Konfliktsituation beteiligt sind, und der Frage nachgegangen, ob es zwischen diesen schon öfter zu Konflikten gekommen ist. Direkt beteiligt an der Konfliktsituation sind Maximilian und Leo, beide sechs Jahre alt, die Sozialpädagogin und die Studierende wie auch die weiteren Kinder der Gruppe, die als teilnehmende Beobachter*innen im Raum sind. Weiterhin wird darüber informiert, dass die Konfliktsituation in der „freien Arbeitsphase stattfindet, die neben der Spielzeit einen täglichen Bestandteil des Unterrichts darstellt, in der sich die Kinder selbstständig überlegen können, was sie tun möchten". Die Studierende führt zudem ein, dass es für die Benutzung der (Spiel-) Materialien unterschiedliche Regeln gibt, die allen Kindern bekannt sind. Die Regeln für das Arbeiten mit Knete lauten: „Unterlage nehmen, nicht zu viel Knete aus der Knetkiste nehmen, und das aus Knete Gebaute muss nach der ‚Spielzeit' zerstört und die Knete wieder in die Knetkiste gelegt werden."

Beobachtet wurde, dass die Kinder

„regelmäßig probieren, ihre Knetkunstwerke vor der Zerstörung zu schützen und ins Regal zu stellen. Dabei wird nicht konsequent auf die Einhaltung der Knetregeln – das Kunstwerk zu zerstören – von der Sozialpädagogin geachtet, sondern ab und zu wird darüber hinweggeschaut, wenn ein oder zwei Knetkunstwerke im Regal abgelegt werden."

Weiter wird erwähnt, dass Maximilian und Leo „an Einzeltischen, weit voneinander entfernt, sitzen, da beide sehr schnell wütend und handgreiflich werden können".

### 3.1 Die Konfliktsituation – „Machtvoller Eingriff" oder „die Knetregeln"

„Maximilian hatte die freie Arbeitsphase dazu genutzt, aus der dunkelbraunen Knetmasse große und kleine Kugeln mit Zacken zu formen, die Raumschiffe und Aliens darstellten, zu welchen er viele Details erzählen konnte. Er knetete ausdauernd und konzentriert und spielte mit den Knetfiguren Krieg. Als die Sozialpädagogin aufforderte, das Spiel zu beenden und die Knetfiguren ins Regal zu stellen, war Leo noch mitten in seinem Spiel und wollte wohl seine Aliens noch weiterkämpfen lassen und brachte seine Unterlagen mit den Knetfiguren in den Klassenraum und stellte diese in das hintere Regal. Warum auch immer – er wählte als Aufbewahrungsort ausgerechnet das hinterste Regal, neben dem Leo saß. ‚Lass bloß die Knete in Ruhe!', zischte Maximilian mit dem Blick auf Leo, bevor er sich auf den Weg zu seinem Platz machte und noch mal einen kontrollierenden Blick nach hinten zu Leo warf. Leo hielt bereits einen Teil des Kunstwerks in der Hand. Triumphierend grinste er Maximilian an, und was jetzt geschah, hätte Platz in jedem Comicheft: In Zeitlupe veränderte sich Maximilian, ein Strom von Wut ergriff seinen ganzen Körper. Sein Gesicht wurde immer mehr rot, alle Muskeln spannten sich an und seine Hände wurden zu Fäusten und dann fing er an zu schreien. Noch nie in meinem Leben habe ich ein Kind so schreien gehört, so laut und so hoch wie eine Sirene. Dann rannte er plötzlich nach hinten zu Leo und schlug auf ihn ein. Mit seinen Händen und seinen Füßen hämmerte er auf den sichtlich irritierten Jungen, der in beiden Händen Knetfiguren hielt und sich nicht wehren konnte. Sofort stürzte die Sozialpädagogin nach hinten, packte Maximilian am rechten Arm und zog ihn weg von Leo. Maximilian weinte inzwischen und schluchzte bitterlich, ließ sich jedoch ohne Widerstand in den Nebenraum bringen. Im Raum war es plötzlich ganz leise. Die Kinder hatten die Szene genau beobachtet und schienen schockiert zu sein. Leo saß wieder auf seinem Stuhl und rieb sich die schmerzenden Stellen an seinem Körper. Er weinte nicht. Die Sozialpädagogin kam zurück, schloss die Tür und stellte sich vor die Klasse und schwieg. Dann sagte sie leise: ‚Jetzt atmen wir mal tief ein und aus und lassen den Schreck aus dem Körper'. Die meisten Kinder machten mit und viele fanden diese Übung lustig und lachten. Die Anspannung und Stille im Raum war gebrochen. Für die Kinder schien das Thema erledigt. Für die Sozialpädagogin jedoch nicht. Sie sah sich nicht imstande, den geplanten Unterricht fortzuführen, und rief Spielzeit aus: ‚puzzeln, malen, kneten, lesen, jeder ruhig an seinem Platz'. Sie selbst ging in den Nebenraum zu Maximilian. Nach einigen Minuten kam sie mit ihm zurück. Als sie die Aufmerksamkeit der Klasse hatte, forderte sie Maximilian auf, sich bei der ganzen Klasse für sein Schreien zu entschuldigen. Maximilian stammelte leise ‚Entschuldigung'. Danach forderte sie Maximilian auf, sich bei Leo persönlich zu entschuldigen, was er auch machte mit einem kurzen Handschlag. Sein Knetkunstwerk, das Raumschiff und die Aliens wurden danach von der Sozialpädagogin eigenhändig zerstört und in die Knetkiste geworfen."

Mit der Analysedimension *Konfliktperspektiven* geht es nun in einem weiteren Schritt darum, der Frage nachzugehen, in welcher Weise sich die Professionelle und auch die Studierende an der Konfliktsituation beteiligen und sich in der konkreten Konfliktsituation positionieren. Weiter geht es auch darum, woran sie sich dabei orientieren, an welchen Werten und Normen, und welche Perspektiven damit eingenommen werden. Bedeutsam ist auch, wie die Adressat*innen und Nutzer*innen in dieser Konfliktsituation von den Professionellen – oder auch von der Studierenden als angehender Professioneller – wahrgenommen werden und wie diese von den Professionellen adressiert werden. Die Studierende beschreibt ihre eigene Konfliktperspektive wie folgt:

„Zuerst war ich irritiert über Maximilians lauten Schrei und die Heftigkeit seines Gefühlsausbruchs. Das schnelle Eingreifen meiner Anleitung empfand ich als hilfreich, um mich von der ungewöhnlichen Situation zu erholen. Beim Nachdenken über das Erlebte war mir jedoch schnell klar, dass ich auf Maximilians Seite bin. Sein Einsatz für ungerechtfertigte Regeln, die das persönliche Interesse eingrenzen, finde ich sinnhaft und kann sein Agieren auch verstehen."

Mit ihrer Benennung des *Konfliktgegenstands* als „machtvoller Eingriff" oder „die Knetregeln" kann sie die institutionellen Regelsetzungen hinterfragen und bewertet diese als ungerechtfertigt, da sie die Selbstbestimmungsrechte der Kinder einschränken. Mit der Setzung der Knetregel – keine Knetkunst aufzubewahren – werden aus ihrer Sicht „die Selbstbestimmungsrechte und die Würde der Kinder verletzt". Die Orientierung an den Kinderrechten ermöglicht die Sicht auf die Begrenzung der Handlungsfähigkeit der Kinder, die mit der Regelsetzung und (Nicht-)Einhaltung der Regeln entstehenden Provokationen und Machtdemonstrationen der beiden Jungen wie auch die Willkür und die Konfliktenteignung kommen jedoch dadurch nicht in den Blick und können erst über die Konfliktanalyse wahrgenommen und zur weiteren Reflexion genutzt werden.

Die Konfliktperspektive der Sozialpädagogin wird von der Studierenden folgendermaßen skizziert:

„Die Leitung will einen konfliktfreien Vormittag, an dem alle Kinder die Regeln einhalten und mitarbeiten. Konflikte sind für sie störend und anstrengend und Werte wie Gewaltfreiheit und Ruhe sind ihr anscheinend sehr wichtig. Sie greift rasch ein, wenn sie diese Werte gefährdet sieht."

Weitere Analysedimensionen sind die *Konfliktstrategien* und die *Nutzung von (institutionellen) Ressourcen,* die zur Konfliktbewältigung und -bearbeitung genutzt werden (können). Dabei wird der Frage nachgegangen, welche Handlungsstrategien die Professionellen wie auch die Adressat*innen und die Nutzer*innen in der Konfliktsituation verwenden (können) und wie diese – im Sinne der Deutungsmacht – bewertet werden. Als (institutionelle) Ressourcen werden (materielle und immaterielle) Mittel und Quellen verstanden, die in der Konfliktsituation hilfreich sind und auf die zurückgegriffen werden kann. Die Studierende beschreibt, dass die Sozialpädagogin ihre Machtposition als Leitung und Professionelle als institutionelle Ressource nutzt, aber auch ihre körperliche Kraft und Überlegenheit als Ressource einsetzen kann. Ihre Konfliktstrategien sind, körperlich zu intervenieren, Partei zu ergreifen für eine Person, in einen anderen Raum auszuweichen, die gesamte Gruppe mit einer „Atemübung" abzulenken, Spielzeit auszurufen, um selbst Distanz zu gewinnen, den „Beschuldigten" aufzufordern, sich bei der gesamten Gruppe zu entschuldigen wie auch persönlich bei dem

„Konfliktpartner" (Leo), und das „Knetkunstwerk" demonstrativ zu zerstören. Die Konfliktstrategien von Maximilian sind, die Regeln zu umgehen, auf sein Knetkunstwerk und die Regelmissachtung aufmerksam zu machen, zu schreien, sich körperlich zur Wehr zu setzen mit Fäusten und Tritten, zu weinen wie auch sich anzupassen, Gehorsam zu leisten und sich bei der gesamten Gruppe wie auch bei Leo persönlich zu entschuldigen. Die Strategien von Leo sind, auf den Regelverstoß aufmerksam zu machen, Teile des Kunstwerks zu zerstören, die Schläge und Tritte hinzunehmen und die persönliche Entschuldigung entgegenzunehmen. Maximilian nutzt als Ressourcen Geschicklichkeit, Mut und körperliche Kraft, während Leo auch die Sozialpädagogin als institutionelle Ressource nutzen kann, da sein provokatives Handeln – die Zerstörung des Knetkunstwerks von Maximilian – nicht thematisiert wird.

Mit den Analysekategorien *Konfliktbearbeitungsformen* und *Konfliktbewältigung* wird vor allem das (vorläufige) Ergebnis in den Blick genommen, womit der Frage nachgegangen wird, ob die Konfliktsituation einvernehmlich – also eher im Konsens – beendet wurde oder der Konflikt weiter eskaliert. Auch wird danach gefragt, ob und wie Konfliktsituationen bewältigt werden können oder von allen Beteiligten als „gelöst" bewertet werden, was für wen unbewältigt und offen geblieben ist, was ausgeblendet und verdeckt wurde und welche Auswirkungen die Konfliktsituation für die Einzelnen hat. Für Maximilian bleibt die Konfliktsituation unbearbeitet, seine Konfliktstrategien der Nichtbeachtung der Knetregel und des Sich-zur-Wehr-Setzens gegen die demonstrative Zerstörung seines „Knetkunstwerks" werden sanktioniert. Der Konflikt zwischen den beiden Jungen kommt nicht zur Sprache, sondern wird stellvertretend für sie „gelöst" und kann insofern von ihnen nicht bewältigt werden. Die Studierende schildert, dass der Konflikt für die Sozialpädagogin nach der Entschuldigung von Maximilian beendet ist und auch nicht mehr thematisiert wird. Im Anleitungsgespräch mit der Studierenden zeigt die Sozialpädagogin jedoch auch Verständnis für Maximilians Wut, weist aber die Studierende darauf hin, „auf sich selbst zu achten" und die Selbstsorge im Blick zu behalten, mit der Begründung, dass „die Arbeit sehr anstrengend sei und die Gefahr bestehe, im Burn-out zu landen". Der Hinweis, Selbstsorge betreiben zu müssen, kann als Konfliktverdeckung der strukturellen Bedingungen, der mangelnden institutionellen, personellen und räumlichen Ressourcen interpretiert werden, aber auch als unbewusst selbstschädigende Praxis der Selbstsorge, indem darauf verzichtet wird, sich mit den Kindern über die eigenen wie auch deren Bedürfnisse zu verständigen (Knetreste „bändigen" versus Knetkunst erhalten) und darüber neue Konflikte produziert werden. Die Studierende schildert, dass ihre Anwesenheit in der Vorklasse von der Sozialpädagogin als Ressource bewertet werde, die allerdings nicht von Dauer sei. Sie äußert zudem, dass sie für ihre Arbeit vonseiten des Schulleiters und der Lehrenden an der Schule immer wieder Anerkennung erhält. Ob sie auch vonseiten der Adressat*innen und Nutzer*innen Anerkennung erhält, wird nicht explizit thematisiert, dadurch wird jedoch sichtbar, dass für die Studierende in der Praxisphase vor allem das institutionelle Arbeitsbündnis an der Schule als angehende Fachkraft der Sozialen Arbeit im Vordergrund steht, auch hinsichtlich ihrer beruflichen Perspektiven. Die Studierende äußert im „Kolloquium", der abschließenden Modulprüfung, dass sie künftig sehr gerne in einer Vorklasse arbeiten möchte.

Vonseiten der Studierenden wird im Nachhinein im Gespräch mit der Anleitung die Notwendigkeit der Veränderung der „Knetregeln" eingebracht, sie schlägt vor, dass jedem Kind eine Knetkiste zur Aufbewahrung der eigenen Kunstwerke zur Verfügung gestellt wird. Mit ihrem Vorschlag werden die Analysekategorien *alternative Konfliktbearbeitungsmöglichkeiten und Konfliktverhandlungsmöglichkeiten* eingebracht und der Frage nachgegangen, welche (institutionellen) Ressourcen dafür vorhanden oder erforderlich sind. Weitere Fragen, um über alternative Formen der Konfliktbearbeitung nachzudenken, sind z. B., welche anderen Interventionsformen denkbar wären und was darüber in den Blick gekommen wäre oder hätte vermieden werden können. Die Studierende nennt „Zeit und Räume" als bedeutsame Ressource für eine Konfliktbearbeitung wie auch ein „professionelles Wissen, Konflikte nicht nur als Störung, sondern als Entwicklungschance von und mit Kindern zu verstehen", weshalb sie vor allem Fort- und Weiterbildung zum „Umgang mit Konflikten" einfordert. Welche Voraussetzungen dafür erforderlich sind, z. B., ob eine Freistellung vonseiten der Schule erfolgt bzw. eingefordert werden kann und welche institutionellen Ressourcen dafür genutzt werden können, um eine Erweiterung des Konfliktbearbeitungspotenzials über die konkret geschilderte Konfliktsituation hinaus zu erlangen, wird in der Konfliktanalyse nicht in den Blick genommen. Überlegungen, wie die Perspektiven der Kinder und deren Bedürfnisse stärker wahrgenommen und auch ihre Ideen einer Regelvereinbarung artikuliert und aufgenommen werden können, werden in der Modulprüfung, dem abschließenden Kolloquium, von der Studierenden thematisiert.

Die Rekonstruktion und die Analyse der Konflikterfahrungen von Studierenden in Praxiskontexten der Sozialen Arbeit ermöglichen ein Hinterfragen institutioneller Alltagspraktiken von Sozialarbeiter*innen und Sozialpädagog*innen, aber auch die Entdeckung alternativer Handlungsspielräume und institutioneller Gestaltungsmöglichkeiten. Dafür bedarf es entsprechender Verständigungs- und Zeiträume im Studium, aber auch kontinuierlicher und verlässlicher Gruppenbezüge, die ein wechselseitiges Hinterfragen und offene Reflexionsprozesse eröffnen können. Über die konkreten Beschreibungen von Konfliktsituationen und deren Analyse können die institutionellen Rahmenbedingungen und die nicht genutzten oder auch die fehlenden institutionellen Ressourcen in den Blick kommen und thematisiert werden. Das kritische Potenzial von Konfliktanalysen kann jedoch erst entfaltet werden, wenn die strukturellen Ausschlusssituationen der Adressat*innen und Nutzer*innen als Konfliktverhältnisse wahrgenommen und deren Konfliktstrategien in diesem Zusammenhang interpretiert werden. Auch wie Studierende im Rahmen von Praxisbegleitseminaren an der Hochschule, vor allem im Kontext von Gruppenprüfungen, die Bearbeitung von Konfliktsituationen und die Durchführung von Konfliktanalysen bewerten, welche Konflikt- und Handlungsstrategien und welche (institutionellen) Ressourcen sie dafür nutzen (können) und wie sie mit Konfliktpotenzialen in Gruppenprozessen umgehen, wäre anhand der eingeführten Konfliktanalysedimensionen vergleichend zu untersuchen. Zugleich sollten die Konfliktstrategien der Lehrenden und der anleitenden Fachkräfte in Bezug auf eine Nutzung der institutionellen Ressourcen in Bezug auf die Begleitung und Anleitung der Studierenden analysiert werden. Perspektivisch stellt sich die Frage, wie das kritische Potenzial der Konfliktorientierung produktiv von Lehrenden, Studierenden und Fachkräften der Sozialen Arbeit erschlossen werden kann und dadurch weiterführende Bildungsprozesse an Hochschulen und in Handlungsfeldern der beruflichen Praxis der Sozialen Arbeit initiiert werden, aber auch, wie darüber gesellschaftliche Veränderungsperspektiven entwickelt, öffentlich thematisiert und angestoßen werden können.

## Literatur

Bitzan, M. (2000). Konflikt und Eigensinn. Die Lebensweltorientierung repolitisieren. *Neue Praxis, 30*(4), 335–346.

Bitzan, M. (2018). Das Soziale von den Lebenswelten her denken. Zur Produktivität der Konfliktorientierung für die Soziale Arbeit. In R. Anhorn, E. Schimpf, J. Stehr, K. Rathgeb, S. Spindler, & R. Keim (Hrsg.), *Politik der Verhältnisse – Politik des Verhaltens. Widersprüche der Gestaltung Sozialer Arbeit* (Dokumentation Bundeskongress Soziale Arbeit in Darmstadt 2015. Perspektiven kritischer Sozialer Arbeit, Bd. 29, S. 51–71). Springer VS.

Bitzan, M. (2020). Zur Relevanz von Verdeckungszusammenhängen im Kontext der sozialarbeitswissenschaftlichen Geschlechterforschung – Methodologische Herausforderungen partizipativer Ansprüche. In L. Rose & E. Schimpf (Hrsg.), *Sozialarbeitswissenschaftliche Geschlechterforschung. Methodologische Fragen, Forschungsfelder und empirische Erträge* (Theorie, Forschung und Praxis der Sozialen Arbeit, Bd. 19, S. 75–99). Budrich.

Eichinger, U. (2020). Soziale Arbeit als konfliktbearbeitende Dienstleistung. In B. Völter, H. Cornel, S. Gahleitner, & S. Voß (Hrsg.), *Professionsverständnisse in der Sozialen Arbeit* (S. 91–101). Beltz Juventa.

Eichinger, U., & Schäuble, B. (2018). Konfliktanalyse als Verfahren für die Praxisforschung zu institutionellen Möglichkeitsräumen in der Sozialen Arbeit – Am Beispiel von Gemeinschaftsunterkünften für Geflüchtete. *Forum Kritische Psychologie. Neue Folge, 1 81*(1), 98–118.

Franz, J. (2014). Deutungsmuster überwinden durch Erfahrungswissen? Zum rekonstruktiven Paradigma in der Sozialen Arbeit. In M. Köttig, S. Borrmann, H. Effinger, B. Gahleitner, B. Kraus, & S. Stövesand (Hrsg.), *Soziale Wirklichkeiten in der Sozialen Arbeit. Wahrnehmen – Analysieren – intervenieren* (Theorie, Forschung und Praxis der Sozialen Arbeit, Bd. 9, S. 51–61). Budrich.

Haug, F. (2003). *Lernverhältnisse. Selbstbewegung und Selbstblockierungen*. Argument.

Kunstreich, T., & May, M. (1999). Soziale Arbeit als Bildung des Sozialen und Bildung am Sozialen. *Widersprüche, 1999*(73), 35–52.

Maurer, S. (2018a). Die Perspektive der „Grenzbearbeitung" im Kontext des Nachdenkens über Verhältnisse und Verhalten. In R. Anhorn, E. Schimpf, J. Stehr, K. Rathgeb, S. Spindler, & R. Keim (Hrsg.), *Politik der Verhältnisse – Politik des Verhaltens. Widersprüche der Gestaltung Sozialer Arbeit* (Dokumentation Bundeskongress Soziale Arbeit in Darmstadt 2015. Perspektiven kritischer Sozialer Arbeit, Bd. 29, S. 113–127). Springer VS.

Maurer, S. (2018b). Grenzbearbeitung. Zum analytischen, methodologischen und kritischen Potential einer Denkfigur. In B. Bütow, J.-L. Patry, & H. Astleitner (Hrsg.), *Grenzanalysen – Erziehungswissenschaftliche Perspektiven zu einer aktuellen Denkfigur* (S. 20–33). Beltz Juventa.

Müller, B. (2011). Professionalität ohne Arbeitsbündnis? Eine Studie zu „niedrigschwelliger" Sozialer Arbeit. In R. Becker-Lenz, S. Busse, G. Ehlert, & S. Müller (Hrsg.), *Professionelles Handeln in der Sozialen Arbeit. Materialanalysen und kritische Kommentare* (S. 144–159). VS Verlag.

Roth, A., & Schimpf, E. (2020). Der Forschungszugang als Konfliktfeld – Gruppendiskussionen und Gender_Wissen. In L. Rose & E. Schimpf (Hrsg.), *Sozialarbeitswissenschaftliche Geschlechterforschung. Methodologische Fragen, Forschungsfelder und empirische Erträge* (Theorie, Forschung und Praxis der Sozialen Arbeit, Bd. 19, S. 131–151). Budrich.

Schäuble, B. (2020). Konfliktorientierte Soziale Arbeit. In B. Völter, H. Cornel, S. Gahleitner, & S. Voß (Hrsg.), *Professionsverständnisse in der Sozialen Arbeit* (S. 59–70). Beltz Juventa.

Schäuble, B., & Eichinger, U. (2019). Wie sich Konflikte zu eigen machen? Konfliktanalysen als Element einer kritischen Sozialen Arbeit. *Sozial Extra, 43*(1), 40–43.

Schimpf, E. (2015a). Von der Fall- zur Konfliktanalyse – Zur Relevanz der Rekonstruktion von Konfliktsituationen im Studium der Sozialen Arbeit. In S. Stövesand & D. Röh (Hrsg.), *Konflikte – Theoretische und praktische Herausforderungen für die Soziale Arbeit* (Theorie, Forschung und Praxis der Sozialen Arbeit, Bd. 10, S. 200–212). Budrich.

Schimpf, E. (2015b). Potenziale eines alltags- und lebensweltorientierten Forschens als Beitrag für „das Projekt einer kritischen Sozialen Arbeit". In M. Dörr, C. Füssenhäuser, &

H. Schulze (Hrsg.), *Biographie und Lebenswelt: Perspektiven einer kritischen Sozialen Arbeit* (Perspektiven kritischer Sozialer Arbeit, Bd. 20, S. 87–105). Springer VS.

Schimpf, E., & Stehr, J. (2012). Forschung und ihre Verstrickungen und Positionierungen in Konfliktfeldern der Sozialen Arbeit. In E. Schimpf & J. Stehr (Hrsg.), *Kritisches Forschen in der Sozialen Arbeit. Gegenstandsbereiche – Kontextbedingungen – Positionierungen – Perspektiven* (Perspektiven kritischer Sozialer Arbeit, Bd. 11, S. 107–135). Springer VS.

Schimpf, E., & Stehr, J. (Hrsg.). (2017). *Soziale Medien als Konfliktarena. Alltagskonflikte Jugendlicher und wie sie über die Nutzung von Social Network Sites bearbeitet werden.* Büchner.

Stehr, J., & Anhorn, R. (2018). Konflikt als Verhältnis – Konflikt als Verhalten – Konflikt als Widerstand: Widersprüche der Gestaltung Sozialer Arbeit zwischen Alltag und Institution. Einleitende Anmerkungen zum Bundeskongress Soziale Arbeit 2015. In J. Stehr, R. Anhorn, & K. Rathgeb (Hrsg.), *Konflikt als Verhältnis – Konflikt als Verhalten – Konflikt als Widerstand. Widersprüche der Gestaltung Sozialer Arbeit zwischen Alltag und Institution* (Perspektiven kritischer Sozialer Arbeit, Bd. 30, S. 1–43). Springer VS.

Stövesand, S., & Röh, D. (2015). Konflikte – Theoretische und praktische Herausforderungen für die Soziale Arbeit. Einleitung und Überblick. In E. Stövesand & D. Röh (Hrsg.), *Konflikte – Theoretische und praktische Herausforderungen für die Soziale Arbeit* (Theorie, Forschung und Praxis der Sozialen Arbeit, Bd. 10, S. 10–18). Budrich.

Werder, L. von (2017). *Wörterbuch des kreativen Schreibens. Unter Mitarbeit von Kirsten Alers.* Schibri.

# Whistleblowing – ein Mittel zur Konfliktbearbeitung im Kontext Sozialer Arbeit?

Nivedita Prasad

### Zusammenfassung

In diesem Beitrag wird Whistleblowing definiert und als ein Mittel zur ethischen Konfliktlösung in der Praxis Sozialer Arbeit diskutiert. Beispiele und Anlässe für ethisch begründete fachliche Entscheidung zum Schutz von Klient*innen, zum eigenen Schutz oder zum Schutz professioneller Werte werden genannt. Mögliche Risken und hilfreiche Strukturen im Kontext von Whistleblowing werden diskutiert.

### Schlüsselwörter

Ethische Konflikte • Whistleblowing als Methode • Beispiele sozialarbeiterischer Inventionen

Bei dem Versuch, den Begriff Whistleblowing wörtlich ins Deutsche zu übersetzen, bekommt der Begriff eine Konnotation, die irreführend ist, denn es entsteht der Eindruck, als ginge es hier darum, „jemanden zu verpfeifen" oder gar zu denunzieren. Eine bessere Übersetzung wäre eher „Alarm schlagen". Die Ereignisse, die zu Whistleblowing führen, machen aber deutlich, dass Whistleblower*innen durchaus auch als ethische Dissident*innen (vgl. Deiseroth, 2004, S. 125) angesehen werden können, also als

N. Prasad (✉)
Alice Salomon Hochschule, Berlin, Deutschland
E-Mail: Prasad@ash-berlin.eu

„Personen mit Zivilcourage, die ungeachtet für sie nachteiliger Konsequenzen aus gemeinnützigen Motiven die ‚Alarmglocke' läuten, um auf bedenkliche Ereignisse oder Vorgänge in ihrem Arbeits- oder Wirkungsbereich hinzuweisen und auf Abhilfe zu drängen" (ebd.).

Im Kontext Sozialer Arbeit kann dies bedeuten, intern oder extern Bedenken über Fehlverhalten, schädliche Praktiken, Risiken oder Gefahren, denen andere (z. B. Klient*innen) ausgesetzt sind, zu äußern (vgl. Ash, 2016, S. 12). Es geht also um eine ethisch begründete fachliche Entscheidung zum Schutz von Klient*innen, zum eigenen Schutz oder zum Schutz professioneller Werte.

Darüber hinaus kann Whistleblowing auch dem öffentlichen Interesse dienen: Beispielhaft hierfür sind Margrit Herbst, eine Tierärztin, die 1994 die Öffentlichkeit über die Vertuschung der ersten BSE-Fälle informierte, Cora Jacoby, eine Ärztin am Krankenhaus Neukölln, die die Öffentlichkeit darüber informierte, dass Patient*innen aus Kostengründen zu früh entlassen wurden, oder Sven Gratzik, ein Staatsschützer, der öffentlich machte, dass der Polizeipräsident in Sachsen seine Mitarbeiter*innen anwies, nicht so genau nach rechts zu schauen. All diesen Whistleblower*innen ist gemeinsam, dass sie durch ethische Bedenken geleitet wurden.

Da eine Praxis Sozialer Arbeit ohne ethische Rückkoppelung nicht denkbar ist, argumentieren beispielsweise Mansbach und Bachner (2009), dass Whistleblowing als Thema in das Curriculum Sozialer Arbeit eingeführt werden sollte, und zwar im Kontext von Ethik und Advocacy. Sie gehen davon aus, dass Sozialarbeitende, die nichts unternehmen, um schädliches Verhalten durch Kolleg*innen oder Vorgesetzte zu stoppen, die professionelle Verpflichtung verletzen, das Wohlergehen ihrer Klient*innen zu schützen und zu fördern (vgl. Mansbach & Bachner, 2009, S. 19). Im Berufskodex der *Aotearoa New Zealand Association of Social Work* von 2008 findet sich sogar ein expliziter Hinweis darauf, dass bei Fehlverhalten von Kolleg*innen (vor allen Dingen gegenüber Klient*innen) […] die zuständigen Instanzen zu informieren seien (vgl. ebd., S. 13). Leider lässt sich aber nicht erkennen, wer diese sein sollen.

Diese Vorgabe führte zu einer kleinen Studie (vgl. Raymond et al., 2017), in der die Erfahrungen von zehn Sozialarbeitenden mit Whistleblowing ausgewertet wurden. Anlass für Whistleblowing waren z. B. Grenzüberschreitungen (eine Liebesbeziehung zu einem engen Familienmitglied eines Klienten, körperliche Gewalt gegen Klient*innen oder das Erfragen der Kontodaten eines Klienten ohne sachlichen Grund), Lügen (die falsche Behauptung, eine Sozialarbeiterin hätte mit einer Familie gearbeitet), die Unmöglichkeit, die Arbeitslast zu tragen, und das professionelle Rollenverständnis (vgl. ebd., S. 23 f.). Presten-Shoot erinnert daran, dass weitere problematische Situationen daraus entstehen könnten, wenn ein Gesetz Handlungen verlangt oder gestattet, die in den Fachdiskussionen der Sozialen Arbeit als unethisch eingestuft würden, und/oder wenn das Gesetz Handlungen verbieten würde, die auf der Basis der Werte der Sozialen Arbeit möglicherweise gestattet wären (vgl. Preston-Shoot, 2010, S. 466). Beispielhaft hierfür sind etwa das Weitergeben des vermuteten Alters unbegleiteter minderjähriger Geflüchteter an Behörden,[1] die Überwachung der Medikamenteneinnahme und/oder die Beteiligung an Fixierungsmaßnahmen in Psychiatrien. Ein ähnliches Spannungsfeld zwischen Legalität und Legitimität ergibt sich bei der Unterstützung von illegalisierten Migrant*innen oder der Unterstützung bei der Vermittlung von Möglichkeiten, eine Schwangerschaft auch in fortgeschrittenem Stadium abzubrechen.

Es ist davon auszugehen, dass Praxen – wie die in der Studie aus Aotearoa/Neuseeland beschriebenen – auch in Deutschland vorkommen. Über prekäre Arbeitsbedingungen in der Sozialen Arbeit sind einige wenige Publikationen vorhanden (z. B. Eichinger, 2020; Seithe, 2010; Stummbaum, 2012). Unethisches Verhalten vonseiten der Sozialarbeitenden hingegen ist ein Thema, zu dem noch weniger veröffentlicht wird – und das, obwohl wir wissen, dass es existiert. So war das Ausmaß der Verletzung der Menschenrechte von Kindern und Jugendlichen in der Haasenburg[2] (siehe Degener et al., 2020) nicht nur erschütternd, weil Sozialarbeitende für diese Taten verantwortlich sind; es ist auch erschreckend, dass keine*r der Sozialarbeitenden ethische Bedenken – z. B. durch Whistleblowing – geäußert hat. Ähnlich verhält es sich mit dem luxuriösen Dienstwagen des Geschäftsführers der Treberhilfe in Berlin. Auch die Nutzung dieses Fahrzeugs kann nicht unbemerkt von den anderen beim Träger tätigen Sozialarbeitenden geschehen sein. Die Ereignisse in der Haasenburg wurden durch einen betroffenen Jugendlichen bekannt gemacht, der sich an die Boulevardpresse wandte. Die Maserati-Affäre nahm ihren Anfang durch eine Auseinandersetzung um einen Strafzettel mit ebendiesem Wagen. In keinem der Fälle haben direkt beteiligte Kolleg*innen und Mitarbeitende, von denen viele Sozialarbeitende sind, hörbar interveniert. Interventionen von innen – wie in dem folgenden Fall – sind eher Ausnahmeerscheinungen.

Dass selbst eine anonyme Intervention von innen hilfreich sein kann, zeigt ein Beispiel aus der Nachbarschaft der Alice Salomon Hochschule (ASH) in Berlin, wo 2013 die erste Unterkunft für Geflüchtete in unmittelbarer Nähe eröffnete, was von wochenlangen Protesten von rechten Gruppierungen begleitet wurde.

---

[1] Für weitere Beispiele aus dem Bereich der Sozialen Arbeit mit Geflüchteten siehe Prasad (2016, S. 354 ff.).
[2] Eine geschlossene Einrichtung der Kinder- und Jugendhilfe in Brandenburg.

Aus Solidarität mit den Bewohner*innen fing die ASH eine Kooperation mit der Unterkunft an, die unter anderem eine regelmäßige Präsenz von an der ASH Lehrenden und Studierenden in der Unterkunft beinhaltete. Es zeigte sich, dass die Trägergesellschaft der Unterkunft – die PeWoBe – und deren Mitarbeitende ungeniert rassistisch, paternalistisch und/oder sozialdarwinistisch argumentierten und handelten. So entstand die Idee eines „Kritischen Monitorings", also des Protokollierens problematischer Beobachtungen. Diese Dokumentation wurde regelmäßig den zuständigen Behörden geschickt, blieb aber ohne Konsequenzen. 2016 wurde eine neue Leitung eingestellt: Eine Frau, die zuvor für die rechtsextreme Partei DVU kandiert hatte und sich entsprechend rassistisch und sozialdarwinistisch gegenüber den Bewohner*innen verhielt. Auch hierüber wurden die zuständigen Behörden – erfolglos – informiert. Diese Untätigkeit der Behörden muss eine bis heute unbekannte Person dazu animiert haben, interne E-Mails an die Öffentlichkeit weiterzuleiten, aus denen hervorging, dass die Leitung darüber fantasierte, mit einer Spende eine Kinderguillotine und ein Krematorium aufzubauen (vgl. Beikler, 2016). Erst die Veröffentlichung dieser E-Mails führte dazu, dass der Ernst der Lage erkannt und der Vertrag mit der PeWoBe gekündigt wurde.

In vielen Fällen sind solche Interventionen für die Informationsgeber*innen nicht risikolos. Wenn die informationsgebende Person bekannt ist, kann eine Kündigung erfolgen wie im Fall von Brigitte Heinisch, einer Altenpflegerin, die die Pflegemängel in ihrer Einrichtung öffentlich machte, nachdem ihre interne Bedenkenäußerung folgenlos geblieben war (siehe Heinisch & Hopmann, 2012). Sie, aber auch die befragten Sozialarbeitenden in der Studie aus Aotearoa/Neuseeland, berichten darüber, dass sie nicht befördert wurden, ihnen Misstrauen aus dem Kollegium entgegengebracht wurde und sie Stresssymptome als Folge des Whistleblowings erlebten (vgl. ebd. und Raymond et al., 2017, S. 26 f.). Neben all dem hat Frau Heinisch aber auch viel Anerkennung (z. B. den Whistle Blower Preis 2007) erhalten, nicht zuletzt, weil sie sich 2011 erfolgreich an den Europäischen Gerichtshof für Menschenrechte wandte. Dort erhielt sie zum einen eine finanzielle Entschädigung in Höhe von 90.000 € zugesprochen, zum anderen hat ihr Fall maßgeblich dazu beigetragen, dass die Rechte von Whistleblower*innen gestärkt wurden.

Um all dies nicht allein durchstehen zu müssen, kann es hilfreich sein, sich im Vorfeld Verbündete innerhalb der eigenen Organisation nach innen zu suchen (dies allerdings nur, wenn sicher ist, dass die Bedenkenäußerung nicht anonym geschehen soll). In jedem Fall ist es aber hilfreich, sich Unterstützung von ressourcenstarken Akteur*innen von außen (z. B. Berufsverbände, Gewerkschaften, Hochschullehrer*innen, örtliche Pfarrer*innen oder Ähnliches) zu organisieren. Ist die informationsgebende Person nicht bekannt, wird häufig viel Kraft darauf verwendet, herauszufinden, wer diese war, um sie dann arbeitsrechtlich zu belangen; in diesem Fall kann es sehr hilfreich sein, eine hinweisgebende Person von außen zu suchen.

In jedem Fall kann eine – nicht nur juristische – Analyse z. B. in externer Supervision im Vorfeld das Risiko minimieren oder zumindest kalkulierbar machen. So kann es ein Teil der Strategie sein, eine Kündigung in Kauf zu nehmen, um dagegen juristisch vorzugehen,[3] bzw. die juristische Auseinandersetzung zu nutzen, um auf die Missstände öffentlich hinzuweisen. Auf diese Weise verliert eine etwaige Kündigung ihren Schrecken. Auch kann es hilfreich sein, sich vor Augen zu führen, dass es derzeit schwierig ist, Fachkräfte zu finden; diese „Marktmacht" schafft nicht nur eine gute Verhandlungssituation (vgl. Eichinger, 2020, S. 229), sie stattet Sozialarbeitende zudem mit einer sehr wichtigen Machtressource aus.

Gerade weil in Deutschland Whistleblower*innen keinen expliziten Schutz genießen (siehe Burkhardt, im Erscheinen), könnte es hilfreich sein, beispielsweise in Leitbildern oder Selbstverpflichtungen von Organisationen – als Teil des Qualitätsmanagements – zu verdeutlichen, dass das Äußern ethischer Bedenken nicht nur geduldet wird, sondern explizit gewollt ist. Wiederholte Bedenkenäußerungen können zunächst bedeuten, dass Organisationen sich mit viel Kritik auseinandersetzen müssen. Der Vorteil wäre aber, dass diese Auseinandersetzung intern geschehen würde, also kein Reputationsverlust zu befürchten wäre. Hinzu käme, dass dadurch einem wichtigen Teil der ethischen Verpflichtung der Profession Rechnung getragen würde.

## Literatur

Ash, A. (2016). *Whistleblowing and ethics in health and social care*. Jessica Kingsley.
Beikler, S. (2016). PeWoBe-Mitarbeiter fabulierten über „Kinderguillotine". In *Der Tagesspiegel* vom 14.08.2016, o. S. https://www.tagesspiegel.de/berlin/berliner-fluechtlings heimbetreiber-pewobe-mitarbeiter-fabulierten-ueber-kinderguillotine/14008346.html. Zugegriffen: 9. Febr. 2021.
Burkhardt, M. (im Erscheinen). Selbstschutz bei ethisch begründeten Entscheidungen. In N. Prasad (Hrsg.), *Methoden advokatorischen Handelns in der Sozialen Arbeit*. Budrich.
Degener, L., Kunstreich, T., Lutz, T., Mielich, S., Muhl, F., Rosenkötter, W., Schwagereck, J. (2020). *Dressur zur Mündigkeit? Über die Verletzung von Kinderrechten in der Heimerziehung*. Beltz Juventa.

---

[3] Siehe hierzu auch die Ausführungen zur strategischen Prozessführung bei Prasad (2020).

Deiseroth, D. (2004). Zivilcourage am Arbeitsplatz – Whistle Blowing. In G. Meyer, U. Dovermann, S. Frech, & G. Gugel (Hrsg.), *Zivilcourage lernen Analysen – Modelle – Arbeitshilfen* (S. 124–135). Bundeszentrale für politische Bildung.

Eichinger, U. (2020). Perspektiven der Beschäftigung in der Sozialen (Lohn)arbeit. In H.-U. Otto (Hrsg.), *Soziale Arbeit im Kapitalismus: Gesellschaftstheoretische Verortungen – Professionspolitische Positionen – Politische Herausforderungen* (S. 226–239). Beltz Juventa.

Heinisch, B., & Hopmann, B. (2012). *Altenpflegerin schlägt Alarm: Über das Recht, Missstände anzuzeigen.* VSA.

Mansbach, A., & Bachner, Y. (2009). Self-reported likelihood of whistle blowing by social work students. *Social Work Education, 28*(1), 18–28.

Prasad, N. (2016). Soziale Arbeit als Menschenrechtsprofession im Kontext von Flucht. In J. Gebrande, C. Melter, & S. Bliemetsrieder (Hrsg.), *Kritisch ambitionierte Soziale Arbeit. Intersektional praxeologische Perspektiven* (S. 349–368). Beltz Juventa.

Prasad, N. (2020). Strategische Prozessführung als Mittel zur (Wieder-)Erlangung von Menschenrechten. In N. Prasad, K. Muckenfuss, & A. Foitzik (Hrsg.), *Recht vor Gnade. Bedeutung von Menschenrechtsentscheidungen für eine diskriminierungskritische (Soziale) Arbeit* (S. 119–129). Beltz Juventa.

Preston-Shoot, M. (2010). On the evidence for viruses in social work systems: Law, ethics and practice. *European Journal of Social Work, 13*(4), 465–482.

Raymond, S., Beddoe, L., Staniforth, B. (2017). Social workers' experiences with whistleblowing: To speak or not to speak? *Aotearoa New Zealand Social Work, 29*(3), 17–29.

Seithe, M. (2010). *Schwarzbuch Soziale Arbeit*. Springer VS.

Stummbaum, M. (2012). Whistleblowing in der Sozialen Arbeit. Auswirkungen negativ ökonomisierter Arbeitsbedingungen. *DZI, 7,* 254–261.

# Grenzerfahrungen beim Veröffentlichen von Konfliktanalysen in der Sozialen Arbeit – rechtliche und politische Möglichkeitsräume

Ulrike Eichinger und Barbara Schäuble

### Zusammenfassung

Die Konflikte um eine Veröffentlichung von Konfliktanalysen zeigen, welch riskantes Unternehmen öffentliche Konfliktanalysen für Einzelne dann sein können, wenn transversale Bündnisoptionen (vor Ort) fehlen. Der Beitrag stellt vor, wie das lose Kooperationsformat von Wissenschafts-Praxiskooperationen dazu beitrug, dass sich die an einer Publikation beteiligten Herausgeber*innen und Berufspraktiker*innen bereits in der Anbahnung der Zusammenarbeit unterschiedliche Fragen stellten. Der Text zeichnet nach, welche Konfliktthemen sich als gemeinsame entwickelten und er lotet rechtliche und politische Möglichkeitsräume aus, die dazu beitragen können, konfliktbereiter und öffentlicher über die Realität der sozialen Daseinsvorsorge zu verhandeln.

### Schlüsselwörter

Grenzen von Konfliktanalysen · Möglichkeitsraum · Wissenschafts-Praxiskooperation · Verschwiegenheitspflicht

---

Der Beitrag ist mit einer Koautor*in, einer Praktiker*in der Sozialen Arbeit entstanden, die jedoch anonym bleiben muss, Näheres dazu finden Sie im Beitrag.

U. Eichinger (✉) · B. Schäuble
Alice Salomon Hochschule, Berlin, Deutschland
E-Mail: eichinger@ash-berlin.eu

## 1 Veröffentlichung von Konflikten – ein riskantes Unternehmen

Der vorliegende Sammelband zielt auf eine Vielstimmigkeit zur Entwicklung und Professionalisierung Sozialer Arbeit durch konfliktorientierte Analysen und Handlungen. Daher luden wir neben Autor*innen aus der hochschulischen Forschung und Lehre sowie Studierenden auch in beruflicher Praxis Tätige ein, sich an der Publikation zu beteiligen. Zwar traf dies auf Interesse, wir scheiterten aber dennoch ein Stück weit, da wir bei Drucklegung nicht alle Beiträge veröffentlichen können bzw. wollen. Den Hintergrund bildet die Sorge von Praktiker*innen vor Interventionen ihrer Arbeitgeber in Form von Abmahnungen und Kündigungsversuchen. Die unklare juristische Lage zwingt uns als Herausgeberinnen des Sammelbandes in der Darstellung der erfahrenen Repression durch die öffentlichen Dienstherren zu vagen Formulierungen, um die Praktiker*innen vor weiteren arbeitsrechtlichen Konsequenzen zu schützen. Durch das Antizipieren weiterer Nachteile für die Betroffenen schränken wir unsere Möglichkeitsräume, das Geschehen vorzustellen, vorsorglich ein.

Das vorliegende Buch bietet Möglichkeiten des Austauschs über die Grenzen der eigenen Arbeit und eine Option der Transparenz im Hinblick auf die Realitäten der Sozialen Arbeit allgemein. An diesem Austausch haben nicht nur Beschäftigte, sondern auch Öffentlichkeit, Forschung und Lehre Interesse. Doch Praktiker*innen müssen (bewusst eingegangene) arbeitsrechtliche Risiken individuell tragen, ebenso wie die damit einhergehende existenzielle sowie psychische Belastung. Als Herausgeberinnen spüren wir zwar ebenfalls – jedoch nicht auf vergleichbarem Niveau – Belastungen in Form von Scham durch unzureichende (unter anderem rechtliche) Voraussicht, aber vor allem durch ungenügende Strategien, Praktiker*innen transversal unterstützen zu können. Wir als Herausgeberinnen sehen, dass das Buch durch das Initiieren von Konfliktanalysen zur Bearbeitung von Konflikten „vor Ort" aufruft, dass dies jedoch kaum Kooperationsmöglichkeiten eröffnet.

Bei der Veröffentlichung, die ein kooperatives Ausloten der Möglichkeitsräume in verschiedenen Arbeitsbereichen, ausgehend von unseren jeweiligen Perspektiven, anstrebte, mussten insbesondere die beteiligten Praktiker*innen abwägen, wie ihre Mitwirkung von ihren Arbeitgeber*innen bewertet wird. Denn obwohl es zunächst naheliegend erscheint, dass eine öffentliche Debatte über die Konflikte in der Sozialen Arbeit Weiterentwicklungen anstoßen kann, steht dies unter Vorbehalt durch zu wahrende Amts- bzw. Dienstgeheimnisse oder Loyalitätspflichten, die über Gesetze, aber letztlich erst durch aktuelle Urteile in arbeitsrechtlicher Hinsicht konkretisiert werden. Den Hintergrund bilden abzuwägende Rechtsgüter zum Schutz öffentlicher Interessen durch das Sichtbarmachen von allgemeinen Missständen einerseits und der Interessen- sowie Einrichtungsschutz sowie die individuellen Geheimhaltungspflichten gegenüber Dritten andererseits.

Das bedeutet, dass institutionalisierte Erwartungen und Routinen in Arbeitsfeldern der Sozialen Arbeit, die nicht bzw. nicht nur dem professionellen Selbstverständnis und Auftrag entsprechen, nur schwer angesprochen werden können. Zu solchen Konflikten gehören beispielsweise Situationen, in denen Ressourcen aufgrund von Knappheit nicht an alle Anspruchsberechtigten, sondern nur an „würdige" bzw. wertgeschätzte Klient*innen verteilt werden sollen oder in denen Klient*innen(gruppen) durch Professionelle eher kontrolliert oder erzogen werden sollen analog zu hegemonialen Normen, statt bedingungslose Unterstützung zu finden. Wo eine offene und/oder kollaborative Bearbeitung dieser Dilemmata nicht unternommen wird oder nicht gelingt, können Einzelne neben äußerem und innerem Aufgeben hier und da zu subversiven Praxen oder Ungehorsam greifen oder sie interpretieren nahegelegte Verständnisse ihres Arbeitsauftrags weitergehend bzw. erwägen eine öffentlichere Verständigung über die bis dahin verdeckten Konflikte. Dies birgt das Risiko, einer Individualisierung des bestehenden Konflikts bzw. das Risiko im Team und der betriebsinternen Öffentlichkeit „ertappt" zu werden. „Ertappt werden" kann man sowohl bei subversiven Praxen „vor Ort", als auch – das zeigen die Konflikte um die Veröffentlichung von Beiträgen in diesem Sammelband – beim Sprechen und Schreiben über „ein Haus" und die dort naheliegenden Praxen, selbst wenn dies in anonymisierter Form geschieht.

Wir sehen, dass am Ende die Praktiker*innen sowohl in der konflikthaften Bearbeitung der Grenzen der Sozialen Arbeit als auch im Prozess der Veröffentlichung und mit Blick auf die dabei entstandenen existenzbedrohenden Folgen maßgeblich auf sich selbst zurückgeworfen sind. Im konkreten Fall können personalrätliche Arbeit und juristischer Beistand wohl den Arbeitsplatz erhalten, doch im Arbeitsalltag im prekär gewordenen Umfeld bleiben die Praktiker*innen mit den Konsequenzen letztlich allein.

Eine konfliktorientierte Publikation wie die vorliegende ist ein Format, das die Hoffnung weckt, über eine Diskussion des Potenzials von Konfliktorientierung zu konfliktbereitem Handeln anzuregen und eine hierfür bündnisbereite Öffentlichkeit anzusprechen. Trotz der kollaborativ erarbeiteten Perspektiven stellt der vorliegende Band jedoch eher ein unverbindliches, nur lose aufeinander bezogenes (Reflexions-)Angebot für die disziplinäre sowie professionelle Praxis im Sinne einer demokratischen Professionalisierung dar, als dass er ein konkretes Arbeitsbündnis offerieren würde.

Dass eine Veröffentlichung von Konfliktanalysen selbst eine Form der Konfliktbearbeitung der Sozialen Arbeit ist und wie sehr das Einlösen des Rechtsanspruchs auf allgemeine soziale Daseinsvorsorge durch Druck auf empörte Praktiker*innen in Schach gehalten wird, erfuhren wir durch unsere Zusammenarbeit mit den Praktiker*innen zunehmend konkreter. Durch die Konflikte lernten wir die rechtlichen Begrenzungen besser kennen, stellten uns deutlicher die Frage danach, wem „our welfare" (Beresford, 2016) eigentlich gehört und wer eigentlich wo über unser „öffentliches Interesse" verhandelt. Und wir sehen – wie eingangs schon erwähnt – die Grenzen unserer eigenen Bündnisfähigkeit deutlicher. In der Bearbeitung von Konflikten „vor Ort" infolge der (mit)initiierten Konfliktanalysen gelang es uns nämlich kaum, Kooperationsmöglichkeiten zu markieren und zu realisieren. Uns wurde deutlich, wie sehr wissenschaftliche Kooperationsangebote an die Praxis, wie die vorliegende Publikation, projekt- und nicht prozessbezogen sind, obwohl Kooperation z. B. im Rahmen der Vorbereitung und Begleitung von gerichtlichen Auseinandersetzungen erforderlich wäre.

## 2 Standpunktspezifische Fragen und gemeinsame Konfliktthemen

Umso wichtiger ist uns, mit unseren Mitteln hier kurz vor Drucklegung zumindest die materiellen Wissens-, Ressourcen- und Bündnislücken und die im Kooperationsprozess neu gewonnenen, konturierteren Fragen zusammenzustellen.

Zu den standpunktspezifischen Fragen aus der Publikationsvorbereitung gehören:

- Herausgeberinnen: Was erhofft man sich von der Kooperation mit der Praxis? Wie lassen sich Praktiker*innen gewinnen/ermutigen? Was hat das Projekt ihnen zu bieten? Wie viel Begleitung ist nötig/möglich?
- Autor*innen/Praktiker*innen: Wozu sich beteiligen? Was wird erwartet? Wie aufwendig ist eine Beteiligung? Wie werde ich einbezogen und unterstützt? Welches Netzwerk entsteht daraus für mich?

Zu gemeinsamen Fragen wurden im Laufe der Zeit die folgenden, die unser Konfliktthema verdeutlichen:

- Über was in ihrer Praxis dürfen Praktiker*innen (nicht) schreiben? Wann ist eine anonyme Veröffentlichung nötig/möglich?

- Inwiefern umschifft man durch eine Anonymisierung oder durch eine von Dritten (bspw Forscher*innen) allgemein formulierte Konfliktdarstellung die zugrunde liegenden Konflikte?
- Wer verhandelt (mit) darüber, ob eine Veröffentlichung im „öffentlichen Interesse" liegt?

## 3 Skizze der rechtlich und politischen Möglichkeitsräume

Aus dem „Scheitern" der Veröffentlichung der Beiträge haben wir auch folgende Erkenntnisgewinne: Den Möglichkeitsraum von Konfliktanalysen eröffnen bzw. begrenzen vor allem zwei Dimensionen. Einerseits tragen *Professionsverständnisse* bzw. allgemein begründete Interessen Mitverantwortung zur Sicherung des öffentlichen Interesses zu übernehmen zur Motivation bei, sich beteiligen zu wollen. Was als *öffentliches* Interesse anzunehmen ist, ist jedoch selbstverständlich auch in der Profession strittig.

Andererseits stecken rechtliche Vorgaben die öffentliche Diskussion ab, was ebenfalls zur Sicherung des öffentlichen Interesses beitragen soll. So gilt z. B. für Arbeitnehmer*innen (§ 3 Abs. 2 TV-L) im öffentlichen Dienst die *Verschwiegenheitspflicht* zum Schutz öffentlicher Belange, aber auch gegenüber Dritten. Inwiefern eher die Verschwiegenheit oder eine Offenbarung öffentliche Belange oder Dritte schützt, ist in der Regel strittig. Daher gilt es, aktuelle Gerichtsurteile bezüglich dieser Grenzziehungen bzw. -verschiebungen und gesellschaftliche Debatten um Whistleblowing und zum Lernen aus Fehlern in den Blick zu nehmen, um hier mehr Orientierung zu erhalten (vgl. Prasad i. d. B.).

Es scheint klar, dass eine (bewusste) Verletzung der Verschwiegenheit disziplinarrechtliche Konsequenzen wie Abmahnungen oder die Kündigung des Arbeitsverhältnisses nach sich ziehen kann. Die Offenbarung von Dienstgeheimnissen wird gegebenenfalls zudem als strafbares Handeln (§ 203 Absatz 2 oder 353 b Absatz 1 StGB) eingestuft, wenn konkret eine Gefährdung des öffentlichen Interesses deutlich wird. Zudem gibt es die sogenannte *Treue-* bzw. *Loyalitätspflicht*, die eine ehrverletzende Kritik gegenüber Arbeitgeber*innen unterbinden soll. Wann die Loyalitätspflicht verletzt ist, entscheidet zunächst ein*e Arbeitgeber*in im Einzelfall aufgrund der Position bzw. der Aufgaben der Arbeitnehmer*in und der Informationen, die gegebenenfalls mit der Arbeitsstelle in Zusammenhang gebracht werden können. Dann ahndet die Organisation die Verletzung der Loyalitätspflicht gegebenenfalls mit einer Kündigung.

Wir nehmen aus dem erfahrenen „Scheitern" neben den hier gesammelten Fragen zudem mit, wie wichtig es ist, betriebliche wie überbetriebliche Möglichkeitsräume im Blick zu haben, die Beschäftigte in Teams, Facharbeitsgruppen und in Kämpfen um betriebliche Mitbestimmungsrechte erringen können. Im konkreten Fall der Praktiker*innen, deren Beiträge hier fehlen, boten die Instrumente der betrieblichen Mitbestimmung den entscheidenden Schutz. Daher gehört es aus unserer Sicht zur konfliktorientierten Sozialen Arbeit, die Unterstützungsoptionen informeller Netzwerke im Betrieb ebenso zu prüfen, wie auch sich über die Möglichkeiten von Betriebs-/Personalräten sowie ihren Mitgliedern zu informieren.

Wir sehen es als wichtig an, den komplexen rechtlichen Rahmen sowie die Formen seiner Grenzbearbeitung zu kennen, gewissermaßen als Dimension von Qualitätsentwicklung in der Praxis und auch im Sinne eines „owning our welfare" (Beresford, 2016, S. 1). Wir sehen dieses Wissen als elementares Angebot einer Qualifizierung im Studium bzw. einer Weiterbildung in der Praxis an, im Sinne einer Professionalisierung, wie wir sie stärken wollen.

Angesichts unseres Zeithorizonts für diesen Sammelband konnten wir keine juristische Stellungnahme mehr in das Buch aufnehmen. Aber allein die Rückmeldungen von dazu angefragten Personen deuten darauf hin, dass es sich nicht nur aus unserer Perspektive um einen wichtigen, aber komplizierten juristischen Sachverhalt handelt, den es zu untersuchen (bzw. untersuchen zu lassen) gilt.

## 4    Fazit

Uns wurde deutlich, dass es kein Sicherheitsnetz für individuelle Risiken gibt. Doch zu schaffende bzw. zu stärkende Netzwerke (z. B. die Arbeitskreise Kritischer Sozialer Arbeit) könnten dies leisten, um Menschen mit Interesse an Kritischer Sozialer Arbeit in Stellen zu vermitteln, in denen konfliktorientierte Expertise eventuell sogar erwünscht ist. Weiter wären solidarische Kassen hilfreich, um gegebenenfalls Rechtsberatung und Überbrückungshilfe bei Jobverlust etc. zu ermöglichen. Wir können selbst nicht systematisch auf eine derartige eigene Praxis verweisen, wollen aber exemplarisch z. B. auf Berichte von Manfred Kappeler (2016) verweisen, unter anderem ein Akteur der Heimkampagne der 1968er, der angibt, dass er im Zuge seiner Kündigung und schließlich der Erfahrung seines Berufsverbots berufliche Angebote aus seinem Umfeld erhielt. Auch gibt es Organisationen wie die Berliner Beratungs- und Ombudsstelle Jugendhilfe (2020), in der Wissenschaftler*innen, Adressat*innen und kritische Praktiker*innen zusammenwirken, um Konflikte hörbar in Beschwerde-

und Gerichtsverfahren einzubringen. Die Beispiele verweisen auf das Potenzial informeller und institutionalisierter Praxen von konkreter Solidarität, die dazu ermutigen, derartige Möglichkeiten immer wieder neu zu (er)finden.

## Literatur

Beresford, P. (2016). *All our welfare. Towards participatory social policy*. Policy Press.
Berliner Rechtshilfefonds Jugendhilfe (BRJ) e. V. (2020). Rechtsanspruch und Wirklichkeit. Ombudschaft als Machtausgleich. https://www.bbo-jugendhilfe.de/wp-content/uploads/2020/01/BBO-Bericht-Web_200114.pdf. Zugegriffen: 26. Apr. 2021.
Kappeler, M. (2016). Die Berliner Heimkampagne. In B. Birgmeier & E. Mührel (Hrsg.), *Die „68er" und die Soziale Arbeit* (S. 123–152). Springer VS.

# Autor_innenverzeichnis

Roland Anhorn, Dr., Dipl. Pädagoge, Dipl. Sozialpädagoge, Professur für Soziale Arbeit an der Evangelischen Hochschule Darmstadt, anhorn@eh-darmstadt.de

Rossana Berge, B.A. Soziale Arbeit, M.A. Praxisforschung in Sozialer Arbeit und Pädagogik, Kinder- und Jugendbüro Berlin-Mitte für Koordination von Kinder- und Jugendbeteiligung, Rossana.Berge@gmx.de

Felix Busch-Geertsema, freier Wissenschaftler im Bereich Soziale Arbeit, geertsef@hu-berlin.de

Ulrike Eichinger, Dr., Dipl. Sozialarbeiterin, Professur für Theorie und Praxis der Sozialpädagogik an der Alice Salomon Hochschule Berlin, eichinger@ash-berlin.eu

Meike Günther, Dr., Dipl. Sozialarbeiterin, Professur für Theorien, Konzepte und Methoden der Sozialen Arbeit an der Katholischen Hochschule für Sozialwesen Berlin, meike.guenther@khsb-berlin.de

Rebekka Kuf, B.A. Soziale Arbeit, M.A. Praxisforschung in Sozialer Arbeit und Pädagogik, Kinder- und Jugendgesundheitsdienst Berlin-Lichtenberg, rebekka.kuf@gmx.net

Christian Küpper, Dipl. Psychologe, in der antipsychiatrisch orientierten Kriseneinrichtung Weglaufhaus „Villa Stöckle" in Berlin tätig, Lehrbeauftragter an der Alice Salomon Hochschule Berlin und der Hochschule Magdeburg-Stendal, kuepper@ash-berlin.eu

Urban Nothdurfter, Dr., Sozialarbeiter, Sozialwissenschaftler, Professur für Soziale Arbeit an der Freien Universität Bozen, Urban.Nothdurfter2@unibz.it

Nivedita Prasad, Dr., Sozialpädagogin, Professur für Handlungsmethoden Sozialer Arbeit und genderspezifischer Sozialer Arbeit an der Alice Salomon Hochschule Berlin, prasad@ash-berlin.eu

Barbara Schäuble, Dr., Sozialarbeiterin, Soziologin, Professur für diversitätssensible Soziale Arbeit an der Alice Salomon Hochschule Berlin, schaeuble@ashl-berlin.eu

Elke Schimpf, Dr., Professur für Soziale Arbeit an der Evangelischen Hochschule Darmstadt, Fachbereich Sozialarbeit/Sozialpädagogik, schimpf@eh-darmstadt.de

Thomas Wagner, Dr., Professur für Theorie und Praxis Sozialer Arbeit an der Hochschule Mannheim, t.wagner@hs-mannheim.de

The manufacturer's authorised representative in the EU is Springer Nature Customer Service Centre GmbH, Europaplatz 3, 69115 Heidelberg, Germany. If you have any concerns regarding our products, please contact ProductSafety@springernature.com

Printed and bound by CPI Group (UK) Ltd, Croydon, CR0 4YY
26/03/2026
02078853-0007